Vos ressources pédagogiques en ligne !

Un ensemble d'outils numériques spécialement conçus pour vous aider dans l'acquisition des connaissances liées à

ANTHOLOGIE LITTÉRAIRE DE 1800 À AUJOURD'HUI

3e édition

- 36 activités interactives
- Extraits en version allongée
- Extraits supplémentaires provenant de la 2e édition

Achetez en ligne ou en librairie
En tout temps, simple et rapide!
www.cheneliere.ca

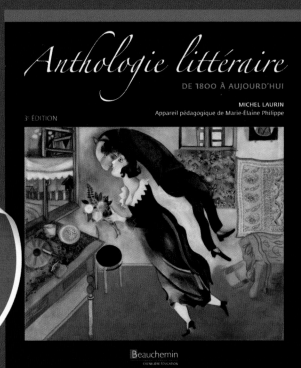

http://mabibliotheque.cheneliere.ca

CHENELIÈRE ÉDUCATION

D1285693

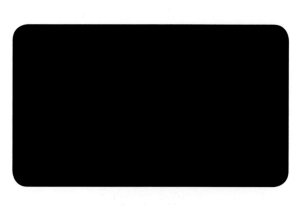

Anthologie littéraire

DE 1800 À AUJOURD'HUI

MICHEL LAURIN
Appareil pédagogique de Marie-Élaine Philippe

3e ÉDITION

Conception et rédaction des activités interactives en ligne
MARC SAVOIE

Conception et rédaction des outils pédagogiques en ligne
MARIE-ÉLAINE PHILIPPE

Achetez en ligne ou en librairie
En tout temps, simple et rapide!
www.cheneliere.ca

Beauchemin
CHENELIÈRE ÉDUCATION

Anthologie littéraire
de 1800 à aujourd'hui, 3e édition

Michel Laurin
Appareil pédagogique conçu et réalisé par Marie-Élaine Philippe

© 2013 **Chenelière Éducation inc.**
© 2007, 2001 Groupe Beauchemin, Éditeur Ltée

Conception éditoriale : France Vandal
Édition : Julie Fortin
Coordination : Johanne Losier
Recherche iconographique : Marie-Chantal Laforge
Rédaction des légendes des œuvres iconographiques : France St-Jean
Révision linguistique : Paul Lafrance
Correction d'épreuves : Christine Langevin
Conception graphique et conception de la couverture : Micheline Roy
Impression : TC Imprimeries Transcontinental

*Édition des activités interactives et du matériel
   complémentaire Web :* Julie Prince
Coordination du matériel complémentaire Web : Magali Blein

Catalogage avant publication
de Bibliothèque et Archives nationales du Québec
et Bibliothèque et Archives Canada

Laurin, Michel, 1944-

   Anthologie littéraire : de 1800 à aujourd'hui

   3e éd.

   Publ. antérieurement sous le titre : Anthologie littéraire : de 1850 à
   aujourd'hui. 2001.

   Comprend des réf. bibliogr. et un index.
   Pour les étudiants du niveau collégial.

   ISBN 978-2-7616-6022-8

   1. Littérature française – 19e siècle – Histoire et critique.   2. Littérature
française – 19e siècle.   3. Littérature française – 20e siècle – Histoire et
critique.   4. Littérature française – 20e siècle.   5. Littérature française –
Explication de texte – Problèmes et exercices.   I. Titre.   II. Titre :
Anthologie littéraire : de 1850 à aujourd'hui.

PQ293.L38 2013   840.9'008   C2012-942417-X

Beauchemin

CHENELIÈRE ÉDUCATION

5800, rue Saint-Denis, bureau 900
Montréal (Québec) H2S 3L5 Canada
Téléphone : 514 273-1066
Télécopieur : 514 276-0324 ou 1 800 814-0324
info@cheneliere.ca

ISBN 978-2-7616-6022-8

Dépôt légal : 2e trimestre 2013
Bibliothèque et Archives nationales du Québec
Bibliothèque et Archives Canada

Imprimé au Canada

5   6   7   8   9   ITIB   24   23   22   21   20

Gouvernement du Québec – Programme de crédit d'impôt pour l'édition de
livres – Gestion SODEC.

Ce projet est financé en partie par le gouvernement du Canada

Œuvre de la couverture

Artiste : Marc Chagall
Titre : ***L'anniversaire***
Date : 1915
Médium : Huile sur toile
Ayant droit : © SODRAC 2013 et ADAGP 2013,
   Chagall ®.
Source : Digital Image © The Museum of Modern Art/
   Licensed by SCALA/Art Resource, NY

L'univers de Chagall, c'est celui du rêve, des métaphores et des souvenirs d'une enfance heureuse en
Russie. Dans *L'anniversaire*, il dépeint tout le bonheur que lui procure la visite-surprise de sa fiancée
pour son anniversaire et qui le « transporte » de joie.

Remerciements

L'éditeur tient à remercier les personnes suivantes
qui, grâce à leurs nombreux commentaires et suggestions, ont contribué à l'élaboration de cette nouvelle
édition :

Pierre-Luc Asselin (Cégep de Sainte-Foy)
Chantal Charbonneau (Collège Édouard-Montpetit)
Nicolas Durocher (Collège André-Grasset)
Geneviève Guérin (Cégep Beauce-Appalaches)
Vincent Julien (Cégep de Saint-Jérôme)
Annie Larivière (Cégep de Saint-Hyacinthe)
Claude Latendresse (Collège Édouard-Montpetit)
Renée-Claude Lorimier (Collège Lionel-Groulx)
Annik-Corona Ouellette (Cégep de Saint-Jérôme)
Sophie Rochefort (Cégep Limoilou)
Joanne Roy (Cégep Marie-Victorin)
Gabriel Sabourin (Cégep de Victoriaville)
Lucie Saint-Pierre (Cégep de La Pocatière)
François Tousignant (Cégep André-Laurendeau)

Un merci tout particulier à Michel Forest (Cégep de
Saint-Laurent) et Oria Hamadi (Cégep de Victoriaville)
qui ont relu et commenté chacun des chapitres de
cette nouvelle édition.

L'auteur remercie Luc Dumont pour sa précieuse et
indéfectible assistance dans le domaine informatique.

Le matériel complémentaire mis en ligne dans notre
site Web est réservé aux résidants du Canada, et ce,
à des fins d'enseignement uniquement.

L'achat en ligne est réservé aux résidants du Canada.

FSC
www.fsc.org
MIXTE
Papier issu
de sources
responsables
FSC® C011825

La littérature n'a rien à voir avec la réalité ; la littérature, elle parle de l'existence.

Milan Kundera

Nous avons le privilège de vivre à une époque charnière où se termine un chapitre de l'Histoire et en commence un autre. Dans un présent en mue continuelle, où le passé censé offrir un socle de référence et de réconfort se dérobe, nous éprouvons de plus en plus de difficulté à faire la distinction entre culture et loisir, entre émancipation et consommation. Même le monde de l'éducation est souvent conçu comme un magasinage : on achète des cours comme on achèterait des outils en vue d'une carrière, quand ce n'est pas dans la perspective d'un haut revenu. Il n'est dès lors pas étonnant de voir l'enseignement de plus en plus contraint à transmettre un savoir-faire, au détriment d'un savoir-être. Un tel contexte ne peut qu'entraîner une dépréciation des domaines moins directement liés à notre future profession, comme la littérature, une matière dont l'importance est difficile à mesurer : n'étant pas quantifiable, elle ne relève pas des statistiques. Pourtant, toute carrière requiert expertise et jugement, une certaine sagesse face à la vie, apte à nous éclairer dans les décisions que nous sommes sans cesse appelés à prendre.

En plus d'être l'observatoire de l'Histoire et de permettre l'accès aux connaissances et aux rêveries que l'humanité accumule depuis qu'elle est en situation de s'écrire, la littérature nous établit dans une solidarité qui nous extirpe de la tourmente stagnante du quotidien. Elle nous arrache à l'esprit de simplification qui nous menace constamment, à l'esprit de réduction qui prédomine partout. La littérature nous invite à penser, c'est-à-dire à remettre en cause nos évidences, nos certitudes, à déblayer les décombres de nos préjugés, à accéder à une lecture moins sommaire du monde réel, en marge ou en deçà des *a priori,* des stéréotypes, des jugements moraux et des diverses institutions. Elle permet à celle ou à celui qui s'y adonne d'acquérir de la profondeur et du relief, de se former un jugement autonome et instruit. En nous apprenant à devenir autre pour, paradoxalement, mieux coïncider avec nous-mêmes, elle nous invite à explorer notre vie intérieure en même temps que le caractère grandiose de la vie.

Tel est l'état d'esprit qui a animé la rédaction de cette troisième édition de l'*Anthologie littéraire,* complètement renouvelée. Découpé en cinq chapitres axés sur la modernité et ce qu'il convient, faute de mieux, d'appeler la postmodernité, cet ouvrage entend faire apparaître des cohérences de différents ordres – aussi bien esthétiques, artistiques et philosophiques que linguistiques, sociales, politiques ou idéologiques – dans leurs relations avec la littérature, afin d'en éclairer les œuvres et leur genèse. Chacun de ces chapitres propose un panorama de textes essentiels, des œuvres aux approches les plus diverses dans lesquelles le lecteur d'aujourd'hui entre aisément. Les grands courants de l'évolution littéraire y sont dessinés, chacun s'efforçant de dégager la spécificité des différents genres, avec une insistance particulière sur celui privilégié par l'époque. Quant aux illustrations, elles tendent à établir des complicités – des passerelles – entre les courants artistiques et la littérature.

À l'instar du scientifique qui dispose de sa méthode objective pour accéder à la réalité, l'écrivain entend restituer la vérité du monde à travers un regard unique que son style transforme en vision. D'où l'importance qui est apportée à la mise en lumière du geste littéraire qu'est le nouage des mots et des choses : découvrir, derrière le « qu'est-ce que ça raconte », le « comment c'est écrit ». À cette fin, l'appareil pédagogique est totalement repensé. Pour outiller l'étudiant dans ses révisions et dégager les grandes lignes du chapitre, une ligne du temps permet de mieux visualiser la période étudiée et de s'en imprégner. Les questions « Vers la dissertation » qui accompagnent chaque extrait sont renouvelées afin de proposer un nouvel éclairage sur celui-ci, et de stimuler le professeur dans son enseignement. La dernière partie, portant sur la dissertation explicative, est restructurée afin de la rendre plus accessible à l'étudiant.

Voici un ouvrage de référence qui se veut agréable, simple et commode, propre à structurer les connaissances. Mieux, puisse-t-il permettre de découvrir un des rôles premiers de la littérature qui consiste à émouvoir, ce travail indispensable pour avancer vers soi-même, donc vers les autres. Et déraciner l'idée que le plaisir s'arrête à la frontière d'un cours de littérature.

Michel Laurin

Contexte sociohistorique

On ne saurait aborder la littérature sans tenir compte de son contexte social et historique. En début de chapitre, pour chaque période historique, on retrace les évènements les plus marquants, les principaux acteurs ainsi que les changements qu'ils ont entraînés sur les plans politique, sociologique, philosophique et religieux, ainsi que, bien entendu, les grands courants littéraires et artistiques. D'ailleurs, toutes les informations concernant les arts sont facilement repérables, de façon à permettre au lecteur d'y accorder l'importance qu'il souhaite.

Ligne du temps

Chaque chapitre s'ouvre sur une ligne du temps qui présente les principaux évènements ayant marqué la période à l'étude. Divisée en trois rangées, cette ligne du temps résume les évènements culturels et littéraires en France, les points tournants dans l'univers des arts et des sciences, ainsi que les évènements historiques et politiques dans le monde.

Extrait d'œuvre

Les extraits de textes littéraires figurent dans des encadrés de couleur.

Biographie

Chaque œuvre littéraire naît dans un contexte propre à son auteur. Aussi chaque extrait est-il accompagné d'une courte biographie de l'auteur et d'une mise en contexte de son œuvre.

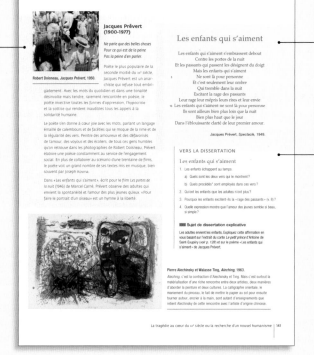

Vers la dissertation

Tous les extraits d'œuvres sont enrichis de questions visant à approfondir le texte et à en découvrir le sens. Certains termes ou concepts, dans ces questions, sont marqués d'un astérisque qui renvoie au chapitre final portant sur la dissertation explicative. On propose également pour certains extraits un **sujet de dissertation explicative.** Il est conseillé de répondre aux questions avant de se lancer dans la rédaction afin d'approfondir sa compréhension de l'extrait.

Compléments d'information

Afin d'offrir une anthologie riche et diversifiée, des encadrés ont été ajoutés à titre de compléments d'information. Ils exposent de façon succincte des données théoriques, historiques, sociologiques et parfois littéraires, par exemple en comparant les univers de deux auteurs ayant vécu à des périodes différentes par l'entremise d'extraits de leurs œuvres.

La chanson

Pendant que, parmi d'autres, Jacques Brel, Georges Brassens et Léo Ferré donnent une nouvelle impulsion à la chanson française, et que l'État français s'enlise chaque jour un peu plus dans un conflit en Indochine qui mènera bientôt à la guerre du Viêtnam, Boris Vian inscrit à son répertoire, en 1954, une chanson qui exprime la haine totale qu'il voue à la guerre en même temps qu'elle invite à l'insoumission.

Boris Vian (suite)

Après avoir lancé une première bombe dans la littérature avec son roman *J'irai cracher sur vos tombes* (1946), considéré à l'époque comme un outrage aux bonnes mœurs, Boris Vian en remet avec sa chanson *Le déserteur* (1954), perçue comme un appel à la désobéissance civile. Cette chanson antimilitariste est d'abord interdite de radiodiffusion avant d'être expurgée par la censure. Au final, Vian s'était d'abord conclu par : « Si vous me poursuivez / Prévenez vos gendarmes / Que je possède une arme / Et que je pourrai tirer ». Les deux derniers vers ont été changés : « Que je n'aurai pas d'armes / Et qu'ils pourront tirer ». Cette modification métamorphose une chanson de type insurrectionnel en un pamphlet non violent. Néanmoins, *Le déserteur* demeure le texte fondateur d'une éthique sans concession contre la

Le déserteur

Monsieur le Président
Je vous fais une lettre
Que vous lirez peut-être
Si vous avez le temps
Je viens de recevoir
Mes papiers militaires
Pour partir à la guerre
Avant mercredi soir
Monsieur le Président
Je ne veux pas la faire
Je ne suis pas sur terre
Pour tuer des pauvres gens
C'est pas pour vous fâcher
Il faut que je vous dise
Ma décision est prise
Je m'en vais déserter

Depuis que je suis né
J'ai vu mourir mon père
J'ai vu partir mes frères
Et pleurer mes enfants
Ma mère a tant souffert
Qu'elle est dedans sa tombe

L'influence de la littérature américaine

Le roman s'est développé au sein des nations puissantes : hier, la France, la Russie, la Grande-Bretagne. Aujourd'hui, c'est l'Amérique.

William Styron

On assiste, dans la France de l'entre-deux-guerres, à une véritable invasion de la littérature américaine. La renommée de certains écrivains états-uniens s'établit même plus rapidement outre-Atlantique que dans leur propre pays. C'est que, en France, les événements historiques contribuent à accroître la sensibilité à la vision tragique de ces auteurs. Ces innovateurs se détournent de la bourgeoisie intellectuelle pour décrire les déclassés, et ils renouvellent les techniques d'écriture autant que les sujets. On admire en particulier leur liberté de pensée, leur approche moderne qui remet en cause les règles traditionnelles du roman. Contrairement aux romanciers français, qui ont tendance à s'adresser avant tout aux facultés intellectuelles des lecteurs, les écrivains américains adoptent une approche anti-intellectuelle et mettent l'accent sur la vérité objective. Ils donnent l'impression de procéder par « coups de poing », de s'adresser davantage à l'homme viscéral, à « l'homme fondamental », comme l'écrit Malraux à propos de l'écriture de Faulkner.

On apprécie le langage cru et dépouillé d'artifice de John Steinbeck (1902-1968), qui vise l'efficacité immédiate : habile à prêter à ses personnages des dialogues vifs et violents, pour lui, seul le tangible compte : le corps biologique, la terre nourricière et le cœur battant. Aux yeux de Sartre, John Dos Passos (1896-1970) est « le romancier le plus considérable de ce temps ». Ses récits dressent le constat que le rêve américain,

avec son urbanisation saugrenue et sa déification du dollar, est en train de tourner au cauchemar. Son éclatement de la ligne du temps permet des constructions semblables aux montages cinématographiques : des actions de pure fiction sont immédiatement suivies de faits tirés de l'actualité.

L'œuvre d'Ernest Hemingway (1899-1961), avec ses héros atteints d'infirmités physiques ou marqués par les séquelles des combats ou de l'alcool, exerce également une influence capitale. La psychologie, sans en être absente, y est avant tout suggérée par le récit de l'action et la description des attitudes des personnages. À l'instar de Malraux, Hemingway estime que seule l'action peut extraire l'homme du néant. Comme Dos Passos, il se méfie de l'introspection, lui préférant une description et une écriture objectives qui refusent le commentaire. Laissé à lui-même dans ces œuvres, puisque le narrateur refuse de lui livrer les états d'âme des personnages, le lecteur doit trouver une interprétation à partir des indices que fournit le roman et de ses expériences personnelles.

Ils sont nombreux à considérer que William Faulkner (1897-1962) est le véritable initiateur du roman moderne. Ce romancier effectue une plongée dans des contrées peu explorées à l'époque, soit l'Amérique noire et le Sud profond, en même temps qu'à l'intérieur des individus. Tous les moules traditionnels de la narration sont brisés au profit d'une mise en scène qui immobilise la durée et le mouvement, pétrifie le présent et donne à la mémoire la même présence qu'à l'action. Par son style touffu, ses histoires qui commencent par la fin, ses récits parallèles ainsi que sa fusion du monologue intérieur et de la description des comportements, Faulkner construit de véritables casse-tête, qu'il laisse au lecteur le soin de reconstituer.

Vue d'ensemble du romantisme, du réalisme, du naturalisme et du symbolisme		
Caractéristiques/thèmes	**Auteurs importants et œuvres principales**	
	Genre privilégié : poésie	
Romantisme • Mal du siècle (spleen) • Introspection : verbes de sentiments et de perception, emploi fréquent du pronom « je », lyrisme • Effusion • Fréquente ponctuation expressive • Thèmes : nature (douce ou agitée), nostalgie, fuite du temps, amours impossibles, souffrance psychologique	• Alphonse de Lamartine *Méditations poétiques* (1820); *Harmonies poétiques et religieuses* (1830) • Alfred de Vigny *Poèmes antiques et modernes* (1826) *Les destinées* (posthume, 1864)	• Victor Hugo *Notre-Dame de Paris* (1831) *Les contemplations* (1855)
	Genres privilégiés : poésie et théâtre	
	• Alfred de Musset *Lorenzaccio* (1834), *Les nuits* (1835-1837)	
	Genre privilégié : roman	
	• François René de Chateaubriand *René* (1802), *Mémoires d'outre-tombe* (posthume, 1848-1850)	
	Genre privilégié : essai	
	• Madame de Staël *De la littérature considérée dans ses rapports avec les institutions sociales* (1800) *De l'Allemagne* (1813)	
	Genre privilégié : roman	
Réalisme • Description du réel (souvent longue) • Pas de sentimentalité ni de débordement • Sobriété de l'écriture • Histoire souvent basée sur un fait vécu • Emploi fréquent du pronom « il » • Thèmes : classes sociales (souvent la classe	• Stendhal *Le Rouge et le Noir* (1830) *La Chartreuse de Parme* (1839) • Honoré de Balzac *Le père Goriot* (1834-1835) *La comédie humaine* (1829-1847)	• Victor Hugo *Les misérables* (1862) *Les travailleurs de la mer* (1866) • Gustave Flaubert *Madame Bovary* (1857) *L'éducation sentimentale* (1869)

Vue d'ensemble

Tous les chapitres se terminent par un tableau décrivant les principaux mouvements et courants littéraires. On y présente ensuite les auteurs importants et leurs œuvres marquantes, en prenant soin de souligner à quel genre littéraire ils sont associés.

Dissertation explicative

Intégrée à la fin de l'ouvrage et abondamment appuyée par des tableaux et des définitions, cette section passe d'abord en revue les divers aspects structurels du texte à l'aide d'exemples tirés de l'anthologie : énonciation, procédés lexicaux, grammaticaux, syntaxiques, etc. Elle aborde ensuite les particularités de la rédaction d'une dissertation explicative : élaboration du plan, rédaction comme telle, avec exemple de dissertation commenté à l'appui, et, enfin, révision. Cette section se conclut par une brève présentation des genres narratif, dramatique et poétique.

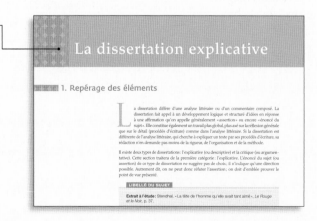

La dissertation explicative

1. Repérage des éléments

La dissertation diffère d'une analyse littéraire ou d'un commentaire composé. La dissertation fait appel à un développement logique et structuré d'idées en réponse à une affirmation qu'on appelle généralement « assertion » ou encore « énoncé du sujet ». Elle constitue également un travail plus global, plus axé sur la réflexion générale que sur le détail (procédés d'écriture) comme dans l'analyse littéraire. Si la dissertation est différente de l'analyse littéraire, qui cherche à expliquer un texte par ses procédés d'écriture, sa rédaction n'en demande pas moins de la rigueur, de l'organisation et de la méthode.

Il existe deux types de dissertations : l'explicative (ou descriptive) et la critique (ou argumentative). Cette section traitera de la première catégorie : l'explicative. L'énoncé du sujet (ou assertion) de ce type de dissertation ne suggère pas de choix, il n'indique qu'une direction possible. Autrement dit, on ne peut pas réfuter l'assertion, on doit d'emblée prouver le point de vue présenté.

LIBELLÉ DU SUJET

Extrait à l'étude : Stendhal, « La tête de l'homme qu'elle avait tant aimé », *Le Rouge et le Noir*, p. 37.

CHAPITRE 2: La mouvance surréaliste
ou la libération des conditionnements psychiques 76

CHAPITRE 3: La tragédie au cœur du xxᵉ siècle
ou la recherche d'un nouvel humanisme

CHAPITRE 4 : Le malaise d'une génération
ou la liquidation des traditions

CHAPITRE 5 : Requiem pour une civilisation ou la postmodernité

La dissertation explicative

1

Romantisme, réalisme et symbolisme

OU L'ENTRÉE DANS LA MODERNITÉ

Auteurs et œuvres à l'étude

Gustave Caillebotte, *Les raboteurs de parquet,* **1875.**

Romantisme, réalisme et symbolisme

OU L'ENTRÉE DANS LA MODERNITÉ

Les sociétés anciennes périssent; de leurs ruines sortent des sociétés nouvelles :
lois, mœurs, usages, coutumes, opinions, principes même, tout est changé.

François René de Chateaubriand

Le XIXᵉ siècle et la modernité (1800-1914)

Peu d'évènements historiques ont modifié la destinée des hommes de façon aussi radicale que la Révolution française (1789-1799). En séparant le monde ancien du monde moderne, elle a ébranlé les institutions et l'organisation sociale de l'époque, bouleversé le sens de l'Histoire. Cette coupure est l'accomplissement des idéaux des philosophes du XVIIIᵉ siècle. La raison, c'est-à-dire la conscience de soi, comme norme transcendantale de la société, émancipe dorénavant l'homme de toute sujétion : de la monarchie qui nie l'autorité du peuple, des dogmes d'un Dieu révélé qui interfèrent dans le

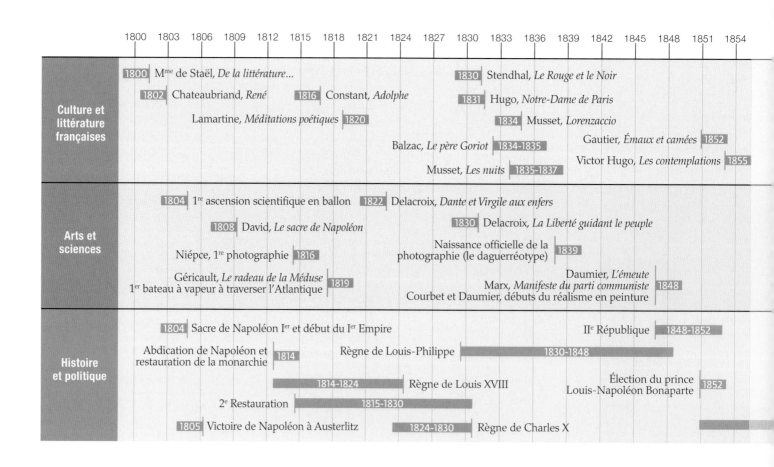

Anne-Louis Girodet, *Atala au tombeau, dit aussi Funérailles d'Atala*, **1808.**

Inspirée du roman de Chateaubriand, cette œuvre de Girodet marque un point tournant entre le néoclassicisme et le romantisme. La beauté idéalisée d'Atala et la disposition en frise des personnages rappellent *La mort de Socrate* de Jacques-Louis David, alors que la sensualité et la religiosité qui se dégagent de la toile annoncent l'intensité du *Radeau de la Méduse* de Théodore Géricault.

développement de la pensée. C'est la fin de la transmission et du maintien de ce qui était considéré comme permanent, de toutes les traditions qui se voulaient indissociables de la continuité. Le XIXe siècle marque donc une véritable révolution dans l'histoire mondiale : pratiquement tout ce qui caractérisait l'existence humaine depuis des siècles est progressivement appelé à être transformé.

Le concept de modernité désigne le changement des mentalités qui découle de cette période de remise en question. Mais que faut-il entendre par «modernité» ? Si les historiens font généralement remonter les «Temps modernes» à une époque fixée chronologiquement entre la chute de l'Empire romain d'Orient en 1453 et la découverte des Amériques en 1492, la modernité proprement dite est plutôt associée au XIXe siècle : modernité politique avec la démocratie qui suit la Révolution française, modernité scientifique avec toutes les nouvelles découvertes, modernité philosophique avec Nietzsche, modernité littéraire avec une nouvelle sensibilité… Une période où la vie de l'homme s'articule désormais autour du changement, où la rupture elle-même devient une valeur. Ce concept couvre en fait tout le XIXe siècle et la majeure partie du siècle suivant. Par la suite, on aura recours au concept de postmodernité.

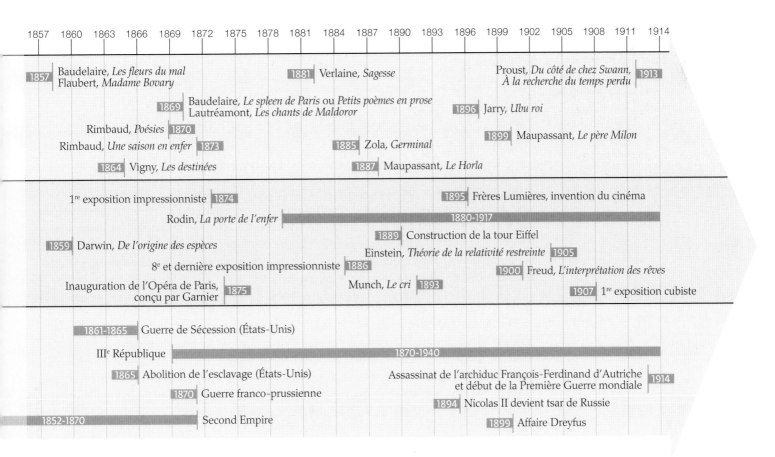

1857 1860 1863 1866 1869 1872 1875 1878 1881 1884 1887 1890 1893 1896 1899 1902 1905 1908 1911 1914

1857 Baudelaire, *Les fleurs du mal*
Flaubert, *Madame Bovary*
1881 Verlaine, *Sagesse*
Proust, *Du côté de chez Swann,*
À la recherche du temps perdu 1913

1869 Baudelaire, *Le spleen de Paris ou Petits poèmes en prose*
Lautréamont, *Les chants de Maldoror*
1896 Jarry, *Ubu roi*

Rimbaud, *Poésies* 1870
1899 Maupassant, *Le père Milon*

Rimbaud, *Une saison en enfer* 1873

1885 Zola, *Germinal*

1864 Vigny, *Les destinées*
1887 Maupassant, *Le Horla*

1re exposition impressionniste 1874
1895 Frères Lumières, invention du cinéma

Rodin, *La porte de l'enfer* 1880-1917

1859 Darwin, *De l'origine des espèces*
1889 Construction de la tour Eiffel
Einstein, *Théorie de la relativité restreinte* 1905

8e et dernière exposition impressionniste 1886
1900 Freud, *L'interprétation des rêves*

Inauguration de l'Opéra de Paris,
conçu par Garnier 1875
Munch, *Le cri* 1893
1907 1re exposition cubiste

1861-1865 Guerre de Sécession (États-Unis)

IIIe République 1870-1940

1865 Abolition de l'esclavage (États-Unis)
Assassinat de l'archiduc François-Ferdinand d'Autriche
et début de la Première Guerre mondiale 1914

1870 Guerre franco-prussienne
1894 Nicolas II devient tsar de Russie

1852-1870 Second Empire
1899 Affaire Dreyfus

Un siècle d'effervescence politique

Le XIXe siècle – dont l'histoire commence en 1793, avec la décapitation du roi Louis XVI – en est un de profonds bouleversements politiques et sociaux. La proclamation de la République amorce un long processus d'accélération de l'histoire qui transformera la France et l'Europe entière. Dans ce siècle ponctué de soulèvements populaires dans les villes comme dans les campagnes, un nombre ahurissant de régimes politiques se succèdent. Consul puis empereur, Napoléon Bonaparte, de 1799 à 1814, incite à un retour aux valeurs nationales et religieuses. Puis, la restauration de la monarchie, constitutionnelle cette fois (1814-1830), avec Louis XVIII et Charles X, aboutit

Jacques-Louis David, *Sacre de l'empereur Napoléon I*er *et couronnement de l'impératrice Joséphine dans la cathédrale Notre-Dame de Paris, le 2 décembre 1804*, 1808.

Cette œuvre est l'une des plus connues du « peintre des révolutionnaires », Jacques-Louis David. Commandée par Napoléon pour contribuer à légitimer le pouvoir impérial et à imposer sa politique nationale, elle relève de l'art officiel. À titre d'exemple, le peintre a dû inclure parmi les personnages présents la mère de l'Empereur, qui pourtant avait refusé d'assister au couronnement de Joséphine.

aux journées révolutionnaires de 1830 appelées « les Trois Glorieuses ». Celles-ci mènent à la monarchie plus conservatrice de Louis-Philippe (1830-1848), qui se dissout plus tard dans la IIe République sous la présidence du prince Louis-Napoléon Bonaparte. À la suite d'un coup d'État, ce dernier devient Napoléon III. Ses échecs militaires conduisent cependant au Second Empire (1852-1870), qui s'effondre à son tour pour permettre l'avènement d'une IIIe République (1870-1940). Durant ce siècle, les défaillances des régimes successifs font perdre à une société totalement déstabilisée tous ses ancrages traditionnels.

La révolution industrielle et le libéralisme économique

Le changement est encore plus profond à un autre niveau. L'Angleterre, qui profite d'une forte croissance économique grâce à l'avancée des sciences et des techniques, élabore une doctrine qui exalte la liberté d'entreprise, le libre-échange et la non-intervention de l'État en matière d'emploi et de conditions de travail. Cette liberté favorise les initiatives et les intérêts privés. Déjà, au siècle précédent, une révolution agricole avait entraîné une forte augmentation de la productivité et garanti d'abondantes réserves de nourriture. Les industriels français ne tardent pas à suivre cet exemple.

En peu de temps, cette révolution technique et industrielle bouleverse profondément les cadres de vie statiques basés sur la tradition. Les secteurs du textile, du fer et du charbon subissent de rapides transformations. Grâce à la production d'énergies nouvelles, la machine à vapeur puis le moteur à combustion entreprennent une marche triomphale. Ils actionnent de puissantes machines, engendrent de nouvelles industries, amènent la production de biens nouveaux, ce qui modifie encore les conditions de vie économiques et, par conséquent, les conditions de vie sociales. La percée de l'industrie mécanisée, à partir des années 1850, préfigure déjà le capitalisme industriel.

En remplaçant la main-d'œuvre, les métiers à tisser mécaniques et autres machines-outils font péricliter les traditions de l'artisanat dans divers domaines : toutes sortes d'objets du quotidien, jusqu'aux éléments décoratifs hier encore créés par des sculpteurs, sont bientôt standardisés, produits à la machine, et offerts dans des catalogues publiés à des milliers d'exemplaires. Les transports terrestre et maritime connaissent aussi leur révolution. La construction d'un réseau ferroviaire favorise le développement du commerce et bouleverse l'économie rurale en désenclavant les campagnes. Les bateaux à vapeur apportent au commerce international un surcroît de capacité, de vitesse et de régularité. Les chemins de fer et les navires permettent de multiplier le nombre des usines, autour desquelles s'édifient de nouvelles zones urbaines, avec leurs banlieues ouvrières. La révolution industrielle, qui dissout les communautés rurales, produit une véritable mutation sociale tout en suscitant une perception différente de la réalité. Le rythme rapide des changements, observé tant dans la transformation accélérée des modes de communication que dans les sphères du travail et de la vie quotidienne, entraîne une nouvelle compréhension de la distance et du temps.

Le prolétariat et la lutte des classes

La naissance du capitalisme et de l'économie de marché, associée à la division du travail, implique la concurrence et la compétitivité : on se doit de produire à un moindre coût une marchandise équivalente à celle de son rival. Chacun veut tirer profit du nouveau contexte de production massive : produire le plus possible au plus bas prix possible, afin d'accumuler le plus grand profit. Mais une société qui met tous les facteurs du progrès au service d'une infime minorité – laquelle ne pense qu'en termes d'ambition et d'enrichissement personnel – ne peut que voir s'accentuer les inégalités sociales.

Aspirant à des conditions de vie moins précaires, les paysans quittent en grand nombre les campagnes pour venir former les nouvelles masses ouvrières des villes. Ils sont rejoints par des artisans et des ouvriers qui exercent des métiers traditionnels dont l'importance ne cesse de décliner. Naît alors une nouvelle classe sociale : le prolétariat. Les journées des ouvriers comptent de 14 à 16 heures de travail et rapportent un salaire de misère ; les enfants sont nombreux à travailler, aux mêmes conditions inhumaines que les adultes. Ces manœuvres, devenus esclaves du machinisme, se sentent exploités, sont sujets aux accidents et aux maladies industrielles, et doivent vivre entassés dans des logements exigus. On cherche en vain les fruits du grand idéal démocratique de la Révolution qui devait profiter au peuple.

Honoré Daumier, *L'émeute*, v. 1848.

Cette œuvre, vraisemblablement réalisée pendant la révolution de 1848, est l'une des premières toiles que peint Daumier. Plus connu pour ses caricatures, cet artiste sait toutefois rendre compte de moments particulièrement dramatiques.

La bourgeoisie, appuyée de tout le poids de l'Église, s'efforce d'imposer sa respectabilité et son conformisme aussi bien moral qu'économique. La division entre la classe ouvrière et la classe bourgeoise éclate en révoltes sanglantes, ce qui amène des écrivains, comme Émile Zola (1840-1902), et des artistes, comme le peintre Gustave Courbet (1819-1877), à se préoccuper de questions sociales et à prendre la défense des prolétaires. Des intellectuels, de leur côté, proposeront bientôt de nouvelles doctrines sociales et syndicales susceptibles d'apporter une meilleure répartition des richesses et de diminuer les disparités sociales. Ces idées, de plus en plus perméables à l'esprit laïque, connaissent une première grande diffusion en 1848, lorsque le philosophe et économiste allemand Karl Marx (1818-1883) et le théoricien et homme politique Friedrich Engels (1820-1895) publient leur *Manifeste du parti communiste*.

Une nouvelle religion : la science

Au XIXe siècle, le développement des sciences naturelles et physiques bouleverse tous les domaines de la vie et donne à l'Europe le moyen de distancer les autres systèmes culturels. Les unes après les autres, toutes les limites du savoir semblent franchies.

Parmi ceux qui se démarquent dans le domaine des sciences expérimentales, citons Louis Pasteur (1822-1895), dont les découvertes bouleversent la médecine et la chirurgie, Claude Bernard (1813-1878), qui définit les lois du fonctionnement normal et pathologique de l'organisme, et Jean Martin Charcot (1825-1893), dont les travaux donnent une meilleure compréhension des phénomènes névrotiques. Pour sa part, Charles Darwin (1809-1882) suscite le tumulte avec sa théorie de l'évolution : la nature humaine, sur le double plan physique et mental, plongerait ses racines dans le monde animal ; l'évolution se serait faite sans Dieu, et l'homme, placé sur le même plan que les autres espèces, descendrait du singe. Ces découvertes sont si importantes qu'elles en viennent à modifier la perception que l'être humain a de lui-même et de sa place dans l'univers.

La nouvelle société, dominée par le matérialisme, n'hésite pas à voir dans sa foi en la science et dans les lois de la nature le gage d'un progrès illimité. Ce courant de pensée, appelé « scientisme », propage l'idée que l'humanité serait parvenue à une étape où la science, perçue comme la source fondamentale d'un progrès continu de la société, détient la clé de tous les problèmes, aussi bien humains que philosophiques. L'avancée des connaissances paraît telle que la foi dans le progrès supplante pour plusieurs la foi en Dieu : « La science renferme l'avenir de l'humanité. Il viendra un jour où l'humanité ne croira plus mais où elle saura », affirme Ernest Renan (1823-1892). Les idées du scientisme sont largement propagées par la doctrine positiviste. Élaborée essentiellement par Auguste Comte (1798-1857), cette doctrine repose sur l'hypothèse que l'expérience directe des faits et le raisonnement sont les seuls fondements du savoir.

André Brouillet, *Une leçon clinique à la Salpêtrière*, 1887.

Peintre académique, Brouillet connaît la célébrité avec cette toile présentée au Salon de 1887. On y reconnaît Jean Martin Charcot, l'un des fondateurs de la neurologie moderne, donnant une leçon sur l'hystérie à ses élèves et collaborateurs. La femme inconsciente, Blanche Wittmann, aussi connue sous le nom de Marie Weidermann ou encore sous le surnom de la « diva de l'hystérie », est l'une de ses patientes.

On manifeste une confiance naïve à l'égard de ce qui est contrôlable dans le champ de la matière et de l'espace, de ce qui est quantitatif et mesurable, comme les mathématiques, de ce qui est susceptible, par sa constance répétitive, de fournir des lois mesurables. Tous les autres domaines, soit ceux qui ne peuvent être étudiés avec des méthodes d'observation objectives et rationnelles, deviennent suspects. Bien évidemment, tout ce qui a trait à la culture ne peut être contrôlé ni mesuré par des moyens matériels. C'est le début de la division entre l'esprit scientifique, généralement valorisé comme supérieur parce que soumis à la raison, et l'esprit littéraire, qui inclut le domaine artistique, livré à l'imagination, « la folle du logis » (Malebranche).

Auguste Renoir, *La Grenouillère*, 1869.

Grand café-bal flottant et bains froids, la Grenouillère, à Croissy-sur-Seine, est très à la mode dans la seconde moitié du xixe siècle. Canotiers, artistes et bourgeois parisiens s'y donnent rendez-vous. C'est à cet endroit, en 1869, que les peintres Renoir et Monet peignent les œuvres qui feront naître l'impressionnisme. Affranchies des codes picturaux de l'académisme et de ses sujets « héroïques », elles sont notamment caractérisées par la fragmentation des touches colorées, la division des tons, la libération du dessin-contour et l'usage de couleurs claires.

Heurs et malheurs au tournant du siècle

Néanmoins, dans les dernières décennies du xixe siècle, la France connaît une grave crise de valeurs morales qui donne l'impression d'une société agonisante. Les espoirs de progrès social sont anéantis dans l'échec de la Commune (1871), un soulèvement populaire dont la répression sanglante vient confirmer le pouvoir de la bourgeoisie au détriment du prolétariat. On perd la confiance absolue que l'on avait placée dans la science, qui semblait pourtant détenir la solution à tous les problèmes : la tuberculose et la syphilis font des centaines de milliers de victimes, et l'industrialisation, si prometteuse il y a peu, entraîne une longue dépression économique.

La situation s'améliore au tournant du siècle, du moins pour les nouvelles couches sociales moyennes de la société urbaine. Les conquêtes coloniales rapportent de forts dividendes qui entraînent un accroissement de la production industrielle. De nouvelles techniques de pointe permettent un grand nombre de nouvelles inventions : le téléphone, le cinéma, l'automobile, les aéroplanes... Au même moment, on creuse le métropolitain à Paris. C'est une période d'extension de la presse illustrée et de développement des sports et des loisirs. Au théâtre, le vaudeville et la comédie offrent des divertissements faciles. Les cabarets et les guinguettes font fureur. On commence à suivre les modes vestimentaires et même à se déplacer de loin pour aller prendre des bains de mer. Paris, la Ville lumière, est la capitale universelle des arts. La vie mondaine se fait aussi brillante que frivole. Le nouveau confort et la floraison des distractions font triompher l'optimisme. On appelle « la Belle Époque » la période allant de 1900 à 1914. On ignore qu'on est à la veille de la grande boucherie de la guerre de 1914-1918.

La modernité littéraire et artistique

L'esprit républicain exige un changement de caractère de la littérature.

Mme de Staël

En art comme en littérature, le xixe siècle marque l'entrée dans la modernité. Il demeure toutefois que, dans ces domaines, la modernité ne saurait être associée à un *moment,* mais plutôt à une *manière.* L'écrivain et l'artiste font progressivement l'épreuve d'un rapport différent à l'art et au monde de celui appris et transmis jusqu'alors. Ils ne s'appuient plus sur un ordre ancien, sur un savoir établi au préalable, sur des images du passé auxquelles leurs perceptions comme leur imagination devaient se soumettre. Au contraire, chacun se mesure aux critères de beauté qu'il a lui-même inventés et qui, sans lui, n'auraient jamais existé ; chacun mène un combat au service de la création devenue la valeur suprême sur laquelle fonder sa vie. La littérature et l'art étaient assujettis à des normes techniques propres à garantir une forme ; l'art et la littérature modernes prétendent puiser à même l'énergie vitale les forces brutes qu'ils veulent agissantes. Il s'agit de chercher non plus à prolonger la culture, mais bien à la subvertir pour atteindre la nature. Ce qui compte dorénavant n'est plus l'achèvement de l'œuvre selon des modèles éprouvés, mais la quantité d'énergie

Eugène Delacroix, *Dante et Virgile aux enfers*, 1822.

Afin de rendre compte de la tourmente politique qui règne sous la Restauration, Delacroix cherche l'inspiration dans *La divine comédie* de Dante. Il explore les qualités expressives de la couleur, les juxtaposant afin de traduire la lumière, pour imposer ce qui distingue le romantisme du néoclassicisme : la passion, l'irrationnel et l'exaltation.

empruntée directement à la nature et à la société que l'artiste se croit à même de capter.

L'écrivain et l'artiste modernes font une lecture de leur monde dont ils constatent la dévastation ; ils observent la fêlure au cœur même de l'existence humaine. Pour l'exprimer, ils renoncent dorénavant à l'œuvre léchée, toute de maîtrise et de virtuosité, revendiquent même une forme de sauvagerie élémentaire. Deux principes fondamentaux guident les écrivains et les artistes durant tout le XIXᵉ siècle, et qui perdureront jusqu'à la seconde moitié du siècle suivant. Le premier est la liberté : ils s'insurgent contre l'hypocrisie de règles établies auparavant et imposées de l'extérieur, de canons stylistiques et de poncifs qui n'ont fait que perpétuer un ordre devenu arbitraire et porteur de désastres. Cultivant une exigence d'authenticité, l'artiste moderne s'engage dans un chemin chaque fois unique, qui l'amène à repenser et à renouveler le sens de son art. Il en résulte des œuvres innovatrices en osmose avec le monde contemporain. Cela ne manque pas d'entraîner un déplacement du centre de gravité de l'exigence morale, associée naguère à une éthique bourgeoise de l'ordre. Le second principe est le cosmopolitisme : c'est l'abandon des influences grecque et latine pour se mettre à l'école des littératures et des arts étrangers.

Les grandes tendances du XIXᵉ siècle

Trois grandes tendances traverseront le siècle : le romantisme, le réalisme et le symbolisme. Elles ne se sont pas constituées en école, mais, comme sont généralement formés les courants créatifs, elles sont nées de petits groupes de personnalités très diverses qui partageaient, au même moment, une sensibilité commune et les mêmes désirs d'inventer des images, des langages nouveaux.

On se doit cependant de constater que ces clivages sont loin d'être nets : Gustave Flaubert présente un héros romantique dans un cadre réaliste ; Honoré de Balzac est animé de la volonté romantique de représenter la totalité de la société tout en portant un sévère jugement sur elle ; le naturaliste Émile Zola crée un roman, *La faute de l'abbé Mouret,* qui emprunte à la facture symboliste ; l'œuvre de George Sand relève tout autant du romantisme que du réalisme ; sans oublier Charles Baudelaire, qui mérite aussi bien sa place chez les romantiques que chez les symbolistes.

Le romantisme ou le mal de vivre d'une génération (1800-1850)

Alors s'assit sur un monde en ruines une jeunesse soucieuse.

Alfred de Musset

En même temps que la science découvre de nouvelles sources d'énergie physique, les créateurs commencent à libérer une énergie qui, auparavant, était confinée dans la prison de la rationalité. À partir du romantisme, une nouvelle sensibilité balaie toute l'Europe, un nouvel espace de la subjectivité devient la source nourricière de la littérature et des arts.

Aux origines du romantisme

En raison des ravages de la Révolution puis de l'impact d'un régime napoléonien centralisateur qui incite à un retour au mode classique, le courant du romantisme en France connaît une distorsion chronologique par rapport à d'autres pays. Ainsi, quand, en 1820, il prend toute son ampleur en France, le romantisme est déjà sur son déclin en Allemagne et en Angleterre.

De fait, bien avant la littérature française, la littérature allemande s'était élevée contre le rationalisme du siècle des Lumières. Johann Wolfgang von Goethe a produit des œuvres qui exaltaient les émotions, les sentiments – surtout *Les souffrances du jeune Werther* (1774) et *Faust* (1775) – et qui ont eu une influence déterminante sur les romantiques français. Il en est de même pour la littérature anglaise : les romans historiques et gothiques d'inspiration fantastique de Walter Scott, les poèmes de Percy Bysshe Shelley et de John Keats tout autant que ceux de George Gordon Byron, sans oublier le théâtre de Shakespeare, laisseront une forte empreinte sur les écrivains français.

En plein XVIIIᵉ siècle français, Jean-Jacques Rousseau (1712-1778) a été le premier à opposer cette sensibilité nouvelle à la rigueur du classicisme et du rationalisme. Sa communion avec la nature, son aptitude à la rêverie et à la méditation de même que son intérêt pour l'analyse psychologique l'imposent comme le véritable réformateur des formes anciennes et l'initiateur du nouveau courant. Mais il faut attendre le début du XIXᵉ siècle pour que Mᵐᵉ de Staël et Chateaubriand poussent plus loin sa démarche et permettent l'épanouissement du romantisme français.

L'inquiétude d'une génération

La littérature et l'art portent généralement la marque de leur temps ; ils prennent à leur compte les enjeux et les débats qui forment la société. Durant les premières décennies du siècle, les jeunes, souvent des aristocrates, ont l'impression d'être emportés par une sorte d'accélération de l'Histoire ; ils éprouvent un sentiment d'impuissance à imposer des valeurs authentiques dans une société dominée par l'appât du gain, et dont ils se sentent exclus.

Un processus d'introspection amène cette génération à conclure que la vie, dans l'anonymat des grandes villes, où chacun est forcé de se soumettre aux impératifs sociaux et économiques d'une bourgeoisie qui impose le conformisme comme mode de vie, n'a rien de très valorisant. Faute de pouvoir composer avec ce monde sans repères, une voie s'impose, la seule, leur semble-t-il, susceptible d'assurer un ancrage dans cet univers à la dérive : le repli sur soi, hors des frontières étouffantes de l'expérience commune. Puisque le monde est devenu incompréhensible, on s'efforce d'explorer l'originalité fondamentale et sans limites du « moi ». Cette prééminence de la vie intérieure caractérisera tout le romantisme.

Une nouvelle conception de la beauté

L'idéal classique voulait que la beauté soit le fruit de l'expression de l'adéquation parfaite entre la forme et le contenu, entre l'esprit et la matière. Cette conception de la beauté fait maintenant place à une autre. Le romantisme attache plus de prix à l'originalité et à l'authenticité qu'au beau idéalisé et impersonnel. Eugène Delacroix écrit que le beau « sort des entrailles avec des douleurs et des déchirements, comme tout ce qui est destiné à vivre ». Recréée par chaque artiste, la beauté n'a plus de modèle extérieur ou idéal ; à la place, cette esthétique lui substitue le sublime, qui côtoie l'informe, le macabre et le grotesque. Pendant longtemps, l'art empruntera la voie tracée par cette nouvelle conception de l'esthétique.

Johann Heinrich Füssli, *Lady Macbeth somnambule*, v. 1784.

Füssli affectionne particulièrement la pièce *Macbeth* de William Shakespeare, un auteur qu'il connaît bien pour l'avoir traduit en allemand. Dans cette œuvre, il dépeint une Lady Macbeth errant la nuit, hantée par des cauchemars qui lui rappellent l'assassinat du roi Duncan dont elle est l'instigatrice. Son visage, empreint de terreur, est livide, presque fantomatique. Oscillant entre la folie et le fantastique, Füssli illustre bien toute l'irrationalité qui peut habiter l'être humain, un thème central du romantisme.

Le romantisme comme courant artistique (1800-1850)

Le peintre ne doit pas seulement peindre ce qu'il voit devant lui, mais aussi ce qu'il voit en lui-même.

Caspar David Friedrich

L'art romantique libère l'œuvre de sa reproduction objective pour l'étendre à la subjectivité des sens, au domaine des émotions. Cet art s'insurge contre toute règle imposée par l'autorité établie : à la discipline rationnelle de la forme, il préfère le dynamisme du sujet ; au primat du dessin, il répond par ses effets chromatiques ; à la quête de la beauté absolue, il oppose la densité insondable de l'être humain, avec tout ce qu'elle comporte de sensibilité, d'impulsions et de rêves. Les romantiques entendent avant tout redonner sa liberté au geste et accentuer l'effet personnel et pulsionnel. Même le trait de pinceau, devenu empâté et dynamique, impose sa présence, exprimant la continuité entre l'artiste et son œuvre.

Des précurseurs : les peintres fantastiques

Le néoclassicisme avait érigé un autel à la déesse Raison, exorcisant tout ce qui pouvait se situer au seuil d'une autre réalité ; des peintres romantiques y accèdent et ouvrent la porte d'un fantastique où sommeille la raison. Ce romantisme noir exprime les ténèbres d'un monde qui n'est plus celui des Lumières. Parmi ses principaux représentants,

citons l'Espagnol Francisco de Goya y Lucientes (1746-1828), qui se plaît à dénoncer les superstitions et l'ignorance de la société espagnole avec une fougue toute romantique que l'on reconnaît jusque dans sa technique des coups de pinceau expressifs, et le Suisse Johann Heinrich Füssli (1741-1825).

Les peintres paysagistes

Au XIXe siècle, le paysage acquiert son autonomie complète et devient le thème central d'œuvres picturales. Des peintres se laissent séduire par son aptitude à déclencher des élans émotionnels, des sentiments et des passions ; ils demandent aux formes peintes de fixer cette perception intériorisée.

En Angleterre, deux peintres ont particulièrement influencé la relation que l'artiste entretient à l'égard de la nature. Avec eux, les paysages cessent d'être un décor pour se faire émotion, l'art cesse d'imiter la nature pour révéler l'esprit qu'elle contient. John Constable (1776-1837), le premier artiste à peindre en plein air afin de pouvoir reproduire la mobilité et la vibration de la lumière sur les choses, peint la nature pour elle-même, sans effet de mise en scène. Quant à Joseph Mallord William Turner (1775-1851), il a tendance à rendre irréel le motif de ses paysages. En Allemagne, les paysages de Caspar David Friedrich (1774-1840), quant à eux, sont fort différents et surtout animés d'une vision spiritualisée du monde. En France,

Joseph Mallord William Turner, *Pluie, vapeur et vitesse, le grand chemin de fer de l'Ouest,* 1844.

Turner suggère ici tant le mouvement que l'impermanence de la scène en peignant le présent, symbolisé par le chemin de fer et le viaduc, et le passé qui disparaît, évoqué par les personnages et la nature, dans un brouillard lumineux avec des tons francs de bleu et d'orangé. Les formes sont dissoutes, les contrastes d'ombre et de lumière sont fondus, alors que les couleurs chaudes se font rayonnantes. Le peintre traduit ainsi l'industrialisation, démonisation du siècle, et anticipe l'impressionnisme.

les paysagistes, qui peignent dorénavant sur le motif, entendent moins évoquer des états d'âme que produire une peinture objective, une peinture qui soit le plus fidèle possible à la réalité, ce qui n'exclut cependant pas un arrière-plan lyrique. C'est le cas des peintres dits de l'école de Barbizon, dont font partie Théodore Rousseau, Charles François Daubigny, Jean-François Millet et surtout Jean-Baptiste Camille Corot (1796-1875).

Les grands maîtres du romantisme

Deux peintres ont particulièrement contribué à pousser la peinture vers des lieux où la réalité dramatique est portée à sa plus haute tension. Après avoir suscité la désapprobation et provoqué de violentes polémiques avec sa toile *Le radeau de la Méduse* (1819), Théodore Géricault (1791-1824) est célébré comme l'un des grands romantiques français. Mais il revient à Eugène Delacroix (1798-1863) d'avoir peint les œuvres dans lesquelles s'incarne véritablement le romantisme pictural. Deux grands thèmes traversent l'œuvre de Delacroix : une passion inassouvissable pour la liberté et l'Orient, dont il peint la beauté des femmes, les combats de chevaux et les chasses aux fauves. C'est le début d'une redynamisation de l'art européen par des sources orientales.

Théodore Géricault, *Le radeau de la Méduse,* 1819.

Dans cette œuvre phare de la période romantique, Géricault confère au naufrage de la frégate *Méduse,* survenu le 2 juillet 1816, l'ampleur d'un drame historique. Au moment de sa présentation officielle au Salon de 1819, la toile reçoit un accueil mitigé. La nouveauté de l'interprétation, le commentaire politique sous-jacent de même que la présence d'un personnage à la peau noire suscitent la controverse.

La littérature romantique ou la raison à l'ombre du cœur

Mon âme a son secret, ma vie a son mystère,
Un amour éternel en un moment conçu.
Mon mal est sans espoir, aussi j'ai dû le taire
Et celle qui l'a fait n'en a jamais rien su.

Félix Arvers

Dans les premières décennies du siècle, la littérature romantique se caractérise par une esthétique de l'émotion. Des ambiances subjectives rendent compte, de manière originale, de la complexité et de la singularité de l'âme humaine. Une jeunesse inquiète laisse jaillir, sans retenue, ses états d'âme, sa lassitude devant l'existence commune. On a donné à ce malaise existentiel les noms de « vague des passions », « mal romantique » ou « mal du siècle ».

Après 1830, ces écrivains idéalistes se montrent de plus en plus sensibles au malaise social, à la paupérisation et à l'agitation des villes. Aspirant à changer le monde, ils s'engagent et se mêlent aux tensions qui déchirent la société. Parallèlement, ils créent des héros à la figure prophétique qui méprisent les conventions jugées mesquines. Les libertés bridées et menacées de l'artiste et celles de la collectivité ne font bientôt plus qu'une seule et même cause. L'écrivain romantique vient de s'investir d'une mission, celle d'un prophète guidant le peuple vers sa libération.

Les thèmes privilégiés

Le mal-être qu'il ressent, l'écrivain veut l'exorciser, et c'est pour cette raison qu'il prend la plume. Il met des mots sur les souffrances de son âme. Certains thèmes sont privilégiés, en particulier le dépaysement. D'abord, un dépaysement dans l'espace : la quête d'une terre lointaine porteuse d'une beauté hors des canons européens. Se développe alors un goût pour l'exotisme, le pittoresque, la couleur locale, le curieux, le différent, l'étonnant. L'imagination abolit ainsi l'espace pour aborder l'exotique Orient et ses « paradis artificiels » (Baudelaire).

Les romantiques voyagent tout autant dans un univers dont les limites reculent dans le passé. Leur dépaysement temporel a une préférence marquée pour le Moyen Âge, une période mythifiée dont le gothique sert d'antidote à la tyrannie de l'Antiquité. Les ruines médiévales, encore présentes dans les campagnes françaises d'alors, sont appréciées pour leur incomplétude, pour la végétation en friche qui les recouvre et pour les signes que le temps inexorable y a laissés. Tout en forçant une réflexion sur la fragilité de l'existence humaine, ces ruines rappellent les premiers âges du christianisme et le passé glorieux de la nation.

S'inscrivant en faux contre le rationalisme profane du siècle des Lumières et l'athéisme des révolutionnaires de 1789, l'écrivain romantique se permet une ouverture sur les mondes de l'au-delà. Il se plaît à croire en l'existence d'un monde idéal et spirituel, d'un Dieu compréhensif avec qui il peut entrer en communication directe. Ce Dieu fait l'objet d'une religiosité vague qui prend ses distances par rapport aux dogmes chrétiens et qui s'autorise quelques pointes du côté de la superstition et de l'occultisme. Cette énergie spirituelle pourra même puiser dans la source déferlante du fantastique, qui préfère l'appel de l'émotion aux certitudes de la raison.

La nature, enfin, devient la grande confidente de ces artistes. Il ne s'agit plus d'une nature idéalisée, comme au temps du classicisme, mais de paysages à la sauvagerie indomptée et grandiose, perçus comme une intensité vivante, dans une sorte de communion mystique.

Caspar David Friedrich, *La mer de glace*, 1823-1824.

Ce peintre soigne l'effet dramatique de ses mises en scène afin d'amener le spectateur à saisir l'invisible contenu au cœur de la Création. Sa vision théâtralisée du paysage – des rochers inaccessibles, des glaciers sans fin, des abysses sans fond, des étendues sans limites – transfigure la réalité, ici celle du navire de guerre *HMS Griper* dont on peut voir la poupe emprisonnée dans cette mer de glace. La composition privilégie l'énergie qui anime l'univers et le perpétue, autant qu'elle contribue à déstabiliser le spectateur.

Mais cette nature, non encore corrompue par les valeurs de la modernité et du progrès, peut aussi se montrer hostile, complice de forces destructrices. En écho aux tourments de leur âme, à leurs sentiments contradictoires, ils peuvent donc peindre cette grande compagne intemporelle aimable ou menaçante.

L'écriture romantique

Les écrivains romantiques aiment accueillir les contradictions dans une fusion harmonieuse qui constitue la grande nouveauté de ce courant; c'est ainsi que s'emmêlent idéal et réel, intelligible et sensible, beauté et mélancolie, vie et mort. Dans le vocabulaire, pour peindre les nuances de leurs chagrins aussi bien que de leurs extases, le mot «pittoresque» évince le vocable «noble», importe plus que tout la capacité des mots à exprimer la puissance des passions. Quant à la phrase, le mode lyrique, voire élégiaque, convient le mieux pour traduire les états d'âme et émouvoir le lecteur. Brillant d'un éclat inaccoutumé grâce à des figures nombreuses et inédites, le style use abondamment d'exclamations, de métaphores et d'antithèses afin de faire saillir chaque détail.

La poésie L'expression privilégiée des romantiques

La poésie sera intime surtout, l'écho profond, réel, sincère des plus mystérieuses impressions de l'âme. Ce sera l'homme lui-même et non plus son image, l'homme sincère et tout entier.

Alphonse de Lamartine

Après la disette du XVIIIe siècle, la poésie est réhabilitée et connaît une véritable explosion au siècle suivant, comme si les poètes voulaient repoétiser la littérature. Explorateurs et interprètes d'un «mal du siècle» qui va s'aggravant de «révolution» en «révolution», les poètes romantiques semblent prendre la place laissée vacante par les philosophes du siècle précédent.

Ils ne s'égarent pas dans les recettes établies et les conventions; au contraire, ils reviennent à ce qui constitue la véritable essence de la poésie: un chant intérieur. Ils renouent ainsi avec une vieille tradition lyrique où les poètes chantaient à travers leur vie les malheurs de la condition humaine. Dorénavant, tout le vocabulaire peut être employé; les vers à la métrique variée deviennent la norme; le rejet et l'enjambement disloquent l'alexandrin.

Certains thèmes récurrents s'avèrent particulièrement aptes à traduire le mal de vivre et à rendre compte des états d'âme d'une conscience saisie par le vertige du temps: les ruines, les crépuscules, les couchers de soleil, l'automne, la nuit et la lune, les orages et les tempêtes d'une nature déchaînée. Pour exprimer la violence des sentiments, le poète laisse son imagination en libre vagabondage, d'où la présence d'images inattendues et mystérieuses. L'usage fréquent des comparaisons, des métaphores, des suggestions et des symboles contribue à traduire la complexité et la richesse de l'être humain. Le poète fait si bien éclater le corset de la forme traditionnelle que le poème peut dorénavant s'écrire en prose.

Alphonse de Lamartine
(1790-1869)

Borné dans sa nature, infini dans ses vœux,
L'homme est un dieu tombé qui se souvient
*   des cieux.*

Jeune aristocrate idéaliste, Alphonse de
Lamartine entretient les plus hautes ambitions
politiques. Engagé dans la carrière diplomatique,
il est aussi député puis ministre, avant de diriger
le gouvernement provisoire de 1848 ; candidat
aux présidentielles, il essuie un cuisant échec
face au prince Napoléon.

Baron Gérard François Pascal Simon,
Alphonse de Lamartine, 1831.

De caractère sentimental et rêveur, Lamartine signe
les véritables débuts de la poésie romantique avec
ses *Méditations poétiques* (1820). Dans des poèmes
plus tendres que passionnés, où il laisse s'épancher
sa sensibilité et son lyrisme, le poète décrit en toute
sincérité ses états d'âme et ses croyances.

«Le lac», que la mort d'une jeune femme qu'il aimait
lui a inspiré, exprime des impressions empreintes de
mélancolie. Avec un sens musical indéniable, où les
sonorités sont soignées alors que le rythme donne
au texte toute sa grâce, le poète développe les
thèmes de la fuite du temps et de la nature consola-
trice qui peut apporter une réponse au mal de vivre.

Le lac

Ainsi, toujours poussés vers de nouveaux rivages,
Dans la nuit éternelle emportés sans retour,
Ne pourrons-nous jamais sur l'océan des âges
Jeter l'ancre un seul jour ?

5 Ô lac ! l'année à peine a fini sa carrière,
Et près des flots chéris qu'elle devait revoir,
Regarde ! je viens seul m'asseoir sur cette pierre
Où tu l'as vue s'asseoir !

Tu mugissais ainsi sous ces roches profondes ;
10 Ainsi tu te brisais sur leurs flancs déchirés ;
Ainsi le vent jetait l'écume de tes ondes
Sur ses pieds adorés.

Un soir, t'en souvient-il ? nous voguions en silence ;
On n'entendait au loin, sur l'onde et sous les cieux,
15 Que le bruit des rameurs qui frappaient en cadence
Tes flots harmonieux.

Tout à coup des accents inconnus à la terre
Du rivage charmé frappèrent les échos ;
Le flot fut attentif, et la voix qui m'est chère
20 Laissa tomber ces mots :

«Ô temps, suspends ton vol ! et vous, heures propices[1],
Suspendez votre cours :
Laissez-nous savourer les rapides délices
Des plus beaux de nos jours !

25 Assez de malheureux ici-bas vous implorent :
Coulez, coulez pour eux ;

Prenez avec leurs jours les soins[2] qui les dévorent ;
Oubliez les heureux.

Mais je demande en vain quelques moments encore :
30 Le temps m'échappe et fuit ;
Je dis à cette nuit : Sois plus lente, et l'aurore
Va dissiper la nuit.

Aimons donc, aimons donc ; à l'heure fugitive,
Hâtons-nous, jouissons !
35 L'homme n'a point de port, le temps n'a point de rive ;
Il coule, et nous passons ! »

Temps jaloux, se peut-il que ces moments d'ivresse,
Où l'amour à longs flots nous verse le bonheur,
S'envolent loin de nous de la même vitesse
40 Que les jours de malheur ?

Eh quoi ! n'en pourrons-nous fixer au moins la trace ?
Quoi ! passés pour jamais ? quoi ! tout entiers perdus ?
Ce temps qui les donna, ce temps qui les efface,
Ne nous les rendra plus !

45 Éternité, néant, passé, sombres abîmes,
Que faites-vous des jours que vous engloutissez ?
Parlez : nous rendrez-vous ces extases sublimes
Que vous nous ravissez ?

Ô lac ! rochers muets ! grottes ! forêts obscures !
50 Vous que le temps épargne ou qu'il peut rajeunir,
Gardez de cette nuit, gardez, belle nature,
Au moins le souvenir !

Qu'il soit dans ton repos, qu'il soit dans tes orages,
Beau lac, et dans l'aspect de tes riants coteaux,
55 Et dans ces noirs sapins, et dans ces rocs sauvages
Qui pendent sur tes eaux !

Qu'il soit dans le zéphyr qui frémit et qui passe,
Dans les bruits de tes bords par tes bords répétés,
Dans l'astre au front d'argent qui blanchit ta surface
60 De ses molles clartés !

Que le vent qui gémit, le roseau qui soupire,
Que les parfums légers de ton air embaumé,
Que tout ce qu'on entend, l'on voit ou l'on respire,
Tout dise : Ils ont aimé !

Alphonse de Lamartine, *Méditations poétiques*, 1820.

1. Favorables. 2. Soucis.

VERS LA DISSERTATION

Le lac

1. À qui s'adresse le poète ? Déterminez tous les destinataires.

2. Le lac est personnifié. Montrez-le.

3. Faites ressortir tous les mots liés :

    a) à la nature ;

    b) au temps.

4. Dites ce qu'indiquent les temps* et modes*
    verbaux suivants :

    a) le présent de l'indicatif ;

    b) le passé simple, l'imparfait et le passé composé
        de l'indicatif.

5. Lorsque le poète emploie l'impératif présent, est-ce
    seulement au lac qu'il s'adresse ? Quel est l'effet de
    ce procédé grammatical* ?

6. Que remarquez-vous quant à l'usage de la ponctuation ?

7. En quoi le lac, les rochers, les grottes et les forêts (v. 49)
    sont-ils différents de l'humain ?

■■■ **Sujet de dissertation explicative**

Le poème « Le lac » d'Alphonse de Lamartine appartient au
romantisme. Discutez cette affirmation.

Jean-Baptiste Camille Corot, *L'église de Marissel, près de
Beauvais,* 1866.

Corot est, avec Jean-François Millet et Charles François Daubigny,
l'un des premiers peintres français à peindre « d'après nature ». Ses
œuvres se distinguent par une palette claire, une juxtaposition de
touches légères et l'usage de tons argentés. Il accorde une attention
particulière aux éléments de la nature, transposant sur la toile tant la
qualité de la lumière que la fraîcheur et la limpidité de l'air.

Quelques vers célèbres
de Lamartine

« Un seul être vous manque, et tout est dépeuplé. »

« Comme des pas muets qui marchent sur des mousses. »

« Un grand peuple sans âme est une vaste foule. »

« Quel crime avons-nous fait pour mériter de naître ? »

Quelques vers célèbres de Musset

« Qu'importe le flacon pourvu qu'on ait l'ivresse ? »

« La vie est un sommeil, l'amour en est le rêve,
Et vous aurez vécu si vous avez aimé. »

« Je suis venu trop tard dans un monde trop vieux. »

« L'homme est un apprenti, la douleur est son maître,
Et nul ne se connaît tant qu'il n'a pas souffert. »

« Le seul bien qui me reste au monde
Est d'avoir quelquefois pleuré. »

« Un souvenir heureux est peut-être sur terre
Plus vrai que le bonheur. »

« Il n'est pire douleur
Qu'un souvenir heureux dans les jours de malheur. »

Alfred de Musset (1810-1857)

Les plus désespérés sont les chants les plus beaux
Et j'en sais d'immortels qui sont de purs sanglots.

Louis Picard, *Alfred de Musset,*
XIXᵉ **siècle.**

Enfant prodige, Alfred de Musset se fait remarquer par son génie poétique, dès l'âge de 14 ans. Cet auteur fécond dans plusieurs genres littéraires – poésie, récit autobiographique, théâtre – a une vie sentimentale mouvementée : de nombreuses conquêtes amoureuses ne laissent qu'amertume dans son âme tourmentée et éprise d'absolu.

Musset inscrit dans ses vers l'expression spontanée de son humeur et de son âme ; sa grande sensibilité donne l'impression qu'il porte son cœur en écharpe. Accablé par l'irrémédiable solitude humaine en plus de celle inhérente au poète, il s'interroge sur les rapports entre la douleur et la création artistique, demande à la vertu des mots d'alléger sa souffrance.

Avec son style d'une grande souplesse, toujours élégant et gracieux, Musset atteint une éloquence ardente et douloureuse. Dans *Les nuits* (1835-1837), d'émouvants dialogues entre le poète accablé par la douleur et la Muse qui l'inspire et lui suggère l'espoir, la poésie se fait un véritable chant de souffrance, tout en démontrant que la douleur peut être inspiratrice, salvatrice. Tel le pélican qui donne son cœur en pâture à ses petits affamés, le poète livre au lecteur les vers que lui dicte sa douleur.

Eugène Lami, *La nuit de mai,* illustration de
Les nuits d'Alfred de Musset, XIXᵉ siècle.

Le pélican[1]

Rien ne nous rend si grands qu'une grande douleur.
Mais, pour en être atteint, ne crois pas, ô poète,
Que ta voix ici-bas doive rester muette.
Les plus désespérés sont les chants les plus beaux,
5 Et j'en sais d'immortels qui sont de purs sanglots.
Lorsque le pélican, lassé d'un long voyage,
Dans les brouillards du soir retourne à ses roseaux,
Ses petits affamés courent sur le rivage
En le voyant au loin s'abattre sur les eaux.
10 Déjà, croyant saisir et partager leur proie,
Ils courent à leur père avec des cris de joie
En secouant leurs becs sur leurs goitres hideux.
Lui, gagnant à pas lents une roche élevée,
De son aile pendante abritant sa couvée,
15 Pêcheur mélancolique, il regarde les cieux.
Le sang coule à longs flots de sa poitrine ouverte ;
En vain il a des mers fouillé la profondeur :
L'Océan était vide et la plage déserte ;
Pour toute nourriture il apporte son cœur.
20 Sombre et silencieux, étendu sur la pierre,
Partageant à ses fils ses entrailles de père,
Dans son amour sublime il berce sa douleur,
Et, regardant couler sa sanglante mamelle,
Sur son festin de mort il s'affaisse et chancelle,

25 Ivre de volupté, de tendresse et d'horreur.
Mais parfois, au milieu du divin sacrifice,
Fatigué de mourir dans un trop long supplice,
Il craint que ses enfants ne le laissent vivant ;
Alors il se soulève, ouvre son aile au vent,
30 Et, se frappant le cœur avec un cri sauvage,
Il pousse dans la nuit un si funèbre adieu,
Que les oiseaux des mers désertent le rivage,
Et que le voyageur attardé sur la plage,
Sentant passer la mort, se recommande à Dieu.
35 Poète, c'est ainsi que font les grands poètes.
Ils laissent s'égayer ceux qui vivent un temps ;
Mais les festins humains qu'ils servent à leurs fêtes
Ressemblent la plupart à ceux des pélicans.
Quand ils parlent ainsi d'espérances trompées,
40 De tristesse et d'oubli, d'amour et de malheur,
Ce n'est pas un concert à dilater le cœur.
Leurs déclamations sont comme des épées :
Elles tracent dans l'air un cercle éblouissant,
Mais il y pend toujours quelque goutte de sang.

Alfred de Musset, « La nuit de mai » (extrait),
Les nuits, 1835.

1. Dans cet extrait, c'est la Muse qui parle au poète.

VERS LA DISSERTATION

Le pélican

1. Ce poème revêt une tonalité pathétique*. Quels éléments thématiques et formels permettent de le constater ?

2. a) La poésie romantique associe l'acte de création à la souffrance. Relevez des vers qui, dès le début, laissent entrevoir cet aspect.

   b) Relevez la figure d'opposition* présente dans ces vers et expliquez-en l'effet.

   c) Faites de même avec deux autres passages dans lesquels vous repérez un contraste dont un élément concerne la douleur. Pour chacun, déterminez l'autre facette de l'opposition et décrivez-en les effets.

   d) Que révèle l'allégorie* du pélican sur la vision romantique du poète ? Justifiez votre réponse en mettant en relation le récit du pélican et le propos qu'adresse la Muse au poète.

3. Quel aspect du rôle du père décrit le mieux la relation entre le pélican et ses petits ? En ce sens, expliquez l'échec de l'oiseau.

4. Par l'allusion au sacrifice, le poème prend une dimension religieuse.

   a) Relevez les éléments du champ lexical* de la religion.

   b) Repérez un vers permettant de croire que le pélican incarne en quelque sorte un martyre. Expliquez l'effet d'un procédé d'écriture* qui soutient cette idée.

La maison du berger

Vivez, froide Nature, et revivez sans cesse
Sous vos pieds, sur nos fronts, puisque c'est votre loi ;
Vivez, et dédaignez, si vous êtes déesse,
L'Homme, humble passager, qui dut[1] vous être un roi ;
5 Plus que tout votre règne et que ses splendeurs vaines
J'aime la majesté des souffrances humaines,
Vous ne recevrez pas un cri d'amour de moi.

Mais toi[2], ne veux-tu pas, voyageuse indolente,
Rêver sur mon épaule, en y posant ton front ?
10 Viens du paisible seuil de la maison roulante
Voir ceux qui sont passés et ceux qui passeront.
Tous les tableaux humains[3] qu'un Esprit pur m'apporte
S'animeront pour toi, quand devant notre porte
Les grands pays muets longuement s'étendront.

15 Nous marcherons ainsi, ne laissant que notre ombre
Sur cette terre ingrate où les morts ont passé ;
Nous nous parlerons d'eux à l'heure où tout est sombre,
Où tu te plais à suivre un chemin effacé,
À rêver, appuyée aux branches incertaines,
20 Pleurant comme Diane[4] au bord de ses fontaines,
Ton amour taciturne et toujours menacé.

Alfred de Vigny, *Les destinées*, 1864 (œuvre posthume).

1. Aurait dû. **2.** Le poème est dédié à une femme, Éva. **3.** C'est ainsi que Vigny désigne ses poèmes. **4.** Déesse romaine de la chasse.

VERS LA DISSERTATION

La maison du berger

1. Étudiez la forme de ce poème. Que peut-on dire à propos des rimes ?

2. Dans la première strophe, pourquoi dit-on que l'homme est un « humble passager » (v. 4) ?

3. Quel procédé stylistique* est employé pour parler de la nature ? À quoi le voit-on ?

4. Le poète parle d'un « Esprit pur » (v. 12). Qu'est-ce ?

5. Trouvez les procédés stylistiques suivants :

   a) deux euphémismes* ;

   b) une périphrase* ;

   c) un oxymore*.

Alfred de Vigny (1797-1863)

À voir ce que l'on fut sur terre et ce qu'on laisse Seul le silence est grand ; tout le reste est faiblesse.

François-Joseph Kinson, *Alfred de Vigny*, en uniforme de gendarme de la Maison du Roi, XIXᵉ siècle.

Poète-philosophe, Alfred de Vigny est hanté par la question du mal et de la souffrance. Aussi, contrairement aux autres romantiques, il ne veut pas se faire le chantre des épanchements de son cœur et de ses tourments personnels. Il voit plutôt dans la poésie un art porteur d'une mission et s'emploie donc, sous forme imagée et poétique, à répandre ses idées.

La poésie se met ici au service d'une seule cause : traduire l'angoisse de l'homme face à son destin. Vigny exprime la solitude inhérente à l'humain et la détresse de la condition humaine, parce qu'il n'y aurait rien à attendre ni de la nature ni de Dieu. C'est le mal de vivre dans un monde sans issue, comme si un aveugle destin pesait sur chacun. Le poète ne se contente donc pas de simples compositions descriptives ; il cherche plutôt dans la nature ou dans l'histoire des sujets dont il peut tirer une conclusion morale, en faire des symboles. Avec une élégance dans le désespoir, Alfred de Vigny produit une œuvre d'une beauté sévère, marquée par la fermeté de la pensée et de l'expression. « La maison du berger » dit l'extrême fragilité de la condition humaine.

Quelques vers célèbres de Vigny

« Aimez ce que jamais on ne verra deux fois. »

« Ta pensée a des bonds comme ceux des gazelles. »

« Le vrai Dieu, le Dieu fort, est le Dieu des idées. »

« L'honneur, c'est la poésie du devoir. »

Nadar, *Victor Hugo*, 1884.

Victor Hugo (1802-1885)

La faim, c'est le regard de la prostituée,
C'est le bâton ferré du bandit, c'est la main
Du pâle enfant volant un pain sur le chemin.

Véritable «Roi-Soleil» de la littérature, chef de file des romantiques, Victor Hugo occupe, par la puissance de son génie lyrique, satirique et épique, une place exceptionnelle dans la poésie du XIXᵉ siècle. Couronné à 15 ans par l'Académie française, il ne cessera d'écrire, produisant avec une ferveur égale des recueils lyriques, des drames et des romans. Dessinateur génial, homme de passion et de conviction, tribun énergique, écrivain virtuose, Hugo se croit investi d'une mission civilisatrice et prophétique, celle de guide de la nation, voire d'interprète de Dieu. Mais celui qui ne vise rien de moins que de «devenir l'écho sonore» de son siècle fait preuve d'une bonté au moins aussi grande que son orgueil : il n'hésite jamais à mettre sa plume et sa personne au service des causes humanitaires, se portant à la défense des humbles et des démunis. «Ma vie se résume en deux mots : solitaire, solidaire», écrit-il.

Hugo ne cesse de combattre la logique politique qui engendre la tyrannie, ni de pourfendre l'obscurantisme. Révolutionnaire, il défend l'idée, subversive à l'époque, que la misère ne peut être considérée comme une fatalité sociale, mais qu'elle doit être décrite «pour que la conscience de son obscénité [...] préside à son inéluctable dissolution». Sa confiance inébranlable dans le progrès et ses idées généreuses le convainquent que les forces du bien finiront par triompher.

L'imagination descriptive de Victor Hugo possède la faculté de créer une vérité poétique qui se substitue au monde réel, de faire surgir le réel au lieu de le reproduire. Sa versification, chef-d'œuvre de souplesse et de force, donne à des sujets communs des proportions sublimes. «Melancholia» se fait plaidoyer en faveur des enfants forcés d'accomplir un travail inhumain.

Melancholia

Où vont tous ces enfants dont pas un seul ne rit ?
Ces doux êtres pensifs, que la fièvre maigrit ?
Ces filles de huit ans qu'on voit cheminer seules ?
Ils s'en vont travailler quinze heures sous des meules ;
5 Ils vont, de l'aube au soir, faire éternellement
Dans la même prison le même mouvement.
Accroupis sous les dents d'une machine sombre,
Monstre hideux qui mâche on ne sait quoi dans l'ombre,
Innocents dans un bagne, anges dans un enfer,
10 Ils travaillent. Tout est d'airain, tout est de fer.
Jamais on ne s'arrête et jamais on ne joue.
Aussi quelle pâleur ! la cendre est sur leur joue.
Il fait à peine jour, ils sont déjà bien las.
Ils ne comprennent rien à leur destin, hélas !
15 Ils semblent dire à Dieu : «Petits comme nous sommes,
«Notre père, voyez ce que nous font les hommes ! »
Ô servitude infâme imposée à l'enfant !
Rachitisme ! travail dont le souffle étouffant
Défait ce qu'a fait Dieu ; qui tue, œuvre insensée,
20 La beauté sur les fronts, dans les cœurs la pensée,
Et qui ferait – c'est là son fruit le plus certain ! –
D'Apollon un bossu, de Voltaire un crétin !
Travail mauvais qui prend l'âge tendre en sa serre,
Qui produit la richesse en créant la misère,
25 Qui se sert d'un enfant ainsi que d'un outil !

Victor Hugo, *Les contemplations*, 1855.

VERS LA DISSERTATION

Melancholia

1. a) Ce poème reflète l'engagement social et politique de Victor Hugo. Quelle situation dénonce-t-il ?

   b) À quel aspect du romantisme cet engagement correspond-il ?

2. Hugo met en œuvre plusieurs moyens pour insister sur le caractère inacceptable de la situation et susciter la pitié du lecteur.

   a) Décrivez l'effet de la forme interrogative* au début du poème.

   b) Expliquez comment les variations de la posture d'énonciation* contribuent au pathétisme. Citez un passage qui appuie votre propos.

3. La dénonciation faite par Hugo repose sur les contrastes. Relevez et nommez trois figures d'opposition*. Décrivez-en les effets.

4. Relevez les figures de style* qui décrivent le travail. Quel sens commun les relie ?

Quelques vers célèbres de Hugo

« La forme, c'est le fond qui remonte à la surface. »

« Et ton amour m'a fait une virginité. »

« Souvent femme varie / Bien fol est qui s'y fie ! »

« Oh ! N'insultez jamais une femme qui tombe !
Qui sait sous quel fardeau la pauvre âme succombe. »

« La popularité ? c'est la gloire en gros sous. »

« Les mots sont les passants mystérieux de l'âme. »

« La moitié d'un ami, c'est la moitié d'un traître. »

« J'en passe et des meilleurs. »

« Je fis une tempête au fond de l'encrier [...] »

Stimuler, presser, gronder, réveiller, inspirer, c'est cette fonction [...] qui imprime à la littérature de ce siècle un si haut caractère de puissance et d'originalité.

Victor Hugo

Les écrivains romantiques renoncent à hiérarchiser les genres littéraires, comme on le faisait depuis toujours. Le roman obtient autant de reconnaissance que le théâtre ou la poésie. Mieux, ce genre, qui échappe à l'emprise des usages littéraires et qui est susceptible de se prêter aux sujets les plus divers, s'épanouit ; il est à la veille de s'imposer comme le genre le plus prisé au XIXe siècle. Libéré de toute unité de temps, le roman peut franchir en deux mots l'espace de quelques années ; affranchi de l'unité de lieu, il a le don de la mobilité ; observateur privilégié de la société, il décrit les transformations qu'engendrent les nouveaux droits des individus, les ascensions inattendues aussi bien que les déconfitures soudaines.

Deux types de romans s'attirent particulièrement la faveur des romantiques : le roman autobiographique (ou roman-confession) et le roman historique.

Le roman autobiographique

Le roman autobiographique s'inscrit dans la filiation de *Julie ou la nouvelle Héloïse,* de Jean-Jacques Rousseau. Son auteur revendique le droit de parler à la première personne, privilégie le récit intimiste et sentimental, et accorde une grande place à l'analyse psychologique. Ce roman exprime les souffrances d'un « moi » en proie à ses doutes et à ses désirs contradictoires, inhabile à composer avec la réalité.

Anne-Louis Girodet-Trioson, *Chateaubriand,*
1809.

François René de Chateaubriand (1768-1848)

On habite avec un cœur plein, un monde vide,
et sans avoir usé de rien, on est désabusé de tout.

Diplomate, homme politique, grand voyageur en Amérique et en Orient, ardent défenseur du catholicisme qu'il souhaite réhabiliter, Chateaubriand est aussi le grand romancier qui a révélé la formule essentielle du romantisme. Il réussit à cristalliser de nombreuses tendances diffuses : goût pour le religieux, sentiment du « moi » incompris et mélancolique, adéquation de la nature et des sentiments humains, attrait de l'exotisme... Son style somptueux donne une fraîcheur et un éclat inaccoutumés aux sujets et aux sentiments ressentis par les personnages, particulièrement quand il explore les émotions intimes.

Dans son roman à forte couleur autobiographique, *René* (1802), le héros éponyme, dégoûté de la vie et en proie au « vague des passions », rêvant de gloire et d'exotisme, s'embarque pour le Nouveau Monde. L'âme prise dans les filets de l'angoisse la plus noire, René s'épuise dans la recherche vaine d'un idéal impossible. Lui qui cherchait l'oubli ne trouve finalement dans les forêts d'Amérique du Nord qu'un sens plus aigu de son néant ; le spectacle grandiose de la nature exacerbe même sa tristesse. Une génération entière, qui se croyait maudite, se reconnaît dans cette âme tourmentée et fait du personnage de René le premier héros romantique français.

Ces régions inconnues que ton cœur demande

« Mais comment exprimer cette foule de sensations fugitives que j'éprouvais dans mes promenades ? Les sons que rendent les passions dans le vide d'un cœur solitaire ressemblent au murmure que les vents et les eaux font
5 entendre dans le silence d'un désert : on en jouit, mais on ne peut les peindre.

« L'automne me surprit au milieu de ces incertitudes : j'entrai avec ravissement dans les mois des tempêtes. Tantôt j'aurais voulu être un de ces guerriers errant au milieu
10 des vents, des nuages et des fantômes ; tantôt j'enviais jusqu'au sort du pâtre que je voyais réchauffer ses mains à l'humble feu de broussailles qu'il avait allumé au coin d'un bois. J'écoutais ses chants mélancoliques, qui me rappelaient que dans tout pays le chant naturel de l'homme
15 est triste, lors même qu'il exprime le bonheur. Notre cœur est un instrument incomplet, une lyre où il manque des cordes, et où nous sommes forcés de rendre les accents de la joie sur le ton consacré aux soupirs.

« Le jour, je m'égarais sur de grandes bruyères terminées
20 par des forêts. Qu'il fallait peu de chose à ma rêverie ! une feuille séchée que le vent chassait devant moi, une cabane dont la fumée s'élevait dans la cime dépouillée des arbres, la mousse qui tremblait au souffle du nord, sur le tronc d'un chêne, une roche écartée, un étang désert où le jonc
25 flétri murmurait ! Le clocher solitaire s'élevant au loin dans la vallée a souvent attiré mes regards ; souvent j'ai suivi des yeux les oiseaux de passage qui volaient au-dessus de ma tête. Je me figurais les bords ignorés, les climats lointains où ils se rendent ; j'aurais voulu être sur leurs ailes. Un
30 secret instinct me tourmentait ; je sentais que je n'étais moi-même qu'un voyageur ; mais une voix du ciel semblait me dire : "Homme, la saison de ta migration n'est pas encore venue ; attends que le vent de la mort se lève, alors tu déploieras ton vol vers ces régions inconnues que ton
35 cœur demande."

« Levez-vous vite, orages désirés, qui devez emporter René dans les espaces d'une autre vie ! » Ainsi disant, je marchais à grands pas, le visage enflammé, le vent sifflant dans ma chevelure, ne sentant ni pluie, ni frimas, enchanté, tour-
40 menté, et comme possédé par le démon de mon cœur. »

François René de Chateaubriand, *René*, 1802.

VERS LA DISSERTATION

Ces régions inconnues que ton cœur demande

1. a) Cet extrait traduit les états d'âme du personnage de René. Dégagez les principaux sentiments qui l'animent.

   b) Quelle est la saison décrite dans l'extrait ? Dans quelle mesure fait-elle écho à la rêverie de René ?

   c) Comment la narration* et la focalisation* sont-elles cohérentes avec le propos* ?

2. En harmonie avec la nature, la rêverie de René glisse peu à peu vers l'appel de la mort. Illustrez cette progression en décrivant l'effet des procédés d'écriture* suivants, que vous repérerez dans l'extrait : comparaison* (1er paragraphe), antithèse* (2e paragraphe), accumulation* (3e paragraphe) et allégorie* ou métaphore* (4e paragraphe).

3. Malgré la violence qu'elle suppose, la mort attire René plus qu'elle ne l'effraie.

   a) Dans l'ensemble de l'extrait, relevez les termes qui laissent voir la sérénité de René et son abandon à sa sombre rêverie.

   b) Dans le dernier paragraphe, relevez et commentez en ce sens les éléments suivants : un oxymore*, l'emploi de l'impératif*, une accumulation*, une antithèse*, l'emploi de la négation*, une métaphore*.

4. Le sentiment d'inadaptation au monde propre au romantisme transparaît clairement dans cet extrait.

   a) Quelle métaphore* traduit le manque, l'impression de ne pas disposer de toutes les ressources pour s'épanouir dans le monde ?

   b) Quelle métaphore* laisse croire que René n'est que de passage dans ce monde ?

   c) Malgré ce sentiment d'impuissance et d'altérité, le poète semble s'élever au-dessus des humains, ressentir une grande dignité dans la souffrance. Expliquez cette idée en vous appuyant sur des passages de l'extrait.

▨ Sujet de dissertation explicative

René est un personnage romantique, aussi tourmenté que le paysage et les éléments de la nature qu'il décrit. Justifiez cette affirmation.

Caspar David Friedrich, *Le soir*, 1820-1821.

Chef de file du romantisme allemand, Friedrich a su tirer profit du *Traité des couleurs* de son ami Goethe. Il se démarque toutefois de ses contemporains par l'importance qu'il accorde au paysage en tant que sujet mystique et allégorique, jusqu'à lui donner une dimension spirituelle.

Le roman historique

Le romantisme a aussi favorisé la résurrection du roman historique, rendu populaire par le romancier écossais Walter Scott (1771-1832) qui, le premier, a célébré l'épopée médiévale dans *Ivanhoé* (1819). Marqué par le goût du pittoresque et de la couleur locale, ce type de roman transporte le lecteur loin d'un présent sans issue : il célèbre le temps jadis en rappelant aussi bien les grands évènements que les détails de la vie quotidienne d'autrefois. Alexandre Dumas, avec *Les trois mousquetaires* (1844) et *Le comte de Monte-Cristo* (1845), et Eugène Sue marcheront avec succès sur les traces de Scott. Mais le souffle épique et le génie de Victor Hugo font de l'ombre aux autres écrivains.

Victor Hugo (suite)

Tant qu'il y aura sur la terre ignorance et misère, des livres de la nature [des Misérables*] pourront ne pas être inutiles.*

À 16 ans, Victor Hugo a déjà écrit une première œuvre romantique, *Bug-Jargal*. Deux romans au souffle épique lui valent par la suite un immense succès populaire : *Notre-Dame de Paris* (1831) et *Les misérables* (1862). Alors que le second s'attache à la manière dont les vies individuelles se jouent dans le contexte des évènements historiques qui marquent une époque, le premier constitue une vaste fresque historique où le romancier fait revivre, sur fond d'intrigues et de décors médiévaux souvent inquiétants, le Paris du xve siècle.

Habile à brosser des tableaux de vie dans une atmosphère quasi mythologique, Hugo donne vie à la cathédrale de Paris, figure centrale d'un récit à la fois épique et fantastique, en plus de créer un nouveau personnage littéraire, le peuple : tout le peuple des pauvres et des parias se retrouve dans cette évocation spectaculaire et mythique de Paris, ce qui ajoute une dimension sociale au roman historique. Certains personnages secondaires entrent vite dans l'imaginaire collectif, tel le sonneur de cloches Quasimodo, un colosse difforme, véritable gargouille vivante, qui émeut le lecteur par la beauté de son âme. Cette flamboyante histoire d'amour aux ressorts mélodramatiques est aussi un roman symbolique dans lequel chaque personnage incarne une dimension de la société médiévale.

C'étaient les deux misères extrêmes de la nature

Quasimodo s'était arrêté sous le grand portail[1]. Ses larges pieds semblaient aussi solides sur le pavé de l'église que les lourds piliers romans. Sa grosse tête chevelue s'enfonçait dans ses épaules comme celle des lions qui eux aussi ont
5 une crinière et pas de cou. Il tenait la jeune fille[2] toute palpitante suspendue à ses mains calleuses comme une draperie blanche; mais il la portait avec tant de précaution qu'il paraissait craindre de la briser ou de la faner. On eût dit qu'il sentait que c'était une chose délicate, exquise
10 et précieuse, faite pour d'autres mains que les siennes. Par moments, il avait l'air de n'oser la toucher, même du souffle. Puis, tout à coup, il la serrait avec étreinte dans ses bras, sur sa poitrine anguleuse, comme son bien, comme son trésor, comme eût fait la mère de cette enfant; son
15 œil de gnome, abaissé sur elle, l'inondait de tendresse, de douleur et de pitié, et se relevait subitement plein d'éclairs. Alors les femmes riaient et pleuraient, la foule trépignait d'enthousiasme, car en ce moment-là Quasimodo avait vraiment sa beauté. Il était beau, lui, cet orphelin, cet en-
20 fant trouvé, ce rebut, il se sentait auguste et fort, il regardait en face cette société dont il était banni, et dans laquelle il intervenait si puissamment, cette justice humaine à laquelle il avait arraché sa proie, tous ces tigres forcés de mâcher à vide, ces sbires, ces juges, ces bourreaux, toute
25 cette force du roi qu'il venait de briser, lui infirme, avec la force de Dieu.

Et puis c'était une chose touchante que cette protection tombée d'un être si difforme sur un être si malheureux, qu'une condamnée à mort sauvée par Quasimodo.
30 C'étaient les deux misères extrêmes de la nature et de la société qui se touchaient et qui s'entr'aidaient.

Victor Hugo, *Notre-Dame de Paris*, 1831.

1. Grande porte (de Notre-Dame de Paris). **2.** Il s'agit d'Esméralda.

VERS LA DISSERTATION

C'étaient les deux misères extrêmes de la nature

1. Étudiez la description physique d'Esméralda et de Quasimodo. Quelle opposition remarquez-vous?

   a) Sur quels aspects de Quasimodo cherche-t-on à mettre l'accent? Étayez votre réponse en vous appuyant sur le lexique* et sur les figures de ressemblance*.

   b) Quelles caractéristiques de la jeune fille sont mises en évidence? Commentez le vocabulaire*, une figure de ressemblance* et une figure d'insistance*.

   c) Comment ces caractéristiques apparemment opposées unissent-elles Quasimodo et Esméralda? Relevez une phrase qui appuie votre propos.

2. Victor Hugo met en œuvre divers procédés d'écriture* pour souligner la tendresse dont fait preuve Quasimodo à l'endroit de la jeune fille. Dans cette optique, commentez l'effet d'une comparaison*, d'une accumulation* et d'une métaphore*.

3. La beauté de Quasimodo se révèle par contraste avec la laideur qui le caractérise par ailleurs. Dans le passage suivant, donnez un exemple et commentez chacun des procédés d'écriture* suivants: procédé syntaxique*, figure d'insistance*, métaphore* et antithèse*.

   «Il était beau, lui, cet orphelin, cet enfant trouvé, ce rebut, il se sentait auguste et fort, il regardait en face cette société dont il était banni [...]» (l. 19-21).

La prose d'idées La littérature au service d'une cause

Jusqu'au XIXᵉ siècle, on estimait que la beauté d'une œuvre correspondait à sa conformité à des règles ou à des principes. La nouvelle sensibilité romantique réfute ces manières de penser et d'écrire, estimant plutôt que le beau est relatif à une époque et à un lieu. De nombreux écrivains plaident cette cause, qu'ils identifient à celle de la liberté, et se justifient en contestant le rôle dévolu à la toute-puissante raison aux XVIIᵉ et XVIIIᵉ siècles.

Madame de Staël (1766-1817)

Ce que l'homme a fait de plus grand, il le doit au sentiment douloureux de l'incomplet de sa destinée.

Femme d'esprit indépendant, Germaine Necker, dite Mme de Staël, mène une vie mondaine dans toute l'Europe. D'abord partisane des idéaux révolutionnaires, elle devient par la suite une farouche opposante à Napoléon, ce qui lui vaut d'être exilée de Paris : elle passe une partie des années 1804-1805 à voyager en Europe. Alors que la vie des idées en France lui paraît sclérosée, l'Allemagne – où elle se lie d'amitié avec Goethe – et l'Italie lui font l'impression d'une grande vitalité artistique et intellectuelle.

Mme de Staël contribue grandement à l'essor de la nouvelle sensibilité littéraire : avec elle, les élans du cœur sont minutieusement analysés. On lui doit deux importants ouvrages qui en font la première théoricienne du romantisme : *De la littérature considérée dans ses rapports avec les institutions sociales* (1800) et *De l'Allemagne* (1813), récit de voyage dans lequel elle témoigne de l'influence du romantisme allemand et encourage les écrivains français à adopter cette esthétique nouvelle.

Dans la première œuvre, Mme de Staël montre les mérites d'une valorisation de l'histoire nationale au lieu de celle de l'Antiquité si chère aux écrivains classiques. Elle promeut une nouvelle inspiration littéraire trouvant ses racines dans le Moyen Âge et dans le christianisme, en plus de revendiquer la liberté pour elle-même, pour les artistes et pour les femmes.

Élisabeth Vigée-Lebrun, *Madame de Staël en Corinne*, 1809.

Sa célébrité n'est qu'un bruit fatigant

L'existence des femmes en société est encore incertaine sous beaucoup de rapports. Le désir de plaire excite leur esprit ; la raison leur conseille l'obscurité ; et tout est arbitraire dans leurs succès comme dans
5 leurs revers.

Il arrivera, je le crois, une époque quelconque, dans laquelle des législateurs philosophes donneront une attention sérieuse à l'éducation que les femmes doivent recevoir, aux lois civiles qui les protègent, aux devoirs
10 qu'il faut leur imposer, au bonheur qui peut leur être garanti ; mais, dans l'état actuel, elles ne sont pour la plupart, ni dans l'ordre de la nature, ni dans l'ordre de la société. Ce qui réussit aux unes perd les autres ; les qualités leur nuisent quelquefois, quelquefois les dé-
15 fauts leur servent ; tantôt elles sont tout, tantôt elles ne sont rien. Leur destinée ressemble, à quelques égards, à celle des affranchis chez les empereurs : si elles veulent acquérir de l'ascendant, on leur fait un crime d'un pouvoir que les lois ne leur ont pas donné ; si elles
20 restent esclaves, on opprime leur destinée.

Certainement il vaut beaucoup mieux, en général, que les femmes se consacrent uniquement aux vertus domestiques ; mais ce qu'il y a de bizarre dans les jugements des hommes à leur égard, c'est qu'ils
25 leur pardonnent plutôt de manquer à leurs devoirs que d'attirer l'attention par des talents distingués ; ils tolèrent en elles la dégradation du cœur en faveur de la médiocrité de l'esprit ; tandis que l'honnêteté la plus parfaite pourrait à peine obtenir grâce pour une supé-
30 riorité véritable.

[...]

Dès qu'une femme est signalée comme une personne distinguée, le public en général est prévenu contre elle. Le vulgaire ne juge jamais que d'après certaines règles communes, auxquelles on peut se tenir sans s'aventurer. [...] Un homme supérieur déjà les effarouche ; mais une femme supérieure, s'éloignant encore plus du chemin frayé, doit étonner, et par conséquent importuner davantage. Néanmoins un homme distingué ayant presque toujours une carrière importante à parcourir, ses talents peuvent devenir utiles aux intérêts de ceux mêmes qui attachent le moins de prix aux charmes de la pensée. L'homme de génie peut devenir un homme puissant, et, sous ce rapport, les envieux et les sots le ménagent ; mais une femme spirituelle n'est appelée à leur offrir que ce qui les intéresse le moins, des idées nouvelles ou des sentiments élevés : sa célébrité n'est qu'un bruit fatigant pour eux.

Mme de Staël, *De la littérature considérée dans ses rapports avec les institutions sociales*, 1800.

VERS LA DISSERTATION

Sa célébrité n'est qu'un bruit fatigant

1. a) La dernière phrase de l'extrait en résume le propos*. Expliquez sa portée en commentant la métaphore* qu'elle contient.

    b) Dégagez le thème* principal et dressez-en le champ lexical*.

2. Qu'est-ce qui surprend et offusque Mme de Staël ? Expliquez les paradoxes qu'elle évoque quant au traitement réservé aux femmes.

3. a) Devant quelle impasse les femmes ambitieuses se trouvent-elles ?

    b) Relevez la phrase du premier paragraphe qui résume cette idée. Commentez la comparaison* sur laquelle s'appuie Mme de Staël pour illustrer sa pensée.

4. a) Quels souhaits Mme de Staël formule-t-elle ?

    b) Comment l'espoir d'un changement transparaît-il dans l'écriture de Mme de Staël ? Relevez un procédé syntaxique* et commentez le choix des temps* et des modes* verbaux pour justifier votre réponse.

Le théâtre L'éphémère drame romantique

Le drame qui fond sous un même souffle le grotesque et le sublime, le terrible et le bouffon, la tragédie et la comédie.

Victor Hugo

Revendiquant la totale liberté, le drame romantique ne saurait se soumettre à la règle rigide et artificielle des unités de temps et de lieu des classiques. Seule l'unité d'action est conservée, encore que des actions secondaires puissent être admises, dans la mesure où elles sont subordonnées à l'action principale. Les classiques distinguaient tragédie et comédie ; les romantiques refusent cette distinction, préférant le drame qui combine les deux genres, comme la vie où cohabitent grotesque et sublime. Ce théâtre a peu à voir avec le drame bourgeois du siècle précédent. Les romantiques refusent de conforter les spectateurs dans leurs valeurs. Au contraire, ils s'insurgent contre le pacte social et les valeurs dominantes de la société.

Après avoir redécouvert Shakespeare, les romantiques s'inspirent de son esthétique qui mélange les genres et les tons, d'où les nombreux niveaux de langue, la très grande complexité de l'intrigue et le foisonnement des personnages, à la fois beaux et laids, sublimes et grotesques, aux prises avec un destin pathétique appelé à bouleverser les spectateurs. Ce théâtre s'inspire aussi bien de l'exotisme et de la couleur locale que de l'Histoire, mais d'une Histoire revue et corrigée, d'où sont puisés des évènements grandioses et des personnages aux ambitions démesurées. Dans cette dramaturgie se joue le sort d'un héros, qui est généralement l'incarnation d'un poète, en conflit avec la société. Cet être individualisé, fascinant jusque dans ses défauts, n'a plus rien des héros typés du théâtre classique. « Je suis une force qui va », fait dire Hugo à Hernani dans la pièce du même nom (1830). Le lyrisme du style colore le tout, se déployant en de longs monologues.

Le drame historique connaît un succès retentissant mais de très courte durée (de 1830 à 1843), car la complexité des pièces pose de grands problèmes de mise en scène.

Alfred de Musset (suite)

Songes-tu que ce meurtre, c'est tout ce qui me reste de ma vertu ?

Peut-être le plus grand auteur dramatique du XIXe siècle, Alfred de Musset a écrit plusieurs pièces qui sont encore jouées aujourd'hui, comme *Les caprices de Marianne* (1833) et *On ne badine pas avec l'amour* (1834). Ce dramaturge, qui prétend qu'on peut très bien trouver du plaisir à lire du théâtre sans que celui-ci soit obligatoirement porté à la scène, crée des personnages déchirés par une double personnalité, débauchés mais rêvant de pureté, exaltés mais amers, idéalistes mais sans cause. Le ton mêle sans cesse le pathétique et le léger, le tout au service de l'analyse psychologique.

On considère *Lorenzaccio* (1834) comme le meilleur drame romantique. Profondément pessimiste, Musset y exprime avec une verve sans égale son mépris pour la lâcheté et la bêtise humaines. Située dans la Florence du XVIe siècle, l'action de cette pièce en prose met en scène un héros confronté à un monde de conventions et sans idéal. Personnage double, Lorenzo[1], âgé de 19 ans, est contraint de masquer sa pureté sous les allures de la débauche afin de mener à bien son projet d'assassiner son cousin, le tyran Alexandre de Médicis. Dans l'extrait, Lorenzo se confie à Philippe Strozzi, un fervent défenseur d'une Florence libre et saine, et reconnaît ce qu'il lui en a coûté d'agir comme il l'a fait.

1. À l'origine, le personnage s'appelait Lorenzaccio ; ce nom n'a été conservé que pour le titre de la pièce.

Alphonse Mucha, affiche pour *Lorenzaccio,* 1896.

Les affiches de théâtre que réalise Alphonse Mucha, en étroite collaboration avec la grande tragédienne Sarah Bernhardt, représentent bien l'esprit de fin de siècle et le vocabulaire visuel de l'Art nouveau, très décoratif. Certaines caractéristiques empruntées à l'art de l'icône contribuent à promouvoir l'image de la comédienne en déesse de la décadence. Sur celle-ci, Mucha donne à voir une Sarah Bernhardt dans le rôle-titre de la pièce de Musset, méditant sur le meurtre d'Alexandre.

Suis-je un Satan?

Lorenzo. — Suis-je un Satan? Lumière du ciel! [...] Quand j'ai commencé à jouer mon rôle de Brutus[1] moderne, je marchais dans mes habits neufs de la grande confrérie du vice comme un enfant de dix ans
5 dans l'armure d'un géant de la fable. Je croyais que la corruption était un stigmate, et que les monstres seuls le portaient au front. J'avais commencé à dire tout haut que mes vingt années de vertu étaient un masque étouffant; ô Philippe! j'entrai alors dans la vie, et je vis
10 qu'à mon approche tout le monde en faisait autant que moi; tous les masques tombaient devant mon regard; l'humanité souleva sa robe et me montra, comme à un adepte digne d'elle, sa monstrueuse nudité. J'ai vu les hommes tels qu'ils sont, et je me suis dit: Pour qui est-
15 ce donc que je travaille? Lorsque je parcourais les rues de Florence, avec mon fantôme à mes côtés, je regardais autour de moi, je cherchais les visages qui me don-naient du cœur, et je me demandais: Quand j'aurai fait mon coup, celui-là en profitera-t-il? J'ai vu les républi-
20 cains dans leurs cabinets; je suis entré dans les bouti-ques; j'ai écouté et j'ai guetté. J'ai recueilli les discours des gens du peuple; j'ai vu l'effet que produisait sur eux la tyrannie; j'ai bu dans les banquets patriotiques le vin qui engendre la métaphore et la prosopopée; j'ai
25 avalé entre deux baisers les larmes les plus vertueuses; j'attendais toujours que l'humanité me laissât voir sur sa face quelque chose d'honnête. J'observais comme un amant observe sa fiancée en attendant le jour des noces.

Philippe. — Si tu n'as vu que le mal, je te plains; mais
30 je ne puis te croire. Le mal existe, mais non pas sans le bien: comme l'ombre existe, mais non sans la lumière.

Lorenzo. — Tu ne veux voir en moi qu'un mépriseur d'hommes: c'est me faire injure. Je sais parfaitement
35 qu'il y en a de bons; mais à quoi servent-ils? que font-ils? comment agissent-ils? Qu'importe que la conscience soit vivante, si le bras est mort? Il y a de certains côtés par où tout devient bon: un chien est un ami fidèle; on peut trouver en lui le meilleur des
40 serviteurs, comme on peut voir aussi qu'il se roule sur les cadavres, et que la langue avec laquelle il lèche son maître sent la charogne d'une lieue. Tout ce que j'ai à voir, moi, c'est que je suis perdu, et que les hommes n'en profiteront pas plus qu'ils ne me comprendront.

[...]

45 Il est trop tard. Je me suis fait à mon métier. Le vice a été pour moi un vêtement; maintenant il est collé à ma peau. Je suis vraiment un ruffian, et quand je plaisante sur mes pareils, je me sens sérieux comme la mort au milieu de ma gaieté. Brutus a fait le fou pour tuer
50 Tarquin[2], et ce qui m'étonne en lui, c'est qu'il n'y ait pas laissé sa raison. Profite de moi, Philippe, voilà ce que j'ai à te dire: ne travaille pas pour la patrie.

Alfred de Musset, *Lorenzaccio*, acte III, scène 3, 1834.

1. Héros semi-légendaire de Rome. **2.** Dernier roi de Rome renversé à la suite d'un soulèvement auquel a collaboré Brutus, qui a joué au fou pour parvenir à ses fins, d'où son surnom, Brutus, qui signifie «idiot».

VERS LA DISSERTATION

Suis-je un Satan?

1. Résumez la réflexion qu'expose le personnage de Lorenzo dans cet extrait. Reconstituez sa démarche en dégageant les grandes étapes qu'il traverse.

2. Commentez l'effet de deux figures de res-semblance* au début de l'extrait, qui mettent l'accent sur la naïveté et l'innocence de Lorenzo.

3. Par quelle métaphore* Musset illustre-t-il la fin de l'innocence de Lorenzo?

4. « [...] j'attendais toujours que l'humanité me laissât voir sur sa face quelque chose d'honnête.

J'observais comme un amant observe sa fiancée en attendant le jour des noces» (l. 26-28). Quelle vision de l'humanité émerge de ce passage?

5. Expliquez comment l'auteur aborde le thème* du double. Sur quels contrastes attire-t-il l'attention?

6. Quelle perception Lorenzo a-t-il de lui-même à la fin de l'extrait?

7. Commentez l'effet d'une métaphore* qui corrobore vos impressions.

Victor Hugo, qui n'a jamais renoncé à la vie commune avec son épouse, Adèle Foucher, a entretenu une liaison avec la comédienne Juliette Drouet pendant 50 ans, de 1833 jusqu'à la mort de cette dernière, en 1883. Juliette lui a écrit 18 000 lettres : une chaque jour. Pour sa part, Hugo lui en a adressé environ 300.

Charles-Émile Callande de Champmartin, *Juliette Drouet en femme de Smyrne*, 1827.

De Victor Hugo à Juliette Drouet

9 janvier 1835.

Et qui résisterait à tes adorables lettres, Juliette ! Je viens de les lire, de les relire, de les dévorer de baisers comme j'en dévorerais ta bouche si je te tenais là. Je t'aime. Tu vois bien que je t'aime. Est-ce que tout n'est pas là ? Oh oui, je te demande bien pardon à genoux et du fond du cœur et du fond
5 de l'âme de toutes mes *injustices.* Je voudrais avoir là comme tout à l'heure ton pied, ton pied charmant, ton pied nu, ta main, tes yeux et tes lèvres sous mes lèvres. Je te dirais toutes ces choses qui ne se disent qu'avec des sourires et des baisers. Oh ! je souffre bien souvent, va, plains-moi.

Mais je t'aime. Aime-moi !

10 Tes lettres sont ravissantes. Ma vie est faite des regards que me donnent tes yeux, des sourires que me donne ta bouche, des pensées que me donne ta journée, des rêves que me donne ta nuit. Dors bien cette nuit. Dors. Je pense que tu t'endors en ce moment. Je voudrais que tu visses cette lettre en songe, et le regard avec lequel j'ai lu les tiennes et le cœur
15 avec lequel je t'écris celle-ci. Je te baise mille fois, Juliette bien-aimée, dans toutes les parties de ton corps, car il me semble que partout sur ton corps je sens la place de ton cœur comme partout dans ma vie je sens la place de mon amour.

Je t'aime. Tu es ma joie.

De Juliette Drouet à Victor Hugo

21 mai 1866.

Cher adoré bien-aimé, ta lettre a toutes les senteurs du paradis et tout l'éclat des astres. J'en ai l'enivrement et l'éblouissement comme si je respirais ton âme en pleine lumière de ton génie. J'en suis ravie et confuse comme le jour où tu m'as dit pour la première fois : je t'aime.
5 À ce moment-là j'avais peur de n'être pas assez belle pour les baisers, aujourd'hui je crains de n'être pas assez ange pour ton amour ; et pourtant Dieu sait si je t'aime et comment je t'aime, mes scrupules sont encore de l'amour. Modestie et orgueil, fierté et humilité, tout est amour en moi. Je t'admire comme un humble esprit que je suis ; je t'adore comme un
10 être divin que tu es.

VERS LA DISSERTATION

Lettres entre Victor Hugo et Juliette Drouet

1. Dans la première lettre, faites ressortir le champ lexical* de l'amour.

2. Trouvez deux parallélismes* doublés d'antithèses* dans la lettre de l'écrivain à sa maîtresse.

3. L'écrivain dit : « Je te baise mille fois [...] » (l. 15).

   a) De quelle figure de style* s'agit-il ?

   b) Quel est l'effet créé par cet emploi ?

4. Dans sa lettre à Victor Hugo, quel terme hyperbolique* Juliette Drouet emploie-t-elle pour signifier sa vive passion pour le grand écrivain ?

5. Trouvez, dans la seconde lettre, deux parallélismes* qui opposent les mondes terrestre et divin.

6. Nommez la figure de style* employée dans la phrase suivante : « Modestie et orgueil, fierté et humilité, tout est amour en moi » (l. 8).

La mouvance réaliste ou la contestation du romantisme (1850-1880)

Le triomphe de la bourgeoisie

Il nous faut faire des études sur le vrai, sur le vif, sur le saignant.

Les frères Goncourt

En février 1848, trois journées insurrectionnelles secouent la France et mènent à l'abdication de Louis-Philippe. Cette révolution politique, qui met définitivement fin au régime de la monarchie, aboutit au Second Empire (1852-1870) : l'autoritaire Napoléon III réprime toutes les velléités d'agitation et assure l'ordre social.

La réussite économique, liée à l'industrialisation, épanouit la classe bourgeoise, qui revendique l'héritage de l'aristocratie d'avant 1789, dont elle a repris les hôtels particuliers et les habitudes sociales. Mieux, elle se constitue maintenant en idéologie propre et libérale, confiante dans l'esprit d'économie et de travail, dans une philosophie des sciences alors en pleine vitalité et dans le progrès. Elle est désormais antiaristocratique, mais aussi antipopulaire – le peuple est perçu comme une masse dangereuse – et antiromantique, dans la mesure où le romantisme était à la fois aristocratique et populiste. Soucieuse d'ordre moral et social, elle accepte l'Église, cette grande force de tradition, et refuse toute évolution en ce qui a trait aux questions sociales ou artistiques. C'est le triomphe d'une bourgeoisie industrielle et conservatrice, qui se plaît à calculer ses résultats tangibles, ses gains immédiats.

En contrepartie, l'exode rural amène dans les villes de nouvelles masses ouvrières composées des anciens paysans et des artisans devenus ouvriers : le prolétariat. Cette nouvelle classe sociale issue de la révolution industrielle est condamnée à des conditions de vie particulièrement précaires. Les prolétaires habitent dans des quartiers généralement sordides et sont exclus de la course vers l'argent et le succès.

Le goût bourgeois

Les brasseurs d'argent, capitaines d'industrie et autres spéculateurs immobiliers, qui imposent leurs lois et leurs idées, n'ont cure des valeurs intellectuelles et esthétiques. En art, la classe bourgeoise apprécie un style né au siècle

Paul Signac, *Le démolisseur*, 1897-1899.

Depuis le milieu des années 1880, Signac est résolument néo-impressionniste. Dans cette œuvre, on discerne bien la touche pointilliste, qui lui permet d'appliquer les découvertes récentes d'Eugène Chevreuil sur les contrastes simultanés. Signac est aussi un anarchiste. En choisissant de représenter un simple ouvrier la pioche à la main, il affirme son opposition à la IIIᵉ République qu'il considère comme élitiste, hypocrite et corrompue, et dont les constructions, imagières ou réelles, sont le symbole.

précédent: le néoclassicisme. Les artistes de ce courant se contentent, pour la plupart, de répéter les canons artistiques et les critères du beau qu'ils ont appris dans les académies: sujets nobles, individus idéalisés, manière de peindre nette sans qu'on puisse distinguer la touche, primauté du contour et du dessin sur la mise en couleur. Un art que la classe dirigeante tente d'utiliser pour façonner la morale et les comportements contemporains. Un tableau réussi devrait véhiculer de bons sentiments, des passions héroïques ou des vertus patriotiques, valeurs dans lesquelles la classe dominante aime se reconnaître. De nombreux bourgeois font d'ailleurs faire un portrait d'eux-mêmes, où seule importe la conformité de la peinture et du modèle. Deux peintres réussissent néanmoins à se démarquer dans cette dictature des contraintes: Jacques Louis David et Jean Auguste Dominique Ingres.

La mouvance réaliste et les arts

Celui-là sera le peintre, le vrai peintre, qui saura arracher à la vie actuelle son côté épique.

Charles Baudelaire

Dans cette époque dominée par le progrès scientifique et le matérialisme, les tenants d'une esthétique nouvelle tentent de donner une interprétation objective de l'homme et de la nature. C'est la mouvance réaliste qui se conjugue en diverses tendances.

L'esthétique du courant réaliste

Les peintres dits réalistes démocratisent l'art des romantiques, refusent sa violence passionnée et ses somptueuses compositions théâtrales. Désireux de s'opposer aux conventions de la bourgeoisie et de rendre compte de la réalité sociale des prolétariens et des paysans, ils ennoblissent les scènes du quotidien, faites de labeur et de fatigue, estimant que même la laideur est digne d'être représentée. Peignant le vrai sans recourir à l'idéal, ils dénoncent la mission que s'était donnée l'art de produire une beauté factice.

Ces peintres s'intéressent aux mœurs de leur époque comme le fait Balzac en littérature, partagent leur souci de l'exactitude avec Flaubert,

privilégient le réalisme psychologique comme Stendhal et pratiquent un réalisme documentaire à l'instar de Maupassant et de Zola. Gustave Courbet, Jean-François Millet et Honoré Daumier figurent parmi les principaux peintres de l'esthétique réaliste.

L'impressionnisme

À la suite d'Édouard Manet, consacré chef de file de la modernité après la présentation de son *Déjeuner sur l'herbe* au Salon des refusés de 1863, les peintres réalistes trouvent un prolongement chez les impressionnistes, notamment Pierre-Auguste Renoir, Camille Pissarro, Alfred Sisley, Berthe Morisot et surtout Claude Monet. Avec ses *Nymphéas*, ce dernier annule tout effet d'étagement des plans et fait exploser l'idée d'un centre et d'une périphérie. Soucieux de rendre au quotidien les honneurs de la durée, les peintres impressionnistes, qui peignent généralement à l'extérieur, font fi des préceptes académiques; ils s'efforcent de traduire les «impressions» évanescentes suscitées par la lumière à différentes heures de la journée.

Manet, tout comme Seurat et Monet par ailleurs, offre une perception de la réalité qui reflète autant sa sensibilité que les effets fugitifs de la lumière. Ces peintres en arrivent à libérer la peinture des contraintes

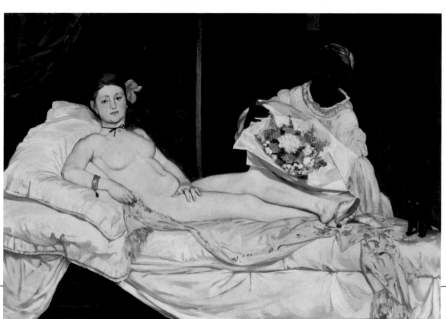

Édouard Manet, *Olympia*, 1863.

Olympia fait scandale! De fait, Manet rejette la représentation allégorique et idéelle du nu féminin traditionnel et ouvre la porte au thème de la prostitution en art. Les draps défaits de la couche sur laquelle Olympia repose, la couleur jaunâtre de sa peau et son regard soutenant celui du spectateur ne suggèrent plus le désir, ils provoquent. Le chat noir et les fleurs apportées par la domestique noire, sans doute offertes par un amant, contribuent à l'atmosphère érotique du tableau.

Edgar Degas, *Danseuses*, v. 1884.

Avec *Danseuses*, Degas reprend un de ses thèmes privilégiés. On lui reconnaît d'ailleurs volontiers le titre de « peintre de la danse ». Dans ce pastel, proche de l'impressionnisme, il privilégie une composition simplifiée, avec peu de profondeur et dont le cadrage permet au spectateur d'entrer dans l'intimité des jeunes filles. Usant abondamment des nuances de blanc, l'artiste joue des effets de lumière et de contre-jour, éclairant tantôt un dos, tantôt une épaule. L'effet vaporeux des tutus contraste avec l'éclat des chignons et la grisaille du lieu.

du dessin en cessant de tracer le contour des objets, dissolvant ainsi les formes, créant des effets atmosphériques, des ombres épaisses et sombres, des impressions qui vont à l'essentiel de ce qu'ils désirent reproduire. Leur peinture se fait de plus en plus épaisse, appliquée de façon plus directe et plus franche.

Parallèlement aux écrivains Zola et Maupassant, certains peintres témoignent d'une manière particulière de la vie des classes défavorisées : Gustave Caillebotte avec sa précision documentaire, quasi photographique (comme l'œuvre *Les raboteurs de parquet,* en ouverture de ce chapitre), Edgar Degas avec son regard sans concession sur la misère humaine, de même qu'Henri de Toulouse-Lautrec avec son trait incisif, habile à capter la réalité intérieure de ses modèles.

Le néo-impressionnisme ou pointillisme

Comme son nom l'indique, le courant néo-impressionniste découle directement de l'impressionnisme : il reprend, là où son prédécesseur les avait laissés, l'entreprise de décomposition du réel et le travail sur la lumière. Le néo-impressionnisme procède lui aussi par petites touches divisionnistes de couleur pure. Malgré ces apparentes similitudes, le néo-impressionnisme finit toutefois par devenir le contraire de l'impressionnisme. Alors que les impressionnistes procèdent de manière intuitive et impulsive pour exprimer la sensation éphémère du moment et de la lumière, les néo-impressionnistes contestent et rationalisent ces expériences subjectives et spontanées. Les principaux représentants en sont Georges Seurat et Paul Signac.

Georges Seurat, *Un dimanche après-midi à l'île de la Grande Jatte,* 1884-1886.

À la fin du XIXᵉ siècle, l'île est un lieu de loisirs et de promenades où se rencontrent, sans communiquer entre eux, deux mondes, celui des Parisiens bourgeois et celui des ouvriers habitant l'autre rive – ce que le peintre rend bien par la composition de l'œuvre. De plus, la rigueur et la maîtrise associées au pointillisme contribuent à figer la scène, arrêtant presque le temps comme le ferait une photographie.

Jean-François Millet, *Des glaneuses,* 1857.

Vision sans fard de la réalité quotidienne des paysans, cette œuvre suscite une vive controverse. Elle est comprise tant comme un constat d'échec des politiques d'éradication de la pauvreté sous le Second Empire que comme un reflet de la menace d'une autre révolte prolétarienne. Cette opposition idéologique s'exprime par le contraste des couleurs sombres et claires, par les différents degrés de luminosité et par la représentation du labeur auquel doivent s'astreindre les paysannes pour recueillir quelques épis après l'abondante moisson.

Désireux de rejoindre la nature à travers les disciplines scientifiques, les néo-impressionnistes codifient les découvertes fortuites de l'impressionnisme en une méthode raisonnée, fondée sur les nouveaux traités d'optique. La liberté impulsive si chère aux impressionnistes fait place à un travail minutieux en atelier, où l'exécution de chaque tableau est préparée à partir d'études et de nombreuses esquisses. Ces tableaux, dont les formes simplifiées baignent dans une atmosphère impalpable, créent une impression de durée, de permanence.

Un nouvel art : la photographie

Au XIXᵉ siècle, une nouvelle technique s'ajoute à celles qui tentent de saisir la réalité : la photographie. Ce procédé réaliste par excellence permet de reproduire de manière objective la nature et les hommes. Pour la première fois, l'homme marque une victoire sur la fuite du temps : il peut produire un cliché qui suspend le temps et donne une pérennité aux formes éphémères du monde extérieur. Le principe de la photographie est découvert dans les années 1820 par Nicéphore Niépce, mais c'est Louis Jacques Mandé Daguerre qui vulgarise le procédé en 1838, grâce à l'impression sur une plaque de métal (le daguerréotype).

On l'ignore encore au moment de sa création, mais l'écriture photographique du quotidien, avec sa possibilité de reproduction à l'infini, est sur le point d'envahir le champ entier des activités humaines, de créer une nouvelle civilisation, celle de l'image. Rapidement, l'accumulation et la banalisation de l'image imprègnent et bouleversent les habitudes culturelles, modifient comme jamais auparavant la perception qu'ont les hommes de leur monde.

Pendant que les peintres empruntent à la photographie ses effets optiques et ses compositions acrobatiques (cadrages audacieux, points de vue en plongée ou en contre-plongée, gros plans, etc.), des écrivains réalistes ont abondamment recours à cette nouvelle invention : parmi d'autres, Flaubert et Zola amassent une imposante documentation photographique avant de rédiger leurs ouvrages.

Déjà, en 1854, le plus célèbre photographe du XIXᵉ siècle, Félix Nadar, ouvre son premier atelier à Paris. On lui doit, ainsi qu'à Étienne Carjat, de remarquables portraits d'écrivains. Il faut souligner le nom de deux photographes à l'origine d'une invention qui, au XXᵉ siècle, en viendra à bouleverser à nouveau l'univers culturel : Étienne Jules Marey et Eadweard Muybridge juxtaposent des images multiples d'un même mouvement, ce qui permettra ultérieurement la naissance du cinéma.

Louis Daguerre, *Boulevard du Temple, Paris 3ᵉ,* 1838.

Cette photographie de Daguerre, l'une des toutes premières de l'histoire, aurait été prise tôt le matin à partir de la fenêtre de son atelier parisien. La photographie ne représente pas le réel comme le fait la peinture, mais le reproduit, en restitue l'apparence concrète, ce qui renforce l'effet de vérité. Ce nouveau mode de représentation bouleverse toutes les pratiques de description et d'enregistrement de la réalité. On aspire très tôt à en faire un art, pour donner le monde à lire comme un texte de lumière.

La mouvance réaliste en littérature : réalisme, naturalisme et Parnasse

Faire vrai, mais viser beau.
Gustave Flaubert

À partir des années 1850, les écrivains, tout comme les peintres, entendent rendre compte de leur société ; ils veulent analyser les comportements sociaux et les rapports de classes autant que mettre au jour les mécanismes et la réalité psychologiques qui les expliquent. C'est dire qu'ils se démarquent nettement des écrivains romantiques, de leurs œuvres romanesques et idylliques, généralement la simple mise en scène d'histoires inventées. L'imagination, qui avait permis des effusions lyriques et un idéalisme rêveur, perd ici son rôle de qualité maîtresse.

Le roman

Avec la démocratisation du système éducatif et l'avènement des journaux à grande diffusion, dès 1836, certains romanciers, comme Balzac et Flaubert, peuvent bénéficier d'une plus grande diffusion de leurs écrits, qui se fondent dans la presse pour devenir des romans-feuilletons. Dans un tel contexte, le roman et le conte obtiennent, chez les auteurs réalistes, l'importance de la poésie chez les romantiques.

Il faut reconnaître qu'il est pour le moins paradoxal de parler d'une littérature qui prétend montrer la réalité telle qu'elle est, sans l'embellir. L'œuvre de l'écrivain n'est pourtant jamais une simple reproduction du réel : elle ne peut être qu'une interprétation, une vision personnelle – et arbitraire – de ce qu'il voit. Le choix du sujet, l'angle d'approche, la technique de représentation sont autant d'éléments qui s'opposent à une interprétation simpliste de la notion de réalisme. Zola affirme même que, pour mériter d'être considérée comme une œuvre d'art, l'œuvre littéraire ne doit pas être une photographie du réel, mais doit plutôt en être une déformation. Maupassant, pour sa part, estime que les auteurs réalistes sont plutôt des « illusionnistes ». Que faut-il donc entendre par « roman réaliste » ?

Le roman réaliste

Informés des récentes découvertes scientifiques, surtout physiologiques, les romanciers confient à la science une partie du rôle dévolu autrefois à l'imagination. Leurs œuvres s'appuient sur une collection de faits incontestés, puisés dans le cadre spatiotemporel connu du lecteur contemporain. Cette documentation sert à élaborer l'intrigue aussi bien qu'à illustrer les caractéristiques du milieu social. Elle donne vie à des personnages et à des situations qui n'étaient pas considérés jusque-là comme artistiques : des ouvriers, des prostituées, des alcooliques et autres marginaux, souvent décrits avec leur langage et leurs tics, dans quelque aspect sordide de leur existence. Dans son souci d'exactitude, le romancier privilégie le détail qui « fait vrai ». Il ne recourt à la fiction que pour mieux convaincre le lecteur de la justesse de son étude morale ou sociale.

Deux types de héros habitent ces romans. Le premier est un jeune homme issu d'une classe inférieure qui aspire à une rapide ascension sociale ; au cours de son apprentissage social, moral, intellectuel et amoureux, il se heurte à l'intransigeance de certaines forces de la société. Le second type est un bourgeois décrit dans toute la médiocrité de son milieu, cette médiocrité servant même à le définir. Ces personnages puisés dans la réalité de tous les jours sont bien davantage des antihéros que des héros.

Le roman se rapproche ainsi du « document humain » (Edmond de Goncourt). Sont mis en scène les principaux acteurs de la révolution industrielle : la classe dirigeante, en pleine décomposition morale, égoïste et hypocrite, et le prolétariat, dont le capital symbolique est de plus en plus important. Se refusant à toute exclusion esthétique ou morale, le romancier porte un regard quasi clinique sur sa société. Quant à l'intrigue, linéaire, elle est calquée sur la vie quotidienne, contrairement à celle, traditionnelle, habituellement construite autour d'une situation de crise.

L'écriture réaliste se fonde sur diverses techniques : une narration habituellement à la troisième personne ; la description d'un milieu social, d'une famille ou d'un personnage ; de très abondantes descriptions d'objets et de détails matériels du quotidien ; enfin, le recours à un vocabulaire concret. Sans oublier la ville, qui devient un personnage romanesque : s'y jouent les progrès et la déchéance de la vie contemporaine. Le style prend dès lors une très grande importance : il doit intéresser le lecteur à l'ennui vécu par les personnages, tout en s'effaçant derrière le contenu pour faire croire à une transposition fidèle du réel. C'est dire le travail immense que l'écrivain doit effectuer pour trouver la subtilité et la nuance qui créent l'intensité propre à émouvoir le lecteur.

Stendhal (1783-1842)

Le roman est un miroir qui se promène sur une grande route. Tantôt il reflète [...] l'azur des cieux, tantôt la fange des bourbiers de la route.

Henri Beyle, dit Stendhal, écrit son œuvre en pleine époque romantique et elle en porte des marques, comme la grande sensibilité et le caractère passionné de ses héros, prêts à surmonter tous les obstacles qui se dressent devant eux. Mais ce romantisme des caractères est soigneusement contenu par le réalisme du cadre social. Les passions, passées au crible du regard critique et souvent ironique de l'auteur, sont analysées, démystifiées, au point de paraître ridicules : ce jugement sévère que Stendhal porte sur sa société lui permet de tracer la voie du réalisme littéraire.

L'écrivain utilise un cadre temporel et géographique réel. Sans être exhaustif, il accumule des faits véridiques anodins (anecdotes, gestes, attitudes, mots, intonations, vêtements, etc.) qui révèlent chaque personnage et expriment sa perception de la réalité. Ses sentiments, ses comportements et ses mobiles y sont disséqués, cette analyse permettant au lecteur d'accéder à la psychologie de chacun. Ces personnages, moins des individus que des types sociaux, servent le plus souvent à dénoncer une aristocratie futile, imbue de ses privilèges, une bourgeoisie mesquine, constituée de parvenus grossiers et malhonnêtes, sans oublier une Église conservatrice et méfiante, riche et avide de pouvoir.

La sobriété caractérise l'écriture de Stendhal. Il dit prendre comme modèle le Code civil où il puise les éléments marquants de son écriture : simplicité, clarté, logique et précision dans la description de la réalité. Ses phrases sèches, nettes et précises accumulent des

Johan Olaf Södermark, *Portrait de Stendhal*, 1840.

éléments qui illustrent à la fois la réalité et l'envers du décor, et invitent le lecteur à pénétrer au plus profond des pensées des personnages. Stendhal, qui utilise la voix du narrateur pour intervenir dans le fil du texte, a aussi recours à la satire pour dénoncer la médiocrité et l'hypocrisie de la société dans laquelle il vit.

Le romancier imagine l'intrigue de son ouvrage le plus célèbre, *Le Rouge et le Noir*[1] (1830), à la fois un roman psychologique, une étude de mœurs et une analyse sociale et politique, à partir d'un « petit fait vrai » : la condamnation à mort d'un jeune homme de classe modeste qui, par vengeance sociale, a tué la femme riche dont il avait été l'amant. Y est relatée l'ascension sociale et sentimentale d'un jeune ambitieux d'origine paysanne, Julien Sorel, révolté contre les bassesses de sa condition et obsédé par l'idée d'en sortir. Il finit par se retrouver sur l'échafaud pour avoir tiré un coup de feu sur l'une des deux femmes qui auraient pu faciliter son ascension, Mme de Rênal. Ce roman rend compte de la montée des couches sociales après le grand bouleversement révolutionnaire et dénonce une société de classes qui ne ménage aucune place aux fils du peuple. L'extrait présenté est tiré de l'épilogue de ce roman : le corps de Julien, décapité, est gardé par son ami Fouqué. Mathilde de La Mole, que Julien a toujours aimée, organise des funérailles romanesques, reproduisant ainsi le geste de la reine Marguerite de Navarre, qui fut la maîtresse d'un de ses ancêtres.

1. Les deux couleurs du titre symbolique représentent les deux carrières par lesquelles le héros aurait pu s'élever au-dessus de sa condition : la carrière des armes (le Rouge), dans laquelle il aurait pu réaliser ses ambitions, et la carrière ecclésiastique (le Noir), qu'il s'est vu contraint de choisir à cause de son origine modeste. Ou, si l'on préfère, le sang et la mort.

La tête de l'homme qu'elle avait tant aimé

Le mauvais air du cachot devenait insupportable à Julien. Par bonheur, le jour où on lui annonça qu'il fallait mourir, un beau soleil réjouissait la nature, et Julien était en veine de courage. Marcher au grand air fut pour lui une sensation
5 délicieuse, comme la promenade à terre pour le navigateur qui longtemps a été à la mer. Allons, tout va bien, se dit-il, je ne manque point de courage.

Jamais cette tête n'avait été aussi poétique qu'au moment où elle allait tomber. Les doux instants qu'il avait trouvés
10 jadis dans les bois de Vergy revenaient en foule à sa pensée et avec une extrême énergie.

Tout se passa simplement, convenablement, et de sa part sans aucune affectation.

[...]

— Je veux le voir, dit-elle.

15 Fouqué n'eut pas le courage de parler ni de se lever. Il lui montra du doigt un grand manteau bleu sur le plancher; là était enveloppé ce qui restait de Julien.

Elle se jeta à genoux. Le souvenir de Boniface de La Mole et de Marguerite de Navarre lui donna sans doute un
20 courage surhumain. Ses mains tremblantes ouvrirent le manteau. Fouqué détourna les yeux.

Il entendit Mathilde marcher avec précipitation dans la chambre. Elle allumait plusieurs bougies. Lorsque Fouqué eut la force de la regarder, elle avait placé sur une petite
25 table de marbre, devant elle, la tête de Julien, et la baisait au front...

Mathilde suivit son amant jusqu'au tombeau qu'il s'était choisi. Un grand nombre de prêtres escortaient la bière, et à l'insu de tous, seule dans sa voiture drapée, elle porta
30 sur ses genoux la tête de l'homme qu'elle avait tant aimé.

Arrivés ainsi vers le point le plus élevé d'une des hautes montagnes du Jura, au milieu de la nuit, dans cette petite grotte magnifiquement illuminée d'un nombre infini de cierges, vingt prêtres célébrèrent le service des morts. Tous
35 les habitants des petits villages de la montagne, traversés par le convoi, l'avaient suivi, attirés par la singularité de cette étrange cérémonie.

Mathilde parut au milieu en longs vêtements de deuil, et à la fin du service, leur fit jeter plusieurs milliers de pièces de
40 cinq francs.

Restée seule avec Fouqué, elle voulut ensevelir de ses propres mains la tête de son amant. Fouqué faillit en devenir fou de douleur.

Par les soins de Mathilde, cette grotte sauvage fut ornée
45 de marbres sculptés à grands frais en Italie.

Madame de Rênal fut fidèle à sa promesse. Elle ne chercha en aucune manière à attenter à sa vie; mais trois jours après Julien, elle mourut en embrassant ses enfants.

Stendhal, *Le Rouge et le Noir*, 1830.

VERS LA DISSERTATION

La tête de l'homme qu'elle avait tant aimé

1. La première phrase de l'extrait illustre le désespoir de Julien, mais une évidence lui fait voir les choses autrement. Laquelle?

2. De quelle manière le narrateur évoque-t-il la mort de Julien?

3. Dans le passage suivant: «Un grand nombre de prêtres escortaient la bière, et à l'insu de tous, seule dans sa voiture drapée, elle porta sur ses genoux la tête de l'homme qu'elle avait tant aimé» (l. 28-30).

   a) Qu'est-ce que «la bière»?

   b) Quelle est la figure de style* employée dans cette phrase?

   c) Décrivez l'effet de ce procédé*.

4. Quels aspects de cet extrait pourraient être qualifiés de romantiques?

5. Pourquoi ce texte est-il réaliste?

Quelques citations de Stendhal

« L'amour est un feu qui s'éteint s'il ne s'augmente. »

« La vraie patrie est celle où l'on rencontre le plus de gens qui vous ressemblent. »

« La parole a été donnée à l'homme pour cacher sa pensée. »

« Les discours des hommes ne sont que des masques qu'ils appliquent sur leurs actions. »

« Un peu de passion augmente l'esprit, beaucoup l'éteint. »

« Dans tous les partis, plus un homme a de l'esprit, moins il est de son parti. »

« La bonne musique ne se trompe pas, et va droit au fond de l'âme chercher le chagrin qui nous dévore. »

Affiche du film *Le Rouge et le Noir* réalisé en 1954.

Honoré de Balzac (1799-1850)

La société française allait être l'historien, je ne devais être que le secrétaire.

Comme Stendhal, Balzac produit son œuvre en pleine période romantique et, comme lui, ses héros en portent la marque : des êtres aux prises avec une société mercantile, mus par une force qui peut même parfois leur devenir fatale. Ce grand imaginatif s'est attaché à reproduire la réalité. L'ambition romantique de représenter la totalité de la société l'anime : il veut dépeindre toutes les classes sociales et tous les métiers, en entrant de plain-pied dans le réel. Sa peinture implacable de la société de son temps, ses enquêtes rigoureuses sur le terrain à la recherche du fait véritable, anodin et caractéristique (comme si la vie humaine n'était qu'une accumulation de petits détails), font cependant de lui un romancier réaliste.

Dans un Paris qui sert de point de convergence aux affairistes et aux aventuriers, de nouvelles puissances sociales apparaissent,

Portrait d'Honoré de Balzac, d'après un daguerréotype, XIXᵉ siècle.

comme la presse, la bureaucratie et la haute finance. Balzac entend faire revivre dans ses livres toute cette société obnubilée par son amour effréné de l'argent, du pouvoir et des plaisirs. En résulte *La comédie humaine* (1829-1847), une fresque de plus de 2 200 personnages en 91 ouvrages, couvrant la période de 1789 à 1850. Par ses abondantes descriptions qui s'attachent au moindre détail, Balzac analyse les causes historiques et psychologiques du dynamisme et de la stagnation à l'intérieur de la société ; il démontre l'interaction entre l'individu et son milieu, avec l'intention de dégager les lois qui régissent les différentes classes sociales.

Les romans sont construits selon un schéma comparable : une présentation minutieuse et lente, puis une crise qui déclenche des passions, avant un dénouement spectaculaire. L'auteur agence avec force les éléments de l'intrigue pour leur conférer un accent de vérité. Ses personnages, pittoresques, cruels ou avares, sont placés dans un milieu très déterminé, reconstruit avec une précision d'entomologiste. Leur silhouette, leur tenue, leurs tics, rien n'échappe au romancier, comme si la nature même de chacun tenait à son apparence physique, à son comportement et aux différents objets du décor où il vit. Ce sont des êtres déchirés par des ambitions et des passions, hantés par des idées fixes, ce qui contribue à les rendre fortement typés. Des convergences souvent caricaturales et pleines d'ironie sont établies entre les personnages et leur milieu social. Le procédé de retour des personnages d'un roman à l'autre accroît l'intérêt romanesque et participe à la cohérence de cet univers.

Le père Goriot (1834-1835) fait partie de cette œuvre foisonnante. Ce récit décrit l'amour paternel excessif d'un ancien commerçant qui se laisse dépouiller de ses biens par ses deux filles ingrates et dépensières, jusqu'à vivre dans la misère. Comme toujours, Balzac oppose ici la vie d'une personne habitée par une passion dévorante («il aimait jusqu'au mal qu'elles lui faisaient») à l'existence falote d'êtres médiocres. Alors que chaque personnage est perçu à travers la minutie de ses gestes quotidiens et que le moindre comportement trahit une attitude de vie ou un mode de pensée, le romancier insiste sur la symbiose entre l'individu et son milieu, les lieux devenant la représentation matérielle de la pensée des hommes. À preuve, dans l'exposition du *Père Goriot*, cette description de la pension Vauquer où réside le vieil homme, qui illustre l'influence réciproque du lieu sur le personnage et du personnage sur le lieu.

Toute sa personne explique la pension

Naturellement destiné à l'exploitation de la pension bourgeoise, le rez-de-chaussée se compose d'une première pièce éclairée par les deux croisées de la rue, et où l'on entre par une porte-fenêtre. [...] Cette première
5 pièce exhale une odeur sans nom dans la langue, et qu'il faudrait appeler l'*odeur de pension*. Elle sent le renfermé, le moisi, le rance; elle donne froid, elle est humide au nez, elle pénètre les vêtements; elle a le goût d'une salle où l'on a dîné; elle pue le service, l'office, l'hospice. Peut-
10 être pourrait-elle se décrire si l'on inventait un procédé pour évaluer les quantités élémentaires et nauséabondes qu'y jettent les atmosphères catarrhales et *sui generis* de chaque pensionnaire, jeune ou vieux. Eh bien! malgré ces plates horreurs, si vous le compariez à la salle à manger,
15 qui lui est contiguë, vous trouveriez ce salon élégant et parfumé comme doit l'être un boudoir. Cette salle, entièrement boisée, fut jadis peinte en une couleur indistincte aujourd'hui, qui forme un fond sur lequel la crasse a imprimé ses couches de manière à y dessiner des figures
20 bizarres. Elle est plaquée de buffets gluants sur lesquels sont des carafes échancrées, ternies, des ronds de moiré métallique, des piles d'assiettes en porcelaine épaisse, à bords bleus, fabriquées à Tournai. Dans un angle est placée une boîte à cases numérotées qui sert à garder les
25 serviettes, ou tachées ou vineuses, de chaque pensionnaire. Il s'y rencontre de ces meubles indestructibles, proscrits partout, mais placés là comme le sont les débris de la civilisation aux Incurables. Vous y verriez un baromètre à capucin qui sort quand il pleut, des gravures exécrables
30 qui ôtent l'appétit, toutes encadrées en bois verni à filets dorés; un cartel en écaille incrustée de cuivre; un poêle vert, des quinquets d'Argand où la poussière se combine avec l'huile, une longue table couverte en toile cirée assez grasse pour qu'un facétieux externe y écrive
35 son nom en se servant de son doigt comme de style, des chaises estropiées, de petits paillassons piteux en sparterie qui se déroule toujours sans se perdre jamais, puis des chaufferettes misérables à trous cassés, à charnières défaites, dont le bois se carbonise. Pour expliquer
40 combien ce mobilier est vieux, crevassé, pourri, tremblant, rongé, manchot, borgne, invalide, expirant, il faudrait en faire une description qui retarderait trop l'intérêt de cette histoire, et que les gens pressés ne pardonneraient pas. Le carreau rouge est plein de vallées produites
45 par le frottement ou par les mises en couleur. Enfin, là règne la misère sans poésie; une misère économe, concentrée, râpée. Si elle n'a pas de fange encore, elle a des taches; si elle n'a ni trous ni haillons, elle va tomber en pourriture.

50 Cette pièce est dans tout son lustre au moment où, vers sept heures du matin, le chat de madame Vauquer précède sa maîtresse, saute sur les buffets, y flaire le lait que contiennent plusieurs jattes couvertes d'assiettes, et fait entendre son *rourou* matinal. Bientôt la veuve se montre,
55 attifée de son bonnet de tulle sous lequel pend un tour de faux cheveux mal mis; elle marche en traînassant ses pantoufles grimacées. Sa face vieillotte, grassouillette, du milieu de laquelle sort un nez à bec de perroquet; ses petites mains potelées, sa personne dodue comme un
60 rat d'église, son corsage trop plein et qui flotte, sont en harmonie avec cette salle où suinte le malheur, où s'est blottie la spéculation et dont madame Vauquer respire l'air chaudement fétide sans en être écœurée. Sa figure fraîche comme une première gelée d'automne, ses yeux

65 ridés, dont l'expression passe du sourire prescrit aux danseuses à l'amer renfrognement de l'escompteur, enfin toute sa personne explique la pension, comme la pension implique sa personne. Le bagne ne va pas sans l'argousin, vous n'imagineriez pas l'un sans l'autre. L'embonpoint blafard de cette petite femme est le produit
70 de cette vie, comme le typhus est la conséquence des exhalaisons d'un hôpital. Son jupon de laine tricotée, qui dépasse sa première jupe faite avec une vieille robe, et dont la ouate s'échappe par les fentes de l'étoffe lézardée, résume le salon, la salle à manger, le jardinet, annonce la cuisine et fait pressentir les pensionnaires.
75 Quand elle est là, ce spectacle est complet.

Honoré de Balzac, *Le père Goriot*, 1834-1835.

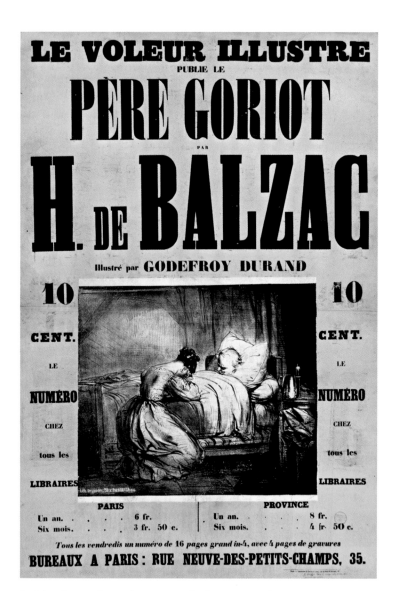

Godefroy Durand, illustration pour *Le père Goriot* d'Honoré de Balzac, paru dans *Le voleur illustré*, 1870.

Toute sa personne explique la pension

1. Dites ce que signifient ces mots :

   a) exhale (l. 5) ;

   b) catarrhales (l. 12) ;

   c) quinquets (l. 32) ;

   d) facétieux (l. 34) ;

   e) argousin (l. 68).

2. Quelle est la situation d'énonciation* ?

3. L'extrait est essentiellement basé sur un procédé d'écriture* : l'énumération*. Quelles sont les trois principales classes de mots* qui le composent ?

4. Dans la première partie de l'extrait (l. 4-16), un des cinq sens est exploité.

   a) Lequel ?

   b) Relevez-en le champ lexical*.

5. Relevez tous les procédés stylistiques* qui décrivent madame Vauquer.

6. Pourquoi pourrait-on dire que madame Vauquer est à l'image de sa pension ?

▮ Sujet de dissertation explicative

Dans la pension « règne la misère sans poésie ; une misère économe, concentrée, râpée » (l. 46-47). Justifiez cette assertion.

Quelques citations de Balzac

« Un amant a toutes les qualités et tous les défauts qu'un mari n'a pas. »

« En marchant les femmes peuvent tout montrer, mais ne rien laisser voir. »

« Les lois sont des toiles d'araignées à travers lesquelles passent les grosses mouches et où restent les petites. »

« L'amour n'est pas seulement un sentiment, il est aussi un art. »

« Ceux qui sont contents d'eux-mêmes ont bien mauvais goût. »

« Invente, et tu mourras persécuté comme un criminel ; copie, et tu vivras heureux comme un sot. »

« Le vieillard est un homme qui a dîné et qui regarde les autres manger. »

Eugène Giraud, *Caricature de Gustave Flaubert,* 1860.

Gustave Flaubert (1821-1880)

La morale de l'art consiste dans sa beauté même, et j'estime par-dessus tout d'abord le style, et ensuite le vrai.

Avec des procédés qui bousculent les convenances et révolutionnent les conventions romanesques, Gustave Flaubert pousse plus loin que ses prédécesseurs le réalisme littéraire. Certes, il reprend les recettes qui ont cours depuis les années 1830 : il prépare chacun de ses romans en effectuant au préalable de vastes enquêtes et, en observateur méticuleux de la réalité sociale, il est soucieux de la restituer dans toute son exactitude. Cependant, tout en privilégiant les petits détails, il refuse de les multiplier comme l'avait fait Balzac : il s'en tient à ceux qui traduisent la vérité profonde des êtres. Son réalisme est de plus particularisé par la disparition du narrateur, l'absence d'un regard extérieur – habituellement un double de l'auteur – qui guiderait le lecteur : « L'écrivain doit demeurer absent de son art comme Dieu reste invisible de sa création. »

Flaubert refuse totalement le romanesque de l'intrigue. À propos de son roman *Madame Bovary*, il écrit : « Ce que j'ai voulu faire, c'est un livre sur rien, un livre sans attache extérieure, qui se tiendrait de lui-même par la force interne de son style, [...] un livre qui n'aurait presque pas de sujet ou du moins où le sujet serait presque invisible si cela se peut. » En résulte un roman sans action véritable, sans aventure ni héros, à l'image de la vie et de son usure progressive. Une attention extrême doit donc être portée au style. Toute la place est laissée aux personnages qui

Quelques citations de Flaubert

« Madame Bovary, c'est moi ! »

« L'avenir est ce qu'il y a de pire dans le présent. »

« Le comble de l'orgueil, c'est de se mépriser soi-même. »

« La parole est un laminoir qui allonge tous les sentiments. »

« Il ne faut pas toucher aux idoles, la dorure en reste aux mains. »

« La manière la plus profonde de sentir quelque chose est d'en souffrir. »

« Il tournait dans son désir, comme un prisonnier dans son cachot. »

réagissent à de multiples stimuli extérieurs, le lecteur ne voyant et ne sentant que ce que le personnage voit et sent. L'art de Flaubert consiste donc à peindre moins la réalité que l'impression qu'elle produit, la perception qu'en ont les personnages.

Perfectionniste, le romancier a le culte du mot juste, le seul qui peut conférer harmonie et absolue nécessité esthétique à la phrase : « Une bonne phrase de prose doit être comme un bon vers, inchangeable, aussi rythmée, aussi sonore. » Il ne cesse de se corriger ; n'écrivant que quelques lignes par jour, il les soumet à l'épreuve du « gueuloir » : une lecture à haute voix à de multiples reprises, afin d'atteindre une grande qualité formelle, tant sur le plan du rythme que des sonorités. Il a pour idéal celui d'un langage impersonnel, précis, exact, capable de rendre n'importe quel sujet, tragique, mélancolique ou passionné, par la seule force du style. Mêlant le réel et les idées, il arrive à des formulations d'une indéniable efficacité : « La conversation de Charles était plate comme un trottoir de rue, et les idées de tout le monde y défilaient dans leur costume ordinaire. » Cette richesse stylistique met en évidence la pauvre banalité quotidienne où des héros médiocres s'enlisent, pendant que Flaubert effectue une transmutation de la réalité en objet littéraire.

Récit inspiré d'un fait divers, *Madame Bovary* (1857) a fait la gloire de Flaubert. Ce roman brillant et inexorable, qui annonce le naturalisme, raconte la vie d'une bourgeoise de province qui tente d'échapper à la médiocrité insupportable de sa vie en s'enivrant d'aventures imaginaires et de lectures romantiques. Flaubert scrute les moindres états d'âme, grossit l'inanité de certains comportements, se permet même d'ironiser en faisant une description lyrique des rêves mièvres d'Emma. De l'accumulation patiente des détails matériels et de la finesse des observations psychologiques se dégage une impression de vérité. Dans l'extrait de la page suivante, un personnage rappelle un moment de son enfance qu'il a partagé avec le futur mari d'Emma, Charles Bovary, devenu la risée de la classe. La casquette semble plus éloquente que l'individu qu'elle couvre.

Une de ces pauvres choses

Nous étions à l'étude, quand le proviseur entra, suivi d'un *nouveau* habillé en bourgeois et d'un garçon de classe qui portait un grand pupitre. Ceux qui dormaient se réveillèrent, et chacun se leva, comme surpris dans son travail.

Le proviseur nous fit signe de nous rasseoir, puis, se tournant vers le maître
5 d'étude :

— Monsieur Roger, lui dit-il à demi-voix, voici un élève que je vous recommande, il entre en cinquième. Si son travail et sa conduite sont méritoires, il passera *dans les grands,* où l'appelle son âge.

Resté dans l'angle, derrière la porte, si bien qu'on l'apercevait à peine, le
10 *nouveau* était un gars de la campagne, d'une quinzaine d'années environ, et plus haut de taille qu'aucun de nous tous. Il avait les cheveux coupés droit sur le front, comme un chantre de village, l'air raisonnable et fort embarrassé. Quoiqu'il ne fût pas large des épaules, son habit-veste de drap vert à boutons noirs devait le gêner aux entournures, et laissait voir, par la fente des
15 parements, des poignets rouges habitués à être nus. Ses jambes en bas bleus sortaient d'un pantalon jaunâtre, très tiré par les bretelles. Il était chaussé de souliers forts, mal cirés, garnis de clous.

On commença la récitation des leçons. Il les écouta de toutes ses oreilles, attentif comme au sermon, n'osant même croiser les cuisses ni s'appuyer sur
20 le coude ; et à deux heures, quand la cloche sonna, le maître d'étude fut obligé de l'avertir pour qu'il se mît avec nous dans les rangs.

Nous avions l'habitude, en entrant en classe, de jeter nos casquettes par terre, afin d'avoir ensuite nos mains plus libres ; il fallait, dès le seuil de la porte, les lancer sous le banc, de façon à frapper contre la muraille en faisant beaucoup
25 de poussière ; c'était là *le genre.*

Mais, soit qu'il n'eût pas remarqué cette manœuvre, ou qu'il n'eût osé s'y soumettre, la prière était finie que le nouveau tenait encore sa casquette sur ses deux genoux. C'était une de ces coiffures d'ordre composite, où l'on retrouve les éléments du bonnet à poil, du chapska, du chapeau rond, de la casquette
30 de loutre et du bonnet de coton, une de ces pauvres choses enfin dont la laideur muette a des profondeurs d'expression, comme le visage d'un imbécile. Ovoïde et renflée de baleine, elle commençait par trois boudins circulaires ; puis s'alternaient, séparés par une bande rouge, des losanges de velours et de poil de lapin ; venait ensuite une façon de sac, qui se terminait par un polygone
35 cartonné, couvert d'une broderie en soutache compliquée et d'où pendait, au bout d'un long cordon trop mince, un petit croisillon de fils d'or, en manière de gland. Elle était neuve ; la visière brillait.

— Levez-vous, dit le professeur.

Il se leva ; sa casquette tomba. Toute la classe se mit à rire.

40 Il se baissa pour la reprendre. Un voisin la fit tomber d'un coup de coude. Il la ramassa encore une fois.

— Débarrassez-vous donc de votre casque, dit le professeur, qui était un homme d'esprit.

Il y eut un rire éclatant des écoliers qui décontenança le pauvre gar-
45 çon, si bien qu'il ne savait s'il fallait la garder à sa main, la laisser par terre ou la mettre sur sa tête. Il se rassit et la posa sur ses genoux.

— Levez-vous, reprit le professeur, et dites-moi votre nom.

Le *nouveau* articula, d'une voix bredouillante, un nom inintelligible.

— Répétez !

50 Le même bredouillement de syllabes se fit entendre, couvert par les huées de la classe.

— Plus haut ! cria le maître, plus haut !

Le *nouveau,* prenant alors une résolution extrême, ouvrit une bouche démesurée et lança à pleins poumons, comme pour
55 appeler quelqu'un, ce mot : *Charbovari.*

Gustave Flaubert, *Madame Bovary*, 1857.

Claude Monet, *La liseuse*, 1872.

L'œuvre, peinte un an avant *Impression, soleil levant*, tableau qui donnera son nom au mouvement, annonce l'approche moderne de la couleur et de la lumière des peintres en plein air. Dans ce tableau, Monet saisit toute la fugacité des rayons de soleil perçant à travers les arbres sous lesquels est bien installée la liseuse.

VERS LA DISSERTATION

Une de ces pauvres choses

1. Le « nouveau » est le personnage principal de l'extrait.

    a) Décrivez son aspect physique aussi bien que son état d'esprit.

    b) Quelle impression cela vous laisse-t-il ?

    c) À quelle classe sociale celui qu'on appelle le « nouveau » appartient-il ? Quels indices le laissent savoir ?

2. Un objet semble être tout aussi important que le personnage principal.

    a) De quel objet s'agit-il ?

    b) Comment est-il décrit ?

    c) Le vocabulaire* employé pour le décrire est-il mélioratif ou péjoratif ?

    d) En quoi la phrase « Elle était neuve ; la visière brillait » (l. 37) tranche-t-elle avec le reste de la description de cet objet ?

3. Le narrateur emploie un long procédé stylistique* pour représenter l'objet.

    a) Quel est ce procédé ?

    b) Quel en est l'effet ?

4. Le personnage n'est pas le narrateur de l'extrait. Selon vous, pourquoi l'auteur a-t-il choisi ce narrateur plutôt que Charles ?

▪▪▪ Sujet de dissertation explicative

L'objet et son possesseur ne font qu'un. Expliquez comment le courant littéraire auquel appartient son auteur, Gustave Flaubert, a contribué à cette perception.

Guy de Maupassant (1850-1893)

Chacun de nous se fait donc simplement une illusion du monde [...] Et l'écrivain n'a d'autre mission que de reproduire fidèlement cette illusion avec tous les procédés d'art qu'il a appris et dont il peut disposer.

François Nicolas Augustin Feyen-Perrin, *Portrait de Guy de Maupassant*, 1876.

Auteur de récits fantastiques et de contes réalistes, Guy de Maupassant a publié 6 romans, 300 contes et nouvelles, sans compter ses 200 chroniques journalistiques. Désireux de proposer une description plus saisissante de la réalité que ses prédécesseurs, il n'en donne pas une vision tout entière, mais en choisit plutôt les traits les plus caractéristiques, glissant à la surface des êtres, reproduisant des conversations sans portée, des scènes sans grandeur. En résultent des tableaux qui dévoilent le côté médiocre et tragique de la vie quotidienne, où l'homme semble une bête à peine supérieure aux autres, qui déploie son activité dans une jungle féroce où les faibles n'ont pas leur place. Maupassant met au jour une société où l'hypocrisie et l'arrivisme des uns vouent à la misère tous ces déclassés, pour qui l'écrivain éprouve en fait une grande compassion. Dans cet univers où règnent l'agressivité, l'égoïsme et la folie, les êtres ne peuvent communiquer que pour abuser d'autrui. Comme si toute valeur humaine était entamée par les plus bas instincts.

Malgré ce pessimisme, Maupassant ménage sans peine l'intérêt du lecteur : le récit progresse, la tension toute tendue vers l'effet final, souvent marqué du sceau de l'ironie tragique. L'écriture simple et nette, qui procède par touches brèves et précises, campe habilement des décors ou recrée une atmosphère en quelques lignes. Le plus souvent banals, les récits, composés de paragraphes multiples et brefs, reposent sur une trame mince qui ne fait que montrer la réalité des gens et de la vie. Ils sont cependant si efficaces et leur esprit est si moderne que de nombreux cinéastes y trouvent encore matière à scénario. Enfin, Maupassant privilégie l'enchâssement : l'histoire racontée en cache une seconde, qui est le véritable cœur du récit, comme dans la nouvelle présentée, *Le Saut du Berger*, où un geste accompli cache une intransigeance religieuse et morale.

Quelques citations de Maupassant

« Le baiser est la plus sûre façon de se taire en disant tout. »

« Un baiser légal ne vaut jamais un baiser volé. »

« Les grands artistes sont ceux qui imposent à l'humanité leur illusion particulière. »

« Si la guerre est une chose horrible, le patriotisme ne serait-il pas l'idée-mère qui l'entretient ? »

« La moindre chose contient un peu d'inconnu. Trouvons-le. »

Le Saut du Berger

De Dieppe au Havre, la côte présente une falaise ininterrompue, haute de cent mètres environ, et droite comme une muraille. De place en place, cette grande ligne de rochers blancs s'abaisse brusquement, et une petite vallée
5 étroite, aux pentes rapides couvertes de gazon ras et de joncs marins, descend du plateau cultivé vers une plage de galet où elle aboutit par un ravin semblable au lit d'un torrent. La nature a fait ces vallées, les pluies d'orage les ont terminées par ces ravins, entaillant ce qui restait de
10 falaise, creusant jusqu'à la mer le lit des eaux qui sert de passage aux hommes.

Quelquefois un village est blotti dans ces vallons, où s'engouffre le vent du large.

J'ai passé l'été dans une de ces échancrures de la côte,
15 logé chez un paysan, dont la maison, tournée vers les flots, me laissait voir de ma fenêtre un grand triangle d'eau bleue encadrée par les pentes vertes du val, et tachée parfois de voiles blanches passant au loin dans un coup de soleil.

20 Le chemin allant vers la mer suivait le fond de la gorge, et brusquement s'enfonçait entre deux parois de marne, devenait une sorte d'ornière profonde, avant de déboucher sur une belle nappe de cailloux roulés, arrondis et polis par la séculaire caresse des vagues.

25 Ce passage encaissé s'appelle le « Saut du Berger ».

Voici le drame qui l'a fait ainsi nommer :

*

On raconte qu'autrefois ce village était gouverné par un
jeune prêtre austère et violent. Il était sorti du séminaire
plein de haine pour ceux qui vivent selon les lois natu-
30 relles et non suivant celles de son Dieu. D'une inflexible
sévérité pour lui-même, il se montra pour les autres d'une
implacable intolérance ; une chose surtout le soulevait de
colère et de dégoût : l'amour. S'il eût vécu dans les villes,
au milieu des civilisés et des raffinés qui dissimulent der-
35 rière les voiles délicats du sentiment et de la tendresse, les
actes brutaux que la nature commande, s'il eût confessé
dans l'ombre des grandes nefs élégantes les pécheresses
parfumées dont les fautes semblent adoucies par la grâce
de la chute et l'enveloppement d'idéal autour du baiser
40 matériel, il n'aurait pas senti peut-être ces révoltes folles,
ces fureurs désordonnées qu'il avait en face de l'accouple-
ment malpropre des loqueteux dans la boue d'un fossé ou
sur la paille d'une grange.

Il les assimilait aux brutes, ces gens-là qui ne connais-
45 saient point l'amour, et qui s'unissaient seulement à la
façon des animaux ; et il les haïssait pour la grossièreté
de leur âme, pour le sale assouvissement de leur instinct,
pour la gaieté répugnante des vieux lorsqu'ils parlaient
encore de ces immondes plaisirs.

50 Peut-être aussi était-il, malgré lui, torturé par l'angoisse
d'appétits inapaisés et sourdement travaillé par la
lutte de son corps révolté contre un esprit despotique
et chaste.

Mais tout ce qui touchait à la chair l'indignait, le jetait
55 hors de lui ; et ses sermons violents, pleins de menaces et
d'allusions furieuses, faisaient ricaner les filles et les gars
qui se coulaient des regards en dessous à travers l'église ;
tandis que les fermiers en blouse bleue et les fermières
en mante noire se disaient au sortir de la messe, en
60 retournant vers la masure dont la cheminée jetait sur le
ciel un filet de fumée bleue : « I' ne plaisante pas là-
dessus, mo'sieu le curé. »

Une fois même et pour rien il s'emporta jusqu'à
perdre la raison. Il allait voir une malade. Or, dès qu'il
65 eut pénétré dans la cour de la ferme, il aperçut un
tas d'enfants, ceux de la maison et ceux des voisins,
attroupés autour de la niche du chien. Ils regardaient
curieusement quelque chose, immobiles, avec une
attention concentrée et muette. Le prêtre s'approcha.
70 C'était la chienne qui mettait bas. Devant sa niche, cinq
petits grouillaient autour de la mère qui les léchait avec
tendresse, et, au moment où le curé allongeait sa tête
par-dessus celles des enfants, un sixième petit toutou

parut. Tous les galopins alors, saisis de joie, se mirent à
75 crier en battant des mains : « En v'là encore un, en v'là
encore un ! » C'était un jeu pour eux, un jeu naturel où
rien d'impur n'entrait ; ils contemplaient cette naissance
comme ils auraient regardé tomber des pommes. Mais
l'homme à la robe noire fut crispé d'indignation, et la
80 tête perdue, levant son grand parapluie bleu, il se mit à
battre les enfants. Ils s'enfuirent à toutes jambes. Alors
lui, se trouvant seul en face de la chienne en gésine,
frappa sur elle à tour de bras. Enchaînée elle ne pouvait s'enfuir, et comme elle se débattait en gémissant,
85 il monta dessus, l'écrasant sous ses pieds, lui fit mettre
au monde un dernier petit, et il l'acheva à coups de
talon. Puis il laissa le corps saignant au milieu des
nouveau-nés, piaulants et lourds, qui cherchaient déjà
les mamelles.

90 Il faisait de longues courses, solitairement, à grands pas,
avec un air sauvage.

Or, comme il revenait d'une promenade éloignée,
un soir du mois de mai, et qu'il suivait la falaise en
regagnant le village, un grain furieux l'assaillit. Aucune
95 maison en vue, partout la côte nue que l'averse criblait
de flèches d'eau.

La mer houleuse roulait ses écumes ; et les gros nuages
sombres accouraient de l'horizon avec des redouble-
ments de pluie. Le vent sifflait, soufflait, couchait les
100 jeunes récoltes, et secouait l'abbé ruisselant, collait à
ses jambes la soutane traversée, emplissait de bruit ses
oreilles et son cœur exalté de tumulte.

Il se découvrit, tendant son front à l'orage, et peu à peu
il approchait de la descente sur le pays. Mais une telle
105 rafale l'atteignit qu'il ne pouvait plus avancer, et soudain,
il aperçut auprès d'un parc à moutons la hutte ambulante
d'un berger.

C'était un abri, il y courut.

Les chiens fouettés par l'ouragan ne remuèrent pas à
110 son approche ; et il parvint jusqu'à la cabane en bois,
sorte de niche perchée sur des roues, que les gardiens
de troupeaux traînent, pendant l'été, de pâturage en
pâturage.

Au-dessus d'un escabeau, la porte basse était ouverte,
115 laissant voir la paille du dedans.

Le prêtre allait entrer quand il aperçut dans l'ombre un
couple amoureux qui s'étreignait. Alors, brusquement, il
ferma l'auvent et l'accrocha ; puis, s'attelant aux brancards, courbant sa taille maigre, tirant comme un che-
120 val, et haletant sous sa robe de drap trempée, il courut,

entraînant vers la pente rapide, la pente mortelle, les jeunes gens surpris enlacés, qui heurtaient la cloison du poing, croyant sans doute à quelque farce d'un passant.

125 Lorsqu'il fut au haut de la descente, il lâcha la légère demeure, qui se mit à rouler sur la côte inclinée.

Elle précipitait sa course, emportée follement, allant toujours plus vite, sautant, trébuchant comme une bête, battant la terre de ses brancards.

130 Un vieux mendiant blotti dans un fossé la vit passer, d'un élan, sur sa tête et il entendit des cris affreux poussés dans le coffre de bois.

Tout à coup elle perdit une roue arrachée d'un choc, s'abattit sur le flanc, et se remit à dévaler comme une boule, comme une maison déracinée dégringolerait du 135 sommet d'un mont, puis, arrivant au rebord du dernier ravin, elle bondit en décrivant une courbe et, tombant au fond, s'y creva comme un œuf.

On les ramassa l'un et l'autre, les amoureux, broyés, pilés, tous les membres rompus, mais étreints, toujours,

140 les bras liés aux cous dans l'épouvante comme pour le plaisir.

Le curé refusa l'entrée de l'église à leurs cadavres et sa bénédiction à leurs cercueils.

Et le dimanche, au prône, il parla avec emportement du 145 septième commandement de Dieu, menaçant les amoureux d'un bras vengeur et mystérieux, et citant l'exemple terrible des deux malheureux tués dans leur péché.

Comme il sortait de l'église, deux gendarmes l'arrêtèrent.

Un douanier gîté dans un trou de garde avait vu. Il fut 150 condamné aux travaux forcés.

*

Et le paysan dont je tiens cette histoire ajouta gravement :

« Je l'ai connu, moi, monsieur. C'était un rude homme tout de même, mais il n'aimait pas la bagatelle. »

Guy de Maupassant, « Le Saut du Berger », conte intégral, 1882, publié dans le recueil *Le père Milon*, 1899.

VERS LA DISSERTATION

Le Saut du Berger

1. Quel est le sujet de la première partie du texte ?

2. Pourquoi, selon le curé, l'amour est-il réservé aux gens de la ville ?

3. Le narrateur parle des « actes brutaux que la nature commande » (l. 36).

   a) De quelle figure de style* s'agit-il ?

   b) De quoi est-il question ici ?

4. Le curé hait les pauvres, les gens de la campagne.

   a) Pourquoi ?

   b) Dans les raisons énumérées, la préposition « pour » revient trois fois. Quel est l'effet de cette répétition* ?

5. Expliquez à quel point le curé est éloigné de ses fonctions. Jusqu'où se rend-il ?

6. À la lecture de ce texte, quel est le lien entre la description des premiers paragraphes (réponse 1) et le reste de l'histoire ?

Nous vivons à une époque où la vérité devient l'expression populaire de la beauté.

Stéphane Mallarmé

Le roman naturaliste

À la fin des années 1870, le mouvement réaliste se prolonge dans un nouveau courant qui le radicalise : le naturalisme. La visée scientifique distingue le romancier naturaliste de l'écrivain réaliste. Le premier ne se contente pas de reproduire le réel de façon mimétique, il veut aussi expliquer les rouages de la vie à l'aide d'une exploration scientifique.

Les écrivains naturalistes sont marqués par les immenses progrès de la médecine : en plus de la physiologie, elle explore dorénavant des zones d'ombre comme l'hérédité, les névroses, les rêves, les hallucinations et la folie. C'est aussi l'époque où sont connues les thèses de Charles Darwin sur la sélection naturelle et les théories positivistes qui invitent à observer les faits sociaux comme des phénomènes cliniques, expérimentaux ; différentes théories sur l'hérédité naturelle circulent, de même que les découvertes de Claude Bernard dans le domaine physiologique.

Convaincus que l'humain ne peut échapper au déterminisme biologique qui régit ses désirs et ses passions, les écrivains naturalistes fondent leur esthétique sur l'étude des lois de l'hérédité de même que sur l'influence du milieu sur la physiologie et la psychologie des personnages. Des romans deviennent ainsi le terrain d'une expérimentation dont leurs auteurs, regroupés autour d'Émile Zola, prétendent qu'elle est scientifique.

Émile Zola (1840-1902)

Édouard Manet, *Portrait d'Émile Zola,* 1868.

Je veux montrer mon héros s'efforçant d'atteindre le bonheur en combattant contre ce qu'il y a en lui de caractéristiques héréditaires et contre l'influence de son environnement.

Sa puissance créatrice et son foisonnement font d'Émile Zola la figure dominante du naturalisme, qui pousse à sa limite le courant réaliste. Les convictions de cet ardent socialiste l'amènent à s'engager dans diverses causes, dont une qui déchaîne les passions dans toute la France : le virulent pamphlet «J'accuse», dans lequel Zola use de toute son autorité et de son prestige pour affronter seul les pouvoirs en place et clamer l'innocence du capitaine juif Alfred Dreyfus (1859-1935), faussement accusé d'espionnage.

Tributaire de l'idéologie scientifique de son époque et désireux de donner au romancier le modèle du savant, Zola fonde la nouvelle esthétique du naturalisme : une théorie du «roman expérimental» dérivée de *L'introduction à l'étude de la médecine expérimentale* de Claude Bernard. Il entend illustrer l'influence de l'hérédité sur la formation du caractère et celle du milieu de vie sur la conduite de chacun. Cette double influence permettrait d'expliquer des comportements, des attitudes morales, des traits de personnalité, des désirs et des appétits insatiables. En corollaire, l'individu serait incapable d'échapper à un destin prédéterminé. Le roman devient ainsi une expérience vérifiant des lois (ou des théories) sociales et physiologiques.

Zola consacre 20 de ses 30 romans au cycle des Rougon-Macquart, dans lequel il retrace l'«histoire naturelle et sociale d'une famille sous le Second Empire». Dans cette fresque d'un intérêt à la fois historique et littéraire, il peint «la déchéance fatale d'une famille ouvrière dans le milieu empesté des faubourgs»; il illustre comment un personnage pèse directement sur tous ses descendants. Toutes les catégories sociales sont ici représentées : le déclin de la bourgeoisie, la misère du peuple, la résistance de la classe ouvrière, sans espoir de solution, comme un cauchemar immuable. Rien n'est atténué, le réel le plus trivial côtoie les observations les plus délicates. Le peuple apparaît dans toute sa misère : pauvreté, prostitution, alcoolisme, violence... Cette immense fresque livre en réalité un plaidoyer pour la justice sociale, puisque c'est la misère qui engendre les iniquités et la violence.

Le langage se modèle sur la réalité de chaque personnage pour révéler ce qui se passe sous sa chair : les secrètes obsessions et les tenaces angoisses. Pour mieux adapter le style au sujet, Zola fait parler les ouvriers dans leur langue populaire. Ce qu'il révèle des individus, Zola le révèle aussi des collectivités. Les foules décrites par ce raconteur de génie sont animées par une âme collective, celle de ceux qui partagent la même détresse ou le même espoir. Dans *Germinal* (1885), récit consacré à la vie des mineurs dans des corons du nord de la France, le style, entraîné par une sorte de force plébéienne, atteint une dimension épique et visionnaire, pour annoncer les «germinations» à venir. Car l'écrivain veut avant tout croire au progrès : s'il montre les plaies d'une société, c'est pour en expliquer les causes et indiquer la voie de la libération. Dans l'extrait proposé, des mineurs en grève demandent des comptes à la direction de la compagnie. Le narrateur décrit la foule déchaînée, observée par la femme du directeur de la mine, madame Hennebeau. Celle-ci est accompagnée des jeunes bourgeoises Lucie, Jeanne et Cécile ainsi que de l'ingénieur Négrel. Ils ont tout juste le temps de se cacher dans une étable.

Quelques citations de Zola

«Une œuvre d'art est un coin de la création vu à travers un tempérament.»

«Vous mettez l'homme dans le cerveau, je le mets dans tous ses organes.»

«Je n'ai pas seulement soutenu les impressionnistes, je les ai traduits en littérature, par les touches, notes et colorations, par la palette de beaucoup de mes descriptions.»

«Les gouvernements suspectent la littérature parce qu'elle est une force qui leur échappe.»

«Aucun bonheur n'est possible dans l'ignorance, la certitude seule fait la vie calme.»

«Savoir où l'on veut aller, c'est très bien ; mais il faut encore montrer qu'on y va.»

«La vérité est en marche, et rien ne l'arrêtera.»

Jules Adler, *La grève au Creusot*, 1899.

Le thème de la grève touche aussi les arts visuels. Dans cette toile, le peintre académique Adler représente l'une des plus importantes manifestations qui eurent lieu aux usines Schneider entre mai 1899 et juillet 1900, soit celle du 24 septembre 1899. Ce jour-là, les citoyens de Monchanin s'étaient joints aux Creusotins, élevant ainsi la foule à plus de 7 000 personnes y compris des femmes et des enfants, afin de dénoncer leurs piètres conditions de travail.

La vision rouge de la révolution

Madame Hennebeau, très pâle, prise d'une colère contre ces gens qui gâtaient un de ses plaisirs, se tenait en arrière, avec un regard
5 oblique et répugné ; tandis que Lucie et Jeanne, malgré leur tremblement, avaient mis un œil à une fente, désireuses de ne rien perdre du spectacle.

10 Le roulement de tonnerre approchait, la terre fut ébranlée, et Jeanlin galopa le premier, soufflant dans sa corne.

— Prenez vos flacons, la sueur du
15 peuple qui passe ! murmura Négrel, qui, malgré ses convictions républicaines, aimait à plaisanter la canaille avec les dames.

Mais son mot spirituel fut emporté
20 dans l'ouragan des gestes et des cris. Les femmes avaient paru, près d'un millier de femmes, aux cheveux épars, dépeignés par la course, aux guenilles montrant la
25 peau nue, des nudités de femelles lasses d'enfanter des meurt-de-faim. Quelques-unes tenaient leur petit entre les bras, le soulevaient, l'agitaient, ainsi qu'un drapeau de deuil et de vengeance. D'autres, plus jeunes, avec des gorges gonflées de guerrières, brandissaient des bâtons ; tandis que les vieilles, affreuses, hurlaient si fort, que les cordes de
30 leurs cous décharnés semblaient se rompre. Et les hommes déboulèrent ensuite, deux mille furieux, des galibots, des haveurs, des raccommodeurs, une masse compacte qui roulait d'un seul bloc, serrée, confondue, au point qu'on ne distinguait ni les culottes déteintes, ni les tricots de laine en loques, effacés dans la même uniformité terreuse. Les yeux brûlaient, on voyait seulement les trous des
35 bouches noires, chantant la *Marseillaise,* dont les strophes se perdaient en un mugissement confus, accompagné par le claquement des sabots sur la terre dure. Au-dessus des têtes, parmi le hérissement des barres de fer, une hache passa, portée toute droite ; et cette hache unique, qui était comme l'étendard de la bande, avait, dans le ciel clair, le profil aigu d'un couperet de guillotine.

40 — Quels visages atroces ! balbutia madame Hennebeau.

Négrel dit entre ses dents :

— Le diable m'emporte si j'en reconnais un seul ! D'où sortent-ils donc, ces bandits-là ?

Et, en effet, la colère, la faim, ces deux mois de souffrance et
45 cette débandade enragée au travers des fosses, avaient allongé en mâchoires de bêtes fauves les faces placides des houilleurs de Montsou. À ce moment, le soleil se couchait, les derniers rayons, d'un pourpre sombre, ensanglantaient la plaine. Alors, la route sembla charrier du sang, les femmes, les hommes
50 continuaient à galoper, saignants comme des bouchers en pleine tuerie.

— Oh ! superbe ! dirent à demi-voix Lucie et Jeanne, remuées dans leur goût d'artistes par cette belle horreur.

Elles s'effrayaient pourtant, elles reculèrent près de madame
55 Hennebeau, qui s'était appuyée sur une auge. L'idée qu'il suffisait d'un regard, entre les planches de cette porte disjointe, pour qu'on les massacrât, la glaçait. Négrel se sentait blêmir, lui aussi, très brave d'ordinaire, saisi là d'une épouvante supérieure à sa volonté, une de ces épouvantes qui soufflent de
60 l'inconnu. Dans le foin, Cécile ne bougeait plus. Et les autres, malgré leur désir de détourner les yeux, ne le pouvaient pas, regardaient quand même.

C'était la vision rouge de la révolution qui les emporterait tous, fatalement, par une soirée sanglante de cette fin de
65 siècle. Oui, un soir, le peuple lâché, débridé, galoperait ainsi sur les chemins ; et il ruissellerait du sang des bourgeois, il promènerait des têtes, il sèmerait l'or des coffres éventrés. Les femmes hurleraient, les hommes auraient ces mâchoires de loups, ouvertes pour mordre. Oui, ce seraient les mêmes
70 guenilles, le même tonnerre de gros sabots, la même cohue effroyable, de peau sale, d'haleine empestée, balayant le vieux monde, sous leur poussée débordante de barbares. Des incendies flamberaient, on ne laisserait pas debout une pierre des villes, on retournerait à la vie sauvage dans les bois, après
75 le grand rut, la grande ripaille, où les pauvres, en une nuit, efflanqueraient les femmes et videraient les caves des riches. Il n'y aurait plus rien, plus un sou des fortunes, plus un titre des situations acquises, jusqu'au jour où une nouvelle terre repousserait peut-être. Oui, c'étaient ces choses qui passaient
80 sur la route, comme une force de la nature, et ils en recevaient le vent terrible au visage.

Un grand cri s'éleva, domina la *Marseillaise* :

— Du pain ! du pain ! du pain !

Émile Zola, *Germinal*, 1885.

VERS LA DISSERTATION

La vision rouge de la révolution

1. Le texte traite de la lutte des classes sociales.

   a) À quelle classe madame Hennebeau appartient-elle ?

   b) Et ceux qui font la révolution ?

2. Quel portrait le narrateur fait-il des révolutionnaires ?

3. La couleur rouge domine l'extrait.

   a) Quelle est la connotation* de cette couleur ?

   b) Faites ressortir le champ lexical* du rouge.

4. À quel évènement sociohistorique le narrateur fait-il référence lorsqu'il dit : « [...] une hache passa, portée toute droite ; et cette hache unique, qui était comme l'étendard de la bande, avait, dans le ciel clair, le profil aigu d'un couperet de guillotine » (l. 37-39) ?

5. Quels sont les procédés stylistiques* des phrases ou expressions suivantes ?

   a) « la sueur du peuple qui passe » (l. 14-15) ;

   b) « l'ouragan des gestes et des cris » (l. 20-21) ;

   c) « Quelques-unes tenaient leur petit entre les bras, le soulevaient, l'agitaient, ainsi qu'un drapeau de deuil et de vengeance » (l. 26-27) ;

   d) « les femmes, les hommes continuaient à galoper, saignants comme des bouchers en pleine tuerie » (l. 49-51) ;

   e) « belle horreur » (l. 53) ;

   f) « Et les autres, malgré leur désir de détourner les yeux, ne le pouvaient pas, regardaient quand même » (l. 60-62).

6. Quelle image se dégage du dernier paragraphe (l. 63-81) ?

▧ Sujet de dissertation explicative

Chez Zola, la psychologie des personnages (ce qu'ils font, comment ils agissent, etc.) est déterminée par leur physiologie. Expliquez.

Le récit fantastique

Le fantastique est fondé sur le doute, sur l'hésitation du lecteur et du héros entre les explications rationnelles et irrationnelles d'un évènement insolite survenu dans un univers habituel.

Dans la seconde moitié du XIXᵉ siècle, des aliénistes (on ne les appelait pas encore des psychiatres) popularisent l'idée qu'il n'existe pas un abîme entre le fou et le sain d'esprit, mais une série d'états intermédiaires, d'hallucinations et d'angoisses qui sont à l'état latent en chacun. L'un de ces chercheurs, Jean Martin Charcot (*voir la toile d'André Brouillet, p. 8*), analyse l'évolution des névroses, les altérations de la personnalité, les états dus à la drogue, les mélancolies et les délires. Il voit dans l'hystérie un rôle dominant de la sexualité, considérée d'un point de vue non moral mais médical. Un certain Sigmund Freud (1856-1939) suit ses cours à l'hôpital de la Salpêtrière.

Les écrivains naturalistes peignent la double influence de l'hérédité et du milieu sur les comportements sociaux; les écrivains fantastiques s'attardent plutôt à la description intérieure des phénomènes névrotiques qui mènent à ces mêmes comportements. Guy de Maupassant excelle particulièrement à cette description du déséquilibre des âmes.

Guy de Maupassant (suite)

Une œuvre d'art n'est supérieure que si elle est, en même temps, un symbole et l'expression exacte de la réalité.

Maupassant suit les cours de l'aliéniste Charcot qui enseigne les diverses aberrations de l'esprit. Déjà atteint héréditairement de troubles nerveux, l'écrivain découvre en 1877 qu'il a la syphilis; il voit une annonce du sort qui l'attend lorsque son frère, après avoir été interné, meurt dans un asile d'aliénés. À partir de ce moment, l'angoisse habite son œuvre : plusieurs de ses ouvrages tentent de cerner la voie qui conduit à la folie, au basculement hors de la rationalité courante.

Son récit *Le Horla* (1887), écrit sous la forme d'un journal intime, décrit justement les soubresauts d'une conscience qui se voile peu à peu, entraînée par un flot tout-puissant. Le narrateur sent la présence d'un être invisible, comme un double de lui-même, qui prend vie et dévore lentement, en vampire, sa proie vivante. L'extrait proposé décrit les hallucinations de cet homme qui se sent l'esclave d'un être surnaturel. La limpidité de l'expression sert de contraste à l'expression de la terreur.

Une sorte de transparence opaque

19 *août.* – [...]

Qu'ai-je donc? C'est lui, lui, le Horla, qui me hante, qui me fait penser ces folies! Il est en moi, il devient mon âme; je le tuerai!

19 *août.* – Je le tuerai. Je l'ai vu! je me suis assis hier soir, à
5   ma table; et je fis semblant d'écrire avec une grande attention. Je savais bien qu'il viendrait rôder autour de moi, tout près, si près que je pourrais peut-être le toucher, le saisir? Et alors!... alors, j'aurais la force des désespérés; j'aurais mes mains, mes genoux, ma poitrine, mon front, mes dents
10   pour l'étrangler, l'écraser, le mordre, le déchirer.

Et je le guettais avec tous mes organes surexcités.

J'avais allumé mes deux lampes et les huit bougies de ma cheminée, comme si j'eusse pu, dans cette clarté, le découvrir.

En face de moi, mon lit, un vieux lit de chêne à colonnes; à
15   droite, ma cheminée; à gauche, ma porte fermée avec soin, après l'avoir laissée longtemps ouverte, afin de l'attirer; derrière moi, une très haute armoire à glace, qui me servait chaque jour, pour me raser, pour m'habiller, et où j'avais coutume de me regarder, de la tête aux pieds, chaque fois que je passais devant.

20   Donc, je faisais semblant d'écrire, pour le tromper, car il m'épiait lui aussi; et soudain, je sentis, je fus certain qu'il lisait par-dessus mon épaule, qu'il était là, frôlant mon oreille.

Je me dressai, les mains tendues, en me tournant si vite que je faillis tomber. Eh! bien?... on y voyait comme en plein jour, et je ne me vis pas dans ma glace!... Elle

était vide, claire, profonde, pleine de lumière ! Mon image n'était pas dedans... et
25 j'étais en face, moi ! Je voyais le grand verre limpide du haut en bas. Et je regardais
cela avec des yeux affolés ; et je n'osais plus avancer, je n'osais plus faire un mouvement, sentant bien pourtant qu'il était là, mais qu'il m'échapperait encore, lui dont le
corps imperceptible avait dévoré mon reflet.

Comme j'eus peur ! Puis voilà que tout à coup je commençai à m'apercevoir dans
30 une brume, au fond du miroir, dans une brume comme à travers une nappe d'eau ;
et il me semblait que cette eau glissait de gauche à droite, lentement, rendant plus
précise mon image, de seconde en seconde. C'était comme la fin d'une éclipse. Ce
qui me cachait ne paraissait point posséder de contours nettement arrêtés, mais une
sorte de transparence opaque, s'éclaircissant peu à peu.

35 Je pus enfin me distinguer complètement, ainsi que je le fais chaque jour en me regardant.

Je l'avais vu ! L'épouvante m'en est restée, qui me fait encore frissonner.

20 août. – Le tuer, comment ? puisque je ne peux l'atteindre ? Le poison ? mais il me
verrait le mêler à l'eau ; et nos poisons, d'ailleurs, auraient-ils un effet sur son corps
imperceptible ? Non... non... sans aucun doute... Alors ?... alors ?...

Guy de Maupassant, *Le Horla*, 1887.

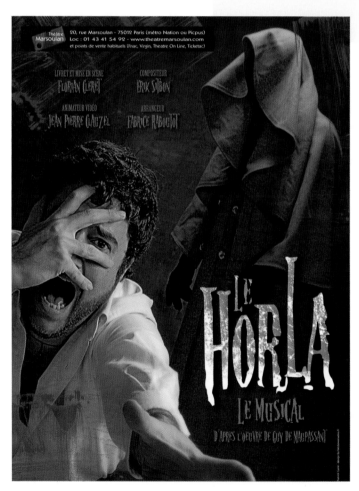

Affiche pour *Le Horla*, comédie musicale de Florian Cléret et Erik
Sitbon, présentée au Théâtre Musical Marsoulan, à Paris, en avril 2009.

VERS LA DISSERTATION

Une sorte de transparence opaque

1. Quel est l'effet de la répétition des pronoms qui réfèrent au Horla et au narrateur dans les phrases de la première entrée du 19 août ?

2. Pourquoi la même date (le 19 août) est-elle écrite deux fois dans le journal du narrateur ? Trouvez une explication rationnelle ainsi qu'une raison qui expliquerait la folie du narrateur.

3. La vision est importante dans cet extrait.

   a) Relevez le champ lexical* de la vision.

   b) Quel est l'effet créé par l'abondance de ces mots ?

4. Pourquoi la description de la pièce et de son contenu, dans le cinquième paragraphe (l. 14-19), est-elle si importante ?

5. Pourquoi le narrateur mentionne-t-il que son armoire à glace est « très haute » (l. 17) et qu'il a coutume de se regarder dans ce miroir « de la tête aux pieds » (l. 19) ?

6. Expliquez l'importance des mots suivants : « on y voyait **comme en plein jour** » (l. 23) et « **j'étais en face, moi** » (l. 25).

▦ Sujets de dissertation explicative

1. Cet extrait est à la fois réaliste et fantastique. Démontrez cette assertion.

2. Le narrateur est peut-être fou, peut-être sain d'esprit. Justifiez cette assertion.

Il n'y a de vraiment beau que ce qui ne peut servir à rien, tout ce qui est utile est laid.

Théophile Gautier

Au moment du triomphe de l'idéologie du positivisme, dans les années 1850 à 1880, des poètes sentent leurs idéaux menacés ; aussi entendent-ils protester contre les aspirations matérialistes de la classe dirigeante, contre l'utilitarisme vulgaire et les plates préoccupations commerciales de la bourgeoisie. Ils en ont également contre cette nouvelle culture qui commence à se répandre, grâce à l'influence grandissante de la presse, qu'on nomme aujourd'hui « culture de masse ». Dans un monde où tout devient marchandise vendable, ils défendent l'idée d'une aristocratie de l'esprit, éloignée du monde utilitaire. Pour manifester leur refus de ce monde où règne le conformisme, ils se retirent dans la tour d'ivoire de « l'art pour l'art ».

Le mouvement parnassien

Parallèle au réalisme, mais fortement opposée à la soumission au social de ce courant, cette esthétique, qui porte le nom d'une montagne de la Grèce habitée par les Muses, le Parnasse, est issue du romantisme, dont elle dénonce cependant de nombreux aspects : elle condamne ses épanchements du cœur et son lyrisme verbeux ; s'oppose à son engagement auprès du peuple ; rejette l'image du poète comme prophète ou mage de sa société. Seule demeure en fait une exigence de perfection formelle : tout comme au XVIIe siècle, les poètes redeviennent des artisans du vers. Ils font triompher la technique… dont ils déplorent pourtant la présence dans la société. Pour ces poètes, l'idée de la Beauté est une valeur fondamentale, à laquelle il faut se dédier totalement, jusqu'à vivre sa vie comme une œuvre d'art, ce que fait le dandy, qui voue un culte à l'élégance et à l'exceptionnel, poussé parfois jusqu'à la bizarrerie dans sa mise et sa manière.

S'interdisant toute expression de sentiments personnels, les Parnassiens cultivent une poésie purement descriptive, dépouillée de toute réalité palpable, qui semble vouloir s'élever jusqu'à l'intemporel. Leur culte de la forme, partagé avec le romancier Gustave Flaubert, exige une rigoureuse discipline d'écriture et d'inspiration. Ils s'approprient l'exotisme, vécu ou rêvé, pour y projeter, dans une langue travaillée et avec des images raffinées, leur nostalgie d'un paradis perdu, leur désir d'évasion d'une triste réalité. L'éclat de leur style et la richesse de leurs rimes, tout comme leur virtuosité, en font des « orfèvres du langage ». Les mots sont choisis avec soin et les descriptions sont belles, voire exceptionnelles, mais la beauté qu'ils expriment se situe du côté de l'intelligence plutôt que de l'inspiration, la technique prenant le pas sur l'expression des sentiments.

Leconte de Lisle (1818-1894) est le chef de file de ces poètes qui affirment qu'une expérience est d'autant plus précieuse qu'elle est artificielle. Théodore de Banville (1823-1891), José Maria de Heredia (1842-1905) et Théophile Gautier sont au nombre des virtuoses qui gravitent autour de lui.

Théophile Gautier, *Autoportrait en tenue des représentations de Hernani*, v. 1867.

Théophile Gautier (1811-1872)

Sculpte, lime, cisèle ;
Que ton rêve flottant
Se scelle
Dans le bloc résistant.

Critique d'art, romancier, nouvelliste, dramaturge, auteur de récits de voyages et d'arguments de ballets (dont *Gisèle*), le poète Théophile Gautier est le théoricien qui a formulé les principes de la poésie parnassienne : célébrer la gratuité de la beauté en

poésie, qui doit être poursuivie pour elle-même et conquise à force de travail. Il rejette toute subordination de l'art à quelque visée idéologique ou morale : l'art supplée à tout et donne du prix à la vie. Sa quête de perfection demande qu'on se méfie des émotions mais aussi de l'inspiration. Cette poésie insouciante du réel mais d'une grande beauté plastique produira une forte impression sur Baudelaire (qui dédiera *Les fleurs du mal* à Gautier) de même que sur les poètes symbolistes.

Dans le poème « Carmen », le personnage de la séductrice, créé à l'origine par Prosper Mérimée (1803-1870), devient l'allégorie de la Beauté et de l'Amour.

Carmen

Carmen est maigre, – un trait de bistre
Cerne son œil de gitana.
Ses cheveux sont d'un noir sinistre,
Sa peau, le diable la tanna.

5 Les femmes disent qu'elle est laide,
Mais tous les hommes en sont fous :
Et l'archevêque de Tolède
Chante la messe à ses genoux ;

Car sur sa nuque d'ambre fauve
10 Se tord un énorme chignon
Qui, dénoué, fait dans l'alcôve
Une mante à son corps mignon.

Et, parmi sa pâleur, éclate
Une bouche aux rires vainqueurs ;
15 Piment rouge, fleur écarlate,
Qui prend sa pourpre au sang des cœurs.

Ainsi faite, la moricaude
Bat les plus altières beautés,
Et de ses yeux la lueur chaude
20 Rend la flamme aux satiétés.

Elle a, dans sa laideur piquante,
Un grain de sel de cette mer
D'où jaillit, nue et provocante,
L'âcre Vénus du gouffre amer.

Théophile Gautier, *Émaux et camées*, 1852.

Marie-Alexandre Alophe, *Portrait de Louise Colet*, 1844.

VERS LA DISSERTATION

Carmen

1. Ce poème est une ode. Quelles sont les caractéristiques qui vous permettent de l'affirmer ?

2. Donnez la définition des mots suivants :
   a) bistre (v. 1) ;
   b) gitana (v. 2) ;
   c) moricaude (v. 17).

3. Qui est Vénus ? Au besoin, faites une recherche.

4. Selon le poète, Carmen est-elle belle ou laide ? Expliquez votre réponse.

5. Expliquez le sens de la quatrième strophe.

6. Au vers 12, le poète emploie le mot « mante ».
   a) Quel est le sens de ce mot dans le contexte ?
   b) Quelle est sa connotation* réelle ?

7. Trouvez une image (peinture, sculpture) de la naissance de Vénus et comparez-la à la Carmen du poème, notamment aux deux derniers vers de la dernière strophe (v. 23-24). Que constatez-vous ?

▨ Sujet de dissertation explicative

Carmen, malgré sa laideur, séduit tous les hommes. Démontrez cette assertion.

La plus belle lettre d'amour d'un auteur réaliste

Louise Colet (1810-1876), auteure d'un recueil de poèmes, *Fleurs du Midi* (1836), a, au cours de sa vie, des liaisons avec de grands écrivains du XIXe siècle : Victor Voisin, Alfred de Musset et Gustave Flaubert. Quand elle rencontre ce dernier, en juin 1846, le coup de foudre est réciproque. Il s'en-suit une correspondance intime et littéraire du plus haut intérêt. Gustave Flaubert se serait inspiré de certains aspects de la personnalité de Louise Colet pour son personnage d'Emma Bovary.

De Gustave Flaubert à Louise Colet

[Croisset,] mardi soir, minuit, [4-5 août 1846]

Il y a douze heures nous étions encore ensemble. Hier à cette heure-ci je te tenais dans mes bras... t'en souviens-tu ?... Comme c'est déjà loin ! La nuit maintenant est chaude et douce ; j'entends le grand tulipier qui est sous
5 ma fenêtre frémir au vent et, quand je lève la tête, je vois la lune se mirer dans la rivière. Tes petites pantoufles sont là pendant que je t'écris, je les ai sous les yeux, je les regarde. Je viens de ranger, tout seul et bien enfermé, tout ce que tu m'as donné. Tes deux lettres sont dans le
10 sachet brodé, je vais les relire quand j'aurai cacheté la mienne. – Je n'ai pas voulu prendre pour t'écrire mon papier à lettres, il est bordé de noir, que rien de triste ne vienne de moi vers toi ! Je voudrais ne te causer que de la joie et t'entourer d'une félicité calme et continue pour te
15 payer un peu tout ce que tu m'as donné à pleines mains dans la générosité de ton amour. J'ai peur d'être froid, sec, égoïste, et Dieu sait pourtant ce qui à cette heure se passe en moi. Quel souvenir ! et quel désir ! – Ah ! nos deux bonnes promenades en calèche, qu'elles étaient belles ! La
20 seconde surtout avec ses éclairs ! Je me rappelle la couleur des arbres éclairés par les lanternes, et le balancement des ressorts ; nous étions seuls, heureux, je contemplais ta tête dans la nuit, je la voyais malgré les ténèbres, tes yeux t'éclairaient toute la figure. – Il me semble que j'écris
25 mal, tu vas lire ça froidement, je ne dis rien de ce que je veux dire. C'est que mes phrases se heurtent comme des soupirs, pour les comprendre il faut combler ce qui sépare l'une de l'autre, tu le feras n'est-ce pas ? Rêveras-tu à chaque lettre, à chaque signe de l'écriture, comme moi en
30 regardant tes petites pantoufles brunes je songe aux mouvements de ton pied quand il les emplissait et qu'elles en étaient chaudes. Le mouchoir est dedans, je vois ton sang. – Je voudrais qu'il en fût tout rouge.

Ma mère m'attendait au chemin de fer. Elle a pleuré en me
35 voyant revenir. Toi tu as pleuré en me voyant partir. Notre misère est donc telle que nous ne pouvons nous déplacer d'un lieu sans qu'il en coûte des larmes des deux côtés ! C'est d'un grotesque bien sombre. – J'ai retrouvé ici les gazons verts, les arbres grands et l'eau coulant comme lorsque
40 je suis parti. Mes livres sont ouverts à la même place, rien n'est changé. La nature extérieure nous fait honte, elle est d'une sérénité désolante pour notre orgueil. N'importe, ne songeons ni à l'avenir ni à nous ni à rien. Penser c'est le moyen de souffrir. Laissons-nous aller au vent de
45 notre cœur tant qu'il enflera la voile. Qu'il nous pousse comme il lui plaira et quant aux écueils... ma foi tant pis, nous verrons.

Et ce bon X... qu'a-t-il dit de l'envoi ? Nous avons ri hier au soir. – C'était tendre pour nous, gai pour lui, bon pour
50 nous trois. J'ai lu en venant presque un volume. J'ai été touché à différentes places. Je te causerai de ça plus au long. – Tu vois bien que je ne suis pas assez recueilli. La critique me manque tout à fait ce soir. J'ai voulu seulement t'envoyer encore un baiser avant de m'endormir, te
55 dire que je t'aimais. À peine t'ai-je eu quittée et à mesure que je m'éloignais ma pensée revolait vers toi. Elle courait plus vite que la fumée de la locomotive qui fuyait derrière nous – (il y a du *feu* dans la comparaison) – pardon de la pointe. Allons, un baiser, vite, tu sais comment, de ceux
60 que dit l'Arioste, et encore un, oh encore, encore et puis ensuite sous ton menton, à cette place que j'aime sur ta peau si douce, sur ta poitrine où je place mon cœur.

Adieu, adieu.

Tout ce que tu voudras de tendresses.

Gustave Flaubert, *De Gustave Flaubert à Louise Colet*, 1848.

VERS LA DISSERTATION

De Gustave Flaubert à Louise Colet

1. Qu'est-ce qui trahit la tonalité lyrique* de cette lettre ?

2. Que remarquez-vous dans la structure* de ces phrases : « Quel souvenir ! et quel désir ! – Ah ! nos deux bonnes promenades en calèche, qu'elles étaient belles ! La seconde surtout avec ses éclairs ! » (l. 18-20). Expliquez l'effet créé par la syntaxe.

3. Le vocabulaire* employé par l'auteur en ce qui a trait à son écriture est-il mélioratif* ou péjoratif* ? Justifiez votre réponse.

4. Quelles sont les principales figures de style* de la lettre ?

5. Flaubert affirme que « Penser c'est le moyen de souffrir » (l. 43-44). Expliquez en regard du contenu de la lettre.

▬ Sujet de dissertation explicative

L'auteur parle à quelques reprises dans sa lettre des pantoufles de sa maîtresse. Expliquez l'importance de ce détail pour l'écrivain réaliste qu'est Gustave Flaubert.

La mouvance symboliste ou la modernité proprement dite (1880-1914)

Il faut être absolument moderne.

Arthur Rimbaud

La crise des valeurs que connaît la France à partir de la fin des années 1870 donne aux intellectuels l'impression d'assister à la naissance d'un monde où, une fois de plus, tout bascule. Ils étouffent dans cet univers matérialiste où les aspirations spirituelles n'ont pas leur place. Ils font un parallèle entre leur époque et les grandes civilisations antiques au temps de leur décadence, à l'agonie de l'Empire romain ou byzantin. Ils croient déjà voir se profiler à l'horizon des hordes de barbares (qui portent maintenant les noms de rationalisme, matérialisme, positivisme et scientisme) que leur société malade ne pourra repousser. Cette idée vaut le nom de « décadentisme » au climat culturel de cette fin de siècle.

Le décadentisme et l'esprit fin de siècle

En France comme dans toute l'Europe, l'élite culturelle vit sous l'emprise d'un profond pessimisme. Cette génération désabusée et sceptique, froissée par un matérialisme à courte vue, se réfugie dans une forme d'idéalisme. Certains cherchent une solution spirituelle. La révolte contre le monde moderne se présente parfois comme un retour à un catholicisme traditionaliste et réactionnaire. Mais leur religiosité décadente affiche surtout un faible pour le charme des liturgies somptueuses et désuètes, ne gardant du religieux que ses aspects rituels. Pour d'autres, cette religiosité peut emprunter la voie d'un mysticisme nouveau, aux formes sacrilèges, mâtiné d'occultisme, de satanisme, d'érotisme, de magie noire et de recours aux paradis artificiels. Ils éprouvent une attirance pour ce qui défie la morale et une fascination pour les figures perverses, inquiétantes et cruelles.

Nombreux sont ceux qui suivent la voie tracée par les Parnassiens : ils s'enferment dans une conception esthétique de l'univers, choisissant de substituer au monde réel un monde issu de leur imagination. « J'ai considéré l'art comme la réalité suprême, et la vie comme le seul mode de fiction », écrit Oscar Wilde (1854-1900). D'autres tournent le dos à la virtuosité parnassienne et à sa conception d'un art impersonnel ; ils effectuent plutôt une véritable plongée dans leur for intérieur afin de saisir les vérités profondes de leur être, qui ne peuvent être que celles de la grande fraternité humaine. Leurs œuvres, certes imprégnées d'un sentiment de déliquescence, d'épuisement et de langueur, mènent pourtant à un renouvellement complet du langage littéraire. C'est le symbolisme.

Gustav Klimt, *Judith et Holopherne*, 1901.

Klimt reprend dans cette représentation de Judith tenant la tête d'Holopherne un thème récurrent dans sa production, celui de la femme dominatrice qu'il peint sous les traits d'une femme fatale. L'érotisme raffiné et trouble qui se dégage de l'œuvre rappelle le moment où la jeune héroïne séduit et enivre le tyran de Béthulie afin de le décapiter. Utilisant abondamment l'or, jusque dans les cadres de ses œuvres, Gustav Klimt porte à son apogée la luxuriance décorative de l'Art nouveau de Vienne.

La décadence est le dénominateur commun de toutes les tendances littéraires et artistiques qui se manifestent dans les 20 dernières années du siècle et qui se prolongent dans les premières décennies du siècle suivant. Quant au symbolisme, c'est le mouvement le plus significatif du décadentisme : sa poétique impose à la fois une vision de l'art et une vision du monde, en plus d'être la clé de pratiquement tous les arts du XXᵉ siècle.

Le symbolisme dans les arts

Je suis le primitif d'un nouvel art.

Paul Cézanne

Trois grands innovateurs explorent des voies nouvelles et projettent définitivement la peinture dans la modernité : Paul Cézanne, Paul Gauguin et Vincent Van Gogh. Chez ces peintres, les thèmes sont devenus davantage des prétextes à une étude stylistique que des objets d'observation en tant que tel. Leur affirmation de la planéité qui annule toute profondeur, leur refus de la reproduction d'une réalité tangible et leur recours à des couleurs pures rejettent tous les codes académiques en usage depuis la Renaissance : le tableau est maintenant un organisme autonome soumis aux seules lois picturales. Il faut reconnaître ici la vive concurrence de la photographie. Pour s'en différencier, les peintres modifient leur rapport à la figuration et explorent des domaines où la photographie ne peut les suivre : la couleur, la forme et la touche.

L'esthétique symboliste

Pendant que le sculpteur Auguste Rodin signe la fin du naturalisme et l'arrivée du symbolisme avec son *Balzac,* une sorte de menhir asymétrique au visage violemment expressif mis en évidence par l'ample manteau aux plis simplifiés, des peintres libèrent eux aussi l'art de son poids de matérialisme. Reprenant de façon exacerbée la révolte des romantiques, ils donnent la primauté à la subjectivité de leurs visions.

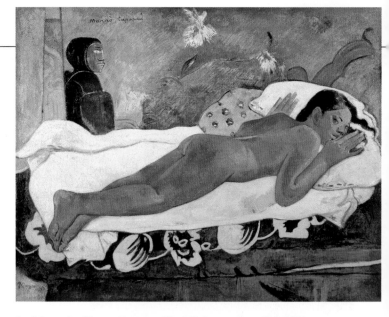

Paul Gauguin, *Manau Tupapau (L'esprit des morts veille),* **1892.**

Chef de file de l'école de Pont-Aven, initiateur du synthétisme, Gauguin trouve son inspiration dans l'art indigène et les contrées exotiques. L'ensemble de sa production est caractérisé par la présence de larges aplats colorés et l'élimination de détails superflus. Dans cette œuvre qu'il réalise au cours de son premier séjour à Tahiti, il représente sous les traits d'une Ève primitive sa fiancée Téha'amana.

Parmi les peintres symbolistes se démarquent les Français Gustave Moreau, l'initiateur de la peinture symboliste en France, Odilon Redon, Pierre Puvis de Chavannes et Henri Fantin-Latour, l'Autrichien Gustav Klimt, l'Allemand Carlos Schwabe ainsi que le Norvégien Edvard Munch.

Les nabis

S'inscrivant dans la mouvance symboliste, les nabis sont grandement influencés par l'art des estampes japonaises et, surtout, par l'esthétique de Paul Gauguin. Symbolistes comme lui, ils tentent de révéler une vérité située au-delà de la simple perception optique du réel. Désireux d'intégrer l'art à la vie, d'abolir les limites qui séparent les arts décoratifs du tableau de chevalet, ils peignent aussi bien des tableaux que des murs, des paravents, des vitraux, des affiches et des décors de théâtre. Ces peintres cherchent à donner une forme au

Gustave Moreau, *Les sirènes,* XIXᵉ siècle.

Tournés vers le monde mystérieux de la vie intérieure et des idées, les peintres symbolistes pratiquent un art volontiers onirique et allégorique, mystique et fantastique, cherchant à exprimer la nostalgie d'un idéal autant que le désespoir existentiel. Ils se passionnent pour l'ésotérisme et se tournent vers le passé, pour y interroger les mythes de l'Antiquité ou du Moyen Âge, ou pour y chercher des signes et des correspondances avec leur présent.

Maurice Denis, *Muses,* 1893.

Les nabis prennent comme point de départ de leur travail non pas la nature, mais une idée dont ils cherchent des équivalents plastiques et colorés dans la nature. Cette dernière, transfigurée par le passage dans les tamis du rêve et de l'émotion, est réduite à des formes symboliques qui en synthétisent l'idée. Dans des tableaux intimistes, ils privilégient les scènes du quotidien et simplifient les formes, même si l'abondance d'arabesques témoigne d'un grand souci de composition. Les couleurs pures sont posées en larges aplats sur des surfaces planes, sans modelé ni perspective linéaire.

mystère de la vie, à saisir la poésie de la réalité. Paul Sérusier, Pierre Bonnard, Édouard Vuillard et Maurice Denis en sont les principaux représentants.

L'Art nouveau

L'Art nouveau, qui s'impose à la fin du xixe siècle dans toutes les grandes métropoles européennes, pousse encore plus avant la démarche des nabis. Ce mouvement éclectique met fin à la séparation traditionnelle entre les arts appliqués et les beaux-arts. Ses tenants font sortir l'art de son isolement aristocratique pour l'adapter à la nouvelle culture de masse, dont ils prennent en compte tout le cadre de vie. Cet art introduit partout des courbes d'une asymétrie systématique, inspirées de la nature, qui foisonnent, se métamorphosent et font s'enlacer les végétaux dans des constructions d'un raffinement capricieux. Les séduisantes affiches d'Alphonse Mucha et d'Henri de Toulouse-Lautrec, les femmes-fleurs de Gustav Klimt de même que l'élégant art graphique d'Aubrey Beardsley figurent au nombre des principales réussites de cet art ludique. Dans le domaine de l'architecture se signalent Antoni Gaudí en Espagne et Victor Horta en Belgique, en plus du dessinateur des fameuses bouches du métro de Paris, Hector Guimard.

Henri de Toulouse-Lautrec, *Yvette Guilbert saluant le public,* 1894.

Illustrateur de l'Art nouveau, Toulouse-Lautrec, que l'on connaît surtout pour ses affiches de la vie nocturne parisienne, a réalisé plusieurs œuvres montrant Yvette Guilbert, cette chanteuse ou plutôt diseuse de café-concert.

Le symbolisme en littérature

Immense jouissance que d'élire domicile dans le nombre, dans l'ondoyant, dans le fugitif, dans l'infini.

Charles Baudelaire

Les écrivains symbolistes cessent d'être les simples héritiers d'une civilisation qu'on leur demande de perpétuer. Ils veulent croire que notre monde n'est pas réductible à la matière, à la pacotille disparate du monde bourgeois, d'où ils estiment que «la vraie vie est absente» (Rimbaud). Ils tentent plutôt de découvrir le sens de la vie derrière les réalités sociales et au-delà d'elles. Pour l'y trouver, ils se tournent vers le monde mystérieux de la vie intérieure – «l'espace intérieur du monde», écrit Rainer Maria Rilke (1875-1926) –, à la recherche de représentations ou de signes dont les réalités extérieures ne se feraient que les échos. Se profile ainsi l'idée d'un monde idéal et secret, un monde d'analogies mystérieuses que la nature recèle et que chacun veut atteindre par l'intermédiaire du langage.

L'art des symbolistes cesse d'être l'exploration d'un monde «objectif» pour devenir un monde en soi et une valeur qu'ils tiennent pour supérieure à la vie. Libérés de l'ensemble des conventions et des ententes passées, ces écrivains, qui refusent la transparence et l'utilitarisme du langage de la communication, créent un langage nouveau, qui s'enracine dans la sensibilité personnelle de chaque auteur, qui fait basculer de manière radicale le rapport à la norme et à la règle. Et si le lecteur souhaite s'approprier ces œuvres, il devra leur trouver une validation dans sa propre sensibilité. C'est dire qu'il lui est dorénavant demandé de jouer un rôle beaucoup plus important qu'auparavant : aidé de son intuition et de son imagination, il lui faut fournir un réel travail d'interprétation, voire de déchiffrement, de ce qui peut sembler hermétique à une première lecture.

La poésie symboliste

Nommer un objet, c'est supprimer les trois quarts de la jouissance du poème qui est faite de deviner peu à peu ; le suggérer, voilà le rêve. C'est le parfait usage de ce mystère qui constitue le symbole.

Stéphane Mallarmé

La poésie subit une véritable métamorphose : elle réinvente le lyrisme, cette expression de la mélancolie chère aux romantiques, et dépasse le caractère purement plastique du Parnasse en dégageant le sens mystérieux des objets auxquels elle s'attarde. Ce qui compte chez le poète symboliste n'est pas lui-même, mais le souffle de la poésie qui s'exprime en lui et dont il est l'espace de déploiement. Puisque le réel n'est qu'apparence, le poète est à l'affût du sens caché qu'il recèle à partir de la «forêt» de symboles qu'il perçoit autour de lui : des couleurs et des sonorités, des images et des objets qui se renvoient les uns aux autres, révélant des affinités et des consonances mystérieuses.

La liberté du poète ne connaît plus de frontières : il s'affranchit des préjugés, des conventions, des habitudes de comportement, des réflexes égocentriques, et des formes apprises et régulées. Privilégiant «le transitoire, le fugitif, le contingent» (Baudelaire), le poète se mesure au présent dans ce qu'il a de plus inattendu, provocant et bizarre, mettant ainsi en faillite nos points de repère. Le rapport poétique au monde ne repose plus sur un effort rationnel de compréhension, mais sur une exploration qui doit nous faire sortir de nos habitudes. Dans un effort pour se délivrer de l'usage courant de la langue, et au premier chef de la syntaxe, le nouveau langage poétique brouille les structures logiques et sacrifie la versification classique au profit de la recherche d'une nouvelle musicalité. Il s'intéresse aux mots eux-mêmes, à leur matérialité, à leur forme, à leur sonorité, à leur charge de sensualité. Pour conférer un rythme plus vigoureux au vers, le poète en modifie la forme jusqu'à donner droit au silence et laisse le vers libre restituer sa dimension poétique au texte. Par ce travail sur la langue, chaque poète tend à créer son propre langage et permet à la poésie de devenir une véritable «alchimie du verbe» (Rimbaud). La poétique symboliste, véritable aventure du langage, insuffle à la poésie un nouveau commencement, pour la faire entrer dans la modernité.

La théorie des correspondances

Comme de longs échos qui de loin se confondent [...] Les parfums, les couleurs et les sons se confondent.

Charles Baudelaire

À la comparaison qui se contente de rassembler ce qui est séparé, le symboliste préfère les secrètes «correspondances» ou analogies entre les différentes sensations, par exemple entre les perceptions auditives, visuelles ou olfactives, l'ensemble constituant une unité que seul le poète peut établir.

Par une véritable magie sensorielle – une *voix chaude* (ouïe et toucher) ; un *son mat* (ouïe et vue) –, une sensation olfactive peut faire jaillir tout un univers visuel ou sonore, l'exaltation sensorielle conduisant à une exaltation spirituelle.

D'autres correspondances établissent la jonction entre le monde sensible et le monde spirituel, entre le visible et l'invisible. De la nature émanent des messages que le poète arrive à déchiffrer à travers ses sensations.

En associant, par un jeu de réverbération, ces analogies que le monde visible à la fois signale et recouvre, les poètes symbolistes rendent sensible l'existence de contrées inexplorées dans la conscience et annoncent l'âge de la psychanalyse.

La nature est un temple où de vivants piliers
Laissent parfois sortir de confuses paroles

Charles Baudelaire

Charles Baudelaire (1821-1867)

Cette vie est un hôpital où chaque malade est possédé du désir de changer de lit.

Poète-carrefour, Charles Baudelaire mène une existence tourmentée, partagée entre les vertiges du spleen, un ennui plus profond que le « mal du siècle » des romantiques puisqu'il porte sur la condition humaine, et l'aspiration à un idéal de beauté et de pureté difficilement atteignable. Il refuse les effusions lyriques des romantiques. Des Parnassiens, il admire la maîtrise du langage, la rigueur formelle ainsi que la volonté de délivrer la poésie du souci utilitaire, mais il condamne l'absence d'émotion. En réalité, la primauté qu'il accorde à l'imagination et au regard particulier qu'elle porte sur le réel, capable d'y repérer ce qu'il contient de dissimulé, fait de Baudelaire le précurseur du symbolisme, et de sa poésie, la matrice de toute la poésie moderne.

Charles Baudelaire a travaillé plus de 10 ans à son recueil *Les fleurs du mal* (1857). La nature visible n'y apparaît pas comme un spectacle, mais comme un langage qui parle d'un autre univers, et le poème dévoile l'analogie entre ce monde sensible et ses vérités cachées, tout en se faisant l'expression du drame intérieur du poète. Baudelaire croit que tout peut devenir symbole et révéler le spirituel au-delà du matériel : « Tout l'univers visible n'est qu'un magasin d'images et de signes [...] ; c'est une espèce de pâture que l'imagination doit digérer et transformer. » Cette exploration qui fait fi de l'évidence dans la manière de sentir permet de découvrir dans chaque expérience une harmonie inaperçue.

Gustave Courbet, *Portrait de Charles Baudelaire*, 1848-1849.

Baudelaire se met à l'écoute de la vie concrète et ouvre la poésie à des domaines jusqu'à présent fermés. Il accepte la vie dans sa totalité, affronte l'obscur jusqu'au plus repoussant, assuré de trouver la lumière même dans les abysses du mal. C'est ainsi que, dans le célèbre poème « Une charogne », le langage poétique réussit à extraire une attrayante beauté d'une sordide réalité, à transmuer en plaisir l'angoisse causée par un objet. Toute réalité visible peut permettre l'accès à une révélation symbolique, seule l'ivresse de l'art peut voiler la terreur du gouffre, et seul l'art peut sauver du réel et de la vie, comme en conviendra toute l'œuvre de Marcel Proust.

Jeanne Duval, avec qui Baudelaire a une liaison pendant une quinzaine d'années, est présente dans de nombreux poèmes : sa peau d'ébène, sa chevelure et sa démarche fascinent le poète. Son poème « La chevelure », qui lui est dédié, est une belle illustration de la théorie des correspondances : tout le jeu des sensations et des analogies est mis en œuvre pour susciter cet état d'expansion de la conscience qu'est la rêverie. La chevelure grisante et somptueuse, des parfums exotiques venus de lointaines contrées, des bijoux étincelants sur la chair nue, tout ce monde visible n'est qu'un reflet de la Beauté que seul le langage poétique permet d'atteindre.

Deux ans après la mort de Baudelaire sont publiés les *Petits poèmes en prose* (ou *Le spleen de Paris*), tentative pour adapter une prose « musicale sans rythme et sans rime [...] aux mouvements lyriques de l'âme ». « Enivrez-vous » en fait partie.

Eugène Delacroix, *Aline la mulâtresse* ou *Portrait d'Aspasie la Mauresque*, v. 1824.

Suivant l'engouement orientaliste de la France au XIXe siècle, Delacroix s'inspire entre autres de *Mœurs et coutumes turques et orientales dessinées dans le pays en 1790* du peintre François-Marie Rosset pour plusieurs de ses œuvres.

La chevelure

1. Décrivez la forme* du poème (strophes, longueur des vers et disposition des rimes).

2. Montrez que la chevelure est divinisée.

3. Faites ressortir le champ lexical* :

    a) de l'exotisme ;

    b) de l'érotisme et de la sensualité.

4. La chevelure est présentée par des métaphores*. Trouvez toutes celles liées :

    a) à la pilosité ;   c) aux tissus ;

    b) aux vagues ;   d) au ciel.

5. Trouvez dans ce poème trois oxymores* qui établissent une correspondance entre le bleu intense et le noir.

6. Trouvez toutes les synesthésies (correspondances) entre les parfums et les liquides, soit entre l'olfactif et le tactile.

VERS LA DISSERTATION

La chevelure

Ô toison, moutonnant jusque sur l'encolure !
Ô boucles ! Ô parfum chargé de nonchaloir !
Extase ! Pour peupler ce soir l'alcôve obscure
Des souvenirs dormant dans cette chevelure,
5 Je la veux agiter dans l'air comme un mouchoir !

La langoureuse Asie et la brûlante Afrique,
Tout un monde lointain, absent, presque défunt,
Vit dans tes profondeurs, forêt aromatique !
Comme d'autres esprits voguent sur la musique,
10 Le mien, ô mon amour ! nage sur ton parfum.

J'irai là-bas où l'arbre et l'homme, pleins de sève,
Se pâment longuement sous l'ardeur des climats ;
Fortes tresses, soyez la houle qui m'enlève !
Tu contiens, mer d'ébène, un éblouissant rêve
15 De voiles, de rameurs, de flammes et de mâts :

Un port retentissant où mon âme peut boire
À grands flots le parfum, le son et la couleur ;
Où les vaisseaux, glissant dans l'or et dans la moire,
Ouvrent leurs vastes bras pour embrasser la gloire
20 D'un ciel pur où frémit l'éternelle chaleur.

Je plongerai ma tête amoureuse d'ivresse
Dans ce noir océan où l'autre est enfermé ;
Et mon esprit subtil que le roulis caresse
Saura vous retrouver, ô féconde paresse,
25 Infinis bercements du loisir embaumé !

Cheveux bleus, pavillon de ténèbres tendues,
Vous me rendez l'azur du ciel immense et rond ;
Sur les bords duvetés de vos mèches tordues
Je m'enivre ardemment des senteurs confondues
30 De l'huile de coco, du musc et du goudron.

Longtemps ! toujours ! ma main dans ta crinière lourde
Sèmera le rubis, la perle et le saphir,
Afin qu'à mon désir tu ne sois jamais sourde !
N'es-tu pas l'oasis où je rêve, et la gourde
35 Où je hume à longs traits le vin du souvenir ?

Charles Baudelaire, *Les fleurs du mal*, 1857.

Enivrez-vous

Il faut être toujours ivre. Tout est là : c'est l'unique
question. Pour ne pas sentir l'horrible fardeau du Temps
qui brise vos épaules et vous penche vers la terre, il faut
vous enivrer sans trêve.

5 Mais de quoi ? De vin, de poésie ou de vertu, à votre
guise. Mais enivrez-vous.

Et si quelquefois, sur les marches d'un palais, sur
l'herbe verte d'un fossé, dans la solitude morne de votre
chambre, vous vous réveillez, l'ivresse déjà diminuée
10 ou disparue, demandez au vent, à la vague, à l'étoile,
à l'oiseau, à l'horloge, à tout ce qui fuit, à tout ce qui
gémit, à tout ce qui roule, à tout ce qui chante, à tout
ce qui parle, demandez quelle heure il est ; et le vent,
la vague, l'étoile, l'oiseau, l'horloge, vous répondront :
15 « Il est l'heure de s'enivrer ! Pour n'être pas les esclaves
martyrisés du Temps, enivrez-vous ; enivrez-vous sans
cesse ! De vin, de poésie ou de vertu, à votre guise. »

Charles Baudelaire, *Le spleen de Paris* ou
Petits poèmes en prose, 1869.

Carlos Schwabe, *Spleen et idéal,* 1896.

Carlos Schwabe est surtout connu comme un illustrateur. Inspiré du mouvement symboliste, *Spleen et idéal* illustre l'édition des *Fleurs du mal* de Charles
Baudelaire publiée en 1897.

VERS LA DISSERTATION

Enivrez-vous

1. À quel temps* et à quel mode* la plupart des verbes
   employés dans ce poème sont-ils ?

2. Trouvez une allégorie* dans ce poème.

3. Pourquoi devrait-on s'enivrer, selon le poète ?

4. Que pourraient symboliser les trois endroits où l'auteur
   suggère qu'on pourrait se réveiller après l'ivresse ?

5. Qu'ont en commun les éléments de l'énumération des
   lignes 10 et 11 ?

▰▰ Sujet de dissertation explicative

L'ivresse est une échappatoire au spleen, ce mal de
l'existence. Justifiez cette affirmation.

Quelques vers de Baudelaire

« Hypocrite lecteur, – mon semblable, – mon frère ! »

« C'est la mort qui console, hélas ! et qui fait vivre. »

« Je sais que la douleur est la noblesse unique… »

« Ô toi que j'eusse aimée, ô toi qui le savais ! »

« Tu m'as donné ta boue et j'en ai fait de l'or. »

Le ciel est par-dessus le toit

Le ciel est, par-dessus le toit,
    Si bleu, si calme !
Un arbre, par-dessus le toit,
    Berce sa palme.

5 La cloche, dans le ciel qu'on voit,
    Doucement tinte.
Un oiseau sur l'arbre qu'on voit
    Chante sa plainte.

Mon Dieu, mon Dieu, la vie est là
10   Simple et tranquille.
Cette paisible rumeur-là
    Vient de la ville.

— Qu'as-tu fait, ô toi que voilà
    Pleurant sans cesse,
15 Dis, qu'as-tu fait, toi que voilà,
    De ta jeunesse ?

Paul Verlaine, *Sagesse*, 1881.

VERS LA DISSERTATION

Le ciel est par-dessus le toit

1. Décrivez la forme* du poème. Que remarquez-vous quant au rythme* ?

2. Expliquez en quoi les éléments mentionnés dans les deux premières strophes sont liés.

3. Quelle impression se dégage des trois premières strophes ?

4. Quelle est la situation d'énonciation* de la dernière strophe ?

5. Montrez que le rythme* du poème annonce l'inévitable conclusion de la dernière strophe.

Paul Verlaine (1844-1896)

Écoutez la chanson bien douce
Qui ne pleure que pour vous plaire.

Héritier de Baudelaire, Paul Verlaine éprouve une conscience amère de la fragilité du «moi» et du monde. Homme à la fois sensuel et mystique, il éprouve de soudains élans vers une pureté sans mélange, bientôt ruinés par l'ivresse et les remords. Malgré une vie marquée par la fatalité, Verlaine ne choisit jamais la révolte d'un Lautréamont ou d'un Rimbaud ; au contraire, il se confine dans une forme de passivité, de repli sur la vie intérieure.

Verlaine au café Procope, d'après Cesare Bacchi, v. 1870.

Tout en nuances, ses poèmes suggèrent des sensations éphémères et des images des plus subtiles, créent des atmosphères en demi-teintes, deviennent le lieu d'une incantation, d'un envoûtement, où fusionnent poésie et musique :

Rien de plus cher que la chanson grise
où l'indécis au précis se joint

La grande originalité de la poésie de Verlaine tient précisément dans une recherche de l'effet musical – «De la musique avant toute chose» – apte à calmer l'angoisse et à servir de refuge contre le tumulte.

Pour y arriver, pour donner souplesse et musicalité à ses vers, Verlaine fait perdre au vers français sa rigidité héritée du classicisme en libérant le rythme dont il cultive l'irrégularité : une syllabe peut être amputée au vers pour que son décompte soit impair, alors que des rejets et des enjambements se font audacieux. Le poète peut même abandonner la contrainte de la rime, confiant à ses sonorités douces et languissantes le rôle de la nouvelle harmonie. Ce style qui donne l'impression d'une grande simplicité, servi par des mots qui créent la musique et des phrases qui suivent les sinuosités de l'émotion, est souvent servi sur un mode impressionniste, comme dans «Le ciel est par-dessus le toit.»

Quelques vers de Verlaine

« Le Malheur a percé mon vieux cœur de sa lance. »

« Le vent de l'autre nuit a jeté bas l'Amour. »

« L'Art, mes enfants, c'est d'être absolument soi-même. »

« Nous étions seul à seule et marchions en rêvant,
Elle et moi, les cheveux et la pensée au vent. »

« Prends l'éloquence et tords-lui le cou ! »

« Et tout le reste est littérature. »

Vincent Van Gogh, *La nuit étoilée*, 1889.

Van Gogh aurait peint cette œuvre depuis la fenêtre de sa chambre alors qu'il séjournait à l'asile du monastère Saint-Paul-de-Mausole, à Saint-Rémy-de-Provence. Par l'intensité des couleurs, le peintre exprime toute la violence qui trouble son esprit.

Félix Vallotton, *Portrait de Lautréamont*, 1898.

Lautréamont (1846-1870)

J'ai reçu la vie comme une blessure, mais je défends au suicide d'en guérir la cicatrice.

Lautréamont incarne avec Rimbaud, qu'il n'a toutefois pas connu, la révolte dans l'univers littéraire du XIXᵉ siècle. Une révolte adolescente, intransigeante et assoiffée d'absolu, qui s'interroge sur la laideur du monde qui l'entoure. L'œuvre profondément dérangeante de ce poète, mort inconnu à 24 ans, a enthousiasmé les symbolistes avant d'être redécouverte et célébrée par les surréalistes.

En 1869, un an avant sa mort, Isidore Ducasse publie, sous le pseudonyme du comte de Lautréamont, *Les chants de Maldoror*, vaste épopée du mal où une rage destructrice éclate en chaque phrase. Le personnage central, Maldoror, sorte d'ange déchu totalement régi par le mal, à moins qu'il ne soit le Mal lui-même, n'a qu'un but : « Je fais servir mon génie à peindre les délices de la cruauté. » Hanté par la violence et le crime, Maldoror n'a ni forme ni visage, mais est capable de métamorphoses qui font la part belle au monde animal le plus repoussant. Véritable torrent verbal gonflé de visions fantastiques, ce long poème en prose est secoué par un humour féroce et ravageur. La langue oratoire, fulgurante et hallucinée, où foisonnent les images insolites et les rapprochements les plus abrupts, sourd des profondeurs de l'esprit et échappe à tout contrôle de la raison. Comme dans la poésie inaugurée par Baudelaire, le grand pouvoir des mots, sans avoir à rendre des comptes au réel, confère beauté et charme même à ce qui est répugnant.

Cette œuvre sulfureuse et subversive joue sur la caricature et l'outrance parodique. Elle mêle dans son tourbillon d'images la rhétorique du roman noir anglais, celle du romantisme le plus échevelé comme celle du fantastique le plus stéréotypé. On peut prêter à l'auteur l'intention d'avoir voulu saccager les valeurs esthétiques tout autant que les valeurs sociales et morales, dans le but de produire une forte image de l'homme de ce temps, accablé par un mal multiforme, un homme qui a pourtant une nostalgie de pureté. L'extrait présente une figure de référence dénoncée par Maldoror, le Créateur.

Edvard Munch, *Le cri,* **1893.**

« J'allais sur la route en compagnie de deux amis. Le soleil se couchait.
Le ciel devint soudain rouge sang. Je m'arrêtai, m'appuyai contre une
barrière, las à en mourir. Au-dessus de la ville et du fjord d'un bleu sombre
s'étendaient du sang et des langues de feu. Mes amis s'éloignaient et moi, je
tremblai d'angoisse, et je perçus le long cri sans fin traversant la nature. »

Edvard Munch

Des flots de vin remplissaient les ornières

C'était une journée de printemps. Les oiseaux
répandaient leurs cantiques en gazouillements,
et les humains, rendus à leurs différents devoirs,
se baignaient dans la sainteté de la fatigue. Tout
5 travaillait à sa destinée : les arbres, les planètes,
les squales. Tout, excepté le Créateur ! Il était
étendu sur la route, les habits déchirés. Sa lèvre
inférieure pendait comme un câble somnifère ;
ses dents n'étaient pas lavées, et la poussière
10 se mêlait aux ondes blondes de ses cheveux.
Engourdi par un assoupissement pesant, broyé
contre les cailloux, son corps faisait des efforts
inutiles pour se relever. Ses forces l'avaient
abandonné, et il gisait, là, faible comme le
15 ver de terre, impassible comme l'écorce. Des
flots de vin remplissaient les ornières, creusées
par les soubresauts nerveux de ses épaules.
L'abrutissement, au groin de porc, le couvrait
de ses ailes protectrices, et lui jetait un regard
20 amoureux. Ses jambes, aux muscles détendus,
balayaient le sol, comme deux mâts aveugles.
Le sang coulait de ses narines : dans sa chute,
sa figure avait frappé contre un poteau... Il était
soûl ! Horriblement soûl ! Soûl comme une
25 punaise qui a mâché pendant la nuit trois ton-
neaux de sang ! Il remplissait l'écho de paroles
incohérentes, que je me garderai de répéter ici ;
si l'ivrogne suprême ne se respecte pas, moi,
je dois respecter les hommes. Saviez-vous que
30 le Créateur... se soûlât ! Pitié pour cette lèvre,
souillée dans les coupes de l'orgie !

Lautréamont, *Les chants de Maldoror,* 1869.

VERS LA DISSERTATION

Des flots de vin remplissaient les ornières

1. Les premières phrases semblent présenter un univers
   paisible. Pourtant, certains indices montrent le
   contraire et annoncent la suite. Lesquels ?

2. Quel portrait fait-on du Créateur ? En quoi est-ce
   subversif ?

3. Trouvez toutes les comparaisons* liées au Créateur.

4. Quel est l'effet créé par la répétition* de l'adjectif
   « soûl » par trois fois et du verbe « soûlât » ?

5. Trouvez une antithèse* et une hyperbole*. Expliquez
   leur effet.

6. Montrez que le champ lexical* donne des indices
   quant à l'ivrognerie du Créateur.

Arthur Rimbaud (1854-1891)

Maintenant, je m'encrapule le plus possible. Pourquoi ? Je veux être poète, et je travaille à me rendre voyant.

Toute la vie d'Arthur Rimbaud répond à une fulgurance poétique et visionnaire qu'il a soutenue comme personne. Cet adolescent jeune et violent qui nulle part ne reste, en conflit constant avec sa famille, inscrit la révolte au cœur même du langage et brûle sa jeunesse à la recherche du Verbe poétique absolu. Il croit y trouver la clé qui lui permettra d'accéder, hors du monde réel dont il perçoit avec une intensité rare la déliquescence et l'enfermement, à un nouvel univers dégagé de tous les usages conventionnels.

Henri Fantin-Latour, *Coin de table* (détail), 1872.

La théorie des correspondances de Baudelaire dévoilait des harmonies qui ne sont pas immédiatement perceptibles, mais qui déjà existent. Rimbaud étend encore davantage le champ d'exploration de la poésie. Avec lui, la poésie ne répond plus à un idéal esthétique : elle devient l'espace d'un jaillissement intérieur où l'écriture est dynamisée par la réalité même du poète, une œuvre-vie. À cette fin, le poète se fait *voyant*, une voyance qu'il n'acquiert qu'au prix d'«un long, immense et raisonné dérèglement de tous les sens» : «Je m'habituai à l'hallucination simple : je voyais très franchement une mosquée à la place d'une usine, une école de tambours faite par des anges, des calèches sur les routes du ciel, un salon au fond d'un lac.» Le poète vient d'affranchir la poésie du bien-faire, du bien écrit, pour en faire un engagement de la vie tout entière.

Rimbaud n'a pas 17 ans que déjà il fracasse les carcans métriques classiques, à la recherche d'une nouvelle harmonie : son vers ne repose sur aucune loi connue ; la rime disparaît au profit de l'assonance, de l'allitération et de la rime intérieure ; aux voyelles sont confiées des sonorités et des couleurs ; le mètre impair et les strophes irrégulières apparaissent pour mieux faire jaillir un ordre nouveau, mouvant et incertain. Sans cesse Rimbaud tente de progresser dans l'exploration du monde de l'inconscient et dans la connaissance des pouvoirs cachés du langage : «J'écrivais des silences, des nuits, je notais l'inexprimable.» Quand il sent qu'il ne pourra pas aller plus loin, il ne cherche pas dans la vie la compensation d'un rêve littéraire impossible. Il n'a pas encore 20 ans et il se retire de la scène culturelle, disparaît en Afrique et meurt à 37 ans. Sa carrière littéraire s'enclôt dans une période de 5 années, entre ses 15 et 20 ans. Pourtant, peu d'écrivains ont bénéficié d'un tel traitement posthume.

Pour avoir pris conscience du grand nombre de «moi» fragmentés et momentanés qui l'habitent («JE est un autre»), Rimbaud a inventé une poétique de la sensation brute qui donne droit de cité à l'incohérence au cœur même de la poésie, tout en portant la langue française à une plénitude inégalée. L'écriture, tout comme la peinture moderne, n'a plus à constituer une apparence d'harmonie, à soumettre le réel à un ensemble de règles bien établies, reconnaissables et confortables, mais doit nous exposer à un monde plus vaste que celui que nous concevons habituellement.

De son œuvre, en plus de ses poèmes en vers, on retient surtout *Une saison en enfer* (1873), la poignante confession en prose d'un drame intérieur situé sur un plan métaphysique plutôt que passionnel, et *Illuminations* (1873-1875), des poèmes en prose où se déploient ses visions hallucinées, la conscience filant à la dérive jusqu'aux confins du délire. Nous proposons ici «Le dormeur du val» et «Alchimie du verbe».

Quelques vers et citations de Rimbaud

«Je dis qu'il faut être voyant, se faire *voyant*. »

«Ô que ma quille éclate !
Ô que j'aille à la mer ! »

«Un soir j'ai assis la beauté sur mes genoux. Et je l'ai trouvée amère. [...] Je me suis allongé dans la boue. Je me suis séché à l'air du crime. »

«Il s'agit d'arriver à l'inconnu par le dérèglement de *tous les sens*. Les souffrances sont énormes, mais il faut être fort, être né poète, et je me suis reconnu poète. Ce n'est pas du tout ma faute. C'est faux de dire : Je pense : on devrait dire on me pense. – Pardon du jeu de mots. JE est un autre. »

«J'aimai le désert, les vergers brûlés, les boutiques fanées, les boissons tiédies... et les yeux fermés je m'offrais au soleil, dieu de feu. »

Le dormeur du val

C'est un trou de verdure où chante une rivière
Accrochant follement aux herbes des haillons
D'argent, où le soleil, de la montagne fière,
Luit ; c'est un petit val qui mousse de rayons.

5 Un soldat jeune, bouche ouverte, tête nue
Et la nuque baignant dans le frais cresson bleu,
Dort : il est étendu dans l'herbe, sous la nue,
Pâle dans son lit vert où la lumière pleut.

Les pieds dans les glaïeuls, il dort. Souriant comme
10 Sourirait un enfant malade, il fait un somme.
Nature, berce-le chaudement : il a froid !

Les parfums ne font pas frissonner sa narine ;
Il dort dans le soleil, la main sur sa poitrine
Tranquille. Il a deux trous rouges au côté droit.

Arthur Rimbaud, *Poésies*, 1870.

VERS LA DISSERTATION

Le dormeur du val

1. Étudiez la forme* du poème (strophes, longueur des vers, rimes).

2. a) Relevez le champ lexical* de la nature.

   b) Montrez que la nature est personnifiée.

3. Relevez les mots qui forment le champ lexical* de la mort.

4. En quoi l'opposition* entre ces deux champs lexicaux* concourt-elle à la fin dramatique ?

5. Trouvez des synesthésies (correspondances) dans ce poème.

6. Pourquoi Rimbaud évoque-t-il la couleur rouge à la fin du poème ?

▰▰ Sujet de dissertation explicative

Le poème « Le dormeur du val », malgré une impression paisible, dénonce la guerre. Expliquez cette affirmation.

Gustave Courbet, *L'homme blessé*, 1844-1854.

Tout au long de sa carrière, Courbet a réalisé de nombreux autoportraits. Celui-ci fait suite à une rupture amoureuse. Dans cette version de 1854, la femme qui s'appuyait sur son épaule dans l'œuvre de 1844 est disparue. L'artiste l'a remplacée par une épée, et une tache de sang ajoutée sur sa poitrine suggère l'amour perdu.

Alchimie du verbe

À moi. L'histoire d'une de mes folies.

Depuis longtemps je me vantais de posséder tous les paysages possibles, et trouvais dérisoires les célébrités de la peinture et de la poésie moderne.

5 J'aimais les peintures idiotes, dessus de portes, décors, toiles de saltimbanques, enseignes, enluminures populaires ; la littérature démodée, latin d'église, livres érotiques sans orthographe, romans de nos aïeules, contes de fées, petits livres de l'enfance, opéras vieux, refrains
10 niais, rythmes naïfs.

Je rêvais croisades, voyages de découvertes dont on n'a pas de relations, républiques sans histoires, guerres de religion étouffées, révolutions de mœurs, déplacements de races et de continents : je croyais à tous les enchantements.

15 J'inventai la couleur des voyelles ! – *A* noir, *E* blanc, *I* rouge, *O* bleu, *U* vert. – Je réglai la forme et le mouvement de chaque consonne, et, avec des rythmes instinctifs, je me flattai d'inventer un verbe poétique accessible, un jour ou l'autre, à tous les sens. Je réservais la traduction.

20 Ce fut d'abord une étude. J'écrivais des silences, des nuits, je notais l'inexprimable. Je fixais des vertiges.

Arthur Rimbaud, *Une saison en enfer*, 1873.

Alchimie du verbe

1. Le poète parle de son expérience poétique. Comment la décrit-il ?

2. Quels temps* et quel mode* verbaux le poète emploie-t-il pour montrer qu'il s'agit d'une expérience révolue ?

3. Résumez son parcours.

4. Pourquoi le verbe « inventer » revient-il deux fois dans la cinquième strophe ?

5. Pourquoi l'auteur parle-t-il d'alchimie ? Au besoin, faites une recherche sur ce terme.

Jean Delville, *Orphée mort*, 1893.

À l'instar de plusieurs peintres symbolistes, Delville explore les thèmes de la mythologie. Inspiré par l'ésotérisme et l'idéalisme, il choisit, pour illustrer la légende d'Orphée, le moment où la tête du fils du roi de Thrace, déchirée par les Bacchantes, est jetée dans le fleuve Euros. Il la pose sur une lyre, symbole du don qu'il avait de charmer par la musique, mais qui, au final, l'a entraîné vers la mort.

Le roman symboliste

À la fin du XIXe siècle, pendant que, dans la société, les certitudes positivistes et scientistes sont ébranlées, le roman commence à douter de la vocation de ses formes héritées du réalisme et du naturalisme ; il amorce alors une profonde transformation.

Jusqu'à il y a peu, le roman proposait des personnages fondés sur des présupposés qui passaient pour des évidences : chacun était un être nanti d'un état civil, unifié autour d'un « moi » cohérent et analysable, compris comme la copie d'un être réel ; un certain nombre de lois psychologiques permettaient de rendre compte de tous les comportements de ce personnage inscrit dans un récit de structure linéaire. Or, les récents travaux de Sigmund Freud sur l'inconscient, ceux d'Henri Bergson (1859-1941) sur l'intuition et les nombreuses analyses conduites par la linguistique poussent à croire qu'une grande partie de notre vie psychique nous échappe, que loin de produire son discours, le sujet, somme de tous les discours, de toutes les citations, de tous les textes qui se sont déposés en lui, en est plutôt le produit. Puisque la définition même de la personne est devenue problématique, puisque le conscient se voit soumis à un subconscient labyrinthique, comment continuer de croire au personnage ? Les nouveaux champs ouverts à l'analyse psychologique et à la théorie romanesque amènent bientôt sa dilution. Le vieux couple cher au XIXe siècle, formé de l'individu et de la société, laisse bientôt la place à une relation entre le « moi » et autrui.

Le roman commence ainsi à s'inscrire dans la modernité. À la suite de Flaubert, les romanciers remettent en question le rôle habituellement dévolu à la fiction et laissent le style prendre le pas sur le récit. Joris-Karl Huysmans (1848-1907) écrit *À rebours* (1884), le roman le plus associé au courant symboliste, qui devient la « bible » de la sensibilité décadente. Il tourne résolument le dos à tout ce qui semblait jusqu'alors être l'essence même du romanesque : on n'y trouve pas d'intrigue, pas de fresque sociale à la manière de Zola, pas davantage d'analyse psychologique. On doit toutefois à André Gide et à Marcel Proust les principales réussites romanesques de cette période. Le regard qu'ils posent sur le monde devient plus important que le monde lui-même.

Maurice Denis, *Portrait d'André Gide*, 1892.

André Gide (1869-1951)

Inquiéter, tel est mon rôle. Le public préfère toujours qu'on le rassure, il en est dont c'est le métier, il n'en est que trop.

Né dans une famille de la bourgeoisie protestante, André Gide rompt avec son éducation puritaine et, au nom de la liberté morale, revendique son homosexualité. Inspiré par l'humanisme de Montaigne, Gide se donne une mission d'éveilleur de conscience : il incite chacun à remettre constamment en question ses idées, ses principes et ses certitudes, de façon à éviter la sclérose de l'esprit et à devenir toujours davantage conscient et réfléchi. Avec ferveur, il propage une philosophie de l'immédiat et de l'instantané, d'émerveillement devant les découvertes que les sens nous proposent. Il ne considère pas qu'il faut réprimer ses instincts ni les suivre aveuglément : il importe de faire la distinction entre les instincts nobles et les instincts vils, les premiers étant au service de la bonté, de la générosité et du gouvernement de soi. « Il est bon de suivre sa pente, écrit Gide, pourvu que ce soit en montant. » Cet homme qui possède une intelligence aiguë et une forte personnalité exerce une importante influence sur les idées de son époque.

Alors que certains de ses récits se contentent de faire éclater le corset de fer des convenances et de la morale, comme *L'immoraliste* (1902), d'autres, animés de la même intention, proposent en plus une radicale rénovation de l'art romanesque, tels *Les faux-monnayeurs* (1925). Ce roman recourt à la mise en abyme : il enchâsse un récit dans un autre récit, celui du narrateur en train d'écrire lui-même un roman. Narré à travers une multiplicité de personnages et de points de vue, ce roman fait s'entrecroiser de nombreuses intrigues : s'y trouvent alternativement un récit narratif usuel, le journal d'un personnage, un extrait du roman de ce personnage en plus des interventions de l'écrivain dans sa fiction. Cette profusion de voix rend poreuse la limite entre les différentes frontières de ces imaginaires.

Gide s'attaque à l'illusion réaliste et à la fiction romanesque. Il construit un roman « purgé de tous les éléments qui n'appartiennent pas spécifiquement au roman ». La place de l'intrigue, du décor et du portrait physique des personnages devient si ténue qu'on pourrait parler d'un antiroman. Seule importe la suggestion de l'intériorité des personnages. La construction du temps romanesque est telle qu'elle ne permet pas de recomposer clairement une chronologie linéaire. L'ancien narrateur omniscient disparaît, et tout ce qu'un personnage ne peut voir demeure dans le non-dit. Autre caractéristique de ce roman prodigieusement neuf : son dénouement est ouvert, non conclusif, ce qui demande au lecteur de participer activement à l'élaboration du sens, exigence qui devient par la suite monnaie courante dans tout l'art contemporain.

Dorénavant, le sort de la littérature se joue sur la question du langage. À la suite de Gide, le fossé entre les mots et le réel ne cesse de se creuser. Le renouvellement de l'art romanesque entrepris ici connaîtra son aboutissement dans ce qu'on appelle le Nouveau Roman. Dans l'extrait proposé, un *alter ego* de l'auteur, le romancier Édouard, tente d'expliquer le projet romanesque des *Faux-monnayeurs*.

Quelques citations de Gide

« La sagesse n'est pas dans la raison, mais dans l'amour. »

« Toute théorie n'est bonne qu'à condition de s'en servir pour passer outre. »

« Le monde ne sera sauvé, s'il peut l'être, que par des insoumis. »

« Que l'importance soit dans le regard, non dans la chose regardée. »

« Familles, je vous hais ! foyers clos, portes refermées ; possessions jalouses du bonheur. »

« Dans un monde où chacun triche, c'est l'homme vrai qui fait figure de charlatan. »

« L'important n'est pas tant d'être franc que de permettre à l'autre de l'être. »

« Je n'aime pas les hommes ; j'aime ce qui les dévore. »

« On ne fait pas de bonne littérature avec de bons sentiments. »

Mon roman n'a pas de sujet

Mon roman n'a pas de sujet

1. Pourquoi Édouard n'apprécie-t-il pas les romans naturalistes ?

2. Expliquez le projet de roman d'Édouard.

3. Que reprochent Sophroniska et Laura au roman d'Édouard ?

4. Relevez deux parallélismes* dans le deuxième paragraphe et expliquez leur effet.

5. André Gide a écrit un roman dans lequel le personnage d'Édouard est aussi un écrivain. Comment appelle-t-on cette façon de faire ?

VERS LA DISSERTATION

— Et... le sujet de ce roman ?

— Il n'en a pas, repartit Édouard brusquement ; et c'est là ce qu'il a de plus étonnant peut-être. Mon roman n'a pas de sujet. Oui, je sais bien ; ça a l'air stupide ce que je dis là. Mettons si vous préférez qu'il n'y aura pas *un* sujet... « Une tranche de vie »,
5 disait l'école naturaliste. Le grand défaut de cette école, c'est de couper sa tranche toujours dans le même sens ; dans le sens du temps, en longueur. Pourquoi pas en largeur ? ou en profondeur ? Pour moi, je voudrais ne pas couper du tout. Comprenez-moi : je voudrais tout y faire entrer, dans ce roman. Pas de coup de ciseaux pour arrêter, ici plutôt que là, sa substance. Depuis plus d'un an que j'y tra-
10 vaille, il ne m'arrive rien que je n'y verse, et que je n'y veuille faire entrer : ce que je vois, ce que je sais, tout ce que m'apprend la vie des autres et la mienne...

— Et tout cela stylisé ? dit Sophroniska, feignant l'attention la plus vive, mais sans doute avec un peu d'ironie. Laura ne put réprimer un sourire. Édouard haussa légè-rement les épaules et reprit :

15 — Et ce n'est même pas cela que je veux faire. Ce que je veux, c'est présenter d'une part la réalité, présenter d'autre part cet effort pour la styliser, dont je vous parlais tout à l'heure.

— Mon pauvre ami, vous ferez mourir d'ennui vos lecteurs, dit Laura ; ne pouvant plus cacher son sourire, elle avait pris le parti de rire vraiment.

20 — Pas du tout. Pour obtenir cet effet, suivez-moi, j'invente un personnage de romancier, que je pose en figure centrale ; et le sujet du livre, si vous voulez, c'est précisément la lutte entre ce que lui offre la réalité et ce que, lui, prétend en faire.

André Gide, *Les faux-monnayeurs*, 1925.

Jacques-Émile Blanche, *Portrait de Marcel Proust*, 1897.

Marcel Proust (1871-1922)

Je considérais attentivement quelque image qui avait retenu mon attention, un nuage, un triangle, une haie, une fleur, un caillou, sentant que peut-être, derrière ces signes, se tenait quelque chose d'autre que je devais essayer de découvrir, un système de pensée qu'ils exprimeraient à la manière de ces hiéroglyphes qui semblent ne représenter que des objets naturels.

Marcel Proust fréquente les salons bourgeois et aristocratiques du Paris du milieu des années 1870 jusqu'au milieu des an-nées 1920 et observe la comédie sociale qui s'y joue. Il les déserte bientôt, à 40 ans, pour consacrer toute son énergie à l'écriture d'une vaste somme romanesque en 7 parties, *À la recherche du temps perdu* (1913-1927), inspirée de la société et de l'époque qu'il a connues. Son histoire romancée dissout ses contemporains en tant qu'êtres réels pour mieux les ressusciter en personnages de papier.

Même si Proust s'inspire de toutes ses expériences depuis son enfance, son œuvre n'est pas pour autant autobiographique. Se confondant avec son personnage-narrateur, qui cimente l'en-semble de l'œuvre, le romancier confie à sa mémoire un rôle central, pour remonter le cours du temps et faire émerger le passé de l'oubli. Mais puisque le temps détruit les souvenirs, le romancier compte sur la mémoire involontaire : certains objets, comme une madeleine (*voir l'extrait à la page suivante*), un parfum ou une musique, ont le pouvoir suggestif de faire resurgir tout un passé enfoui, quasi oublié, une sensation présente renvoyant à une sensation passée et à tout le contexte qui l'entourait.

À la manière du peintre Paul Cézanne qui juxtapose les mille et une facettes d'une réalité, Marcel Proust propose une vision pris-matique et subjective du réel reconstruit par la mémoire, qui met au jour ce qu'il a enfoui en lui de manière inconsciente. Il revient ensuite à la conscience et à l'écriture d'inscrire, dans une œuvre qui confère unité et durée, ce qui ne fut que sensations fugitives. Comme si seul l'art pouvait sauver l'homme et les évènements de l'oubli.

L'écrivain rend compte de son époque par ce qu'il dit, mais encore plus par la manière dont il le dit. Le style est ici associé à la transformation que l'écrivain fait subir à la réalité. Proust recourt à une phrase complexe, remplie de nuances, souvent rallongée d'incidentes, qui suit les méandres de la pensée; elle se révèle pleine de questions et d'hypothèses épousant les aléas d'une quête dont l'objet se donne et se dérobe toujours. Ce style lent, minutieux, surchargé de réflexions accessoires, permet une pénétrante analyse des mouvements de l'âme, dévoilant les plus subtils phénomènes de conscience.

Cette somme romanesque qui permet de retrouver la vie oubliée, le «temps perdu», fait la preuve que chacun ne peut avoir qu'une interprétation de la réalité, et qu'un roman ne peut être qu'une version de la vie et non sa représentation, contrairement à la prétention des romanciers réalistes. Et elle affirme surtout que seule la subjectivité importe, que la seule «réalité réelle» est celle écrite, que «la vraie vie, la vie enfin découverte et éclaircie, la seule vie par conséquent réellement vécue, c'est la littérature». Maître incontesté de la description, du style et de la démonstration éblouissante du réel, Marcel Proust aura une influence déterminante sur l'évolution ultérieure du roman.

De la même façon qu'opère l'amour

1. Résumez la croyance celtique du début de l'extrait.

2. Le troisième paragraphe présente un souvenir enchâssé dans un autre souvenir. Expliquez chacun.

3. Expliquez l'analogie (le lien) qu'établit le narrateur entre l'amour et le souvenir d'un moment heureux.

4. Quelle explication pouvez-vous donner à la sensation provoquée par le thé et la madeleine en regard de la croyance celtique?

VERS LA DISSERTATION

■ Sujet de dissertation explicative

Selon le narrateur, la joie d'un souvenir rend immortel. Justifiez cette assertion.

De la même façon qu'opère l'amour

Je trouve très raisonnable la croyance celtique que les âmes de ceux que nous avons perdus sont captives dans quelque être inférieur, dans une bête, un végétal, une chose inanimée, perdues en effet pour nous jusqu'au jour, qui pour beaucoup ne vient jamais, où nous 5 nous trouvons passer près de l'arbre, entrer en possession de l'objet qui est leur prison. Alors elles tressaillent, nous appellent, et sitôt que nous les avons reconnues, l'enchantement est brisé. Délivrées par nous, elles ont vaincu la mort et reviennent vivre avec nous.

Il en est ainsi de notre passé. C'est peine perdue que nous 10 cherchions à l'évoquer, tous les efforts de notre intelligence sont inutiles. Il est caché hors de son domaine et de sa portée, en quelque objet matériel (en la sensation que nous donnerait cet objet matériel), que nous ne soupçonnons pas. Cet objet, il dépend du hasard que nous le rencontrions avant de mourir, ou 15 que nous ne le rencontrions pas.

Il y avait déjà bien des années que, de Combray, tout ce qui n'était pas le théâtre et le drame de mon coucher, n'existait plus pour moi, quand un jour d'hiver, comme je rentrais à la maison, ma mère, voyant que j'avais froid, me proposa de me faire prendre, 20 contre mon habitude, un peu de thé. Je refusai d'abord et, je ne sais pourquoi, me ravisai. Elle envoya chercher un de ces gâteaux courts et dodus appelés Petites Madeleines qui semblent avoir été moulés dans la valve rainurée d'une coquille de Saint-Jacques. Et bientôt, machinalement, accablé par la morne journée et la pers-25 pective d'un triste lendemain, je portai à mes lèvres une cuillerée du thé où j'avais laissé s'amollir un morceau de madeleine. Mais à l'instant même où la gorgée mêlée des miettes du gâteau toucha mon palais, je tressaillis, attentif à ce qui se passait d'extraordinaire en moi. Un plaisir délicieux m'avait envahi, isolé, sans la notion 30 de sa cause. Il m'avait aussitôt rendu les vicissitudes de la vie indifférentes, ses désastres inoffensifs, sa brièveté illusoire, de la même façon qu'opère l'amour, en me remplissant d'une essence précieuse: ou plutôt cette essence n'était pas en moi, elle était moi. J'avais cessé de me sentir médiocre, contingent, mortel. D'où avait 35 pu me venir cette puissante joie? Je sentais qu'elle était liée au goût du thé et du gâteau, mais qu'elle le dépassait infiniment, ne devait pas être de même nature. D'où venait-elle? Que signifiait-elle? Où l'appréhender? Je bois une seconde gorgée où je ne trouve rien de plus que dans la première, une troisième qui m'apporte un 40 peu moins que la seconde. Il est temps que je m'arrête, la vertu du breuvage semble diminuer. Il est clair que la vérité que je cherche n'est pas en lui, mais en moi.

Marcel Proust, *Du côté de chez Swann*,
À la recherche du temps perdu, 1913.

Odilon Redon, *La cellule d'or*, 1892.

En 1879, Odilon Redon se fait connaître auprès des littéraires en publiant un premier recueil lithographique, *Dans le rêve*, regroupant sa série des « Noirs ». Plusieurs écrivains lui rendent hommage en mettant dans la bouche de leurs personnages des mots décrivant ses œuvres. Dans *La cellule d'or*, Redon transpose l'onirisme de ses œuvres de jeunesse dans un monde de couleur qu'admireront les nabis et les Fauves.

Le théâtre symboliste

Le théâtre symboliste naît alors que le théâtre français arrive à un carrefour et prend plusieurs directions à la fois. Las des drames romantiques, ténébreux et parfois difficiles à monter, un nouveau public, issu de la bourgeoisie, réclame un théâtre plus réaliste, dans lequel il pourrait se reconnaître. Ainsi commence l'époque des comédies dites sérieuses, où l'observation passe avant le comique et où l'on restitue sur scène des situations empruntées à la réalité contemporaine. Ces pièces sont souvent moralisantes: on y affirme, par exemple, qu'une grande passion peut être salvatrice. C'est *La dame aux camélias* (1852) d'Alexandre Dumas fils (1824-1895) qui obtient le plus grand succès parmi les pièces de ce genre.

D'autres auteurs font plutôt triompher le théâtre de boulevard. Ils veulent que leurs comédies soient drôles et spirituelles, au risque de tomber parfois dans la vulgarité. Elles amènent le public à rire des maux dont souffre la société: la hiérarchie des classes et le triomphe de la médiocrité, le pouvoir de l'argent, les institutions en péril, notamment le mariage. L'adultère, le divorce et le triangle amoureux y sont des thèmes récurrents. Plusieurs auteurs de ce genre de théâtre connaissent le succès, dont Eugène Labiche (1815-1888), Georges Courteline (1858-1929), Georges Feydeau (1862-1921) et Jules Renard (1864-1910), mais aucun d'eux n'atteint le triomphe remporté par Edmond Rostand (1868-1918) avec la pièce néoromantique *Cyrano de Bergerac* (1897).

En dehors de la France, le théâtre se renouvelle, grâce au Norvégien Henrik Ibsen (*Hedda Gabler,* 1890), au Russe Anton Tchekhov (*La mouette,* 1896), au Suédois August Strindberg (*La danse de mort,* 1900) et à l'Italien Luigi Pirandello (*Chacun sa vérité,* 1916). Dans les mêmes sillons, deux grands novateurs français sont à l'origine d'un théâtre nouveau: Paul Claudel (1868-1955) et Alfred Jarry. Leur théâtre symboliste refuse toute illusion réaliste.

Frédéric-Auguste Cazals, *Alfred Jarry*, 1899.

Alfred Jarry (1873-1907)

Merdre!

Alfred Jarry est l'inventeur d'une nouvelle science, la pataphysique, la «science des solutions imaginaires». Elle cherche à déconstruire le réel pour le reconstruire dans l'absurde, un absurde de mots, axé sur la création de mondes parallèles. Totalement affranchi de l'influence des dramaturges contemporains, Jarry mine avec insolence l'esthétique théâtrale de l'époque avec de virulentes parodies à l'aspect éclaté, axées sur un personnage excessif, démesuré et grossier: Ubu.

Dans une Pologne de fantaisie, le père Ubu s'est emparé du trône et, avec la mère Ubu, il exerce un pouvoir tyrannique sur son peuple: ces clowns bêtes et méchants, dépourvus de tout sens de la justice, parmi d'autres «hénaurmités» (Ionesco), se lancent dans une collecte d'impôts aussi vorace qu'illégitime et font massacrer des nobles pour s'approprier leurs biens. C'est l'imbécilité bête et méchante au pouvoir.

Par-delà la dimension burlesque conférée aux personnages, Jarry met en garde contre les manifestations de la bêtise triomphante et donne à réfléchir sur les dérives des systèmes politiques. On ne peut s'empêcher de voir un visionnaire en ce dramaturge: ses histoires de violence et d'abus d'autorité s'avèrent toujours tristement d'actualité. La bêtise au pouvoir, incarnée par Ubu, est toujours aussi scandaleusement présente chez certains dictateurs.

La première tragicomédie du cycle ubuesque, *Ubu roi* (1896), a créé un nouveau langage théâtral: les personnages sont schématisés, la mise en scène perd son réalisme, et le langage, gras et ordurier, inverse des syllabes et accumule les jeux de mots grossiers. En plus de tracer la voie au surréalisme, Jarry, émule de Rabelais, ouvre la porte au théâtre de l'absurde, où le non-sens débouche sur une quête éperdue du sens.

Affiche de la pièce *Ubu roi* présentée au Théâtre du Nouveau Monde en 2007.

Quelques citations de Jarry

« L'indiscipline aveugle et de tous les instants fait la force de l'homme libre. »

« L'oubli est la condition indispensable de la mémoire. »

« L'amour est un acte sans importance, puisqu'on peut le faire indéfiniment. »

De par ma chandelle verte

Père Ubu. — Merdre.

Mère Ubu. — Oh! voilà du joli, Père Ubu, vous estes un fort grand voyou.

Père Ubu. — Que ne vous assom'je, Mère Ubu!

5 **Mère Ubu.** — Ce n'est pas moi, Père Ubu, c'est un autre qu'il faudrait assassiner.

Père Ubu. — De par ma chandelle verte, je ne comprends pas.

Mère Ubu. — Comment, Père Ubu, vous estes content de votre sort?

10 **Père Ubu.** — De par ma chandelle verte, merdre, madame, certes oui, je suis content. On le serait à moins : capitaine de dragons, officier de confiance du roi Venceslas, décoré de l'ordre de l'Aigle Rouge de Pologne et ancien roi d'Aragon, que voulez-vous de mieux?

15 **Mère Ubu.** — Comment! après avoir été roi d'Aragon vous vous contentez de mener aux revues une cinquantaine d'estafiers armés de coupe-choux, quand vous pourriez faire succéder sur votre fiole la couronne de Pologne à celle d'Aragon?

20 **Père Ubu.** — Ah! Mère Ubu, je ne comprends rien de ce que tu dis.

Mère Ubu. — Tu es si bête!

Père Ubu. — De par ma chandelle verte, le roi Venceslas est encore bien vivant; et même en admettant qu'il meure, n'a-t-
25 il pas des légions d'enfants?

Mère Ubu. — Qui t'empêche de massacrer toute la famille et de te mettre à leur place?

Père Ubu. — Ah! Mère Ubu, vous me faites injure et vous allez passer tout à l'heure par la casserole.

30 **Mère Ubu.** — Eh! pauvre malheureux, si je passais par la casserole, qui te raccommoderait tes fonds de culotte?

Père Ubu. — Eh vraiment! et puis après? N'ai-je pas un cul comme les autres?

Mère Ubu. — À ta place, ce cul, je voudrais l'installer sur un
35 trône. Tu pourrais augmenter indéfiniment tes richesses, manger fort souvent de l'andouille et rouler carrosse par les rues.

Père Ubu. — Si j'étais roi, je me ferais construire une grande capeline comme celle que j'avais en Aragon et que ces gredins d'Espagnols m'ont impudemment volée.

40 **Mère Ubu.** — Tu pourrais aussi te procurer un parapluie et un grand caban qui te tomberait sur les talons.

Père Ubu. — Ah! je cède à la tentation. Bougre de merdre, merdre de bougre, si jamais je le rencontre au coin d'un bois, il passera un mauvais quart d'heure.

45 **Mère Ubu.** — Ah! bien, Père Ubu, te voilà devenu un véritable homme.

Père Ubu. — Oh non! moi, capitaine de dragons, massacrer le roi de Pologne! plutôt mourir!

Mère Ubu, *à part.* — Oh! merdre! (*Haut.*) Ainsi, tu vas rester gueux 50 comme un rat, Père Ubu.

Père Ubu. — Ventrebleu, de par ma chandelle verte, j'aime mieux être gueux comme un maigre et brave rat que riche comme un méchant et gras chat.

Mère Ubu. — Et la capeline? et le parapluie? et le grand caban?

55 **Père Ubu.** — Eh bien, après, Mère Ubu? (*Il s'en va en claquant la porte.*)

Mère Ubu, *seule.* — Vrout, merdre, il a été dur à la détente, mais vrout, merdre, je crois pourtant l'avoir ébranlé. Grâce à Dieu et à moi-même, peut-être dans huit jours serai-je reine de Pologne.

Alfred Jarry, *Ubu roi*, acte I, scène 1, 1896.

VERS LA DISSERTATION

De par ma chandelle verte

1. Quel est le statut social du père Ubu?

2. Les personnages s'expriment dans un registre* de langue populaire sinon familier.

   a) Faites ressortir les mots qui appartiennent à ce registre*.

   b) Ce registre* de langue convient-il au statut social du père Ubu?

3. Les personnages au début de l'extrait se vouvoient. Soudainement, ils se tutoient. Pourquoi?

4. La mère Ubu souhaite devenir reine de Pologne.

   a) Quels arguments fournit-elle au père Ubu pour le motiver?

   b) À la suite de la discussion, le père Ubu prend une première décision. Laquelle?

   c) Quelle est sa seconde décision?

   d) Trouvez une comparaison* doublée d'une antithèse* qui illustre ce changement d'idée.

La plus belle lettre d'amour d'un auteur symboliste

À partir de 1880, le salon de Stéphane Mallarmé (1842-1898) devient le rendez-vous de l'avant-garde parisienne; la jeune génération, celle des Gide, Valéry et Claudel, en fait son maître incontesté. Habité par une haute exigence de perfection formelle, Mallarmé ne laisse que de rares poèmes, extrêmement ciselés. Sa poésie se veut dépouillée de tout ce qui n'est pas essentiellement poétique. Voici une lettre que Mallarmé écrivit à celle qu'il épousera un an plus tard. Le poète et l'amoureux n'y font qu'un.

De Stéphane Mallarmé à Maria Gerhard

Mademoiselle,

Voici plusieurs jours que je ne vous ai vue.

À mesure qu'une larme tombait de mes yeux, il était doux à ma tristesse que je prisse une feuille de papier et je m'efforçasse d'y traduire ce que cette larme contenait 5 d'amertume, d'angoisse, d'amour, et, je le dirai franchement, d'espérance.

Aujourd'hui, elles ne sont plus faites que de désespoir.

Ces lettres, je les gardais et je les entassais chaque matin, pensant vous les remettre et osant croire, non pas que vous les liriez toutes, mais simplement que

Pierre-Auguste Renoir, *Stéphane Mallarmé*, 1892.

De Stéphane Mallarmé à Maria Gerhard

1. Selon l'auteur de la lettre, comment naîtrait l'amour ?

2. Expliquez l'emploi des différents temps* et modes* verbaux.

3. Que signifie la phrase suivante : « [...] j'ai brûlé ces lettres qui étaient les mémoires d'un cœur » (l. 17-18). Quels sont les deux procédés stylistiques* contenus dans cette phrase ?

4. Pourquoi Stéphane Mallarmé dit-il que Maria Gerhard rirait ?

5. Montrez que Maria est déifiée.

6. Que veut dire l'auteur lorsqu'il affirme : « J'attends ma sentence » (l. 46) ?

▧ Sujet de dissertation explicative

Le souvenir, soit doux, soit douloureux, est lié à l'amour. Justifiez cette assertion en comparant les lettres d'amour de Gustave Flaubert à Louise Colet (*voir p. 54*) et de Stéphane Mallarmé à Maria Gerhard.

VERS LA DISSERTATION

vous jetteriez les yeux au hasard sur quelques phrases, et que de
10 ces quelques phrases monterait à vous cette clarté qui vous enivre et qu'on ressent lorsqu'on est aimé.

Ce rayon devait faire ouvrir en votre cœur la fleur bleue mystérieuse, et le parfum qui naîtrait de cet épanouissement, espérais-je, ne serait pas ingrat.

15 Je le respirerais !

On l'appelle l'amour, ce parfum.

Aujourd'hui, la désillusion est presque venue et j'ai brûlé ces lettres qui étaient les mémoires d'un cœur.

Du reste, elles étaient trop nombreuses, et cela vous eût fait rire de
20 voir que je vous aimais tant !

Je les remplace, ces sourires et ces soupirs, par ce papier banal et vague que je vous remettrai je ne sais quand et Dieu sait où ! Toute la gamme de ma passion ne sera pas scrupuleusement notée, comme elle l'était, je me contenterai d'écrire ici les trois phrases qui
25 sont toute son harmonie « Je t'aime ! Je t'adore ! Je t'idolâtre ! »

— Pardonnez-moi, ô ma reine, de vous avoir tutoyée dans cette litanie extatique. C'est que, voyez-vous, je suis comme fou, et égaré depuis quelques jours. Quand une flèche se plante dans une porte, la porte vibre longtemps après : un trait d'or m'a frappé, et
30 je tremble, éperdu.

Retirez-le ou enfoncez-le plus avant, mais ne vous amusez pas à en fouiller mon cœur. Dites oui ou non, mais parlez. Répondez ! Cela vous amuse donc bien de me faire souffrir ? Je pleure, je me lamente, je désespère. Pourquoi cette sévérité ? Est-ce un crime de vous aimer ?
35 Vous êtes adorable et vous voulez qu'on vous trouve détestable, car il faudrait vous trouver détestable pour ne pas vous aimer, – vous qui êtes un regard divin et un sourire céleste !

Vous êtes punie d'être un ange : je vous aime. Pour me punir à mon tour de vous aimer, il faudrait n'être plus un ange, et vous ne le
40 pouvez pas.

Donc laissez-moi vous contempler et vous adorer, – et espérer !

Adieu, je vous embrasse avec des larmes dans les yeux : séchez-les avec un baiser, ou un sourire au moins.

Je vous aime ! Je vous aime ! c'est tout ce que je sache dire et penser.

45 Écrivez par la poste à cette adresse – « Monsieur SM. – Poste restante, à Sens » – cela me parviendra ainsi. J'attends ma sentence.

J'irai encore vous voir au Lycée, je suis heureux de vous voir, même de loin, il me semble, quand vous tournez la rue, que je vois un fantôme de lumière et tout rayonne.

Stéphane Mallarmé, *De Stéphane Mallarmé à Maria Gerhard*, 1862.

Vue d'ensemble du romantisme, du réalisme, du naturalisme et du symbolisme

	Caractéristiques/thèmes	Auteurs importants et œuvres principales	
Romantisme	• Mal du siècle (spleen) • Introspection : verbes de sentiments et de perception, emploi fréquent du pronom « je », lyrisme • Effusion • Fréquente ponctuation expressive • Thèmes : nature (douce ou agitée), nostalgie, fuite du temps, amours impossibles, souffrance psychologique	**Genre privilégié : poésie**	
		• Alphonse de Lamartine *Méditations poétiques* (1820) *Harmonies poétiques et religieuses* (1830) • Alfred de Vigny *Poèmes antiques et modernes* (1826) *Les destinées* (posthume, 1864)	• Victor Hugo *Notre-Dame de Paris* (1831) *Les contemplations* (1855)
		Genres privilégiés : poésie et théâtre	
		• Alfred de Musset *Lorenzaccio* (1834), *Les nuits* (1835-1837)	
		Genre privilégié : roman	
		• François René de Chateaubriand *René* (1802), *Mémoires d'outre-tombe* (posthume, 1848-1850)	
		Genre privilégié : essai	
		• Madame de Staël *De la littérature considérée dans ses rapports avec les institutions sociales* (1800) *De l'Allemagne* (1813)	
Réalisme	• Description du réel (souvent longue) • Pas de sentimentalité ni de débordement • Sobriété de l'écriture • Histoire souvent basée sur un fait vécu • Emploi fréquent du pronom « il » • Thèmes : classes sociales (souvent la classe défavorisée), tous les sujets et pas seulement ce qui est beau	**Genre privilégié : roman**	
		• Stendhal *Le Rouge et le Noir* (1830) *La Chartreuse de Parme* (1839) • Honoré de Balzac *Le père Goriot* (1834-1835) *La comédie humaine* (1829-1847)	• Victor Hugo *Les misérables* (1862) *Les travailleurs de la mer* (1866) • Gustave Flaubert *Madame Bovary* (1857) *L'éducation sentimentale* (1869)
		Genres privilégiés : roman et nouvelle	
		• Guy de Maupassant *Bel-Ami* (1885), *Le Horla* (1887)	
Naturalisme	• Hyperréalisme • Longues descriptions • Prédéterminisme • Thèmes : condition sociale (souvent défavorisée), pauvreté, misère, bourgeoisie	**Genre privilégié : roman**	
		• Émile Zola *L'assommoir* (1877) *Germinal* (1885)	
Symbolisme	• Théorie des correspondances (synesthésie) • Sensations • Éclatements des règles de la poésie classique • Musicalité des vers • Quête de l'absolu • Thèmes : souvenir, femme, rêve, temps qui fuit	**Genre privilégié : poésie**	
		• Charles Baudelaire *Les fleurs du mal* (1857), *Le spleen de Paris* ou *Petits poèmes en prose* (1869) • Paul Verlaine *Poèmes saturniens* (1866) *Sagesse* (1881)	• Lautréamont *Les chants de Maldoror* (1869) *Poésies I* (1870) • Arthur Rimbaud *Une saison en enfer* (1873) *Les illuminations* (1873-1875)
		Genre privilégié : roman	
		• Marcel Proust *Du côté de chez Swann, À la recherche du temps perdu* (1913), *Le temps retrouvé* (1927)	• André Gide *Les caves du Vatican* (1914) *Les faux-monnayeurs* (1925)
		Genre privilégié : théâtre	
		• Alfred Jarry *Ubu roi* (1896), *Ubu enchaîné* (1900)	

2 La mouvance surréaliste

OU LA LIBÉRATION
DES CONDITIONNEMENTS PSYCHIQUES

Auteurs et œuvres à l'étude

René Magritte, *Les amants*, 1928.

La mouvance surréaliste

OU LA LIBÉRATION DES CONDITIONNEMENTS PSYCHIQUES _____

Transformer le monde selon Marx ; changer la vie selon Rimbaud.

André Breton

De la fin de la Belle Époque à la Seconde Guerre mondiale (1914-1939)

Les premières années du XXe siècle sont fécondes en inventions : le métro, le téléphone, le cinéma, l'automobile, l'avion... La presse connaît une grande expansion. Les modes vestimentaires commencent à s'imposer, pendant que les sports se développent à grande vitesse. Les premiers Jeux olympiques de l'ère moderne viennent d'avoir lieu en Grèce, en 1896. En 1900, c'est au tour de Paris, la capitale universelle des arts, où la vie mondaine se fait aussi brillante que frivole, de les accueillir. Le nouveau confort et la floraison des distractions font triompher l'optimisme et l'insouciance. C'est la « Belle Époque », période allant de 1900 à 1914. Mais les horreurs de la guerre mettent fin à cet optimisme béat : l'année 1914 sonne le glas de la société héritée du XIXe siècle, et la nouvelle société du XXe siècle vient abruptement au jour.

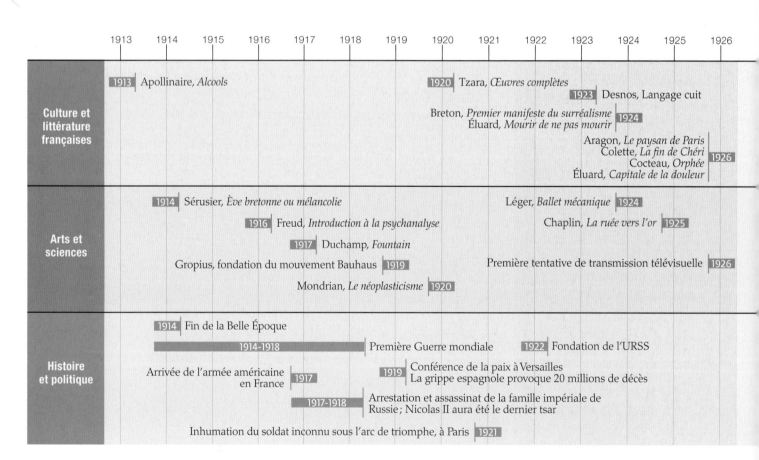

	1913	1914	1915	1916	1917	1918	1919	1920	1921	1922	1923	1924	1925	1926

Culture et littérature françaises
- 1913 Apollinaire, *Alcools*
- 1920 Tzara, *Œuvres complètes*
- 1923 Desnos, Langage cuit
- Breton, *Premier manifeste du surréalisme* 1924
- Éluard, *Mourir de ne pas mourir*
- Aragon, *Le paysan de Paris*
- Colette, *La fin de Chéri* 1926
- Cocteau, *Orphée*
- Éluard, *Capitale de la douleur*

Arts et sciences
- 1914 Sérusier, *Ève bretonne ou mélancolie*
- 1916 Freud, *Introduction à la psychanalyse*
- 1917 Duchamp, *Fountain*
- Gropius, fondation du mouvement Bauhaus 1919
- Mondrian, *Le néoplasticisme* 1920
- Léger, *Ballet mécanique* 1924
- Chaplin, *La ruée vers l'or* 1925
- Première tentative de transmission télévisuelle 1926

Histoire et politique
- 1914 Fin de la Belle Époque
- 1914-1918 Première Guerre mondiale
- 1922 Fondation de l'URSS
- Arrivée de l'armée américaine en France 1917
- 1919 Conférence de la paix à Versailles
- La grippe espagnole provoque 20 millions de décès
- 1917-1918 Arrestation et assassinat de la famille impériale de Russie ; Nicolas II aura été le dernier tsar
- Inhumation du soldat inconnu sous l'arc de triomphe, à Paris 1921

Tranchée britannique à Ovillers-la-Boisselle, en juillet 1916 durant la bataille de la Somme.

La guerre de 1914-1918

La catastrophe de la guerre avait correspondu pour moi à une catastrophe intime de l'être.

Antonin Artaud

Pendant quatre ans, la guerre entraîne des millions de soldats dans la boue des tranchées et jette des femmes dans l'horreur des hôpitaux. À la fin de l'hécatombe, en 1918, plus de 8 millions de soldats sont morts sur les champs de bataille, et environ 10 millions de civils ont péri en raison du conflit. Certains voient ici, avec le recul, la matrice de toutes les violences guerrières du XXe siècle, de l'industrialisation des massacres et de l'indifférence accrue à l'égard de la vie humaine.

Devenue exsangue, l'Europe est reléguée au deuxième rang des puissances mondiales, derrière les États-Unis qui ont démontré leur force au cours de la guerre, en même temps qu'ils ont su profiter du rétrécissement du marché européen. Naît alors ce qu'on appelle le «rêve américain»: tout homme de bonne volonté, d'où qu'il vienne, est assuré de faire fortune dans ce pays devenu le plus puissant du monde. Un symbole, cadeau de la France, vient cristalliser ce rêve: la statue de la Liberté, qu'on dresse sur une île de façon à ce qu'elle soit le premier contact visuel des nouveaux arrivants avec cette terre d'accueil.

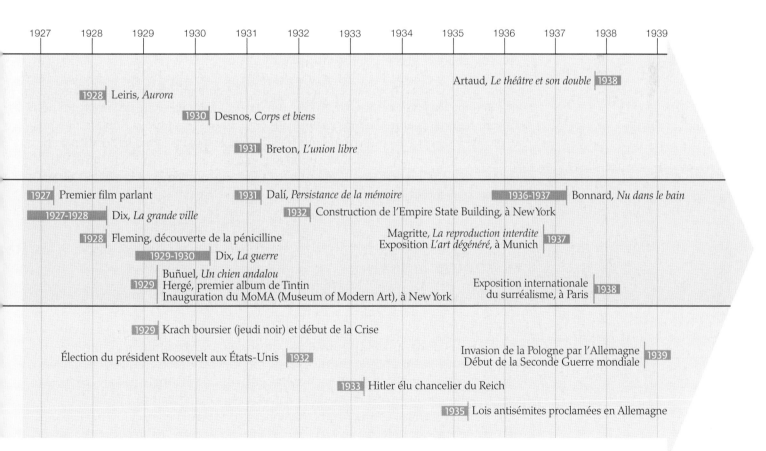

1927   1928   1929   1930   1931   1932   1933   1934   1935   1936   1937   1938   1939

1938 Artaud, *Le théâtre et son double*

1928 Leiris, *Aurora*

1930 Desnos, *Corps et biens*

1931 Breton, *L'union libre*

1927 Premier film parlant

1931 Dalí, *Persistance de la mémoire*

1936-1937 Bonnard, *Nu dans le bain*

1927-1928 Dix, *La grande ville*

1932 Construction de l'Empire State Building, à New York

1928 Fleming, découverte de la pénicilline

Magritte, *La reproduction interdite* **1937**

Exposition *L'art dégénéré*, à Munich

1929-1930 Dix, *La guerre*

Buñuel, *Un chien andalou*

1929 Hergé, premier album de Tintin

Inauguration du MoMA (Museum of Modern Art), à New York

Exposition internationale du surréalisme, à Paris **1938**

1929 Krach boursier (jeudi noir) et début de la Crise

Élection du président Roosevelt aux États-Unis **1932**

Invasion de la Pologne par l'Allemagne **1939**

Début de la Seconde Guerre mondiale

1933 Hitler élu chancelier du Reich

1935 Lois antisémites proclamées en Allemagne

Otto Dix, *La grande ville*, triptyque, 1927-1928.

Dans ce triptyque, Otto Dix, l'un des chefs de file de la Nouvelle Objectivité, oppose le luxe bourgeois au quotidien des plus démunis de la société. La présence de l'homme mutilé est une référence directe aux horreurs de la Première Guerre, à laquelle Dix a participé, tandis que celle des prostituées met en lumière la marchandisation du corps humain au seul bénéfice des plus nantis de la société. L'œuvre est aussi une critique acerbe de la corruption qui régnait sous la République de Weimar des années 1920.

Pendant ce temps, en Russie, se forme un nouvel État, l'URSS, à la suite de la révolution d'Octobre 1917. Un empire millénaire s'écroule, au profit d'un régime socialiste. Celui-ci exerce une grande fascination sur de nombreux intellectuels occidentaux, qui y voient une expression avancée de la révolution sociale, voire un nouvel âge d'or pour l'humanité. C'est la naissance de l'utopie communiste.

En Europe de l'Ouest, l'horreur de la guerre qui a transformé les tranchées en charniers marque profondément les esprits : chacun se sent la victime impuissante de la violence des États et de leurs dirigeants. Certains voient, dans ce sacrifice absurde où la barbarie a triomphé, un échec des valeurs humanistes, une faillite morale de la civilisation occidentale de laquelle ils entendent se distancier. Ils s'inséreront en grand nombre dans la mouvance surréaliste. D'autres, plus nombreux, s'efforcent de conjurer le cauchemar de la guerre. Puisque les valeurs humanistes n'ont pas pu empêcher le déclenchement de ce conflit absurde, ils leur tournent le dos : leur importe seulement d'oublier et de s'étourdir.

Les Années folles

On recommence donc à tout prendre à la légère ; les 10 années qui suivent la fin de la Première Guerre mondiale sont d'ailleurs désignées sous le nom d'« Années folles ». Les gens reprennent rapidement goût à la vie, la fête succède à l'héroïsme et les mœurs se libèrent. Le monde de la publicité prend de l'expansion, la radiodiffusion est inventée, le disque se répand et, en 1927, le cinéma sort de son mutisme : le XXe siècle est le premier siècle à laisser des images en mouvement de lui-même et de sa propre histoire. La même année, Charles Lindbergh est le premier aviateur à traverser sans escale l'Atlantique du Nord. Pendant ce temps, à Paris, le jazz triomphe avec Sidney Bechet, et Joséphine Baker crée l'évènement avec sa *Revue nègre*. La Ville lumière est encore la capitale artistique du

Paul Colin, lithographie tirée de l'album *Le tumulte noir*, 1927.

À l'instar du tout-Paris, Paul Colin, peintre, affichiste et décorateur de théâtre, est fasciné par Joséphine Baker. *Le tumulte noir* est un album de 45 lithographies dont le seul sujet est la jeune Afro-Américaine. Sur cette estampe, Colin l'a immortalisée portant sa célèbre ceinture de bananes dans un des numéros les plus appréciés de la revue *La folie du jour* présentée aux Folies-Bergère.

monde : des artistes de tous les pays viennent faire la fête à Montparnasse. Parmi eux se trouvent Léonard Foujita, Ossip Zadkine, Chaïm Soutine, Kees Van Dongen, Pablo Picasso et des écrivains américains comme Ernest Hemingway, Ezra Pound et Henry Miller, venus y oublier le puritanisme de leur pays.

Une nouvelle condition féminine

Le vent d'émancipation qui souffle sur ces années permet aux femmes de s'affranchir de leur rôle traditionnel. Elles refusent désormais d'être considérées comme d'éternelles mineures, soumises à l'autorité d'un mari. Durant le conflit mondial, elles sont devenues tourneuses d'obus dans les usines ou assistantes des médecins et, dans la famille, elles ont dû prendre toutes les décisions, les maris étant absents. Elles ont ainsi acquis plus de confiance en leurs moyens. De plus, après la guerre, un nombre considérable de couples sont contraints de se séparer tant cette expérience a transformé les soldats, qui restent hantés par l'horreur des champs de bataille. Les femmes deviennent souvent le seul soutien de leur famille.

À la ville, une élite féminine revendique des droits nouveaux, tels que le droit de vote. L'audace et la nouvelle liberté se manifestent notamment par des coupes de cheveux « à la garçonne » et des jupes plus courtes, qu'elles font tourner sur des airs de charleston. Certaines fument, conduisent une automobile et pratiquent des sports : le ski, le tennis, la natation... Tant dans les romans que dans la société, la morale conjugale se desserre, abolissant deux siècles de prescriptions chrétiennes et de préjugés moraux. Une nouvelle image de la femme est véhiculée : plus indépendante dans sa vie quotidienne et plus libre dans ses relations amoureuses, elle veut maintenant choisir le compagnon avec qui partager une relation égalitaire, dans une « union libre » de toute tutelle maritale.

La fin de l'euphorie

En 1929, un grave krach boursier met fin à l'euphorie d'après-guerre. Les sociétés sont ébranlées par l'inflation, le chômage et divers conflits sociaux. Le commerce international connaît un recul spectaculaire. Cette crise économique se double d'une crise du nationalisme. Déjà, dans les années 1920, les signes avant-coureurs de nouveaux désastres s'étaient manifestés, mais la plupart ne voulaient pas y croire. Un peu partout, des régimes totalitaires s'installent, puis s'affirment : répressions staliniennes en URSS, fascisme mussolinien en Italie, arrivée au pouvoir d'Hitler et des nazis en Allemagne, guerre civile en Espagne sous Franco, répressions dirigées par Salazar au Portugal... En septembre 1919, le « plus jamais ça » qui avait suivi la Première Guerre est devenu illusoire ; en 1939, la Seconde Guerre mondiale est déclenchée.

Tamara de Lempicka, *Autoportrait dans une Bugatti verte*, 1925.

Tout comme sa personne, les œuvres de Tamara de Lempicka séduisent une aristocratie avide de modernité. Identifié à l'Art déco, l'esthétisme qui les caractérise emprunte librement au cubisme et au maniérisme. Dans son *Autoportrait dans une Bugatti verte*, de Lempicka se dépeint sous les traits d'une « garçonne », style à la mode à l'époque, au volant d'une voiture de luxe. Cette image d'une femme en apparence libre et émancipée cache pourtant une autre réalité : en 1925, les Françaises n'ont pas encore obtenu le droit de vote.

L'inconnu de la conscience

À la même époque, Sigmund Freud (1856-1939) s'immisce dans le psychisme humain et lève le voile sur l'inconnu de la conscience. Il démontre que l'être humain n'est pas maître de lui-même, mais se trouve plutôt habité en permanence par des désirs qui, à son insu, le poussent à agir. Ses pensées et ses actions sont motivées par une vie mentale dont il est en très grande partie inconscient, puisque sa vie consciente n'est qu'une surface qui recouvre une infinité de passions secrètes et tyranniques. Cette fracture dans l'édifice de la rationalité inflige une blessure narcissique certaine à tous ceux qui se croient maîtres d'eux-mêmes, mais ouvre surtout l'accès à un continent jusque-là inconnu de l'expérience humaine, l'inconscient, que certains s'empressent d'explorer. Cette découverte de notre aliénation psychique est appelée à devenir la plus grande expérience psychologique du XXᵉ siècle.

Le surréalisme et l'inconscient

De la rencontre de la voyance de Rimbaud en écriture et de la mise en application de pratiques apparentées aux théories freudiennes naît le surréalisme, une méthode autant qu'un mouvement littéraire et artistique, qui vise à libérer l'imagination et la pensée des conditionnements et des censures, à mettre au jour la part d'ombre qui se terre dans notre inconscient.

Pour y parvenir, les surréalistes recourent à différents moyens : l'hypnose ; l'appel du hasard et les rencontres fortuites, car « Il n'y a pas de hasard, il n'y a que des rendez-vous », soutient Paul Éluard ; l'humour, cette « révolte supérieure de l'esprit », dit André Breton ; le récit des rêves, nocturnes ou diurnes ; l'attention portée aux actes manqués et aux lapsus, de même qu'aux symptômes révélateurs de souvenirs, de désirs et d'impulsions emmagasinés en nous à notre insu ; l'automatisme, graphique ou verbal ; des jeux comme celui du « cadavre exquis ». Certains font appel à l'insoutenable, comme Luis Buñuel (1900-1983) dans le film *Un chien andalou* (1929), où le spectateur voit des opérations répugnantes, telles que la vivisection d'un œil ; loin d'une esthétique de convention, l'intention consiste ici à faire surgir une sauvagerie créatrice. André Breton l'affirme : « La beauté sera convulsive ou ne sera pas. »

Parce qu'il propose un tout nouveau rapport de l'homme avec le réel, le surréalisme aspire à une véritable révolution spirituelle qui devrait entraîner à son tour, du moins l'espère-t-on, une révolution sociale et collective. Ce courant, véritable lame de fond qui traverse tout le XXᵉ siècle et dont l'esprit subsiste encore aujourd'hui, se propose donc moins de produire de l'art que d'aller en deçà du spectacle du monde pour susciter une nouvelle vision du réel et un nouveau mode d'être. L'œuvre surréaliste se veut une activité créatrice autant que libératrice.

Un couteau sans lame auquel ne manque que le manche.

Georg Christoph Lichtenberg

Avec l'invitation de Baudelaire à chercher dans la rue, plus que dans les musées, des formes inédites et donc « modernes » de la beauté, l'art de la modernité prend véritablement son élan avec Cézanne, Gauguin et Van Gogh, qui ont amorcé la démarche déconstructive de ce qu'était « le Grand Art ». À leur suite, des artistes dits d'avant-garde posent, chacun à leur manière, leur pierre dans le nouvel édifice de l'art, dorénavant fondé sur une rupture permanente avec ce qu'il était hier encore. Tous ces courants, qui viennent transfigurer l'art moderne, pavent la voie au surréalisme.

Henri Matisse, *La danse (II),* 1909-1910.

La danse est l'un des deux grands panneaux décoratifs que réalise Matisse à la demande du collectionneur russe Sergueï Chtchoukine pour le palais Troubetzkoy. L'autre panneau s'intitule *La musique.* Il s'agit d'une des dernières œuvres emblématiques du fauvisme, qui annonce déjà le formalisme qu'explorent les peintres des générations subséquentes. Ici, les couleurs affirment leur autonomie et leur valeur picturale au détriment du sujet représenté. Les plans sont également rabattus, détruisant l'effet de perspective, norme établie depuis la Renaissance.

Le fauvisme (1903-1908)

Le fauvisme est le premier grand choc asséné par les peintres au public du XXe siècle : cet art assimile toutes les recherches picturales effectuées depuis Manet et les porte à leur point extrême. Henri Matisse, André Derain, Albert Marquet, Maurice de Vlaminck, Raoul Dufy et Georges Braque privilégient l'expression par la couleur et peignent des paysages, des portraits, des natures mortes, des hymnes au bonheur de vivre et de peindre.

L'expressionnisme (1905-1925)

Né en Allemagne en 1905, l'expressionnisme emprunte aux Fauves l'intensité et la violence de leurs couleurs. Mais, contrairement aux peintres fauves, les expressionnistes mettent leurs préoccupations plastiques au service d'une réflexion sur les malaises de la civilisation et sur le tragique d'une condition humaine régie par l'irrationnel. Vincent Van Gogh, Gustav Klimt et Edvard Munch sont considérés comme des précurseurs de cet art éminemment expressif. Avec *Le cri* (1893), Munch (*voir p. 64*) a cristallisé le désarroi de l'homme moderne. Ernst Ludwig Kirchner, Emil Nolde, Egon Schiele, George Grosz, Otto Dix et Oskar Kokoschka, parmi d'autres, figurent au nombre des grands peintres expressionnistes.

Le cubisme (1907-1920)

Après la couleur, c'est au tour des volumes et des espaces d'être bouleversés, remodelés. Inscrit dans le sillon de Cézanne, le cubisme décompose le mouvement et les formes en leurs différentes parties et les reconstruit sur la toile sous des angles différents. Pablo Picasso et Georges Braque sont les principaux représentants de ce courant. Les cubistes sont les premiers à introduire dans la peinture de vrais morceaux de réalité (coupures de journaux, cartes à jouer...). Leurs collages laissent libre cours à de multiples expériences qui, un demi-siècle plus tard, mettront fin à la domination de la toile peinte.

Oskar Kokoschka, *Autoportrait d'un artiste dégénéré,* 1937.

Obsédé par la figure humaine, Kokoschka en dessine les traits nerveux et agités pour révéler les tourments de l'âme, à la manière des introspections freudiennes.

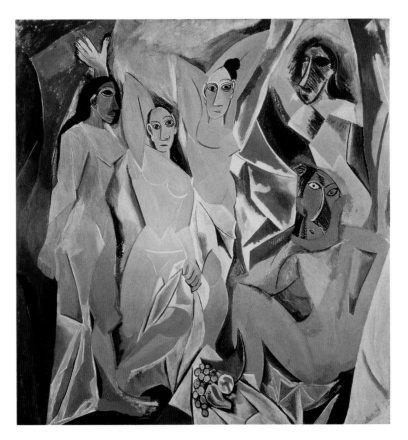

Pablo Picasso, *Les demoiselles d'Avignon,* **1907.**

Avec *Les demoiselles d'Avignon,* Pablo Picasso provoque la rupture définitive entre l'art et la nature, amorçant ainsi la première des trois phases
du cubisme, encore très proche des Fauves et de Cézanne. Par la suite,
l'espace cubiste perd de son homogénéité, se brise et se fragmente, afin de
représenter plusieurs points de vue simultanément.

L'art abstrait (1907-1950)

L'art abstrait naît du refus de la représentation des formes immédiatement identifiables. On lui reconnaît trois sources, apparues dans trois
capitales différentes, qui proposent trois voies distinctes de dissolution
de la matière. À Munich, Wassily Kandinsky, estimant que les objets
représentés nuisent à l'harmonie des éléments picturaux – lignes,
formes, couleurs –, libère la peinture de la représentation, pour s'en tenir strictement auxdits éléments picturaux. À Moscou, Kazimir Malevitch
recherche « le zéro des formes », une nudité qui contiendrait et équili-
brerait toutes les tensions contraires. À Paris, Piet Mondrian retient les
moyens les plus essentiels de la peinture. Cette « peinture pure » cesse
de représenter une réalité reconnaissable pour exprimer, par ses seuls
moyens plastiques, une sensation ou une idée. L'abstraction s'impose
tôt comme l'un des moyens d'expression les plus caractéristiques du
xxe siècle, au même titre que le jazz et le cinéma.

C'est un retour à l'essentiel, par le biais d'une géométrie minimale
de lignes horizontales et verticales, associées aux couleurs primaires

auxquelles Mondrian adjoint le blanc et le noir. Cette organisation de
l'espace pictural veut mettre au jour la vérité universelle de l'orientation
verticale des corps confrontés à l'horizontale des paysages. À la
manière des symbolistes qui s'efforcent de rendre visible le monde
invisible, les tenants de l'art abstrait se préoccupent essentiellement
de correspondances, cette fois entre la forme et la couleur, non plus
pour produire des images du monde, mais pour en inventer un autre.

Le dadaïsme (1916-1922)

Dès la fin de la Première Guerre se manifeste un refus du monde, de
l'idéologie et de la culture qui ont cautionné de telles hécatombes. Un
peu partout en Europe, des pacifistes radicaux reprennent la dénonciation expressionniste et la poussent encore plus loin, jusqu'à s'insurger
contre les fondements mêmes de la civilisation occidentale. Un grand
nombre de ces contestataires se rallient au mouvement informel nihiliste Dada, lancé par le poète Tristan Tzara. Dada érige l'audace en
dogme et raille la faillite absolue de toutes les valeurs morales, sociales et culturelles de la bourgeoisie. Les dadaïstes se moquent de
tous les codes et de tous les principes à la base de l'art en Occident. Ils

Piet Mondrian, *Composition A,* **1923.**

En 1920, Piet Mondrian publie l'essai *Le néoplasticisme.* Largement inspiré de
la théosophie, sa conception de l'art s'appuie sur l'idée que l'ordre cosmique
est plus important que le visible. Il condamne tout référent plastique évoquant la
nature. Pour lui, la beauté se trouve dans les formes abstraites et géométriques,
l'orthogonalité des lignes, le traitement lisse de la matière et l'usage des couleurs
pures que sont le jaune, le bleu et le rouge auxquelles il adjoint des couleurs qu'il
qualifie de neutre, soit le noir, le blanc et le gris.

Marcel Duchamp, *Fountain*, 1917.

« Tout ce que crache l'artiste est de l'art », déclare avec cynisme Kurt Schwitters. L'artiste descend de son piédestal pour revenir au niveau de la vie. Dans l'intention de ridiculiser les œuvres cultes de l'art, Marcel Duchamp appose des moustaches à la Joconde, invite à « se servir d'un Rembrandt comme d'une planche à repasser » et fait parvenir à la Society of Independent Artists à New York, en 1917, un authentique urinoir ironiquement baptisé *Fountain* et portant la signature fictive de Richard Mutt. Cet inventeur du *ready-made* bouleverse l'art et tout un siècle.

contestent, avec une vigueur provocatrice et iconoclaste, les prétendus pouvoirs humanistes de l'art et de la littérature, dans lesquels ils affirment ne voir que mystification. Ils ridiculisent toutes les conventions d'ordre esthétique, social, religieux ou moral qui régissent la civilisation occidentale, rassurent les bien-pensants et les confortent dans leurs croyances. Ce mouvement renie toute notion de chef-d'œuvre artistique et fait table rase des acquis du passé pour s'intéresser davantage aux gestes de l'artiste qu'à son œuvre.

Le surréalisme (1924-1969)

Dada émigre à Paris en 1919 et fait de nombreux adeptes : parmi d'autres, André Breton, Paul Éluard, Louis Aragon et Pablo Picasso. De ce groupe émerge bientôt un nouveau mouvement fondé par André Breton et auquel participe Tristan Tzara, qui vient de saborder son propre mouvement : le surréalisme.

Par sa révolte tous azimuts, Dada voulait faire table rase de toute référence culturelle au passé, provoquer un chaos social si destructeur qu'il ne pourrait conduire qu'à un nouveau commencement. Le surréalisme reprend à son compte l'ambition déstabilisatrice de Dada, mais plutôt que de procéder par sarcasme, dérision ou scandale, il propose une méthode pour arriver aux mêmes fins.

Dans ce courant plus structuré, la subversion contre l'ordre établi se fait plus subtile : chacun est invité à explorer les profondeurs abyssales de son inconscient pour y débusquer toutes les entraves, toutes les formes d'aliénation et de censure qui empêchent la liberté et les vertus humanistes de triompher. Souvent le lieu de passages d'individualités qui poursuivent ensuite leur propre route, le surréalisme se renouvelle au fur et à mesure des départs, des exclusions et des arrivées. Pablo Picasso, Joan Miró, Jean Arp, Paul Delvaux, Max Ernst, René Magritte, Yves Tanguy, Francis Picabia, Giorgio De Chirico, Alberto Giacometti et Salvador Dalí figurent parmi les artistes ayant participé à cette révolution picturale qui donne à voir le rêve et l'imaginaire, l'insolite et l'arbitraire.

Max Ernst, *La Vierge corrigeant l'enfant Jésus devant trois témoins : André Breton, Paul Éluard et le peintre*, 1926.

Œuvre blasphématoire, à l'image de la démarche surréaliste, cette *Vierge corrigeant l'enfant Jésus* offre plusieurs niveaux de lecture. Parmi ceux-ci, l'idée nietzschéenne de la mort de Dieu symbolisée par l'enfant Jésus perdant son auréole et le geste provocateur de la Vierge à l'égard du fils du Tout-Puissant.

La littérature de la mouvance surréaliste

L'idée de surréalisme tend simplement à la récupération de notre force psychique.

André Breton

À la Belle Époque, la transformation des goûts et des mœurs s'accompagne d'une totale remise en question du symbolisme et de tout le vieux système esthétique ; se propage alors un « esprit nouveau » qui se propose de faire entendre la rumeur de la vie moderne. Cette rupture prendra un aspect insoupçonné avec le dadaïsme, qui refuse tout l'héritage du passé, avant de prendre sa pleine mesure avec le surréalisme.

Un esprit nouveau en littérature

À la fin tu es las de ce monde ancien.

Guillaume Apollinaire

La nouvelle génération d'écrivains reproche à la génération des symbolistes d'avoir rêvé la vie plutôt que de l'avoir vécue, d'avoir chanté l'homme dans ses symboles et dans ses rêves plutôt que dans sa réalité. Les auteurs s'affranchissent donc rapidement de cette attitude et prennent le parti de substituer au rêve de la réalité la réalité même, d'exprimer ce que cette réalité leur fait vivre dans leurs pensées, leurs sentiments et leurs sensations. Alors que les symbolistes trouvaient que le matérialisme et les innovations technologiques dégradaient le monde, les auteurs de la nouvelle génération s'émerveillent de cette transformation, chantent les prouesses du monde moderne et célèbrent la vitesse. C'est ainsi que les réalisations du monde industriel et technique, comme la tour Eiffel, les gares et les rails, les automobiles et les avions, deviennent de nouvelles sources d'inspiration. Un sentiment d'étonnement et de surprise anime sans cesse ces écrivains, comme s'ils émergeaient d'un long songe pour se laisser fasciner par l'imprévu et la frénésie de la vie.

Guillaume Apollinaire (1880-1918)

Bergère ô tour Eiffel le troupeau des ponts bêle ce matin

Guillaume Apollinaire s'impose comme le chef de file de cette esthétique nouvelle : il puise son inspiration dans les inventions techniques modernes que leur trivialité excluait jusqu'alors du domaine poétique. Admirateur du cubisme dont il se veut un

Marie Laurencin, *Apollinaire et ses amis*, 1909. (Au centre, Apollinaire ; à sa droite : Picasso, Marguerite Gillot, Maurice Chevrier et Marie Laurencin au piano.)

propagandiste, il fait du discontinu et de la surprise les ressorts essentiels de sa poésie (*voir le poème «1909»*). Donnant du réel une vision fragmentée, il juxtapose des images différentes : les objets prosaïques jouxtent le sublime, des lieux proches s'entrechoquent avec d'autres lointains, des rythmes anciens s'allient aux nouveaux ; il transcrit même des bruits ou des bribes de conversations entendues dans un café. Les thèmes semblent s'enchaîner au gré des errances de son esprit, donnant souvent l'impression d'instantanés surgis d'une intuition soudaine.

La hardiesse des images qui échappe aux idées reçues s'allie à une grande liberté formelle qui ignore les raideurs syntaxiques de même que les contraintes de la mesure et de la rime. Estimant que le rythme et la coupe des vers sont la véritable ponctuation, Apollinaire supprime cette dernière. L'absence de cloisons entre les phrases donne parfois aux rapports entre les vers une ambiguïté ouvrant sur une multiplicité de sens, une superposition de sens s'apparentant à la liberté cubiste. Cette liberté l'amène, dans ses *Calligrammes* (1918), à user des possibilités figuratives du vers qui rapprochent la poésie de la peinture : les vers de chaque poème sont assemblés de manière à former un dessin (*voir p. 106*).

La sensibilité hors du commun de Guillaume Apollinaire exprime le plaisir et la douleur de vivre et d'aimer, le regret du temps qui passe et de l'amour qui s'enfuit, comme dans l'élégie «Le pont Mirabeau». Par ses choix nouveaux et son souci de rendre compte des aléas de l'inconscient, Apollinaire se fait le précurseur des poètes surréalistes.

1909

La dame avait une robe
En ottoman violine[1]
Et sa tunique brodée d'or
Était composée de deux panneaux
5 S'attachant sur l'épaule

Les yeux dansants comme des anges
Elle riait elle riait
Elle avait un visage aux couleurs de France
Les yeux bleus les dents blanches et les lèvres très rouges
10 Elle avait un visage aux couleurs de France

Elle était décolletée en rond
Et coiffée à la Récamier[2]
Avec de beaux bras nus

N'entendra-t-on jamais sonner minuit

15 La dame en robe d'ottoman violine
Et en tunique brodée d'or
Décolletée en rond
Promenait ses boucles
Son bandeau d'or
20 Et traînait ses petits souliers à boucles
Elle était si belle
Que tu n'aurais pas osé l'aimer

J'aimais les femmes atroces dans les quartiers énormes
Où naissaient chaque jour quelques êtres nouveaux
25 Le fer était leur sang la flamme leur cerveau
J'aimais j'aimais le peuple habile des machines
Le luxe et la beauté ne sont que son écume
Cette femme était si belle
Qu'elle me faisait peur

Guillaume Apollinaire, *Alcools,* 1913.

1. Ottoman : étoffe de soie à grosses côtes, dont la trame est de coton ;
violine : de couleur violet-pourpre. 2. Coiffure aux bandeaux mise à la mode par
Mme Récamier qui tenait un salon sous la Restauration.

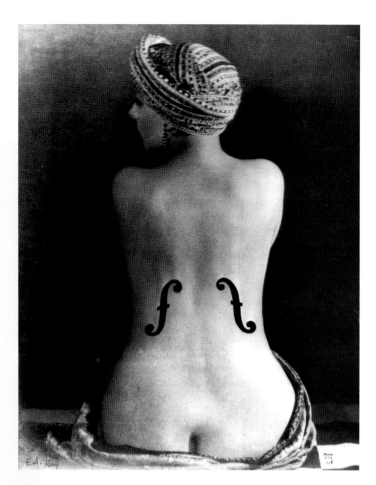

Man Ray, *Le violon d'Ingres,* **1924.**

Cette photographie de Kiki de Montparnasse, l'amante et compagne de Man Ray, est typique des expérimentations des débuts
du surréalisme, associant de façon insolite le corps d'une femme à
l'image d'un violon. Ray rend ici hommage au peintre Jean Auguste
Dominique Ingres. Les œuvres orientalistes de ce dernier sont
symbolisées par le turban que porte la femme, et sa passion pour le
violon, par les ouïes dessinées sur l'épreuve de sel d'argent.

VERS LA DISSERTATION

1909

1. Qu'est-ce qui, dans ce poème, concourt à donner un rythme décousu ?

2. À quelle classe sociale la dame du poème appartient-elle ?

3. Trouvez une comparaison*, une métonymie* et un parallélisme*.

4. De qui le poète parle-t-il lorsqu'il dit qu'il aime les « femmes atroces dans les quartiers énormes » (v. 23) et « le peuple habile des machines » (v. 26) ?

5. Pourquoi le poète a-t-il peur de la dame à la robe « en ottoman violine » (v. 2) ?

■ **Sujet de dissertation explicative**

Dans ce poème, Apollinaire oppose deux représentations de la femme. Discutez cette affirmation.

Le pont Mirabeau

Sous le pont Mirabeau coule la Seine
                    Et nos amours
            Faut-il qu'il m'en souvienne
    La joie venait toujours après la peine

5   Vienne la nuit sonne l'heure
       Les jours s'en vont je demeure

Les mains dans les mains restons face à face
                    Tandis que sous
            Le pont de nos bras passe
10 Des éternels regards l'onde si lasse

              Vienne la nuit sonne l'heure
       Les jours s'en vont je demeure

L'amour s'en va comme cette eau courante
            L'amour s'en va
15   Comme la vie est lente
    Et comme l'Espérance est violente

              Vienne la nuit sonne l'heure
       Les jours s'en vont je demeure

Passent les jours et passent les semaines
20   Ni temps passé
            Ni les amours reviennent
    Sous le pont Mirabeau coule la Seine

              Vienne la nuit sonne l'heure
       Les jours s'en vont je demeure

        Guillaume Apollinaire, *Alcools*, 1913.

Quelques vers d'Apollinaire

« Mon beau navire ô ma mémoire »

« Mon verre est plein d'un vin trembleur comme
une flamme »

« Du rouge au vert tout le jaune se meurt »

« La fenêtre s'ouvre comme une orange
Le beau fruit de la lumière »

« Ses cheveux sont d'or on dirait
Un bel éclair qui durerait »

« Jamais les crépuscules ne vaincront les aurores »

« Malgré les sommeils éternels, il y a des yeux où se reflètent
des humanités semblables à des fantômes divins et joyeux »

Le pont Mirabeau

1. Trouvez toutes les indications du temps qui passe.

2. Relevez les mots qui composent le thème :

   a) de l'eau ;   b) de l'amour.

3. Relevez une comparaison* qui établit un lien entre l'eau et l'amour.

4. a) Trouvez une antithèse* qui illustre une opposition ente le temps passé et le poète qui reste.

   b) Décrivez l'effet de cette figure.

5. Qu'ont de commun le temps et l'amour ? En quoi ces éléments sont-ils différents du poète ?

▮▮▮ Sujet de dissertation explicative

L'humain, selon Apollinaire, résiste aux changements. Démontrez cette assertion.

Colette (1873-1954)

Germaine Krull, *Photo de Colette*, 1930.

Quand mon corps pense, toute ma peau a une âme.

Enracinant son œuvre dans sa vie de femme libérée, Sidonie Gabrielle Colette, dite simplement Colette, crée des héroïnes très proches d'elle-même, qui manifestent la même volonté d'indépendance et de libre accomplissement. Ce faisant, elle inscrit l'émancipation des femmes dans l'histoire du XXᵉ siècle : c'est l'amorce d'une profonde révision des idées relatives à la féminité, l'annonce d'une humanité en mutation.

Ses romans peignent la société de son époque, avec au premier plan la licence des mœurs et la quête du plaisir, favorisées et alimentées par un paupérisme endémique. Recourant moins à l'imagination et aux idées qu'à la sensualité du regard et aux sentiments, Colette saisit le sens caché des êtres et des choses, scrute l'âme féminine, ses relations avec le monde masculin, mais aussi avec les animaux, la nature et la vie. Elle porte un regard neuf sur les liaisons passionnelles, en imposant une parole féminine désinhibée, qui se moque aussi bien du refoulement que de l'interdit social ou religieux. Au contraire, son profond amour de la vie prône une réhabilitation permanente de soi dans un travail constant de rééquilibrage hédoniste entre la passion, la jouissance et la solitude créatrice.

Son acquiescement au monde, Colette l'exprime également dans son enthousiasme verbal. La richesse imaginative et la densité charnelle de son écriture – les mots sont inséparables des sensations, des passions et des pulsions – submergent le lecteur de saveurs, de senteurs et de rythmes, le bercent dans la sérénité de l'être. Cette langue éminemment personnelle, gorgée de nourritures terrestres, bien plus que de transmettre le sens d'une histoire, nous rappelle notre droit au bonheur.

Dans un roman de mœurs en deux volets, *Chéri* (1920) et *La fin de Chéri* (1926), Colette traduit le désarroi des années qui suivent la Première Guerre mondiale en même temps qu'elle exprime les troubles de la femme mûre séduite par l'adolescence. Chéri est le surnom d'un éphèbe qui, après son retour de la guerre, est dégoûté de la vie, malgré son amour pour Léa, une femme beaucoup plus âgée que lui. La poignante vérité de ce drame d'amour, situé en marge de toute convention morale, fascine la génération qui suit la Première Guerre. Dans l'extrait proposé, alors que les amants sont sur le point de se séparer, on peut percevoir la détresse de Chéri, qui ne trouve plus sa place dans la société, pas même auprès de Léa.

Le pont qui soude deux songes

VERS LA DISSERTATION

1. Montrez que les personnages ne semblent pas se soucier de la rupture.

2. Le lecteur se fait une image de Léa grâce à deux métaphores* et à une périphrase*.

   a) Trouvez ces figures.

   b) Quelle image se dégage de ces procédés ?

3. Qu'illustre la ponctuation dans les répliques de Chéri qui suivent ces mots : « [...] et les paroles convenables sortirent de lui, facilement, rituellement » (l. 14-15) ?

4. Que remarquez-vous au sujet des répliques de Léa ?

5. Que signifie la phrase suivante : « L'escalier passa sous les pieds de Chéri ainsi que le pont qui soude deux songes [...] » (l. 31-32) ?

Le pont qui soude deux songes

— Je te laisse, dit-il à voix haute. Il ajouta sur le ton d'une finesse banale : « et je remporte mon paquet de gâteaux. »

Un soupir d'allègement souleva le débordant corsage de Léa.

5 — À ta guise, mon petit. Mais, tu sais ? toujours à ta disposition si tu as un ennui.

Il sentit la rancune sous la fausse obligeance, et l'énorme édifice de chair, couronné d'une herbe argentée, rendit encore une fois un son féminin, tinta tout entier d'une 10 harmonie intelligente. Mais le revenant, rendu à sa susceptibilité de fantôme, exigeait, malgré lui, de se dissoudre.

— Bien sûr, répondit Chéri. Je te remercie.

À partir de cet instant, il sut, sans faute ni recherche, comment il devait s'en aller, et les paroles convenables sortirent 15 de lui, facilement, rituellement.

— Tu comprends, je suis venu aujourd'hui... pourquoi aujourd'hui plutôt qu'hier ?... Il y a longtemps que j'aurais dû le faire... Mais tu m'excuses...

— Naturellement, dit Léa.

20 — Je suis encore plus braque qu'avant la guerre, tu comprends, alors...

— Je comprends, je comprends.

Parce qu'elle l'interrompait, il pensa qu'elle avait hâte de le voir partir. Il y eut encore entre eux, pendant la retraite 25 de Chéri, quelques paroles, le bruit d'un meuble heurté, un pan de lumière, bleue par contraste, que versa une fenêtre ouverte sur la cour, une grande main bossuée de bagues qui se leva à la hauteur des lèvres de Chéri, un rire de Léa, qui s'arrêta à mi-chemin de sa gamme habituelle 30 ainsi qu'un jet d'eau coupé dont la cime, privée soudain de sa tige, retombe en perles espacées... L'escalier passa sous les pieds de Chéri ainsi que le pont qui soude deux songes, et il retrouva la rue Raynouard qu'il ne connaissait pas.

Il remarqua que le ciel rose se mirait dans le ruisseau, gorgé 35 encore de pluie, sur le dos bleu des hirondelles volant à ras de terre, et parce que l'heure devenait fraîche, et que traîtreusement le souvenir qu'il emportait se retirait au fond de lui-même pour y prendre sa force et sa dimension définitives, il crut qu'il avait tout oublié et il se sentit heureux.

Colette, *La fin de Chéri*, 1926.

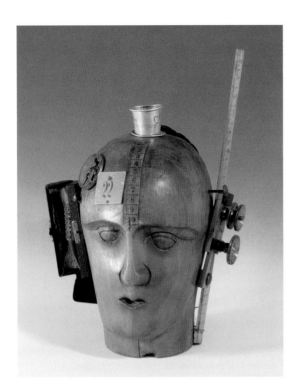

Raoul Hausmann, *Tête mécanique* **ou** *L'esprit de notre temps***, 1919.**

Raoul Hausmann est sans doute le plus militant des dadaïstes. Sa *Tête mécanique*, œuvre marquante de sa production, constitue d'ailleurs une critique acerbe de la société bourgeoise dans laquelle il vit. Plus qu'il fait table rase de la conception traditionnelle de la sculpture, cet assemblage d'une marotte de coiffeur et de divers objets hétéroclites dénonce l'abrutissement de l'homme au profit du paraître.

Le mouvement dada (1916-1922)

Il nous reste après le carnage l'espoir d'une humanité purifiée […] Il y a un grand travail destructif, négatif, à accomplir.

Tristan Tzara

Pendant la guerre, des poètes clament leur profonde révolte contre cette absurdité destructrice des hommes et du monde. Pour la première fois, un mouvement s'en prend ouvertement à la sensibilité et à la beauté, à la raison et au progrès, à la psychologie et au langage, à la tradition comme à l'inspiration. Ce mouvement est baptisé « Dada », mot trouvé au moyen d'un coupe-papier glissé au hasard entre les pages d'un dictionnaire : pointe déjà ici la volonté surréaliste de s'en remettre aux bizarreries de l'automatisme et du hasard.

Ce mouvement de nihilisme, hilarant et radical, préconise la destruction de toutes les valeurs occidentales ayant conduit à la boucherie qui ensanglante l'Europe entière. Il se promet de faire sauter toutes les frontières, celles qui enferment l'homme dans les rouages aliénants d'une machine à produire des morts autant que celles qui enferment l'art et la littérature dans une série de définitions. Les dadaïstes sont désireux de mettre à bas toutes les croyances esthétiques afin de précipiter une forme d'existence supérieure, en permanence réalisée : la vie est le seul art auquel on doive se consacrer.

On constate aujourd'hui que ce mouvement artistique et poétique, qui prône l'expérience des limites et une rupture radicale avec tout ce qui précède, comme pour renouer avec la respiration première de l'art, a exercé une très grande fascination sur les esprits libertaires tout au long du XXᵉ siècle.

Tristan Tzara (1896-1963)

Je détruis les tiroirs du cerveau et ceux de l'organisation sociale : démoraliser partout et jeter la main du ciel en enfer, les yeux de l'enfer au ciel.

Pour exprimer son horreur devant la démence collective qui a causé des millions de morts et entraîné la ruine de l'Europe, Tristan Tzara, le fondateur du mouvement dévastateur dénommé Dada, recourt à la seule arme dont personne ne s'est encore servi : la dérision dans l'art et dans la littérature. Hurlant ses non-poèmes devant des salles médusées, Tzara

Robert Delaunay, *Portrait de Tristan Tzara***, 1923.**

ouvre le règne du «tout-est-permis», pourvu que ce soit pour réfuter les vieilles conceptions de la morale et de l'esthétique. Chez lui, la dislocation du langage poétique et la volonté révolutionnaire font cause commune. Dans l'extrait retenu, Tzara décrit, de façon dérisoire et peu élogieuse pour les poètes, la manière dadaïste de créer un poème.

Pour faire un poème dadaïste

Prenez un journal.
Prenez des ciseaux.
Choisissez dans ce journal un article ayant la longueur que
vous comptez donner à votre poème.
5 Découpez l'article.
Découpez ensuite avec soin chacun des mots qui forment
cet article et mettez-les dans un sac.
Agitez doucement.
Sortez ensuite chaque coupure l'une après l'autre dans
10 l'ordre où elles ont quitté le sac.
Copiez consciencieusement.
Le poème vous ressemblera.
Et vous voilà un écrivain infiniment original et d'une
sensibilité charmante, encore qu'incomprise du vulgaire.

Tristan Tzara, *Sept manifestes dada*, 1924.

VERS LA DISSERTATION

Pour faire un poème dadaïste

1. À quel temps* et à quel mode* la plupart des verbes sont-ils ? Expliquez le choix du poète.

2. Que fait le poète de l'inspiration ?

3. En quoi la forme* et le fond du poème rompent-ils avec la tradition (poésie classique) ?

4. Pourquoi le poème illustre-t-il « de façon dérisoire et peu élogieuse pour les poètes » le dadaïsme ?

Quelques citations de Tzara

« Dieu n'est pas à la hauteur. Il n'est même pas dans le Bottin. »

« La pensée se fait dans la bouche. »

« Nous ne cherchons rien, nous affirmons la vitalité de chaque instant. »

« Mesurée à l'échelle de l'éternité, toute idée est bonne. »

Le mouvement surréaliste (1920-1969)

Animés par la même révolte que Dada contre tout ordre moral et social, les surréalistes continuent de réagir avec indignation aux horreurs de la Première Guerre mondiale. Mais alors que le dadaïsme est essentiellement un mouvement nihiliste, les écrivains surréalistes, davantage constructeurs que destructeurs, entendent donner à la pensée des statuts nouveaux en permettant d'acquérir une connaissance supérieure de soi. Influencés par les théories freudiennes, ces auteurs cherchent à atteindre, au-delà de la grille de la raison et de ses censures, une parole intérieure de pure spontanéité qu'ils nomment « surréelle ». Ils poursuivent la démarche entreprise par Rimbaud, la doublant de la grille freudienne pour guider leur cheminement.

Des procédés privilégiés pour accéder à la surréalité

Il ne tient qu'à [*l'homme*] *de s'appartenir tout entier, c'est-à-dire de maintenir à l'état anarchique la bande chaque jour plus redoutable de ses désirs.*

André Breton

Les écrivains surréalistes traquent l'inconscient afin d'en faire émerger ce qui n'est pas prisonnier de la raison ni du conditionnement social. À cette fin, ils tentent diverses expériences. Ils analysent les mécanismes des désirs et de la passion amoureuse : la libération des énergies sexuelles amène une perte du sentiment d'identité, ce qui invite au dépassement de soi dans la fusion avec l'autre ; les surréalistes louent d'ailleurs sans relâche la femme idéale. L'humour, en particulier l'humour noir, leur permet d'établir différemment

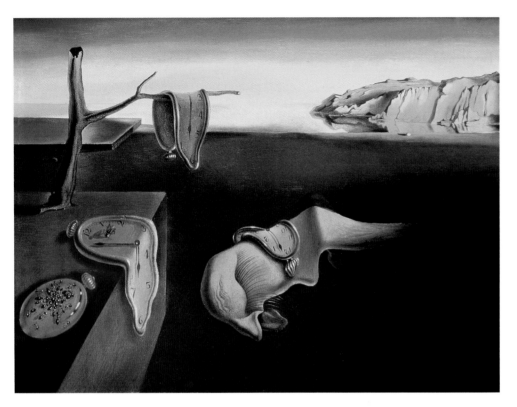

Salvador Dalí, *La persistance de la mémoire*, 1931.

La représentation du temps est un thème récurrent autant dans l'histoire de l'art que dans l'œuvre surréaliste de Salvador Dalí. Dans *La persistance de la mémoire*, les montres molles que l'artiste dépeint dans un paysage, vraisemblablement celui de Portlligat où il a vécu avec sa muse Gala, évoque le passage du temps et la persistance des souvenirs.

leur relation aux êtres et aux choses; la distance qu'ils prennent à l'égard du réel les fait accéder à un niveau où l'insolite, le mystérieux, le merveilleux et le fantastique perdent leur caractère d'étrangeté et font disparaître l'esprit critique. Les surréalistes s'abandonnent également au hasard, qui trahit parfois une causalité psychique cachée. Le rêve, où le réel et l'irréel collaborent, apparaît comme un autre moyen de connaissance; les créateurs l'explorent intensément, en particulier lors de nombreuses séances de sommeil hypnotique. Ils s'intéressent à la folie et aux états hallucinatoires qui l'accompagnent, puisqu'ils donnent accès à un monde apparemment absurde aux yeux de l'homme de raison, mais exceptionnellement riche en ce qu'il livre de la réalité intérieure. Les hallucinations nées de l'usage de la drogue ne sont pas négligées non plus. Tous les moyens leur semblent bons quand il s'agit de recopier ces zones inconnues qui sont en nous.

L'écriture surréaliste

L'image est une création pure de l'esprit. Elle ne peut naître d'une comparaison, mais du rapprochement de deux réalités plus ou moins éloignées. Plus les rapports des deux réalités rapprochées seront lointains et justes, plus l'image sera forte, plus elle aura de puissance émotive et de réalité poétique.

Pierre Reverdy

Les surréalistes métamorphosent l'écriture afin d'en extirper toutes les conventions formelles qui l'étouffaient depuis toujours. Ils privilégient l'écriture automatique – écrire spontanément ce qui se présente à l'esprit sans aucune intervention de la volonté – qui libère l'esprit de tout frein inhibitoire, pour le laisser divaguer au gré de libres associations d'images et d'idées. L'état sauvage qui jaillit des profondeurs de l'esprit fait couler de la plume les images les plus inattendues et les pensées les plus secrètes et les plus mystérieuses de l'inconscient. Cette dictée directe de l'inconscient produit des associations insolites, des rapprochements inédits qu'un esprit contrôlé par la logique ne se serait jamais permis. Ces écrivains s'adonnent également à un vaste éventail de jeux, dont le plus connu est le «cadavre exquis»: composer à plusieurs une phrase, chacun ignorant ce que les autres ont écrit, au risque que le hasard débouche sur l'incohérence. Cette écriture collective donne des phrases comme celles-ci:

«Le cadavre – exquis – boira – le vin – nouveau.»

«La vapeur – ailée – séduit – l'oiseau – fermé – à clé.»

«Le mille-pattes – amoureux – et frêle – rivalise – de méchanceté – avec le cortège – languissant.»

Force est de constater que les œuvres elles-mêmes semblent moins importantes que l'esprit surréaliste qu'elles servent.

Le surréalisme, qui s'est étendu à tous les pays d'Europe et d'Amérique, bouleverse l'art et la littérature, surtout à son apogée, entre 1924 et 1939, mais son appel est entendu jusqu'en mai 1968, lors du soulèvement étudiant. Sa dissolution, en tant que groupe organisé, n'est proclamée officiellement qu'en 1969. Ce mouvement qui refuse de séparer l'art de la vie aura été le plus important du XXe siècle.

La poésie surréaliste

La poésie véritable est incluse dans tout ce qui ne se conforme pas à cette morale qui, pour maintenir son ordre, son prestige, ne sait construire que des banques, des casernes, des prisons, des églises, des bordels.

Paul Éluard

Les surréalistes demandent à la poésie de laisser l'inconscient se dévoiler afin de réconcilier l'homme avec lui-même, de trouver un langage pour exprimer l'inexprimé. Ils s'abandonnent donc à l'écriture, en dehors des entraves du bon goût et des réflexes rationnels, pour en faire un instrument de connaissance qui réhabilite l'imagination et le merveilleux, et qui permet de « changer la vie ».

Au sortir de la boucherie sanglante de 1914-1918, le poète ne peut plus se contenter de représenter le monde tel qu'il est, mais bien plutôt tel qu'il n'est pas : merveilleux, convulsif, libre, amoureux.

André Breton (1896-1966)

L'œil existe à l'état sauvage.

André Breton compte parmi les artistes cruciaux du XXe siècle, tels que Marcel Duchamp et Pablo Picasso, qui ont transformé notre rapport à l'art et au monde. Chef de file et animateur du mouvement surréaliste, il sait, avec son magnétisme, galvaniser les enthousiasmes. Ce qui ne l'empêche pas de constamment exclure du mouvement ceux qui n'appliquent pas sa doctrine à la lettre.

Boris Lipnitzki, *Photo d'André Breton,* v. 1950.

les voies de la révolution, du rêve et de l'amour. Poète de la femme et de l'union libre, il s'interroge particulièrement sur l'activité du subconscient comme « domaine d'élection du désir » et sur les chances du désir de survivre dans l'amour.

Il souhaite avec sa poésie bouleverser les modes de la pensée et de l'écriture, fonder un nouveau langage. Aussi laisse-t-il se former des associations insolites beaucoup plus hasardeuses que les correspondances de Baudelaire. Dans « Ma femme à la chevelure de feu de bois », une litanie amoureuse rappelle la force du désir et de l'érotisme, les voies royales de « l'amour fou ». Le poème se fait blason du corps féminin, comme au temps de Louise Labé et de Clément Marot, mais en poussant au paroxysme les frontières sémantiques.

Breton oppose un refus à tout ce qui est soumis à la logique et à l'ordre établi. Il dénonce les contraintes et les conditionnements sociaux, la morale et ses interdits, sans négliger l'académisme en art. Il se fixe de nouveaux objectifs qui l'amènent à explorer avec passion

Ma femme à la chevelure de feu de bois

Ma femme à la chevelure de feu de bois
Aux pensées d'éclairs de chaleur
À la taille de sablier
Ma femme à la taille de loutre entre les dents du tigre
5   Ma femme à la bouche de cocarde et de bouquet d'étoiles
     de dernière grandeur
Aux dents d'empreintes de souris blanche sur la terre blanche
À la langue d'ambre et de verre frottés
Ma femme à la langue d'hostie poignardée
10 À la langue de poupée qui ouvre et ferme les yeux
À la langue de pierre incroyable
Ma femme aux cils de bâtons d'écriture d'enfant
Aux sourcils de bord de nid d'hirondelle
Ma femme aux tempes d'ardoise de toit de serre
15 Et de buée aux vitres
Ma femme aux épaules de champagne
Et de fontaine à têtes de dauphins sous la glace
Ma femme aux poignets d'allumettes
Ma femme aux doigts de hasard et d'as de cœur
20 Aux doigts de foin coupé
Ma femme aux aisselles de marbre et de fênes[1]
De nuit de la Saint-Jean
De troène et de nid de scalares[2]
Aux bras d'écume de mer et d'écluse
25 Et de mélange du blé et du moulin
Ma femme aux jambes de fusée
Aux mouvements d'horlogerie et de désespoir
Ma femme aux mollets de moelle de sureau
Ma femme aux pieds d'initiales
30 Aux pieds de trousseaux de clés aux pieds de calfats[3] qui boivent
Ma femme au cou d'orge imperlé
Ma femme à la gorge de Val d'or
De rendez-vous dans le lit même du torrent

Aux seins de nuit
35 Ma femme aux seins de taupinière marine
Ma femme aux seins de creuset du rubis
Aux seins de spectre de la rose sous la rosée
Ma femme au ventre de dépliement d'éventail des jours
Au ventre de griffe géante
40 Ma femme au dos d'oiseau qui fuit vertical
Au dos de vif-argent
Au dos de lumière
À la nuque de pierre roulée et de craie mouillée
Et de chute d'un verre dans lequel on vient de boire
45 Ma femme aux hanches de nacelle
Aux hanches de lustre et de pennes de flèche
Et de tiges de plumes de paon blanc
De balance insensible
Ma femme aux fesses de grès et d'amiante
50 Ma femme aux fesses de dos de cygne
Ma femme aux fesses de printemps
Au sexe de glaïeul
Ma femme au sexe de placer[4] et d'ornithorynque
Ma femme au sexe d'algue et de bonbons anciens
55 Ma femme au sexe de miroir
Ma femme aux yeux pleins de larmes
Aux yeux de panoplie violette et d'aiguille aimantée
Ma femme aux yeux de savane
Ma femme aux yeux d'eau pour boire en prison
60 Ma femme aux yeux de bois toujours sous la hache
Aux yeux de niveau d'eau de niveau d'air de terre et de feu.

André Breton, *L'union libre*, 1931.

1. Les fênes (ou faînes) sont les fruits comestibles du hêtre. **2.** Le troène est un arbuste à fleurs odoriférantes ; les scalares (ou scalaires) sont des poissons au corps rayé de jaune et de noir. **3.** Des oiseaux, de petits passereaux. **4.** Métal précieux.

Ma femme à la chevelure de feu de bois

1. Cherchez dans le dictionnaire et résumez la signification des mots suivants :

   a) cocarde (l. 5) ;   d) scalares (l. 23) ;

   b) fênes (l. 21) ;   e) taupinière (l. 35).

   c) troène (l. 23) ;

2. D'après les définitions trouvées, que remarquez-vous ? Que fait André Breton avec le sens des mots ?

3. a) Quelle partie du corps de la femme le poète évoque-t-il en premier ?

   b) en dernier ?

   c) Dressez la liste, en respectant l'ordre du poème, des autres parties de la femme.

   d) En quoi est-ce surréaliste ?

4. Le dernier vers (l. 60-61) évoque quatre éléments essentiels. Quel est son lien avec le reste du poème ?

▮▮▮ Sujet de dissertation explicative

Ce poème, malgré ses éléments surréalistes, a une forme traditionnelle. Expliquez cette affirmation.

Quelques citations de Breton

« Le seul mot de liberté est tout ce qui m'exalte encore. »

« En poésie, en peinture, le surréalisme a fait l'impossible pour multiplier [les] courts-circuits. »

« Il faut désocculter l'occulte et occulter tout le reste. »

« Ce qu'il y a d'admirable dans le fantastique, c'est qu'il n'y a plus de fantastique : il n'y a que le réel. »

« Je cherche l'or du temps. » (Phrase inscrite sur le faire-part du décès de Breton)

Marc Chagall, *Libération,* 1937-1952.

L'univers de Chagall, c'est celui du rêve, des métaphores et des souvenirs d'une enfance heureuse en Russie. À l'origine, *Libération* faisait partie d'un triptyque (*Révolution*) réalisé pour souligner le 20ᵉ anniversaire de la révolution d'Octobre. Au moment de la Seconde Guerre mondiale, le peintre retravaille séparément les trois œuvres. Dans cette représentation d'un mariage traditionnel juif, on décèle tant les joies associées aux noces que la nostalgie d'une époque disparue. Les surréalistes considèrent Marc Chagall comme leur précurseur, notamment en raison de la dimension onirique de ses tableaux.

Paul Éluard (1895-1952)

La terre est bleue comme une orange.

Tour à tour dadaïste, surréaliste, communiste et chantre de la Résistance pendant la Seconde Guerre mondiale (*voir p. 114 et 139*), Paul-Eugène Grindel, dit Paul Éluard, produit une œuvre riche et abondante qui reflète ses différents

Photo de Paul Éluard, v. 1930.

engagements. Sa poésie, dont la langue simple et limpide est nourrie d'images inattendues à la justesse touchante, parvient sans peine à émouvoir et à susciter la ferveur. Deux grands thèmes sont constants : un amour tendre et sensuel, qui célèbre le bonheur d'aimer, et la liberté, à partager entre les hommes et les femmes. Les poèmes d'amour d'Éluard figurent parmi les plus beaux de la langue française.

La courbe de tes yeux

1. À la lecture du poème, déterminez le genre poétique*.

2. a) Qu'ont en commun les mots « courbe », « yeux », « tour », « rond », auréole » et « berceau » ?

   b) Quelle image s'en dégage ?

3. Relevez trois termes qui associent la femme au monde céleste.

4. Pourquoi le poète affirme-t-il : « Le monde entier dépend de tes yeux purs » (v. 14) ?

5. Les deux derniers vers du poème peuvent se lire comme une métaphore filée*.

   a) Relevez cette métaphore*.

   b) Que connote le mot « sang » dans le dernier vers ?

▮▮ Sujet de dissertation explicative

L'amour est fusionnel dans « L'amoureuse » autant que dans « La courbe de tes yeux » de Paul Éluard. Expliquez cette affirmation.

VERS LA DISSERTATION

La courbe de tes yeux

La courbe de tes yeux fait le tour de mon cœur,
Un rond de danse et de douceur,
Auréole du temps, berceau nocturne et sûr,
Et si je ne sais plus tout ce que j'ai vécu
5 C'est que tes yeux ne m'ont pas toujours vu.

Feuilles de jour et mousse de rosée,
Roseaux du vent, sourires parfumés,
Ailes couvrant le monde de lumière,
Bateaux chargés du ciel et de la mer,
10 Chasseurs des bruits et sources des couleurs,

Parfums éclos d'une couvée d'aurores
Qui gît toujours sur la paille des astres,
Comme le jour dépend de l'innocence
Le monde entier dépend de tes yeux purs
15 Et tout mon sang coule dans leurs regards.

Paul Éluard, *Capitale de la douleur*, 1926.

L'amoureuse

Elle est debout sur mes paupières
Et ses cheveux sont dans les miens,
Elle a la forme de mes mains,
Elle a la couleur de mes yeux,
5 Elle s'engloutit dans mon ombre
Comme une pierre sur le ciel.

Elle a toujours les yeux ouverts
Et ne me laisse pas dormir.
Ses rêves en pleine lumière
10 Font s'évaporer les soleils,
Me font rire, pleurer et rire,
Parler sans avoir rien à dire.

Paul Éluard, *Mourir de ne pas mourir*, 1924.

VERS LA DISSERTATION

L'amoureuse

1. Expliquez le premier vers.

2. Relisez les cinq premiers vers.

   a) Que remarquez-vous quant aux pronoms et aux déterminants qui les composent ?

   b) Se produit-il le même phénomène dans les autres vers ?

3. Expliquez l'importance des noms « yeux » et « paupières ».

4. Le poème contient plusieurs figures de style*. Trouvez dans ce poème :

   a) un parallélisme* ;

   b) une comparaison* ;

   c) un oxymore* ;

   d) deux antithèses*.

5. Expliquez les évocations fusionnelles entre le poète et son amoureuse.

Robert Desnos (1900-1945)

Ils étaient quatre qui n'avaient plus de tête, quatre à qui l'on avait coupé le cou, on les appelait les quatre sans cou.

Le goût de l'expérimentation de Robert Desnos, dans sa volonté de libérer son esprit du contrôle exercé par la raison, l'amène à écrire dans un état de sommeil hypnotique. Il se passionne pour les jeux de mots et l'humour, les deux mis au service d'une poésie chaleureuse. Le poète possède le don de s'abandonner à l'ivresse des images qui traduisent ses rêves, des images parmi les plus surprenantes de la poésie de ce temps.

Desnos garde de son enfance un sens populaire des rondes et des comptines, d'où l'oralité et la fantaisie de certains poèmes qui voisinent avec le lyrisme et la passion d'autres beaucoup plus audacieux. Pendant la Seconde Guerre mondiale, Desnos est déporté et meurt dans un camp de concentration.

C'était un bon copain

Il avait le cœur sur la main
Et la cervelle dans la lune
    C'était un bon copain
Il avait l'estomac dans les talons
5 Et les yeux dans nos yeux
    C'était un triste copain.
Il avait la tête à l'envers
Et le feu là où vous pensez.
Mais non quoi il avait le feu au derrière.
10   C'était un drôle de copain
Quand il prenait ses jambes à son cou
Il mettait son nez partout
    C'était un charmant copain
Il avait une dent contre Étienne
15 À la tienne Étienne à la tienne mon vieux.
    C'était un amour de copain
Il n'avait pas sa langue dans la poche
Ni la main dans la poche du voisin.
Il ne pleurait jamais dans mon gilet
20   C'était un copain,
    C'était un bon copain.

Robert Desnos, *Corps et biens*, 1930.

VERS LA DISSERTATION

C'était un bon copain

1. Relevez toutes les expressions idiomatiques du poème et donnez leur signification (par exemple, « avoir la langue bien pendue » [être bavard] ou encore « avoir du pain sur la planche » [avoir beaucoup de travail à faire]).

2. Quel portrait pouvez-vous faire du « bon copain » grâce aux différentes expressions ?

3. a) Quel temps* verbal est employé ?
   b) Que cela révèle-t-il ?
   c) En quoi le propos est-il contradictoire ?

4. Qu'est-ce qui contribue à donner à ce poème un air de comptine ?

Amedeo Modigliani, *Nu couché de dos*, 1917.

Ce nu allongé fait partie d'une série que réalise Amedeo Modigliani en 1916 et en 1917. On y reconnaît les formes longues et minces caractéristiques de sa production. Dans cette œuvre, le peintre adopte une perspective en plongée, ce qui place le spectateur dans une relation très intime avec le sujet. Modigliani met d'ailleurs l'accent sur ce corps offert, d'abord en opposant à la luminosité de sa peau le noir du drap sur lequel la femme repose, ensuite par la totalité de l'espace que prend le corps féminin.

J'ai tant rêvé de toi

1. a) Trouvez une anaphore*.

   b) Que nous apprend cette anaphore* sur la femme dont est amoureux le poète?

2. a) Trouvez une antithèse* dans les premiers vers du poème.

   b) Expliquez l'effet de l'opposition.

3. Faites ressortir le champ lexical* de la fantasmagorie.

4. Qu'est-ce qui trahit le doute du poète?

5. Pourquoi l'amour est-il une souffrance pour le poète?

▨ Sujet de dissertation explicative

Les mondes réel et onirique (du rêve) s'enchevêtrent dans le poème « J'ai tant rêvé de toi » de Robert Desnos. Discutez cette assertion.

J'ai tant rêvé de toi

J'ai tant rêvé de toi que tu perds ta réalité.

Est-il encore temps d'atteindre ce corps vivant et de baiser sur cette bouche la naissance de la voix qui m'est chère?

J'ai tant rêvé de toi que mes bras habitués en étreignant ton
5 ombre à se croiser sur ma poitrine ne se plieraient pas au contour de ton corps, peut-être.

Et que, devant l'apparence réelle de ce qui me hante et me gouverne depuis des jours et des années je deviendrais une ombre sans doute,
10 Ô balances sentimentales.

J'ai tant rêvé de toi qu'il n'est plus temps sans doute que je m'éveille. Je dors debout, le corps exposé à toutes les apparences de la vie et de l'amour et toi, la seule qui compte aujourd'hui pour moi, je pourrais moins toucher ton front et
15 tes lèvres que les premières lèvres et le premier front venu.

J'ai tant rêvé de toi, tant marché, parlé, couché avec ton fantôme qu'il ne me reste plus peut-être, et pourtant, qu'à être fantôme parmi les fantômes et plus ombre cent fois que l'ombre qui se promène et se promènera allègrement sur le
20 cadran solaire de ta vie.

Robert Desnos, *Corps et biens*, 1930.

Robert Desnos, *La lune et le soleil*, **v. 1932.**

Robert Desnos dessine et peint à l'occasion. Si cette œuvre aborde encore le monde surréaliste, l'auteur, lui, a tourné la page depuis quelques années.

Un jour qu'il faisait nuit

VERS LA DISSERTATION

Un jour qu'il faisait nuit

1. Le poème est bâti sur une série d'oppositions. Relevez tout ce qui paraît contradictoire.

2. Dans quel univers le poète se trouve-t-il ?

3. Le titre du recueil dont est tiré ce poème de Desnos est *Langage cuit*. Le « langage cuit » est le contraire du « langage cru » et se définit comme l'emploi d'un mot opposé à celui auquel on s'attendrait. Trouvez quelques exemples de langage cuit et donnez un exemple d'emploi évident.

   Exemple de langage cuit : « Il s'**envola** au **fond de la rivière** » (v. 1) ; on s'attendrait à « Il s'envola au ciel » ou encore « Il plongea au fond de la rivière ».

4. Outre les oppositions, qu'est-ce qui concourt à créer une impression déstabilisante à la lecture du texte ?

5. En quoi ce poème est-il surréaliste ?

Il s'envola au fond de la rivière.
Les pierres en bois d'ébène, les fils de fer en or et la croix sans
branche.
Tout rien.
5 Je la hais d'amour comme tout un chacun.
Le mort respirait de grandes bouffées de vide.
Le compas traçait des carrés
et des triangles à cinq côtés.
Après cela il descendit au grenier.
10 Les étoiles de midi resplendissaient.
Le chasseur revenait, carnassière pleine de poissons
Sur la rive au milieu de la Seine.
Un ver de terre, marque le centre du cercle
sur la circonférence.
15 En silence mes yeux prononcèrent un bruyant discours.
Alors nous avancions dans une allée déserte où se pressait
la foule.
Quand la marche nous eut bien reposé
nous eûmes le courage de nous asseoir
20 puis au réveil nos yeux se fermèrent
et l'aube versa sur nous les réservoirs de la nuit.
La pluie nous sécha.

Robert Desnos, *Langage cuit*, 1923.

Le récit surréaliste

Ce qui est montré dans le roman est l'ombre sans quoi vous ne verriez pas la lumière.

Louis Aragon

L'anticonformisme créateur à la base de la doctrine surréaliste favorise peu la littérature narrative. Il est en effet difficile de concilier la spontanéité de l'inconscient et les techniques narratives qui permettent de raconter une histoire. Aussi les surréalistes récusent-ils le roman réaliste et le roman psychologique, dont les personnages incarnent tout ce qu'ils détestent : ils ne peuvent être qu'anecdotiques, gratuits, logiques et prévisibles, puisque la psychologie du roman traditionnel réduit toujours l'inconnu au connu.

À vrai dire, seul le roman noir trouve grâce à leurs yeux, en raison de la large place qu'il accorde à l'onirisme et au fantastique. Ces réticences envers la narration n'empêchent toutefois pas deux membres fondateurs du mouvement surréaliste, André Breton et Louis Aragon, de produire d'intéressants récits où la surprise, l'émotion et l'imagination dominent. Ils y donnent à l'imagination tous ses droits, avec son lot d'émotion, de merveille et de surprise.

L'île Bonaventure

André Breton (suite)

Le langage peut et doit être arraché à son servage.

André Breton passe en Amérique les cinq ans de la Seconde Guerre mondiale ; il y examine le rôle de l'artiste en temps de guerre et l'impact du conflit sur les œuvres qui naîtront dans son sillage. Pendant deux mois en 1944, il voyage au Québec, soit en Gaspésie, dans les Laurentides et à Montréal. Il y trouve le décor pour son ouvrage en prose romanesque *Arcane 17* (1945), une œuvre qui mêle réflexions et opinions sur l'art et la guerre à divers thèmes littéraires ; Breton y propose, de plus, que les femmes prennent les rênes du pouvoir des mains destructrices des hommes. *Arcane 17* se déroule plus précisément en Gaspésie et au lac des Sables, à Sainte-Agathe. L'extrait présente le début du récit, alors que Breton se remémore sa première expédition vers l'île Bonaventure, à Percé.

Dans le rêve d'Elisa, cette vieille gitane qui voulait m'embrasser et que je fuyais, mais c'était l'île Bonaventure, un des plus grands sanctuaires d'oiseaux de mer qui soient au monde.
5 Nous en avions fait le tour le matin même, par temps couvert, sur un bateau de pêche toutes voiles dehors et nous étions plu, au départ, à l'arrangement tout fortuit, mais à la Hogarth, des flotteurs faits d'un baril jaune ou rouge, dont le fond s'ornait au pinceau de signes d'apparence cabalistique, baril surmonté d'une haute tige au sommet de laquelle flottait un drapeau
10 noir (le rêve s'est sans doute emparé de ces engins, groupés en faisceaux irréguliers sur le pont, pour vêtir la bohémienne). Le claquement des drapeaux nous avait accompagnés tout du long, au moment près où notre attention avait été captée par l'aspect, bravant l'imagination, qu'offrait l'abrupte paroi
15 de l'île, frangée de marche en marche d'une écume de neige vivante et sans cesse recommencée à capricieux et larges coups de truelle bleue. Oui, pour ma part, ce spectacle m'avait embrassé : durant un beau quart d'heure mes pensées avaient bien voulu se faire tout avoine blanche dans cette batteuse.
20 Parfois une aile toute proche, dix fois plus longue que l'autre, consentait à épeler une lettre, jamais la même, mais j'étais aussitôt repris par le caractère exorbitant de toute l'inscription. On a pu parler de symphonie à propos de l'ensemble rocheux qui domine Percé, mais c'est là une image qui ne prend de
25 force qu'à partir de l'instant où l'on découvre que le repos des oiseaux épouse les anfractuosités de cette muraille à pic, en sorte que le rythme organique se superpose ici de justesse au rythme inorganique comme s'il avait besoin de se consolider sur lui pour s'entretenir. Qui se fût avisé de prêter le ressort des
30 ailes à l'avalanche !

André Breton, *Arcane 17*, 1945.

VERS LA DISSERTATION

L'île Bonaventure

1. Donnez un synonyme* populaire du mot « gitane » et expliquez son lien avec l'endroit où se trouve le narrateur.

2. a) Qu'est-ce qui fascine le narrateur dans le paysage qu'il dépeint ?

   b) Trouvez une hyperbole* qui décrit ce paysage.

3. Quelles disciplines le narrateur évoque-t-il pour parler du paysage qu'il décrit ? Que veut-il ainsi mettre en évidence ?

4. En quoi les phrases de l'extrait relèvent-elles du surréalisme ?

Quel fossé de lueurs

Ils m'ont dit que l'amour est risible. Ils m'ont dit : c'est facile, et m'ont expliqué le mécanisme de mon cœur. Il paraît. Ils m'ont dit de ne pas croire au miracle, si les tables tournent c'est que quelqu'un les pousse du pied. Enfin on m'a montré un homme qui est amoureux sur commande,
5 vraiment amoureux, il s'y trompe, amoureux que voulez-vous de mieux, amoureux on sait ce que c'est depuis que le monde est monde.

Pourtant vous ne vous rendez pas compte de ma crédulité. Maintenant prêt à tout croire, les fleurs pourraient pousser à ses pas, elle ferait de la nuit le grand jour, et toutes les fantasmagories de
10 l'ivresse et de l'imagination, que cela n'aurait rien d'extraordinaire. S'ils n'aiment pas c'est qu'ils ignorent. Moi j'ai vu sortir de la crypte le grand fantôme blanc à la chaîne brisée. Mais eux n'ont pas senti le divin de cette femme. Il leur paraît naturel qu'elle soit là, qui va, qui vient, ils ont d'elle une connaissance abstraite, une connaissance
15 d'occasion. L'inexplicable ne leur saute pas aux yeux, n'est-ce pas.

De quel ravin surgit-elle, par quelle sente aux pieds des arbres résineux, quel fossé de lueurs, quelle piste de mica et de menthe a-t-elle suivi jusqu'à moi. Il fallait à tous les carrefours, entre les mêmes perspectives répétées de briques et de macadam, qu'elle choisît toujours le couloir
20 couleur orage pour, de sulfure en sulfure, délaissant des feuillages minéraux, des abricots pétrifiés sous les cascades calcaires, des fleuves de murmures où des ombres mobiles l'appelaient, enfin s'engager dans le défilé magnétique, entre les éclats de l'acier doux, sous l'arche rouge. Je n'osais
25 pas la regarder venir. J'étais cloué, j'étais rivé à l'abstraite vie diamantaire. Il avait neigé ce jour-là.

Louis Aragon, *Le paysan de Paris*, 1926.

Louis Aragon (1897-1982)

Le roman, c'est la clef des chambres interdites de notre maison.

En plus d'être poète (*voir p. 139*), Louis Andrieux, dit Louis Aragon, rédige des romans de facture surréaliste. *Le paysan de Paris* (1926) est l'un d'eux : de nouvelles structures de narration racontent une promenade et une méditation lyrique dans un Paris en train de se transformer.

Man Ray, *Photo de Louis Aragon*, 1925.

Joan Miró, *Personnage lançant une pierre à un oiseau*, 1926.

Joan Miró, à l'instar des autres surréalistes, explore le langage métaphorique de l'inconscient et le pouvoir rédempteur des objets. La simplicité et le ludisme des œuvres de Miró de même que les personnages tout droit sortis de son imagination séduisent et font rire les enfants.

VERS LA DISSERTATION

Quel fossé de lueurs

1. a) Comment l'amour est-il perçu selon « eux » (ou « ils ») ?

   b) Comment l'amour est-il perçu selon le narrateur ?

   c) Qu'est-ce qui, selon le narrateur, explique cette différence ?

   d) Trouvez une phrase qui illustre cette différence.

2. Faites ressortir les mots et les expressions liés à la fantasmagorie.

3. Montrez que la femme est admirée par le narrateur.

4. À quel courant cet extrait appartient-il ? Quels sont les éléments qui le prouvent ?

▬ Sujet de dissertation explicative

La femme est liée au monde fantasmagorique tant dans le poème « J'ai tant rêvé de toi » de Desnos (*voir p. 98*) que dans l'extrait du roman *Le paysan de Paris* d'Aragon. Expliquez de quelle façon.

Le théâtre surréaliste

Pourquoi mettre sur le plan littéraire ce qui est le cri même de la vie?

Antonin Artaud

La dramaturgie surréaliste renonce à une représentation fidèle et logique de la réalité pour mieux montrer, par la dislocation de l'action dramatique, le tréfonds des âmes. Elle donne souvent lieu à une écriture onirique, à des excès de langage et à des décors incongrus, éléments qui étaient déjà présents dans la pièce *Ubu roi* d'Alfred Jarry (*voir p. 72-73*). Certains auteurs privilégient la fantaisie, pratiquent la libre association des mots et des idées, comme si la scène était le lieu d'un songe. D'autres, dont l'esprit se rattache davantage au dadaïsme, se font beaucoup plus provocateurs et remettent en cause la distance habituelle qui sépare les comédiens des spectateurs. Retenons deux noms : le poète et théoricien du théâtre Antonin Artaud et l'inclassable Jean Cocteau.

Marcel Duchamp, *Nu descendant un escalier n° 2*, 1912.

Tout comme l'*Olympia* de Manet, le *Nu* de Duchamp bouscule les codes esthétiques de la représentation du nu. L'œuvre est refusée au Salon des indépendants de 1912, puis fait scandale à l'Armory Show de New York l'année suivante. Il s'agit pourtant d'une belle synthèse entre les recherches chronophotographiques menées par Marey et Muybridge sur le mouvement, la simplification des formes et la simultanéité des points de vue adoptées par les cubistes et l'apologie du mouvement propre aux futuristes.

Antonin Artaud (1896-1948)

Nous vivons une époque probablement unique dans l'histoire du monde, où le monde passé au crible voit ses vieilles valeurs s'effondrer. La vie calcinée se dissout par la base.

Antonin Artaud dans le film *Le juif errant*, réalisé par Luitz Morat en 1926.

Dessinateur, poète, acteur, dramaturge et théoricien, Antonin Artaud est un passionné qui ne connaît pas de demi-mesure. La colère innommable qui électrise ses phrases bouleverse les codes et la langue ; la violence de ses écrits lui vaut même d'être exclu du mouvement surréaliste par André Breton.

Cette même violence fait dire au dramaturge Roger Vitrac (1899-1952) que «jamais la chair n'était allée aussi loin dans l'exploration de la pensée».

Quand il découvre le théâtre rituel balinais où se mêlent danse, pantomime, musique et chant, Artaud a la révélation que ce théâtre muet est le «théâtre pur». Il rédige alors des textes qui appellent un nouveau théâtre, un idéal de théâtre total nommé «théâtre de la cruauté». Il y propose de diminuer la part du langage, qui hypnotiserait la sensibilité des spectateurs, au profit d'une gestuelle propre à libérer les instincts primitifs qui sommeillent sous les conformismes.

Les textes théoriques d'Artaud, qui ont marqué des générations de metteurs en scène et d'acteurs, sont regroupés dans *Le théâtre et son double* (1938), la vie étant devenue un double du théâtre.

Effets on pourrait dire épidermiques

Il n'est pas absolument prouvé que le langage des mots soit le meilleur possible. Et il semble que sur la scène qui est avant tout un espace à remplir et un endroit où il se passe quelque chose, le langage des mots doive céder la place au langage par signes dont l'aspect objectif est ce qui nous frappe immédiatement le mieux.

5 Considéré sous cet angle le travail objectif de la mise en scène reprend une sorte de dignité intellectuelle du fait de l'effacement des mots derrière les gestes, et du fait que la partie plastique et esthétique du théâtre abandonne son caractère d'intermède décoratif pour devenir au propre sens du mot *un langage* directement communicatif.

10 En d'autres termes, s'il est vrai que dans une pièce faite pour être parlée le metteur en scène a tort de s'égarer sur des effets de décors plus ou moins savamment éclairés, sur des jeux de groupes, sur des mouvements furtifs, tous effets on pourrait dire épidermiques et qui ne font que surcharger le texte, il est ce faisant beaucoup plus près de la réalité concrète du théâtre que l'auteur qui aurait pu s'en 15 tenir au livre, sans recourir à la scène dont les nécessités spatiales semblent lui échapper.

On pourra m'objecter la haute valeur dramatique de tous les grands tragiques chez qui c'est bien le côté littéraire, ou en tout cas parlé qui semble dominer.

À cela je répondrai que si nous nous montrons aujourd'hui tellement incapables 20 de donner d'Eschyle, de Sophocle, de Shakespeare une idée digne d'eux, c'est très vraisemblablement que nous avons perdu le sens de la physique de leur théâtre. C'est que le côté directement humain et agissant d'une diction, d'une gesticulation, de tout un rythme scénique nous échappe. Côté qui devrait avoir autant sinon plus d'importance que l'admirable dissection parlée de la psycholo-25 gie de leurs héros.

C'est par ce côté, par le moyen de cette gesticulation précise qui se modifie avec les époques et qui actualise les sentiments que l'on peut retrouver la profonde humanité de leur théâtre.

Antonin Artaud, Le théâtre et son double, 1938.

VERS LA DISSERTATION

Effets on pourrait dire épidermiques

1. Quelle est la définition que donne Antonin Artaud de la scène?

2. En quoi le langage «par signes» ou du corps serait-il supérieur au «langage des mots»?

3. Que reproche le dramaturge aux metteurs en scène, outre leur recours excessif au langage?

4. a) Selon Antonin Artaud, quels dramaturges mettent au premier plan le langage parlé?

   b) Lesquels de ces dramaturges donne-t-il comme exemples?

▰▰▰ Sujet de dissertation explicative

Selon Antonin Artaud, les sentiments ne passent pas que par les mots. Expliquez cette assertion.

Jean Cocteau (1889-1963)

La beauté déteste les idées, elle se suffit à elle-même. Une œuvre est belle comme quelqu'un est beau. Cette beauté dont je parle provoque une élévation de l'âme. Une érection ne se discute pas.

Germaine Krull, *Photo de Jean Cocteau*, 1929.

Touche-à-tout génial qui marque la littérature du xxe siècle, Jean Cocteau ne reconnaît qu'une morale, celle de l'esthétique. Collaborateur un temps de Dada et du surréalisme, il s'affranchit de ces mouvements, mais tout son univers littéraire, de caractère fantaisiste et merveilleux, porte l'influence de son passage chez les surréalistes.

Cocteau est double. On le connaît d'abord comme écrivain – poète, romancier, dramaturge, parolier, scénariste, épistolier et essayiste –, mais il est aussi artiste multiforme : dessinateur, peintre et décorateur de chapelles. Créateur à tout faire, il réalise également des films devenus des classiques et se passionne pour la musique et la danse. Les musiciens Erik Satie, Darius Milhaud, Arthur Honegger, Georges Auric et Francis Poulenc composent pour lui, et le peintre Pablo Picasso dessine des décors pour ses pièces. Ce créateur, dont l'écriture possède le pouvoir d'entrer en communication avec l'inconscient, le visible et la mort, fait preuve de virtuosité et d'excellence dans tout ce qu'il touche.

Cocteau est attiré par les grands mythes de l'Antiquité, qu'il actualise pour mieux comprendre le présent. Son théâtre, d'inspiration poétique et métaphysique, est hanté par l'énigme de la mort et du destin, par le tragique qui imprègne chaque vie humaine. Dans sa pièce *Orphée* (1926), il reprend, dans un contexte moderne incluant des motos et des autos, le thème du poète qui doit «mourir plusieurs fois pour naître». Dans l'extrait proposé, Orphée, préoccupé par la présence d'un cheval qui incarne l'inspiration poétique, a négligé sa femme, Eurydice. Lorsqu'il rentre chez lui, il apprend, par le vitrier Heurtebise, qu'elle est morte.

J'irai la chercher jusqu'aux Enfers

La voix d'Orphée. — Vous ne la connaissez pas. Vous ne savez pas de quoi elle est capable. Ce sont des comédies pour me faire rentrer à la maison.

(*La porte s'ouvre, ils entrent. Heurtebise se précipite vers*
5 *la chambre, regarde, recule et se met à genoux sur le seuil.*)

Orphée. — Où est-elle? Eurydice!... Elle boude. Ah! çà... Je deviens fou! Le Cheval! où est le Cheval? (*Il découvre la niche.*) Parti! – Je suis perdu. On lui aura ouvert la porte,
10 on l'aura effrayé; ce doit être un coup d'Eurydice. Elle me le payera! (*Il s'élance.*)

Heurtebise. — Halte!

Orphée. — Vous m'empêchez d'entrer chez ma femme!

15 **Heurtebise.** — Regardez.

Orphée. — Où?

Heurtebise. — Regardez à travers mes vitres.

Orphée, *il regarde.* — Elle est assise. Elle dort.

Heurtebise. — Elle est morte.

20 **Orphée.** — Quoi?

Heurtebise. — Morte. Nous sommes arrivés trop tard.

Orphée. — C'est impossible. (*Il frappe aux vitres.*) Eurydice! ma chérie! réponds-moi!

Heurtebise. — Inutile.

25 **Orphée.** — Vous! laissez-moi entrer. (*Il écarte Heurtebise.*) Où est-elle? (*À la cantonade:*) Je viens de la voir, assise, près du lit. La chambre est vide. (*Il rentre en scène.*) Eurydice!

Heurtebise. — Vous avez cru la voir. Eurydice habite
30 chez la Mort.

Orphée. — Ah! peu importe le Cheval! Je veux revoir Eurydice. Je veux qu'elle me pardonne de l'avoir négligée, mal comprise. Aidez-moi. Sauvez-moi. Que faire? Nous perdons un temps précieux.

35 **Heurtebise.** — Ces bonnes paroles vous sauvent, Orphée...

Orphée, *pleurant, effondré sur la table.* — Morte. Eurydice est morte. (*Il se lève.*) Eh bien... je l'arracherai à la mort! S'il le faut, j'irai la chercher jusqu'aux Enfers!

Heurtebise. — Orphée... écoutez-moi. Du calme. Vous m'écouterez...

Orphée. — Oui... je serai calme. Réfléchissons. Trouvons un plan...

Heurtebise. — Je connais un moyen.

45 **Orphée.** — Vous !

Heurtebise. — Mais il faut m'obéir et ne pas perdre une minute.

Orphée. — Oui.

(*Toutes ces répliques d'Orphée, il les prononce dans la fièvre et* 50 *la docilité. La scène se déroule avec une extrême vitesse.*)

Heurtebise. — La Mort est entrée chez vous pour prendre Eurydice.

Orphée. — Oui...

Heurtebise. — Elle a oublié ses gants de caoutchouc.

55 (*Un silence. Il s'approche de la table, hésite et prend les gants de loin comme on touche un objet sacré.*)

Orphée, *avec terreur.* — Ah !

Heurtebise. — Vous allez les mettre.

Orphée. — Bon.

60 **Heurtebise.** — Mettez-les. (*Il les lui passe. Orphée les met.*) Vous irez voir la Mort sous prétexte de les lui rendre et grâce à eux vous pourrez parvenir jusqu'à elle.

Orphée. — Bien...

Heurtebise. — La Mort va chercher ses gants. Si vous 65 les lui rapportez, elle vous donnera une récompense. Elle est avare, elle aime mieux prendre que donner et comme elle ne rend jamais ce qu'on lui laisse prendre, votre démarche l'étonnera beaucoup. Sans doute vous obtiendrez peu, mais vous obtiendrez toujours quelque chose.

70 **Orphée.** — Bon.

Heurtebise, *il le mène devant le miroir.* — Voilà votre route.

Orphée. — Ce miroir ?

Heurtebise. — Je vous livre le secret des secrets. Les miroirs sont les portes par lesquelles la Mort va et vient. Ne 75 le dites à personne. Du reste, regardez-vous toute votre vie dans une glace et vous verrez la Mort travailler comme des abeilles dans une ruche de verre. Adieu. Bonne chance !

Orphée. — Mais un miroir, c'est dur.

Heurtebise, *la main haute.* — Avec ces gants vous 80 traverserez les miroirs comme de l'eau.

Orphée. — Où avez-vous appris toutes ces choses redoutables ?

Heurtebise, *sa main retombe.* — Vous savez, les miroirs, ça rentre un peu dans la vitre. C'est notre métier.

85 **Orphée.** — Et une fois passée cette... porte...

Heurtebise. — Respirez lentement, régulièrement. Marchez sans crainte devant vous. Prenez à droite, puis à gauche, puis à droite, puis tout droit. Là, comment vous expliquer... Il n'y a plus de sens... on tourne ; c'est un peu 90 pénible au premier abord.

Orphée. — Et après ?

Heurtebise. — Après ? Personne au monde ne peut vous renseigner. La Mort commence.

Orphée. — Je ne la crains pas.

95 **Heurtebise.** — Adieu. Je vous attends à la sortie.

Orphée. — Je serai peut-être long.

Heurtebise. — Long... pour vous. Pour nous, vous ne ferez guère qu'entrer et sortir.

Orphée. — Je ne peux croire que cette glace soit molle. 100 Enfin, j'essaye.

Heurtebise. — Essayez. (*Orphée se met en marche.*) D'abord les mains !

(*Orphée, les mains en avant, gantées de rouge, s'enfonce dans la glace.*)

105 **Orphée.** — Eurydice !... (*Il disparaît.*)

Jean Cocteau, *Orphée*, tragédie en un acte, scène VII, 1926.

VERS LA DISSERTATION

J'irai la chercher jusqu'aux Enfers

1. a) Quels sont les points communs entre cet extrait et le mythe d'Orphée et Eurydice ?

   b) Quels en sont les points divergents ?

2. À quel autre mythe le Cheval est-il lié ?

3. Qu'est-ce qui est surréaliste en ce qui a trait à la Mort ?

4. Montrez que la Mort est personnifiée.

5. Comment se fait-il qu'Heurtebise sache comment rejoindre la Mort ?

6. En quoi le cadre spatiotemporel des Enfers est-il surréaliste ?

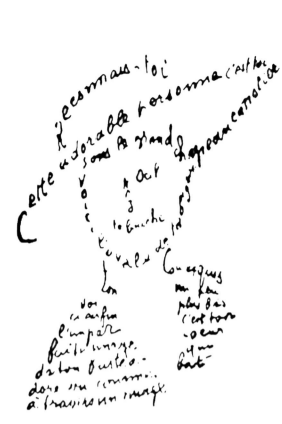

Guillaume Apollinaire, *Reconnais-toi*, calligramme, 1915.

Avec ses calligrammes, Apollinaire recourt aux possibilités figuratives du vers pour rapprocher la poésie du dessin : les vers d'un poème sont assemblés de manière à former un dessin. Ici, celui de Lou.

La plus belle lettre d'amour d'un auteur proche du surréalisme

Le 27 septembre 1914, Guillaume Apollinaire dîne pour la première fois en compagnie de Geneviève-Marguerite-Marie-Louise de Pillot de Coligny-Châtillon, qu'il appelle simplement Lou. En plus de lui dédier des poèmes dont plusieurs calligrammes, il adresse de nombreuses lettres à celle qui joue pendant longtemps la belle indifférente.

De Guillaume Apollinaire à Lou

Nice, 28 septembre 1914

Vous ayant dit ce matin que je vous aimais, ma voisine d'hier soir, j'éprouve maintenant moins de gêne à vous l'écrire.

Je l'avais déjà senti dès ce déjeuner dans le vieux Nice où vos grands et beaux yeux de biche m'avaient tant troublé que je m'en étais allé
5 aussi tôt que possible afin d'éviter le vertige qu'ils me donnaient.

C'est ce regard-là que je revois partout, plutôt que vos yeux de cette nuit dont mon souvenir retrouve surtout la forme et non le regard.

De cette nuit bénie j'ai avant tout gardé devant les yeux le souve-
10 nir de l'arc tendu d'une bouche entrouverte de petite fille, d'une bouche fraîche et rieuse, proférant les choses les plus raisonnables et les plus spirituelles avec un son de voix si enchanteur qu'avec l'effroi et le regret où nous jettent les souhaits impossibles je songeais qu'auprès d'une Louise comme vous, je n'eusse voulu
15 être rien autre que le Taciturne.

Puissé-je encore toutefois entendre une voix dont le charme cause de si merveilleuses illusions !

Vingt-quatre heures se sont à peine écoulées depuis cet événe-ment que déjà l'amour m'abaisse et m'exalte tour à tour si bas et si
20 haut que je me demande si j'ai vraiment aimé jusqu'ici.

Et je vous aime avec un frisson si délicieusement pur que chaque fois que je me figure votre sourire, votre voix, votre regard tendre et moqueur, il me semble que, dussé-je ne plus vous revoir en per-sonne, votre chère apparition liée à mon cerveau m'accompagnera
25 désormais sans cesse.

Ainsi que vous pouvez voir, j'ai pris là, mais sans le vouloir, des précautions de désespéré, car après une minute vertigineuse d'espoir je n'espère plus rien, sinon que vous permettiez à un poète qui vous aime plus que la vie de vous élire pour sa dame et
30 se dire, ma voisine d'hier soir dont je baise les adorables mains, votre serviteur passionné.

Guillaume Apollinaire, *Lettres à Lou*, 1969.

VERS LA DISSERTATION

De Guillaume Apollinaire à Lou

1. Le thème de la vision est très important dans cette lettre. Quels sont les mots qui l'expriment ?

2. Quels mots ou expressions trahissent les sentiments de Guillaume Apollinaire à l'égard de Lou ?

3. Qui est « le Taciturne » (l. 15) ?

4. Relevez trois antithèses* et décrivez leur effet.

5. Montrez que la femme (Lou) est ici élevée au rang :

   a) de créature féerique ;

   b) de créature céleste.

▬ Sujet de dissertation explicative

La femme est célébrée chez les surréalistes. Expliquez cette assertion en vous basant sur le poème « La courbe de tes yeux » de Paul Éluard (*voir p. 96*) et la lettre de Guillaume Apollinaire à Lou.

Vue d'ensemble du dadaïsme et du surréalisme	
Caractéristiques/thèmes	**Auteurs importants et œuvres principales**
Dadaïsme • Opposition aux valeurs occidentales • Rupture radicale avec tout ce qui précède • Mouvement essentiellement artistique et poétique • Automatisme privilégié • Utilisation d'onomatopées et de mots aux sonorités déformées	Genre privilégié : poésie • Tristan Tzara *Vingt-cinq poèmes* (1918) *Sept manifestes dada* (1924)
Surréalisme • En réaction aux horreurs de la Première Guerre mondiale • Écriture spontanée mise en valeur • Célébration du monde moderne • Valorisation du rêve et de l'inconscient • Mouvement essentiellement artistique et poétique • Thèmes : l'amour, la femme, la liberté, le rêve	Genre privilégié : poésie et roman • André Breton *L'union libre* (1931) *Arcane 17* (1945) Genre privilégié : poésie • Paul Éluard *Mourir de ne pas mourir* (1924) *Capitale de la douleur* (1926) • Robert Desnos *Langage cuit* (1923) *Corps et biens* (1930) Genre privilégié : roman • Louis Aragon *Le paysan de Paris* (1926) *Aurélien* (1945) Genre privilégié : théâtre, roman, poésie • Jean Cocteau *Orphée* (1926) *Les enfants terribles* (1929) Genre privilégié : théorie du théâtre • Antonin Artaud *Le théâtre et son double* (1938)

3

La tragédie au cœur du XXᵉ siècle

OU LA RECHERCHE D'UN NOUVEL HUMANISME

Auteurs et œuvres à l'étude

Pablo Picasso, *Guernica,* 1937.

La tragédie au cœur du XXᵉ siècle

OU LA RECHERCHE D'UN NOUVEL HUMANISME

Nous autres, civilisations, nous savons maintenant que nous sommes mortelles.

Paul Valéry

Déclin de l'Europe et hégémonie américaine (1914-1945)

L'histoire est un cauchemar dont j'essaie de m'éveiller.

James Joyce

Pour exorciser le souvenir des millions de morts de la Grande Guerre de 1914 et se convaincre qu'on en tire réellement des leçons, on se dit que c'est la dernière barbarie de la sorte, qu'elle est « la der des der ». Après une brève période de diversion qu'on désigne sous le nom d'« Années folles », l'horizon s'obscurcit à nouveau dans une Europe où s'affirment les totalitarismes : en Italie, Mussolini installe le fascisme ; en URSS, Staline, qui a succédé à Lénine, liquide tous ses opposants ; en Allemagne, Hitler se fait plébisciter et commence bientôt l'expansionnisme nazi ; en Espagne, Franco sort vainqueur de la guerre civile et écrase la démocratie. Dans un tel contexte, on craint de plus en plus que l'après-guerre soit plutôt un entre-deux-guerres. Ce qui se confirme en 1939, quand la Seconde Guerre mondiale est déclenchée.

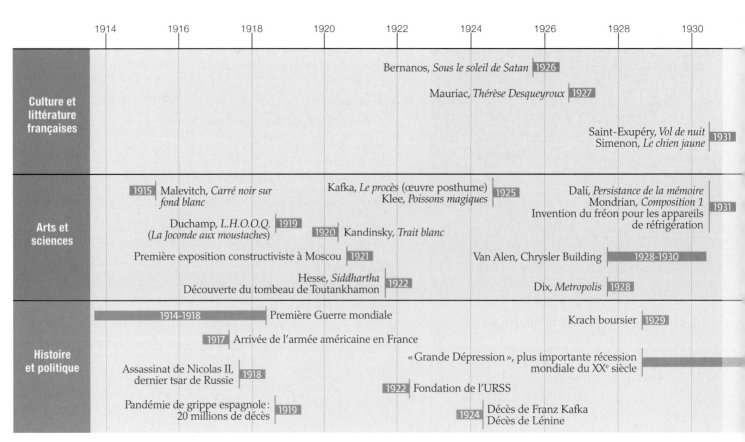

Culture et littérature françaises

Bernanos, *Sous le soleil de Satan* 1926

Mauriac, *Thérèse Desqueyroux* 1927

Saint-Exupéry, *Vol de nuit*
Simenon, *Le chien jaune* 1931

Arts et sciences

1915 Malevitch, *Carré noir sur fond blanc*

Kafka, *Le procès* (œuvre posthume)
Klee, *Poissons magiques* 1925

Dalí, *Persistance de la mémoire*
Mondrian, *Composition 1*
Invention du fréon pour les appareils de réfrigération 1931

Duchamp, *L.H.O.O.Q.* 1919
(*La Joconde aux moustaches*)

1920 Kandinsky, *Trait blanc*

Première exposition constructiviste à Moscou 1921

Van Alen, Chrysler Building 1928-1930

Hesse, *Siddhartha*
Découverte du tombeau de Toutankhamon 1922

Dix, *Metropolis* 1928

Histoire et politique

1914-1918 Première Guerre mondiale

Krach boursier 1929

1917 Arrivée de l'armée américaine en France

« Grande Dépression », plus importante récession mondiale du XXᵉ siècle

Assassinat de Nicolas II, dernier tsar de Russie 1918

1922 Fondation de l'URSS

Pandémie de grippe espagnole : 20 millions de décès 1919

1924 Décès de Franz Kafka
Décès de Lénine

La fragilité de la nature humaine

À la fin de la guerre qui dure de 1939 à 1945, les pays européens sont en ruine, et les consciences, bouleversées. Selon les estimations les plus prudentes, le nombre de victimes atteindrait 50 millions. Ce chiffre effarant inclut six millions de Juifs et des dizaines de milliers de Tziganes, gazés et brûlés par l'industrie nazie de la mort. Mais les Allemands n'ont pas le monopole des atrocités et de la barbarie : le soleil noir de l'enfer atomique, embrasé par les Alliés, fait au-delà de 225 000 morts à Hiroshima et à Nagasaki, au Japon. Jamais les mots « terre » et « terreur » n'ont été aussi proches l'un de l'autre. De plus, pour la première fois dans l'histoire de l'humanité, l'horreur est gravée sur pellicule. On ne pourra donc plus rester aveugle à la vérité que révèle brutalement l'image ; on n'aura plus le droit d'oublier.

Pablo Picasso, *La tragédie*, 1903.

Ce tableau de Picasso s'insère dans ce que l'on nomme sa période bleue (1901-1904), qui elle-même s'inscrit dans le courant artistique catalan de l'époque, fortement marqué par la thèse sociale et la condition humaine. Au-delà de la redondante monochromie, Picasso explore de nouvelles compositions, simplifie les formes, réduit les perspectives, resserre les cadrages et isole les figures. Les atmosphères qu'il crée et les personnages fortement repliés sur eux-mêmes qu'il dépeint évoquent des univers situés entre réalité et imaginaire.

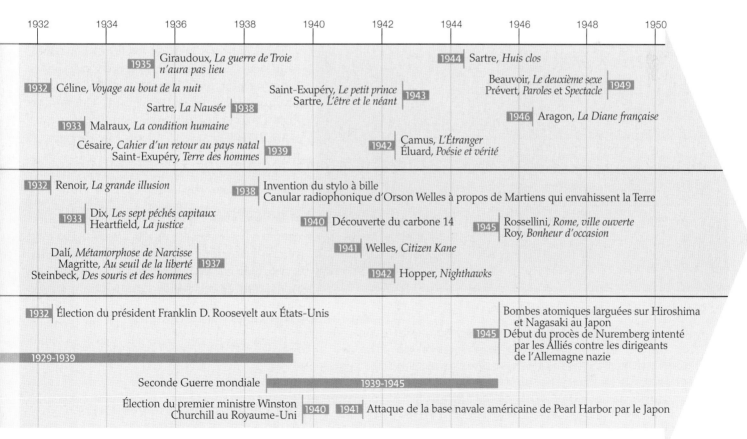

1932 1934 1936 1938 1940 1942 1944 1946 1948 1950

1935 Giraudoux, *La guerre de Troie n'aura pas lieu*
1944 Sartre, *Huis clos*
1932 Céline, *Voyage au bout de la nuit*
Saint-Exupéry, *Le petit prince*
Sartre, *L'être et le néant* **1943**
Beauvoir, *Le deuxième sexe*
Prévert, *Paroles* et *Spectacle* **1949**
Sartre, *La Nausée* **1938**
1933 Malraux, *La condition humaine*
1946 Aragon, *La Diane française*
Césaire, *Cahier d'un retour au pays natal*
Saint-Exupéry, *Terre des hommes* **1939**
1942 Camus, *L'Étranger*
Éluard, *Poésie et vérité*

1932 Renoir, *La grande illusion*
1938 Invention du stylo à bille
Canular radiophonique d'Orson Welles à propos de Martiens qui envahissent la Terre
1933 Dix, *Les sept péchés capitaux*
Heartfield, *La justice*
1940 Découverte du carbone 14
1945 Rossellini, *Rome, ville ouverte*
Roy, *Bonheur d'occasion*
Dalí, *Métamorphose de Narcisse*
Magritte, *Au seuil de la liberté* **1937**
Steinbeck, *Des souris et des hommes*
1941 Welles, *Citizen Kane*
1942 Hopper, *Nighthawks*

1932 Élection du président Franklin D. Roosevelt aux États-Unis
Bombes atomiques larguées sur Hiroshima et Nagasaki au Japon
1945 Début du procès de Nuremberg intenté par les Alliés contre les dirigeants de l'Allemagne nazie
1929-1939
Seconde Guerre mondiale **1939-1945**
Élection du premier ministre Winston Churchill au Royaume-Uni **1940** **1941** Attaque de la base navale américaine de Pearl Harbor par le Japon

Au XIXᵉ siècle, on avait voulu croire que l'éducation permettrait de vaincre la barbarie ; or, l'hécatombe guerrière, l'horreur de l'holocauste nazi, l'impasse nucléaire et la compétition idéologique semblent prouver le contraire.

De plus, une douloureuse constatation fait prendre conscience que les hauts responsables militaires, aussi bien dans les camps des nazis que des forces alliées, se ressemblent terriblement : instruits et cultivés, ils aiment la musique et la littérature, ont le sens du devoir et de l'honneur. La barbarie n'a pas de port d'attache : elle est partout où l'homme retrouve son passé bestial. Comme pour nous rappeler que les misères et les potentialités de destruction font partie de la nature humaine, résident en chacun de nous. L'homme de ce temps est amené à constater sa fragile unité, à douter du sens de son destin.

La puissance du géant américain

Les conflits idéologiques, les dictatures, les guerres, les crises politiques, économiques et sociales finissent par ébranler l'Europe et l'entraîner dans la décadence. Un pays qui s'était échappé de ce continent, les États-Unis d'Amérique, prend la relève et devient la plus grande puissance mondiale.

George Grosz, *Metropolis*, 1916-1917.

La vision allégorique mais surtout apocalyptique de *Metropolis* résulte à la fois du regard que pose George Grosz sur l'autodestruction de la société et de ses souvenirs des horreurs de la guerre. Quoique cette œuvre s'inscrive dans le courant expressionniste, la rigidité de la perspective, la déconstruction des formes et le rythme effréné qu'impose le peintre allemand à ses personnages rappelle l'esthétisme cubiste et futuriste. Tel un petit clin d'œil à l'Amérique dont il deviendra un citoyen en 1938, le drapeau des États-Unis flotte dans le coin supérieur gauche.

Dès avant la Première Guerre, en 1913, Ford installe une chaîne de montage en Angleterre, devenant ainsi l'une des toutes premières multinationales. Et la participation victorieuse des États-Unis à la guerre nimbe cette puissance montante d'un grand prestige. Certes, la débâcle économique de 1929 ralentit son progrès, mais à partir du milieu des années 1930, certaines classes populaires ont accès à un niveau de vie réservé jusque-là à la classe bourgeoise. Se développe alors une nouvelle « culture de masse », dans laquelle le bien-être, nourri de loisir et de consommation, est valorisé au-dessus de tout. Grands vainqueurs de la Seconde Guerre, les États-Unis font la démonstration de leur puissance et de leur savoir-faire ; ils sont devenus le pays le plus riche et le plus influent de la planète, la plus grande force industrielle. C'est la fin de l'hégémonie européenne.

Déjà, en 1944, une conférence monétaire[1] consacre la suprématie du dollar américain, devenu la monnaie de référence mondiale. Coûteuse en vies humaines, la guerre permet néanmoins aux Américains de réaliser de gigantesques progrès dans les domaines de la médecine, des sciences et des techniques : une multitude de produits nouveaux envahissent bientôt le marché. À la fin de la guerre, les Américains décident d'aider à la

---

1. C'est à cette occasion qu'est créé le Fonds monétaire international (FMI), chargé de lutter contre les dévaluations et de favoriser la stabilité des taux de change.

Rudolf Schlichter, *Pouvoir aveugle*, 1937.

Avec la montée du fascisme émerge l'idée d'un homme nouveau, pur et « désaliéné ». La figure du géant vient incarner tout le contraire de cet homme idéal valorisé par l'extrême droite. Ces monstres hideux, qualifiés d'iconographie de « mauvais présage », évoquent, pour certains, le chaos dans lequel le monde sera bientôt plongé. Il en est ainsi du géant de Schlichter dont le casque à l'antique rappelle celui abondamment représenté dans la peinture officielle du IIIe Reich. La toile *Pouvoir aveugle* est confisquée par les nazis en 1937.

reconstruction de l'Europe et octroient à cette fin cinq milliards de dollars. C'est aussi l'occasion d'exporter leur nouvelle idéologie de consommation. La culture américaine déferle rapidement sur toute l'Europe, depuis le *chewing-gum* jusqu'à l'imaginaire du Far West par l'entremise du cinéma.

À la fin de la Seconde Guerre mondiale, les deux superpuissances qui ont remporté la guerre se divisent le monde en deux blocs[1] : le « monde libre », par les États-Unis, et le bloc communiste, commandé par l'URSS. Elles entrent alors dans une « guerre froide » qui influe sur les relations internationales pendant près de cinq décennies. Toutes deux veillent jalousement à préserver leurs idéologies respectives : l'URSS dispose des goulags pour ramener les récalcitrants à la raison, alors que le « *Big Brother*[2] » américain possède la technologie et les moyens financiers pour s'assurer que chacun obtempère à sa volonté.

L'effondrement des valeurs de l'humanisme traditionnel

Particulièrement en Europe, des concepts demeurés jusque-là relativement abstraits – le mal, l'inhumain, l'absurde – prennent un sens nouveau, tandis que d'autres – la civilisation, le progrès, l'espoir – ne peuvent plus garder leur sens premier. L'être humain n'arrive plus à croire à la bonté de sa nature, alors qu'il dévalue à ce point le prix de la vie. Après la bombe atomique et son effroyable pouvoir de destruction, il ne semble plus possible de faire naïvement l'éloge de la science. On découvre qu'on dispose désormais d'armes capables de détruire notre habitat et notre espèce. L'action particulièrement destructrice de la guerre se fait sentir jusque dans les valeurs qui, auparavant, servaient d'assises à la culture et à la société. Tous les repères ont disparu, toutes les croyances humanistes dans la perfectibilité de l'individu et dans le progrès de la société se sont effondrées. Mises en doute, ces croyances – germant sur un terrain miné par le vide existentiel causé par l'abandon de la religion – font place au sentiment profond que la condition humaine est inintelligible, que la vie humaine, qui peut être anéantie si facilement, ne peut avoir de sens, comme si elle était un simple « voyage au bout de la nuit » (Céline).

Le temps de l'engagement

Il n'y a pas d'art neutre, pas de littérature neutre. [...] Une littérature et un art prolétarien sont en train de naître.

Louis Aragon

Au milieu des tourments qui obscurcissent l'horizon, les artistes et les écrivains refusent de se laisser aller à une démobilisation des esprits. Ils ne conçoivent pas de rester neutres – ne pas s'engager est déjà une manière de s'engager – par rapport à ce qui se passe autour d'eux : le poète espagnol Federico García Lorca (1898-1936) est fusillé par les franquistes ; en Allemagne, quantité d'intellectuels, de penseurs, d'artistes et d'écrivains doivent fuir le

---

1. À partir de 1961, le mur de Berlin vient symboliser cette division.

2. Référence aux techniques totalitaires évoquées dans *1984*, roman visionnaire de l'Anglais George Orwell (1903-1950) paru en 1948.

régime hitlérien ; dans de nombreux pays européens, les Juifs sont séquestrés et expédiés à des camps de la mort. L'engagement et la dénonciation apparaissent à plusieurs comme un devoir, une obligation. Alors que Picasso peint le massacre de Guernica, certains, comme les poètes Aragon et Éluard, s'engagent physiquement dans l'action : ils prennent le maquis pour combattre l'occupant allemand. Plus tard, nombre d'entre eux militeront pour le Parti communiste, y trouvant un moyen pour dénoncer les dangers de l'envahissement de la culture *consumériste* américaine, dont l'optimisme leur paraît tout à fait déconnecté de la réalité.

Au lendemain de la Première Guerre, les dadaïstes et les surréalistes s'étaient déjà engagés à leur manière : ils avaient remis en cause la fonction de l'art et de la littérature, en faisant de leur esthétique nouvelle un outil qui permettait à chacun d'explorer la zone de son confort et de son indifférence. Le temps est maintenant propice à une prise de position sociopolitique plus explicite : les artistes et les écrivains sont appelés à témoigner, à partir de leurs propres expériences d'homme ou de femme. Dénonçant la barbarie de l'époque, ils sont nombreux à s'interroger sur la condition humaine. Comme les valeurs anciennes n'ont plus leur place, il importe d'en trouver de nouvelles. Ils se mettent donc en quête d'une nouvelle éthique qui redonnera un sens à la vie et permettra de reconstituer un nouvel humanisme apte à relever la dignité de l'esprit humain. La littérature et l'art deviennent porteurs d'idéologies politiques et d'opinions philosophiques.

■ L'art et l'engagement

Les symptômes d'une société en crise, au bord probablement de sa disparition.

Jean Clair

Sensibilisés au désarroi de ce temps, les artistes s'engagent de plus en plus auprès de leurs concitoyens. Ils souhaitent provoquer une prise de conscience à l'égard de la précarité de la vie, de la culture et de ses valeurs. Ils veulent se convaincre qu'il leur reste un ultime moyen pour mobiliser les énergies de leurs semblables : « l'art pour ne pas mourir de la vérité » (Nietzsche).

Dans les années qui suivent la Première Guerre, un sentiment de repli s'installe et un certain « ordre esthétique » fait son retour. C'est comme si les audacieuses avancées avant-gardistes, aussi bien de l'art abstrait que du fauvisme et du cubisme, n'étaient plus que de la haute voltige qui s'accorde mal avec la boucherie de la guerre. L'art renoue donc avec le réalisme et le figuratif, mais un nouvel art figuratif, puisque la guerre a dévalué les représentations antérieures du réel. Aucun courant défini ne se forme, mais apparaît alors un ensemble d'œuvres hétérogènes qui tentent de refléter la rude réalité et la crise de la civilisation.

Un nouveau réalisme social

Refusant toute référence à la transcendance, le nouvel art figuratif appréhende le réel comme quelque chose d'incertain, de provisoire. Les couleurs irréalistes, crues, discordantes et agressives de l'espace des tableaux renvoient à certains espaces psychologiques, à savoir les sentiments exacerbés de l'artiste et du spectateur. Bernard Buffet peint sans complaisance des silhouettes maigres et au caractère anguleux, leurs traits noirs les cernant et les emprisonnant dans la solitude. Chez Francis Bacon, Lucian Freud et Francis Gruber, l'humain est souvent représenté seul, face au néant et à lui-même, dans l'irrationnel et l'absurde de sa propre condition. Le sculpteur Alberto Giacometti, avec ses corps filiformes qui paraissent égarés sur la scène d'une vaste tragédie, semble dépouiller l'homme de son apparence corporelle pour le réduire à un concept. Au cinéma, Charlie Chaplin fait porter sur les épaules de son Charlot toute la condition (in)humaine. Le tragique se reconnaît encore dans les silhouettes d'ouvriers de Fernand Léger, intégrées aux objets manufacturés qu'ils fabriquent par milliers, comme s'ils étaient eux-mêmes le produit de leurs chaînes de montage, de même que dans les corps désintégrés de Pablo Picasso. De nombreux autres créateurs, comme Jean Dubuffet et les membres du mouvement Cobra, investissent les formes de l'art primitif dans l'intention de renouer avec une pureté originelle. C'est qu'à l'heure des désillusions, tout a perdu sa pureté, même les très jeunes filles que peint Balthus.

Le triomphe du monstrueux

La laideur semble avoir pris le pas sur la beauté comme élément d'attraction et de fascination ; les catégories comme le difforme, le monstrueux, l'horrible et l'effrayant triomphent, alors que celles de l'harmonie et du beau ont paradoxalement trouvé refuge chez le nazisme allemand et le stalinisme soviétique, qui se réclament d'une esthétique fondée sur les lois antiques de la beauté. L'artiste ne tire plus ses modèles d'un idéal intériorisé, mais plutôt du monde extérieur, un monde en dislocation

La littérature et l'engagement

La fonction de l'écrivain est de faire en sorte que nul ne puisse ignorer le monde et que nul ne s'en puisse dire innocent.

Jean-Paul Sartre

Les écrivains surréalistes entendaient révéler que l'humain ne parvient pas à saisir l'intégrité de sa propre personnalité ; que plus il entre profondément en lui-même et plus il constate que l'homogénéité de sa conscience se dérobe. Pour leur part, d'autres écrivains, tout aussi conscients de l'effritement de l'homme confronté à lui-même, insistent plutôt sur l'absurdité de la condition humaine, exposée de surcroît à la barbarie extérieure.

Tournés hier encore vers leur propre intériorité et les recherches stylistiques, les écrivains tournent maintenant leur regard vers l'homme du présent, sur qui ils projettent leurs inquiétudes. La défense des valeurs fondamentales de l'humanité prend le pas sur l'imaginaire. Face à un présent et à un avenir qui semblent opaques, aux prises avec un monde où les valeurs vacillent, les écrivains éprouvent le besoin de s'engager, de relever la tête et de partir à la recherche d'un nouvel humanisme. Tous partagent une interrogation commune : pourquoi vivre et mourir ? Les réponses se font très nombreuses et différentes.

marqué par la violence. En 1907, livré à sa subjectivité totale tout en poussant plus loin l'âcreté du trait des expressionnistes allemands, Picasso peint *Les demoiselles d'Avignon* : il vient de paver la voie aux multiples corps à l'anatomie bouleversée, aux déformations expressives, à la gestuelle rageuse et aux canons académiques défiés qui caractériseront l'art moderne comme autant de signaux de détresse.

À la fin des années 1940, l'abstraction connaît un nouvel essor. Pendant qu'aux États-Unis l'expressionnisme se conjugue au surréalisme pour susciter de nouvelles formes d'art encore plus subversives, comme l'expressionnisme abstrait, différents courants relevant de l'abstraction surgissent en France, par exemple l'art informel de Jean Fautrier, où le relief de la matière vient faire écho aux chairs décomposées des soldats résistants.

Francis Bacon, *Étude pour la nurse dans le film* Le cuirassé Potemkine *d'Eisenstein*, 1957.

Le classique du cinéma muet soviétique *Le cuirassé Potemkine* (1925) a beaucoup inspiré le peintre Francis Bacon, dont l'œuvre est empreinte de violence et de cruauté. Déjà, en 1953, il transpose dans son *Étude d'après le portrait du pape Innocent X par Vélasquez* les bouches hurlantes du film d'Eisenstein. Dans *Étude pour la nurse dans le film* Le cuirassé Potemkine, la composition de Bacon – un personnage seul dans un espace sombre et exigu – veut rendre compte de la douleur, de la souffrance et de la vulnérabilité humaines.

Le roman

La souplesse du roman, qui permet une très grande variété d'abords et de productions, le fait proliférer. Se faisant l'écho des diverses préoccupations métaphysiques et sociales, il traduit les effets des évènements historiques dans les consciences et exprime une inquiétude qui touche toute la condition humaine.

La remise en question des idées reçues se manifeste d'abord dans des œuvres qui restent pour l'essentiel de facture traditionnelle. Elle s'accompagne bientôt d'une transformation des procédés romanesques afin d'exprimer, par l'écriture même, le refus des valeurs dépassées et la quête de vérités porteuses d'une nouvelle cohérence, dans la vision d'un destin collectif. À cette fin, les structures narratives sont remises en cause alors que l'introspection romanesque se découvre de nouvelles possibilités. On vient de découvrir l'œuvre de Marcel Proust – parue jusqu'en 1927 –, la vulgarisation de la psychanalyse confère de nouvelles armes, et les bouleversements formels de James Joyce (1882-1941) font passer dans la forme romanesque le langage de l'inconscient. Soulignons aussi l'influence du cinéma qui, à partir des années 1930, fait perdre à la littérature le monopole de la narration.

Cherchant à tout exprimer, le roman emprunte aussi bien la forme de l'enquête documentaire, du traité philosophique, de la méditation métaphysique, de l'introspection psychologique que de la fiction poétique. Cet élargissement du registre romanesque permet aux écrivains de soumettre d'éventuelles réponses aux nombreuses interrogations concernant la place de l'humain dans le présent et dans l'Histoire.

Dans ces nombreux romans, les écrivains inventent les figures d'un héroïsme qui se fait valoir contre la montée des périls. Toujours à la recherche du sens au travers des doutes existentiels, ils partent à la conquête d'une morale individuelle, d'un dépassement de soi. Tous ressentent le tragique de la condition humaine : certains crient leur désarroi contre la guerre, d'autres amorcent une quête spirituelle, d'autres encore s'engagent dans l'action. Mais le mouvement le plus dynamique et le plus influent sera celui qui propose un humanisme existentialiste, fondé sur la responsabilité individuelle.

Le monologue intérieur

Ce qui importe par-dessus tout dans l'œuvre d'art, c'est la profondeur vitale de laquelle elle a pu jaillir.

James Joyce

Le monologue intérieur est un procédé narratif qui permet de livrer la vie intérieure d'un personnage dans un flot continu, et apparemment confus, de paroles surgies de l'inconscient. Le personnage y exprime sa pensée la plus intime. Cette pensée est embryonnaire, pas encore organisée logiquement : la chronologie n'est pas respectée, les différents registres de la langue s'entrechoquent, les phrases souvent sans ponctuation suivent le rythme spontané de la pensée. Toute la gamme des sentiments humains peut se révéler : l'amour et ses vicissitudes, le désir sexuel et ses variations, la culpabilité, la honte, la jalousie, les faiblesses de la volonté, les variantes du mal-être allant de la nostalgie au désespoir, les angoisses, les peurs, les colères... et les petites mesquineries dont l'homme est capable. Cette investigation verbale du subconscient témoigne du désordre, de la complexité, de la confusion et du morcellement du monde, mais aussi de l'esprit qui l'appréhende. Le monologue intérieur produit une fiction dynamisée, dont l'approche est d'autant plus difficile quand les monologues intérieurs de différents personnages s'entrecroisent. Cette esthétique qui entremêle des temporalités et multiplie des points de vue vise à donner le sentiment de l'incohérence de la vie ; elle rappelle surtout que la compréhension de la vie ne peut être que plurielle et équivoque. Ce procédé se reconnaît à certaines marques syntaxiques comme le style indirect libre, les phrases nominales, les verbes à l'infinitif, les ruptures de construction ou les phrases en suspens...

L'influence de la littérature américaine

Le roman s'est développé au sein des nations puissantes : hier, la France, la Russie, la Grande-Bretagne. Aujourd'hui, c'est l'Amérique.

William Styron

On assiste, dans la France de l'entre-deux-guerres, à une véritable invasion de la littérature américaine. La renommée de certains écrivains états-uniens s'établit même plus rapidement outre-Atlantique que dans leur propre pays. C'est que, en France, les évènements historiques contribuent à accroître la sensibilité à la vision tragique de ces auteurs. Ces innovateurs se détournent de la bourgeoisie intellectuelle pour décrire les déclassés, et ils renouvellent les techniques d'écriture autant que les sujets. On admire en particulier leur liberté de pensée, leur approche moderne qui remet en cause les règles traditionnelles du roman. Contrairement aux romanciers français, qui ont tendance à s'adresser avant tout aux facultés intellectuelles des lecteurs, les écrivains américains adoptent une approche anti-intellectuelle et mettent l'accent sur la vérité objective. Ils donnent l'impression de procéder par « coups de poing », de s'adresser davantage à l'homme viscéral, à « l'homme fondamental », comme l'écrit Malraux à propos de l'écriture de Faulkner.

On apprécie le langage cru et dépouillé d'artifice de John Steinbeck (1902-1968), qui vise l'efficacité immédiate ; habile à prêter à ses personnages des dialogues vifs et violents, pour lui, seul le tangible compte : le corps biologique, la terre nourricière et le cœur battant. Aux yeux de Sartre, John Dos Passos (1896-1970) est « le romancier le plus considérable de ce temps ». Ses récits dressent le constat que le rêve américain, avec son urbanisation saugrenue et sa déification du dollar, est en train de tourner au cauchemar. Son éclatement de la ligne du temps permet des constructions semblables aux montages cinématographiques : des actions de pure fiction sont immédiatement suivies de faits tirés de l'actualité.

L'œuvre d'Ernest Hemingway (1899-1961), avec ses héros atteints d'infirmités physiques ou marqués par les séquelles de combats ou de l'alcool, exerce également une influence capitale. La psychologie, sans en être absente, y est avant tout suggérée par le récit de l'action et la description des attitudes des personnages. À l'instar de Malraux, Hemingway estime que seule l'action peut extraire l'homme du néant. Comme Dos Passos, il se méfie de l'introspection, lui préférant une description et une écriture objectives qui refusent le commentaire. Laissé à lui-même dans ces œuvres, puisque le narrateur refuse de lui livrer les états d'âme des personnages, le lecteur doit trouver une interprétation à partir des indices que fournit le roman et de ses expériences personnelles.

Ils sont nombreux à considérer que William Faulkner (1897-1962) est le véritable initiateur du roman moderne. Ce romancier effectue une plongée dans des contrées peu explorées à l'époque, soit l'Amérique noire et le Sud profond, en même temps qu'à l'intérieur des individus. Tous les moules traditionnels de la narration sont brisés au profit d'une mise en scène qui immobilise la durée et le mouvement, pétrifie le présent et donne à la mémoire la même présence qu'à l'action. Par son style touffu, ses histoires qui commencent par la fin, ses récits parallèles ainsi que sa fusion du monologue intérieur et de la description des comportements, Faulkner construit de véritables casse-tête, qu'il laisse au lecteur le soin de reconstituer.

Edward Hopper, *Nighthawks*, 1942.

Réalisée au lendemain de l'attaque de Pearl Harbor, *Nighthawks* est sans doute l'une des œuvres emblématiques du réalisme américain. Telle une métaphore, le tableau dévoile les contradictions profondes qui se cachent derrière le mythe de l'*American way of life*. Par une composition dépouillée, Hopper met en lumière les côtés sombres de la vie en société, où les personnages louches côtoient la beauté et la jeunesse. Ce jeu de clair-obscur contribue à rendre compte de la solitude et de la vulnérabilité qui caractérisent la vie moderne.

Yves Tanguy, *Le ruban des excès*, 1932.

Œuvre majeure, *Le ruban des excès* amorce une nouvelle phase dans la production du peintre surréaliste Yves Tanguy. Les formes apparentées au monde marin qui caractérisaient ses toiles des années 1920 font place à de drôles d'objets que le peintre aligne à l'avant-plan d'un paysage étrange.

L'expression du tragique de la condition humaine

La Première Guerre mondiale bouscule les habitudes romanesques : une nouvelle génération d'écrivains découvre, souvent dans les tranchées mêmes, les règles de l'antifiction et l'ancrage nécessaire de la littérature dans l'existence concrète : l'horreur des combats, la condition de vie des soldats épuisés, brisés, sacrifiés, surtout la vacuité des conflits. Engagé comme volontaire pendant deux ans dans les tranchées, Henri Barbusse (1873-1935) en porte un brillant témoignage dans son roman *Le feu* (1916) : il exprime l'épouvante des soldats du front, alors que les soldats administrateurs échappent au bain de sang. Mais il revient à Louis-Ferdinand Céline d'avoir écrit le plus véhément réquisitoire contre les fléaux de son époque, contre les injustices sociales, en particulier celles de la guerre. Davantage encore que l'absurdité de la vie, son œuvre révèle la cruauté innommable dont sont capables les hommes.

Quelques citations de Céline

« Les gens se vengent des services qu'on leur rend. »

« La vie c'est ça, un bout de lumière qui finit dans la nuit. »

« Faire confiance aux hommes, c'est déjà se faire tuer un peu. »

« La vérité, c'est une agonie qui n'en finit pas. La vérité de ce monde, c'est la mort. Il faut choisir, mourir ou mentir. »

« Une société civilisée, ça ne demande qu'à retourner à rien, déglinguer, redevenir sauvage, c'est un effort perpétuel, un redressement infini. »

« Si les gens sont si méchants, c'est peut-être seulement parce qu'ils souffrent, mais le temps est long qui sépare le moment où ils ont cessé de souffrir de celui où ils deviennent un peu meilleurs. »

Louis-Ferdinand Céline, v. 1955.

Louis-Ferdinand Céline (1894-1961)

Je sais faire rire. Le rire jaune, le rire vert, le rire à en crever !

Louis-Ferdinand Destouches, dit Céline, médecin des zones populaires et lui-même blessé à la guerre, a une connaissance directe de la misère humaine. Il est surtout connu pour son *Voyage au bout de la nuit* (1932), un roman d'une violence volcanique. Le récit à la première personne retrace les expériences d'un jeune narrateur, Ferdinand Bardamu[1], depuis le début de la Première Guerre mondiale, lorsqu'il s'engage à 20 ans, jusqu'aux années 1930 où il devient médecin diplômé. Le récit rapporte les principales étapes de sa vie mouvementée et errante : les abominations de la guerre avec la posture grotesque des soldats éventrés, la barbarie du colonialisme, la déshumanisation par le travail à la chaîne, la routine aliénante des banlieues. L'ensemble donne l'impression d'un virulent pamphlet qui dresse l'inventaire des échecs de notre civilisation. Et, au bout d'une telle nuit, aucune aurore n'est possible : la mort est la seule réalité que l'homme soit certain de pouvoir inscrire à son crédit.

Cette désespérante peinture de la détresse humaine s'allie étonnamment à une foi peu commune dans le pouvoir de la langue et de l'art : « Je ne suis pas un homme à idées, je suis un homme à style », affirme Céline. Sous sa plume paroxystique qui repousse les limites du dicible, comme si la folie des hommes justifiait la folie des mots, Céline convie le lecteur à un véritable voyage au bout de l'écriture. Sorte de messianisme apocalyptique sur fond de tendresse désespérée, le style fait exploser les phrases en éclats de vérités qui viennent se ficher dans la bonne conscience du lecteur. Dans cette écriture emportée, une syntaxe souple et rythmée disloque la syntaxe académique alors que le langage écrit se modèle sur les impulsions de l'oralité – une langue à l'état brut, argotique, qui colle au sujet – comme pour fusionner écriture et vie. Seuls l'humour noir de la dérision et de l'absurdité et le cynisme cinglant arrivent parfois à occulter le désespoir. Le mélange de verdeur populaire et de lyrisme, au service d'un sens aigu du tragique qui confère à la vérité la valeur d'une épopée, rompt violemment avec la rhétorique de l'époque. La sombre grandeur de *Voyage au bout de la nuit* fait de Céline l'un des plus grands écrivains de son siècle. Son influence sera marquante pendant des décennies.

Dans l'extrait retenu, Bardamu revient chez lui. Dans son incessant monologue intérieur se mêlent ce que capte son regard et ses préoccupations pour Bébert, un enfant incurable.

1. Personnage faisant face à l'absurdité de la vie, Bardamu se réincarnera plus tard dans le Roquentin de Sartre (*voir p. 130*) et le Meursault de Camus (*voir p. 133*).

Comme une petite nuit dans un coin de la grande

[...] Le charcutier par-derrière dans sa boutique, échangeait des signes et des plaisanteries avec les clients et faisait des gestes avec un grand couteau.

Il était content lui aussi. Il avait acheté le cochon, et attaché
5 pour la réclame. Au mariage de sa fille il ne s'amuserait pas davantage.

Il arrivait toujours plus de monde devant la boutique pour voir le cochon crouler dans ses gros plis roses après chaque effort pour s'enfuir. Ce n'était cependant pas encore assez.
10 On fit grimper dessus un tout petit chien hargneux qu'on excitait à sauter et à le mordre à même dans la grosse chair dilatée. On s'amusait alors tellement qu'on ne pouvait plus avancer. Les agents sont venus pour disperser les groupes.

Quand on arrive vers ces heures-là en haut du pont
15 Caulaincourt on aperçoit au-delà du grand lac de nuit qui est sur le cimetière les premières lumières de Rancy. C'est sur l'autre bord Rancy. Faut faire tout le tour pour y arriver. C'est si loin ! Alors on dirait qu'on fait le tour de la nuit même, tellement il faut marcher de temps et des pas
20 autour du cimetière pour arriver aux fortifications.

Et puis ayant atteint la porte, à l'octroi, on passe encore devant le bureau moisi où végète le petit employé vert. C'est tout près alors. Les chiens de la zone sont à leur poste d'aboi. Sous un bec de gaz, il y a des fleurs quand
25 même, celles de la marchande qui attend toujours là, les morts qui passent d'un jour à l'autre, d'une heure à l'autre. Le cimetière, un autre encore, à côté, et puis le boulevard de la Révolte. Il monte avec toutes ses lampes droit et large en plein dans la nuit. Y a qu'à suivre, à gauche. C'était ma
30 rue. Il n'y avait vraiment personne à rencontrer. Tout de même, j'aurais bien voulu être ailleurs et loin. J'aurais aussi voulu avoir des chaussons pour qu'on m'entende pas du tout rentrer chez moi. J'y étais cependant pour rien, moi, si Bébert n'allait pas mieux du tout. J'avais fait mon possible.
35 Rien à me reprocher. C'était pas de ma faute si on ne pouvait rien dans des cas comme ceux-là. Je suis parvenu jusque devant sa porte, et je le croyais, sans avoir été remarqué. Et puis, une fois monté, sans ouvrir les persiennes j'ai regardé par les fentes pour voir s'il y avait toujours
40 des gens à parler devant chez Bébert. Il en sortait encore quelques-uns des visiteurs de la maison, mais ils n'avaient pas le même air qu'hier les visiteurs. Une femme de ménage des environs, que je connaissais bien pleurnichait en sortant.

« On dirait décidément que ça va encore plus mal, que je me disais. En tout cas, ça va sûrement pas mieux... Peut-être qu'il est déjà passé ? que je me disais. Puisqu'il y en a une qui pleure déjà !... » La journée était finie.

Je cherchais quand même si j'y étais pour rien dans tout ça. C'était froid et silencieux chez moi. Comme une petite nuit dans un coin de la grande, exprès pour moi tout seul.

De temps en temps montaient des bruits de pas et l'écho entrait de plus en plus fort dans ma chambre, bourdonnait, s'estompait... Silence. Je regardais encore s'il se passait quelque chose dehors, en face. Rien qu'en moi que ça se passait, à me poser toujours la même question.

J'ai fini par m'endormir sur la question, dans ma nuit à moi, ce cercueil, tellement j'étais fatigué de marcher et de ne trouver rien.

Louis-Ferdinand Céline, *Voyage au bout de la nuit*, 1932.

VERS LA DISSERTATION

Comme une petite nuit dans un coin de la grande

1. Pourquoi le registre de langue* est-il parfois correct voire soutenu, parfois familier ? Quel lien établissez-vous avec le procédé narratif* employé par l'auteur ?

2. Qu'est-ce qui confère au texte une certaine tonalité lyrique* ?

3. En quoi cet extrait dépeint-il une certaine misère ?

4. a) Que signifie la phrase suivante : « [...] il y a des fleurs quand même, celles de la marchande qui attend toujours là, **les morts qui passent d'un jour à l'autre, d'une heure à l'autre** » (l. 24-26) ?

   b) Trouvez un euphémisme* qui évoque la mort, dans l'extrait.

5. Montrez que le narrateur est un homme solitaire.

▰ Sujet de dissertation explicative

Le thème de la mort est longuement évoqué dans cet extrait de *Voyage au bout de la nuit*, de Céline. Justifiez cette assertion.

Salvador Dalí, *Construction molle aux haricots bouillis (Prémonition de la guerre civile)*, 1936.

Dali peint cette œuvre six mois avant le début de la guerre civile espagnole. Le personnage aux membres difformes qui s'entredéchirent et le ciel tourmenté font référence aux tensions politiques que vit l'Espagne et qui mèneront au coup d'État mené par Franco. Les viscères, les haricots et les excréments qui jonchent le paysage désertique évoquent les ravages de la guerre et la souffrance qu'elle engendre. Seule présence humaine, un homme qui semble fasciné par le spectacle s'offrant à lui. Le meuble à tiroir est une référence à la psychanalyse freudienne.

Les romans de l'inquiétude spirituelle

Après le désarroi et les épreuves de la guerre, on assiste à un retour en force du christianisme et à l'émergence de romanciers catholiques habités par une quête métaphysique. Dans des œuvres dont la portée dépasse nettement le simple plaisir esthétique, des écrivains qui ont la foi témoignent pour ceux qui ne l'ont pas. Anxieux et tourmentés, ils sont ouverts à toutes les inquiétudes de l'homme moderne. Leur christianisme ne se présente pas comme l'expression d'une certitude sur le monde, mais comme un engagement dans l'aventure humaine. Le chrétien y apparaît moins comme un juste que comme une conscience déchirée entre ses aspirations au salut et les forces du désespoir, entre le poids de sa chair et la quête de la grâce.

Les personnages de ces romans sont plongés dans l'existence concrète; ils multiplient les efforts pour trouver un sens à leur vie, sans jamais y parvenir tout à fait, d'où l'atmosphère tragique qui caractérise ces œuvres. Croyant user de leur liberté, ces êtres faibles sentent qu'une force supérieure, un destin, pèse sur leurs actes et les contraint à plonger dans de sombres abîmes. Mus essentiellement par leurs désirs, ils cherchent à les satisfaire, mais en vain, car le seul être qui pourrait les combler, Dieu, se dérobe sans cesse. Dès lors, dans un monde sans Dieu, les désirs, détournés de leur but véritable, s'égarent dans des passions associées au mal. Néanmoins, le salut demeure toujours possible, car la grâce divine peut arracher les chrétiens à leur misère morale.

Jacques-Émile Blanche, *Étude pour un portrait de François Mauriac*, 1923.

François Mauriac (1885-1970)

Quelle jeunesse n'a été meurtrière? Quel homme ne garde, au fond de soi, le reproche muet d'une bouche à jamais scellée?

L'incommunicabilité et la solitude, l'opacité de l'âme, la quête d'authenticité et de pureté dans un environnement qui les rend impossibles, voilà les thèmes de prédilection de François Mauriac. Ses romans mettent en lumière les profondeurs les plus obscures de personnages déchirés par leurs contradictions, tiraillés entre leur aspiration à la pureté morale et l'impératif des pulsions. Ce combat de l'âme et de la chair se déroule dans le champ clos des contraintes familiales, lieu propice aux haines et au déploiement des égoïsmes. Le romancier dresse un portrait implacable de la bourgeoisie, qui se donne bonne conscience par ses pratiques religieuses, tout en ignorant l'amour et la charité véritables.

Dans *Thérèse Desqueyroux* (1927), l'héroïne est prisonnière de sa famille, de ses passions, de son destin et de sa solitude. Accusée d'avoir voulu empoisonner son mari, elle subit un procès à l'issue duquel elle est libérée en raison d'une ordonnance de non-lieu, ce qui lave l'honneur de la famille. Sur le chemin qui la ramène à sa demeure, elle se remémore son passé et reconstitue l'itinéraire qui l'a poussée à commettre son geste: un mariage de convenance avec un homme qu'elle n'a jamais aimé. Incapable de se confesser à son mari, Thérèse se voit condamnée à une vie recluse. Avec un sens du tragique maîtrisé, le style réaliste et très sobre s'allie à la subtilité de l'analyse psychologique pour rendre immédiatement sensible les mouvements de la conscience de la jeune femme prisonnière de passions qui semblent sans issue, et imposer d'une manière tout aussi palpable le décor où elle ne cesse d'étouffer. Dans l'extrait présenté, Thérèse Desqueyroux se demande, une fois le procès terminé, quelle explication fournir à Bernard, son mari.

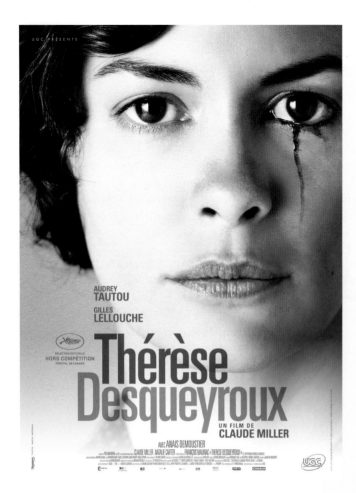

Affiche du film *Thérèse Desqueyroux* (2012), réalisé par Claude Miller et mettant en vedette Audrey Tautou et Gilles Lellouche.

L'acte était déjà en elle à son insu

1. Dans cet extrait, la focalisation* du narrateur est-elle interne, externe ou omnisciente ? À quoi le voyez-vous ?

2. Pendant le grand incendie, Thérèse ne réagit pas comme les autres.

   a) Quelle est son attitude ?

   b) Pourquoi agit-elle ainsi ?

3. Thérèse cherche à empoisonner son mari.

   a) Échafaude-t-elle un plan pour tuer son mari ?

   b) Quelle forme cet acte prend-il ?

4. Comment le narrateur explique-t-il le silence de Thérèse devant le médecin ?

▮▮▮ Sujet de dissertation explicative

Dans *Thérèse Desqueyroux* de François Mauriac, la culpabilité du personnage central réside dans son inaction plutôt que dans la préméditation. Expliquez cette affirmation.

VERS LA DISSERTATION

L'acte était déjà en elle à son insu

La voici au moment de regarder en face l'acte qu'elle a commis. Quelle explication fournir à Bernard ? Rien à faire que de lui rappeler point par point comment la chose arriva. C'était ce jour du grand incendie de
5 Mano. Des hommes entraient dans la salle à manger où la famille déjeunait en hâte. Les uns assuraient que le feu paraissait très éloigné de Saint-Clair ; d'autres insistaient pour que sonnât le tocsin. Le parfum de la résine brûlée imprégnait ce jour torride
10 et le soleil était comme sali. Thérèse revoit Bernard, la tête tournée, écoutant le rapport de Balion, tandis que sa forte main velue s'oublie au-dessus du verre et que les gouttes de Fowler tombent dans l'eau. Il avale d'un coup le remède sans, qu'abrutie de chaleur,
15 Thérèse ait songé à l'avertir qu'il a doublé sa dose habituelle. Tout le monde a quitté la table – sauf elle qui ouvre des amandes fraîches, indifférente, étrangère à cette agitation, désintéressée de ce drame, comme de tout drame autre que le sien. Le tocsin ne
20 sonne pas. Bernard rentre enfin : « Pour une fois, tu as eu raison de ne pas t'agiter : c'est du côté de Mano que ça brûle... » Il demande : « Est-ce que j'ai pris mes gouttes ? » et sans attendre la réponse, de nouveau il en fait tomber dans son verre. Elle s'est tue par
25 paresse, sans doute, par fatigue. Qu'espère-t-elle à cette minute ? « Impossible que j'aie prémédité de me taire. »

Pourtant, cette nuit-là, lorsqu'au chevet de Bernard vomissant et pleurant, le docteur Pédemay l'interro-
30 gea sur les incidents de la journée, elle ne dit rien de ce qu'elle avait vu à table. Il eût été pourtant facile, sans se compromettre, d'attirer l'attention du docteur sur l'arsenic que prenait Bernard. Elle aurait pu trouver une phrase comme celle-ci : « Je ne m'en suis pas
35 rendu compte au moment même... Nous étions tous affolés par cet incendie... mais je jurerais, maintenant, qu'il a pris une double dose... » Elle demeura muette ; éprouva-t-elle seulement la tentation de parler ? L'acte qui, durant le déjeuner, était déjà en elle à son
40 insu, commença alors d'émerger du fond de son être – informe encore, mais à demi baigné de conscience.

François Mauriac, *Thérèse Desqueyroux*, 1927.

Julien Green (1900-1998)

Qui sait si cette autre moitié de la vie où nous pensons veiller n'est pas un autre sommeil un peu différent du premier, dont nous nous éveillons quand nous pensons dormir ?

Julien Green, 1955.

Né de parents américains et anglicans, élevé à Paris dans une atmosphère religieuse et puritaine, Julien Green se convertit à 16 ans au catholicisme. Cette conversion est rapidement suivie d'une longue crise d'incroyance au cours de laquelle il éprouve une grande difficulté à concilier sa foi chrétienne et son homosexualité. Toute sa vie, Green cherche, par ses romans, son théâtre et son journal intime, à résoudre ses conflits intérieurs et à libérer sa foi de la tourmente du péché.

Son œuvre profondément autobiographique – « Je suis le personnage d'un roman qui ne comprend rien à son histoire », écrit-il – peint la quête spirituelle d'êtres tourmentés

et assoiffés d'absolu. Ses thèmes rappellent ceux de Mauriac : les conflits de la chair et de l'esprit, l'obsession du mal et la terreur qu'il inspire sont omniprésents. Green s'intéresse moins aux actes et aux gestes quotidiens qu'au monde souterrain de l'instinct. Ses histoires baignent dans une atmosphère familiale, et l'action, ramassée en quelques semaines, se déroule généralement aux États-Unis. Avec une écriture toute classique, précise et concise, le romancier se fait psychologue et moraliste pour mieux analyser des âmes qui se sentent aspirées par un gouffre.

Dans *Partir avant le jour* (1963), première partie de l'autobiographie de Green, un adulte part à la découverte de l'enfant qu'il fut. Il prend conscience de sa solitude et, à travers la confusion de ses sentiments, il fait la découverte de ses véritables penchants. L'écrivain y interroge le mystère de la destinée humaine, prise dans un affrontement des forces du bien et du mal.

L'éducation corrige tout cela

Dieu parle avec une extrême douceur aux enfants et ce qu'il a à leur dire, il le leur dit souvent sans paroles. La création lui fournit le vocabulaire dont il a besoin, les feuilles, les nuages, l'eau qui coule, une tache de lumière.
5 C'est le langage secret qui ne s'apprend pas dans les livres et que les enfants connaissent bien. À cause de cela, on les voit s'arrêter tout à coup au milieu de leurs occupations. On dit alors qu'ils sont distraits ou rêveurs. L'éducation corrige tout cela en nous le faisant désap-
10 prendre. On peut comparer les enfants à un vaste peuple qui aurait reçu un secret incommunicable et qui peu à peu l'oublie, sa destinée ayant été prise en mains par des nations prétendues civilisées. Tel homme chargé d'honneurs ridicules meurt écrasé sous le poids des jours et
15 la tête pleine d'un savoir futile, ayant oublié l'essentiel dont il avait l'intuition à l'âge de cinq ans. Pour ma part, j'ai su ce que savent les enfants et tous les raisonnements du monde n'ont pu m'arracher complètement ce quelque chose d'inexprimable. Les mots ne peuvent le
20 décrire. Il se cache sous le seuil du langage, et sur cette terre il reste muet.

*

J'étais à peine capable d'articuler une phrase de dix mots quand l'ennemi jeta son ombre sur moi. [...] Assis par terre, j'examinais d'un œil agrandi par la surprise et
25 par une curiosité dont j'ignorais certes la nature, les corps souffrants et splendides dont Gustave Doré peuplait l'*Enfer* de Dante. L'effroi joint à l'admiration me rendait si attentif que chaque détail trouvait sa place dans ma mémoire, ajoutant le mystère au mystère.

30 Un jour, pris d'un émerveillement subit devant cette avalanche de nudités, je m'emparai d'un crayon et repassai d'un trait aussi maladroit que vigoureux un des corps qui m'avait paru le plus beau. Si j'avais rêvé tout ce que je viens d'écrire, un doute pourrait me rester dans l'esprit, mais j'ai sous les
35 yeux l'album et la gravure. Le crayon a creusé le papier, sans l'entamer pourtant, et la main inexperte a bien mal suivi le contour de ces formes parfaites qui fixaient à jamais mes goûts.

Ici je ne puis que m'arrêter et me perdre, une fois de plus depuis que je pense à ces choses, dans des interrogations
40 sans fin. Je n'avais pas sept ans et mon innocence était

grande. Où était ma faute ? Quels ancêtres guidaient ma main et déterminaient mon choix ? Pendant de longues minutes, je m'enivrai de la vision magique que je voulais saisir et posséder

45 en la cernant de ce gros trait noir, vaine et violente caresse dont j'ai gardé toute ma vie la brûlure. Tout cela sera pesé plus tard dans la balance irréprochable, mais sous le regard de l'Amour.

*

50 N'est-il pas étrange qu'en 1960 un homme se demande s'il osera faire la confession d'un enfant de six ans ? Mais nous qui voudrions parler à la génération qui nous suit, nous parlons souvent comme la génération qui

55 nous précède et qui nous a légué son langage, ses effrois et ses interdits.

Julien Green, *Partir avant le jour,* 1963.

Max Beckmann, *La nuit,* 1918.

Comme d'autres, Max Beckmann est marqué par la guerre. Dans cette œuvre d'un réalisme symbolique, il dépeint froidement les pires horreurs commises au nom de la révolution. La distorsion de l'espace, l'aspect grotesque des personnages et la théâtralité de la composition insufflent une certaine dose d'ironie à la scène, sans doute une manière pour le peintre de se libérer des images qui le hantent.

VERS LA DISSERTATION

L'éducation corrige tout cela

1. Pourquoi, selon le narrateur, les enfants comprennent-ils Dieu ?

2. Trouvez une antithèse* qui illustre que l'auteur accuse les adultes et les rend coupables de la perte d'un « secret incommunicable » (l. 11).

3. a) Expliquez ce que voit le narrateur dans les gravures de Gustave Doré.

   b) D'après vous, qui est « l'ennemi » (l. 23) dont parle Julien Green ?

4. Que reproche le narrateur à la génération qui le précède ?

L'homme n'est pas ce qu'il est, il est ce qu'il fait.

André Malraux

L'engagement dans l'action

Pendant que des écrivains à la conscience déchirée entendent rester à l'écart des luttes sociales afin de traiter le mal présent en l'homme, d'autres, plus pragmatiques mais tout aussi désireux de susciter un éveil des consciences, préfèrent la morale héroïque de l'action à l'engagement spirituel. Pour eux, la vie humaine ne saurait être réduite à un système de pensée : pour justifier leur existence et lui donner un sens, ils se font les chantres de l'action, du sacrifice et de l'aventure.

Ces romanciers créent des personnages généreux, engagés dans de grands actes courageux. C'est la solidarité dans l'action qui confère un sens à la vie, qui permet même de justifier son sacrifice lors des combats, en même temps qu'elle apporte une réponse à la crise actuelle de la civilisation. Les réalisations du héros dépassent largement les finalités individuelles : elles illustrent comment le dépassement de soi par l'engagement à une cause collective peut permettre à l'homme de transcender sa détresse.

Germaine Krull, *André Malraux*, 1930.

André Malraux (1901-1976)

On trouve toujours l'épouvante en soi, mais heureusement on peut agir.

André Malraux est une personnalité hors du commun. Grand écrivain, homme politique, il est l'un des analystes les plus originaux de la création artistique. Il se précipite partout où l'intolérance et la tyrannie avilissent l'homme et mettent sa liberté en péril : en Asie, en Espagne et dans la France de la Résistance. Malraux voit dans l'action révolutionnaire le moyen idéal pour atteindre une solidarité qui permette de transcender sa condition, de faire reculer l'angoisse.

Comme il le fait lui-même dans sa vie, Malraux lance ses personnages, habités par l'urgence de vivre, dans une action révolutionnaire, aventureuse et risquée. Ils incarnent les forces en présence dans les bouleversements politiques et, pour tous, la révolution tient lieu d'expérience fondatrice et les révèle à eux-mêmes : ils assument un destin qui les place dans une situation de lutte constante, cherchant à inscrire leurs actions dans un projet de libération. Même s'ils devaient mourir, leur vie a dorénavant un sens, celui de l'accession à la grande fraternité humaine et de la participation au devenir du monde. Malraux édifie ainsi une morale héroïque sans espérance, qui refuse le secours de toute religion, de tout idéalisme. Il fonde l'intensité de la vie sur la conscience même de son non-sens et de son absurdité, mais qu'il est toujours possible de transcender dans l'action.

En écrivant, Malraux fait un geste semblable à celui de ses personnages : il exorcise le désordre du monde par les images mêmes du désordre. La narration, toujours vibrante, est développée en deux temps qui s'entrecroisent continuellement : la succession des évènements et leur interprétation qui oriente le lecteur vers le questionnement du « mystère poignant de l'être ». Malgré le réalisme de la situation et le souci idéologique, le roman dépasse le cadre du reportage romancé ou du roman à thèse. Y contribuent particulièrement la psychologie ambiguë des personnages, le recours au monologue intérieur et le fréquent emprunt aux techniques du cinéma : des séries de plans rapides, des jeux de lumière et de contrastes ainsi que de nombreux retours en arrière. Enracinée dans l'acte d'écriture dont elle naît, l'idée éclate en formules tantôt fracassantes tantôt lyriques. Le romancier affectionne les grandes scènes dialoguées qui permettent au lecteur de s'identifier aux personnages et de trouver, avec eux, un sens à la tragédie de la condition humaine.

La condition humaine (1933) prend la révolution chinoise comme toile de fond, plus particulièrement l'insurrection communiste et sa répression à Shanghai en 1927. Dans l'extrait retenu, le révolutionnaire Tchen s'apprête à tuer de sang-froid un trafiquant d'armes : le conflit psychologique fait bientôt place à la description, très visuelle, quasi cinématographique, du geste meurtrier.

Quelques citations de Malraux

« La vérité d'un homme, c'est d'abord ce qu'il cache. »

« On ne connaît jamais un être, mais on cesse parfois de sentir qu'on l'ignore. »

« Quand on a contraint une foule à vivre bas, ça ne la porte pas à penser haut. »

« La culture ne s'hérite pas, elle se conquiert. »

« L'artiste naît [...] prisonnier du style, qui lui a permis de ne plus l'être du monde. »

« Les grands artistes ne sont pas les transcripteurs du monde, ils en sont les rivaux. »

« Être aimé sans séduire est un des beaux destins de l'homme. »

Une épouvante à la fois atroce et solennelle

Un seul geste, et l'homme serait mort. Le tuer n'était rien : c'était le toucher qui était impossible. Et il fallait frapper avec précision. Le dormeur, couché sur le dos, au milieu du lit à l'européenne, n'était habillé que d'un caleçon court, mais, sous la peau grasse, les côtes n'étaient pas visibles. Tchen devait prendre pour repères les pointes sombres des seins. Il savait combien il est difficile de frapper de haut en bas. Il tenait donc le poignard la lame en l'air, mais le sein gauche était le plus éloigné : à travers le filet de la moustiquaire, il eût dû frapper à longueur de bras, d'un mouvement courbe comme celui du swing. Il changea la position du poignard : la lame horizontale. Toucher ce corps immobile était aussi difficile que frapper un cadavre, peut-être pour les mêmes raisons. Comme appelé par cette idée de cadavre, un râle s'éleva. Tchen ne pouvait plus même reculer, jambes et bras devenus complètement mous. Mais le râle s'ordonna : l'homme ne râlait pas, il ronflait. Il redevint vivant, vulnérable ; et, en même temps, Tchen se sentit bafoué. Le corps glissa d'un léger mouvement vers la droite. Allait-il s'éveiller maintenant ! D'un coup à traverser une planche, Tchen l'arrêta dans un bruit de mousseline déchirée, mêlé à un choc sourd. Sensible jusqu'au bout de la lame, il sentit le corps rebondir vers lui, relancé par le sommier métallique. Il raidit rageusement son bras pour le maintenir : les jambes revenaient ensemble vers la poitrine, comme attachées ; elles se détendirent d'un coup. Il eût fallu frapper de nouveau, mais comment retirer le poignard ? Le corps était toujours sur le côté, instable, et, malgré la convulsion qui venait de le secouer, Tchen avait l'impression de le tenir fixé au lit par son arme courte sur quoi pesait toute sa masse. Dans le grand trou de la moustiquaire, il le voyait fort bien : les paupières s'étaient ouvertes, – avait-il pu s'éveiller ? – les yeux étaient blancs. Le long du poignard le sang commençait à sourdre, noir dans cette fausse lumière. Dans son poids, le corps, prêt à retomber à droite ou à gauche, trouvait encore de la vie. Tchen ne pouvait lâcher le poignard. À travers l'arme, son bras raidi, son épaule douloureuse, un courant d'angoisse s'établissait entre le corps et lui jusqu'au fond de sa poitrine, jusqu'à son cœur convulsif, seule chose qui bougeât dans la pièce. Il était absolument immobile ; le sang qui continuait à couler de son bras gauche lui semblait celui de l'homme couché ; sans que rien de nouveau fût survenu, il eut soudain la certitude que cet homme était mort. Respirant à peine, il continuait à le maintenir sur le côté, dans la lumière immobile et trouble, dans la solitude de la chambre. Rien n'y indiquait le combat, pas même la déchirure de la mousseline qui semblait séparée en deux pans : il n'y avait que le silence et une ivresse écrasante où il sombrait, séparé du monde des vivants, accroché à son arme. Ses doigts étaient de plus en plus serrés, mais les muscles du bras se relâchaient et le bras tout entier commença à trembler par secousses, comme une corde. Ce n'était pas la peur, c'était une épouvante à la fois atroce et solennelle qu'il ne connaissait plus depuis son enfance : il était seul avec la mort, seul dans un lieu sans hommes, mollement écrasé à la fois par l'horreur et par le goût du sang.

André Malraux, *La condition humaine*, 1933.

VERS LA DISSERTATION

Une épouvante à la fois atroce et solennelle

1. Expliquez la phrase suivante : « Le tuer n'était rien : c'était le toucher qui était impossible » (l. 1-2).

2. Que trahissent les changements de plans de Tchen lorsqu'il cherche à tuer ?

3. a) Trouvez une antithèse*, une comparaison* et un oxymore* qui décrivent l'état dans lequel se trouve Tchen après le meurtre.

   b) Qu'illustrent ces procédés stylistiques* ?

4. Relevez les phrases qui laissent entendre que Tchen n'a pas peur de tuer, mais craint les morts.

▉ Sujet de dissertation explicative

Thérèse Desqueyroux, dans le roman de François Mauriac (*voir p. 122*), et Tchen, dans *La condition humaine* d'André Malraux, n'éprouvent aucune culpabilité devant leur acte. Expliquez cette assertion.

Antoine de Saint-Exupéry (1900-1944)

Celui qui diffère de moi, loin de me léser, m'enrichit.

Antoine de Saint-Exupéry est un pionnier de l'aviation des lignes d'Afrique. Toujours volontaire pour des missions dangereuses, il dessine les figures et les espaces de la chevalerie des temps modernes. Le pilote de l'aviation commerciale aéropostale disparaît au cours d'une mission aérienne le 31 juillet 1944 ; l'épave de son avion ne sera découverte, au large de Marseille, qu'en 2003.

Tirés de son expérience de pilote, ses romans marquent profondément les jeunes de l'après-guerre. L'action est à la base de l'éthique de Saint-Exupéry : elle édifie l'homme, favorise les contacts humains, suscite la solidarité, renforce la fraternité et l'amour. Elle est aussi la clé du bonheur, qui réside, selon Saint-Exupéry, non dans l'exercice d'une volonté, mais dans l'acceptation d'un devoir. Le romancier demande à ses personnages d'exercer cette action, souvent héroïque, dans un

Antoine de Saint-Exupéry, 1943.

métier où ils sont appelés à se surpasser, comme si la clé de cet humanisme n'était pas tant l'action elle-même que l'action composant avec le courage.

Les romans *Vol de nuit* (1931), *Terre des hommes* (1939) et *Pilote de guerre* (1942) sont des paraboles où des individus se surpassent et échappent à leur condition première. Ces récits émaillés de longues méditations illustrent les pensées humanistes de leur auteur. Ce même humanisme se retrouve dans *Le petit prince* (1943), un conte surréaliste qui défie les conventions de la réalité et pénètre dans le royaume du rêve.

C'est le récit de la rencontre d'un adulte, pilote d'avion, isolé au cœur du Sahara lorsque son moteur tombe en panne, avec un enfant, qui pourrait bien être celui qu'il abrite en lui-même. S'engage un profond questionnement entre l'adulte et l'enfant. Même si la forme de cette fable poétique semble s'adresser aux enfants, son message concerne bien davantage les adultes, invités à plonger dans leur passé pour y retrouver l'émerveillement et les vertus de l'enfance. Dans l'extrait, le jeune personnage porte son regard sur le monde adulte.

Quelques citations de Saint-Exupéry

« La grandeur d'un métier est peut-être avant tout d'unir les hommes. »

« Aimer ce n'est point nous regarder l'un l'autre, mais regarder ensemble dans la même direction. »

« Le bonheur n'est que chaleur des actes et contentement de la création. »

« Ce qui embellit le désert [...], c'est qu'il cache un puits quelque part. »

« L'homme se découvre quand il se mesure avec l'obstacle. »

« On ne voit bien qu'avec le cœur. L'essentiel est invisible pour les yeux. »

« L'homme cherche sa propre densité et non pas son bonheur. »

« Dans la vie, il n'y a pas de solutions. Il y a des forces en marche : il faut les créer, et les solutions suivent. »

« Vivre, c'est naître lentement. Il serait un peu trop aisé d'emprunter des âmes toutes faites ! »

« Tu deviens responsable pour toujours de ce que tu as apprivoisé. »

« Ce n'est pas dans l'objet que réside le sens des choses, mais dans la démarche. »

Jamais content là où l'on est

— Bonjour, dit le petit prince.

— Bonjour, dit l'aiguilleur.

— Que fais-tu ici ? dit le petit prince.

— Je trie les voyageurs, par paquets de mille, dit l'aiguilleur.
5 J'expédie les trains qui les emportent, tantôt vers la droite,
tantôt vers la gauche.

Et un rapide illuminé, grondant comme le tonnerre, fit
trembler la cabine d'aiguillage.

— Ils sont bien pressés, dit le petit prince. Que cherchent-ils ?

10 — L'homme de la locomotive l'ignore lui-même, dit l'aiguilleur.

Et gronda, en sens inverse, un second rapide illuminé.

— Ils reviennent déjà ? demanda le petit prince...

— Ce ne sont pas les mêmes, dit l'aiguilleur. C'est un échange.

— Ils n'étaient pas contents, là où ils étaient ?

15 — On n'est jamais content là où l'on est, dit l'aiguilleur.

Et gronda le tonnerre d'un troisième rapide illuminé.

— Ils poursuivent les premiers voyageurs ? demanda le
petit prince.

— Ils ne poursuivent rien du tout, dit
20 l'aiguilleur. Ils dorment là dedans, ou
bien ils bâillent. Les enfants seuls écra-
sent leur nez contre les vitres.

— Les enfants seuls savent ce qu'ils
cherchent, fit le petit prince. Ils perdent
25 du temps pour une poupée de chiffons,
et elle devient très importante, et si on la
leur enlève, ils pleurent...

— Ils ont de la chance, dit l'aiguilleur.

Antoine de Saint-Exupéry, *Le petit prince*,
1943.

Antoine de Saint-Exupéry, illustration pour la page
couverture du conte *Le petit prince* (détail) paru
chez Gallimard en 1946.

Jamais content là où l'on est

1. Comment Saint-Exupéry fait-il ressortir l'absurdité du monde adulte ?

2. a) Que remarquez-vous dans la construction* de ces deux phrases : « Et un rapide illuminé, grondant comme le tonnerre, fit trembler la cabine d'aiguillage » (l. 7-8) ; « Et gronda, en sens inverse, un second rapide illuminé » (l. 11) ?

   b) Expliquez le lien entre ces phrases et le mouvement du train.

3. a) Que dit des adultes la réponse de l'aiguilleur : « On n'est jamais content là où l'on est, dit l'aiguilleur » (l. 15) ?

   b) Trouvez une expression proverbiale populaire qui veut dire la même chose.

4. Selon l'aiguilleur, quelle est la différence majeure entre les enfants et les adultes ?

▪ Sujet de dissertation explicative

Partir avant le jour de Julien Green (*voir p. 123-124*) et *Le petit prince* d'Antoine de Saint-Exupéry critiquent le monde des adultes. Justifiez cette assertion.

L'engagement existentialiste

L'existence précède l'essence.

Jean-Paul Sartre

Dans son récit *Le procès,* écrit en 1914-1915 mais publié seulement en 1925, Franz Kafka (1883-1924) trace un portrait allégorique de l'homme de son temps, sans défense, contraint de vivre dans un système complètement incompréhensible qui le refuse et l'accuse, qui lui renvoie sans cesse l'image de son inutilité. Comme si nos conflits personnels n'étaient que le faible écho d'une lutte essentielle qui se passe à un autre niveau, contre un destin commun terrifiant et absurde. L'existentialisme, un mouvement philosophique, littéraire et social, vient proposer une issue à cette désespérance.

Au lendemain de la Seconde Guerre, l'existentialisme suscite un extraordinaire engouement auprès de la jeunesse. Ce mouvement pose d'emblée le primat d'un homme sans Dieu : il nie l'existence de toute essence extérieure qui serait détenue par quelque Créateur. Dès lors, jeté dans un monde où n'existe aucune réalité supérieure qui puisse donner un sens à la vie, un monde tragique où tout se termine par la mort, l'humain ne peut éprouver qu'angoisse et désespoir. L'existentialisme propose justement à chacun de découvrir un sens à sa vie au-delà de la conscience même de ce désespoir. « L'humanité commence de l'autre côté du désespoir », affirme Jean-Paul Sartre.

L'existentialisme replace l'homme au centre de son existence. Ce nouvel humanisme propose de dépasser l'angoisse en assumant sa liberté dans l'action et dans l'engagement avec les autres. Chacun, « condamné à la liberté » (Sartre), est le seul responsable de ses choix, et son être n'est rien d'autre que la somme de ses actes, de ce qu'il accomplit dans sa relation au monde et à autrui. À ce sujet, la liberté de chacun est totale et sans limites, à condition qu'elle n'entrave pas celle des autres.

Cette « morale de la liberté » suggère à chacun, seul responsable de lui-même, de faire de sa vie une création inépuisable et confère ainsi un sens à l'aventure terrestre. Le fait d'œuvrer avec ses semblables amène l'humain à partager un sentiment de solidarité, seul véritable bonheur accessible. Mais si l'effort fléchit, si l'individu refuse l'action et l'engagement, son existence se vide aussitôt de son sens, et l'angoisse de la solitude réapparaît.

L'écriture existentialiste

L'existentialisme, qui réussit à donner une forme romanesque et dramatique à des conceptions philosophiques, entraîne un renouvellement de l'écriture littéraire. D'abord, la fiction de la narration et les personnages sont subordonnés à une démonstration idéologique. Dans ces récits, le personnage du héros est tout à fait renouvelé. Il cesse d'être le jouet d'un destin aveugle ou d'un quelconque déterminisme social ou biologique ; chacun assume dorénavant l'entière responsabilité de ce qu'il fait de son existence. Par ailleurs, les méandres de son inconscient sont sans cesse scrutés. C'est dire que la subjectivité et la conscience prismatique du monde caractérisent cette nouvelle esthétique romanesque. En second lieu, soucieuse d'échapper au bavardage, l'écriture se refuse aux conventions du bon usage, à la facilité des clichés de même qu'à l'emphase et au pathétique. Pour épouser les contours de la vie et tendre le plus possible au réalisme, le style se moule sur les caprices de la réalité, dans le désordre même où la vie se présente. Enfin, le roman emprunte au cinéma – dont la notoriété est en hausse – un nouveau réalisme, formé du réel et de sa transfiguration. Il cesse d'être une représentation de la vie : il en devient une version tout à fait subjective.

Alberto Giacometti, *L'homme qui marche (version 1)*, 1960.

Ayant délaissé le surréalisme, Giacometti questionne à travers ses personnages filiformes la représentation de l'humain dans l'espace, le rôle du socle dans la mise en valeur d'une œuvre et plus particulièrement la vulnérabilité de l'humain face à l'univers. Sa réflexion s'apparente à l'existentialiste sartrien autant qu'elle s'inscrit dans une esthétique réaliste et misérabiliste.

Jean-Paul Sartre, 1924.

Jean-Paul Sartre (1905-1980)

Tu n'es rien d'autre que ta vie.

Dès l'après-guerre, Jean-Paul Sartre s'impose comme un véritable maître à penser. À la fois auteur populaire, intellectuel se portant à la défense de toutes les causes perdues qui lui semblent justes, et chef de file du mouvement existentialiste qui fait descendre la philosophie dans la rue, il acquiert rapidement une renommée mondiale. Sartre demande à la littérature d'illustrer sa morale de l'action, de l'effort et de la liberté, en laquelle il voit l'essentiel de l'humanisme d'aujourd'hui. Il ne s'adresse pas, comme l'écrivain classique, à l'humanité éternelle, mais aux hommes et aux femmes aux prises avec l'angoisse et l'absurdité du présent; il s'intéresse à leurs expériences affectives de solitude, d'angoisse et de désespoir, à leur existence concrète, réellement vécue, insérée dans le quotidien.

La Nausée (1938), à la fois manifeste de l'existentialisme et œuvre d'art à part entière, est un roman si accompli qu'il efface la frontière entre la littérature et la philosophie. Il décrit en détail la vie d'un intellectuel isolé dans une grande ville, Antoine Roquentin, qui est envahi par un malaise grandissant: il se sent «de trop» dans ce monde sans raison ni finalité, où il a été jeté par hasard. Il est bientôt submergé par le goût fade et désagréable de l'existence, au point d'en éprouver la nausée – ce que décrit l'extrait ci-contre. À la fin du roman, même si le projet d'écrire un livre pourrait apporter un sens à sa vie, Roquentin semble plutôt choisir d'expérimenter son existence en s'accommodant de la médiocrité qui l'environne. Cette œuvre réussie tant pour sa narration que pour la réflexion qu'elle suscite amène à un examen de la liberté, de la responsabilité, de la conscience et du temps.

La Nausée: cette aveuglante évidence

1. Pourquoi le mot «Nausée» est-il écrit avec une majuscule?

2. Expliquez comment se manifeste la Nausée lorsque le narrateur se trouve dans la salle (au début de l'extrait).

3. a) Comment le narrateur conçoit-il les objets?

   b) Quelle preuve fournit-il pour illustrer sa pensée?

4. Expliquez l'élément déclencheur de la Nausée.

5. De quel procédé narratif* cet extrait relève-t-il? Pourquoi?

VERS LA DISSERTATION

La Nausée : cette aveuglante évidence

[...] Je parcours la salle du regard et un violent dégoût m'envahit. Que fais-je ici? Qu'ai-je été me mêler de discourir sur l'humanisme? Pourquoi ces gens sont-ils là? Pourquoi mangent-ils? C'est vrai qu'ils ne savent pas, eux,
5 qu'ils existent. J'ai envie de partir, de m'en aller quelque part où je serais vraiment *à ma place,* où je m'emboîterais... Mais ma place n'est nulle part; je suis de trop.

[...]

[...] Je mâche péniblement un morceau de pain que je ne me décide pas à avaler. Les hommes. Il faut aimer
10 les hommes. Les hommes sont admirables. J'ai envie de vomir – et tout d'un coup ça y est: la Nausée.

Une belle crise: ça me secoue du haut en bas. Il y a une heure que je la voyais venir, seulement, je ne voulais pas me l'avouer. Ce goût de fromage dans ma bouche...
15 L'Autodidacte babille et sa voix bourdonne doucement à mes oreilles. Mais je ne sais plus du tout de quoi il parle. J'approuve machinalement de la tête. Ma main est crispée sur le manche du couteau à dessert. Je *sens* ce manche de bois noir. C'est ma main qui le tient. Ma main. Person-
20 nellement, je laisserais plutôt ce couteau tranquille: à quoi bon toujours toucher quelque chose? Les objets ne sont pas faits pour qu'on les touche. Il vaut bien mieux se glisser entre eux, en les évitant le plus possible. Quelquefois on en prend un dans sa main et on est obligé de le lâcher au plus
25 vite. Le couteau tombe sur l'assiette. Au bruit, le monsieur aux cheveux blancs sursaute et me regarde. Je reprends le couteau, j'appuie la lame contre la table et je la fais plier.

C'est donc ça la Nausée: cette aveuglante évidence? Me suis-je creusé la tête! En ai-je écrit! Maintenant je sais:
30 J'existe – le monde existe – et je sais que le monde existe. C'est tout. Mais ça m'est égal. C'est étrange que tout me soit aussi égal: ça m'effraie. C'est depuis ce fameux jour où je voulais faire des ricochets. J'allais lancer ce galet, je l'ai regardé et c'est alors que tout a commencé: j'ai senti
35 qu'il *existait.* Et puis après ça, il y a eu d'autres Nausées; de temps en temps les objets se mettent à vous exister dans la main. Il y a eu la Nausée du «Rendez-Vous des Cheminots» et puis une autre, avant, une nuit que je regardais par la fenêtre; et puis une autre au Jardin
40 public, un dimanche, et puis d'autres. Mais jamais ça n'avait été aussi fort qu'aujourd'hui.

Jean-Paul Sartre, *La Nausée*, 1938.

Quelques citations de Sartre

« Serions-nous muets et cois comme des cailloux, notre passivité même serait une action. »

« Les enfants, ces monstres que les adultes fabriquent avec leurs regrets. »

« Tout est gratuit, ce jardin, cette ville et moi-même. Quand il arrive qu'on s'en rende compte, ça vous tourne le cœur et tout se met à flotter [...] : voilà la Nausée. »

Jean Fautrier, *Otages n° 7,* 1944.

Arrêté puis relâché par la Gestapo au début de 1943, Jean Fautrier trouve refuge dans une clinique psychiatrique en banlieue de Paris. Il y est témoin de tortures et d'exécutions perpétrées par les Allemands dans le parc avoisinant, un spectacle que le peintre traduit dans sa série *Les otages*. Par son travail sur la matière, qu'il malaxe et triture, il tente d'exprimer toute l'émotion qu'ont fait naître en lui ces atrocités.

Simone de Beauvoir, v. 1955.

Simone de Beauvoir (1908-1986)

Se vouloir libre, c'est aussi vouloir les autres libres.

Engagée à la fois dans ses écrits et dans ses actions, Simone de Beauvoir est une intellectuelle libre et accomplie. Dans *Le deuxième sexe* (1949), une œuvre majeure dans l'histoire des théories de l'oppression, elle remonte aux sources de la domination masculine pour analyser la condition des femmes. Traquant le social au cœur même du corporel, elle constate qu'il n'y a pas de «nature» féminine, pas d'essence, mais seulement des «situations»: une existence produite par l'éducation qui, dès le berceau (on pourrait même dire dès le ventre de sa mère), s'empare de la petite fille et la conditionne en vue de son destin. Il n'y a donc aucune justification à la soumission des femmes, mais de multiples conditionnements familiaux, éducatifs et sociaux. Et si aucun argument naturel ne justifie le fait que les femmes aient été presque toujours tenues à l'écart de la marche du monde, c'est dire que l'oppression des femmes n'est pas irréversible. L'indépendance économique est présentée comme la seule solution pour y échapper.

Adaptant la philosophie existentialiste à la condition féminine, de Beauvoir accorde une place essentielle à l'engagement au quotidien: «Par son action, la femme peut à tout moment, si elle le veut, modifier sa situation. Cette action, en retour, justifiera son existence, c'est-à-dire sa liberté. » L'essayiste bouscule ainsi les habitudes conservatrices de son époque en fondant un féminisme militant. *Le deuxième sexe* deviendra le livre de chevet de la génération militante américaine des années 1960 et la référence incontournable du mouvement de libération de la femme (MLF) des années 1970.

On ne naît pas femme: on le devient

On ne naît pas femme: on le devient. Aucun destin biologique, psychique, économique ne définit la figure que revêt au sein de la société la femelle humaine; c'est l'ensemble de la civilisation qui élabore ce produit intermédiaire entre le mâle et le
5 castrat qu'on qualifie de féminin. Seule la médiation d'autrui peut constituer un individu comme un *Autre*. En tant qu'il existe pour soi l'enfant ne saurait se saisir comme sexuellement différencié. Chez les filles et les garçons, le corps est d'abord le rayonnement d'une subjectivité, l'instrument qui effectue la
10 compréhension du monde: c'est à travers les yeux, les mains, non par les parties sexuelles qu'ils appréhendent l'univers. Le drame de la naissance, celui du sevrage se déroulent de la même manière pour les nourrissons des deux sexes; ils ont les mêmes intérêts et les
15 mêmes plaisirs; la succion est d'abord la source de leurs sensations les plus agréables; puis ils passent par une phase anale où ils tirent leurs plus grandes satisfactions des fonctions excrétoires qui leur sont communes; leur développement génital est analogue;
20 ils explorent leur corps avec la même curiosité et la même indifférence; du clitoris et du pénis ils tirent un même plaisir incertain; dans la mesure où déjà leur sensibilité s'objective, elle se tourne vers la mère: c'est la chair féminine douce, lisse, élastique qui suscite
25 les désirs sexuels et ces désirs sont préhensifs; c'est d'une manière agressive que la fille, comme le garçon, embrasse sa mère, la palpe, la caresse; ils ont la même jalousie s'il naît un nouvel enfant; ils la manifestent par les mêmes conduites: colères, bouderie, trou-
30 bles urinaires; ils recourent aux mêmes coquetteries pour capter l'amour des adultes. Jusqu'à douze ans la fillette est aussi robuste que ses frères, elle manifeste les mêmes capacités intellectuelles; il n'y a aucun domaine où il lui soit interdit de rivaliser avec eux.
35 Si, bien avant la puberté, et parfois même dès sa toute petite enfance, elle nous apparaît déjà comme sexuellement spécifiée, ce n'est pas que de mystérieux instincts immédiatement la vouent à la passivité, à la coquetterie, à la maternité: c'est que l'intervention
40 d'autrui dans la vie de l'enfant est presque originelle et que dès ses premières années sa vocation lui est impérieusement insufflée.

Simone de Beauvoir, *Le deuxième sexe*, 1949.

VERS LA DISSERTATION

On ne naît pas femme: on le devient

1. Expliquez le développement des garçons et des filles, selon Simone de Beauvoir.

2. Relevez les termes (souvent des adjectifs) qui indiquent la similarité entre les garçons et les filles.

3. Qu'est-ce qui détermine la féminité, selon l'auteure?

4. Montrez que tout, dans cet extrait, concourt à prouver la première phrase.

Pablo Picasso, *Femme en pleurs*, 1937.

Dans la foulée du travail préparatoire qu'il réalise pour *Guernica*, Picasso peint sa compagne de l'époque, Dora Maar, qui vient d'apprendre le décès de son père. Le peintre est fasciné par la métamorphose du visage féminin liée à la souffrance et au désespoir. À ce portrait tiré d'un évènement intime se superpose l'image de la douleur des femmes espagnoles confrontées à la guerre civile.

Albert Camus
(1913-1960)

La grandeur de l'homme est d'être plus fort que sa condition.

Albert Camus, 1952.

Essayiste, romancier et dramaturge, Albert Camus met en lumière les problèmes qui se posent à la conscience de l'homme contemporain. Ses œuvres sont imprégnées du sentiment de l'absurde : la prise de conscience du non-sens d'une existence où l'écoulement inexorable du temps et la mort semblent rendre inutile et vaine toute action. Mais plutôt que de se soumettre à ce sentiment, Camus propose une morale de la révolte et du défi : tout en sachant qu'il est mortel et qu'il n'y a pas de lendemain, il consent à supporter le poids de la vie et substitue au non-sens une morale humaniste de l'entraide et de la générosité.

Dans son roman *L'Étranger* (1942), Camus propose une expression de la sensibilité moderne, comme l'a fait en son temps Chateaubriand avec *René* (1802). Le personnage central de Meursault, éloigné des autres comme de sa propre vie, éprouve le sentiment d'être étranger au monde ; cette prise de conscience et son acceptation constituent l'absurde pour Camus. Rien n'a d'emprise sur lui, pas même l'amour de Marie qu'il rencontre au lendemain de l'enterrement de sa mère. Tout lui est égal (*voir l'extrait*). Il ne trouve d'autre réponse à l'absurdité de la vie que l'absurdité de ses actes : la chaîne des gestes quotidiens l'amène à commettre un meurtre, sans raison apparente. Jugé pour ce crime, il est surtout condamné pour n'avoir pas pleuré aux funérailles de sa mère. Ce récit ancré dans le quotidien adopte un style dépouillé au ton résolument monocorde, en accord avec le sujet.

J'ai dit que cela m'était égal

Le soir, Marie est venue me chercher et m'a demandé si je voulais me marier avec elle. J'ai dit que cela m'était égal et que nous pourrions le faire si elle le voulait. Elle a voulu savoir alors si je l'aimais. J'ai répondu comme je l'avais déjà fait une fois, que cela
5 ne signifiait rien mais que sans doute je ne l'aimais pas. « Pourquoi m'épouser alors ? » a-t-elle dit. Je lui ai expliqué que cela n'avait aucune importance et que si elle le désirait, nous pouvions nous marier. D'ailleurs, c'était elle qui le demandait et moi je me contentais de dire oui. Elle a observé alors que le mariage était une chose
10 grave. J'ai répondu : « Non. » Elle s'est tue un moment et elle m'a regardé en silence. Puis elle a parlé. Elle voulait simplement savoir si j'aurais accepté la même proposition venant d'une autre femme, à qui je serais attaché de la même façon. J'ai dit : « Naturellement. » Elle s'est demandé alors si elle m'aimait et moi, je ne pouvais
15 rien savoir sur ce point. Après un autre moment de silence, elle a murmuré que j'étais bizarre, qu'elle m'aimait sans doute à cause de cela mais que peut-être un jour je la dégoûterais pour les mêmes raisons. Comme je me taisais, n'ayant rien à ajouter, elle m'a pris le bras en souriant et elle a déclaré qu'elle voulait se marier avec moi.
20 J'ai répondu que nous le ferions dès qu'elle le voudrait. Je lui ai parlé alors de la proposition du patron et Marie m'a dit qu'elle aimerait connaître Paris. Je lui ai appris que j'y avais vécu dans un temps et elle m'a demandé comment c'était. Je lui ai dit : « C'est sale. Il y a des pigeons et des cours noires. Les gens ont la peau blanche. »

Albert Camus, *L'Étranger*, 1942.

VERS LA DISSERTATION

J'ai dit que cela m'était égal

1. Le personnage principal se soucie peu de ce qui l'entoure. Quels mots ou expressions mettent en évidence cette assertion ?

2. Pour Marie, « le mariage [est] une chose grave » (l. 9-10). Montrez que son raisonnement et sa décision finale prouvent le contraire.

3. Meursault n'aime pas la ville de Paris.

   a) Que lui reproche-t-il ?

   b) Par quelle figure de style* exprime-t-il son désagrément ?

4. Qu'ont en commun la personnalité de Meursault et le style de l'auteur ?

■■ Sujet de dissertation explicative

Les personnages des romans existentialistes sont parfois blasés de l'existence. Expliquez cette assertion en vous basant sur les extraits de *La Nausée* de Jean-Paul Sartre (*voir p. 130*) et de *L'Étranger* d'Albert Camus.

Quelques citations de Camus

« Il n'y a pas d'amour de vivre sans désespoir de vivre. »

« Le grand courage c'est encore de tenir les yeux ouverts sur la lumière comme sur la mort. »

« La vraie générosité envers l'avenir consiste à tout donner au présent. »

« S'il y a un péché contre la vie, [c'est] d'espérer une autre vie, et se dérober à l'implacable grandeur de celle-ci. »

« L'espoir [...] équivaut à la résignation. Et vivre, c'est ne pas se résigner. »

« L'absurde, c'est la raison lucide qui conteste ses limites. »

« La mort n'est rien. Ce qui importe, c'est l'injustice. »

Nicolas de Staël, *Paysage méditerranéen*, 1954.

Réalité commune aux peintres des années 1950, la matière occupe une place importante dans la démarche artistique de Nicolas de Staël. Toutefois, contrairement à ses contemporains, de Staël ne rompt pas complètement avec la figuration, convaincu qu'il ne peut traduire l'esprit de la peinture dans l'abstraction totale. Avec *Paysage méditerranéen*, il revisite le genre en conciliant une pâte épaisse propre aux œuvres abstraites avec des jeux de transparence lumineuse qui rappellent les paysages hollandais.

Le roman policier

Élémentaire, mon cher Watson.

Sherlock Holmes[1]

Une certaine littérature se donne pour mission de prendre en charge notre angoisse à l'égard du réel. Edgar Allan Poe (1809-1849) avait déjà créé le récit à énigme, énigme résolue par les méthodes déductives d'un détective privé, Dupin, dont le talent surpasse les méthodes traditionnelles de la police officielle. Ses récits avaient surtout été appréciés par l'élite outre-Atlantique, en particulier les poètes Baudelaire et Mallarmé. Après Émile Gaboriau (1832-1873) qui crée le prototype du roman policier à énigme avec *L'affaire Lerouge* (1866), Arthur Conan Doyle (1859-1930) écrit des romans policiers dont le héros, Sherlock Holmes, devient un véritable type.

C'est l'époque, à la charnière des XIXᵉ et XXᵉ siècles, où la sociologie s'emploie à décrire scientifiquement les causes de ce qui arrive; en médecine, la neurologie anticipe déjà l'approche psychanalytique inventée par Sigmund Freud (1856-1939), une science de l'inconscient qui accorde à des éléments insignifiants une valeur déterminante (lapsus, trous de mémoire, actes manqués, rêves...). Pendant que celui qu'on appellera plus tard le psychanalyste apprend à se faire le détective de l'âme,

Sherlock Holmes résout des énigmes par la simple observation de quelques détails, en accordant à des éléments apparemment insignifiants (poils, fils de tissu, poussière...) une valeur déterminante. C'est le début du grand succès des romans policiers.

Dans la tradition de Doyle, Gaston Leroux (1868-1927) imagine le personnage de Rouletabille, Agatha Christie (1890-1976) invente Hercule Poirot, et Georges Simenon assure la fortune du commissaire Jules Maigret. Dans une autre tradition, celle des romans américains, le *thriller* (« frisson ») repose sur la terreur et l'angoisse, l'accent étant mis davantage sur une action mouvementée que sur les qualités d'analyse d'un policier. Ici, ce dernier peut se révéler aussi brutal et cruel qu'un criminel, comme dans *Pas d'orchidées pour Miss Blandish* (1939) de James Hadley Chase (1906-1985). Dans les années 1980, confrontée à la violence de la rue, la fiction tentera de rejoindre une réalité qui ne cesse de la dépasser.

---

1. Cette phrase n'a jamais été écrite par Arthur Conan Doyle, mais fut attribuée à son personnage dans un film en 1929.

Georges Simenon (1903-1989)

Georges Simenon, 1963.

Un personnage de roman, c'est n'importe qui dans la rue, mais qui va jusqu'au bout de lui-même.

Figure emblématique de la littérature policière, Georges Simenon crée des romans d'atmosphère, à mi-chemin entre l'analyse psychologique et le roman de mœurs. De ses 214 ouvrages, 75 sont consacrés au commissaire à la police judiciaire de Paris, Jules Maigret. Filant à l'opposé du tempo effréné des romans américains, Maigret pratique l'enquête flâneuse, préférant vagabonder, déguster une andouille, boire une bière ou un calvados, fumer sa pipe et méditer. Passionné par les personnalités qu'il rencontre et à qui il pose des questions parfois saugrenues, il utilise sa psychologie intuitive pour chercher à deviner leurs motivations profondes. Doué du génie de la découverte et de l'interprétation des indices, il résout, par la réflexion, l'attente patiente et l'emploi habile de son adjoint, l'énigme d'un meurtre.

Avec ce commissaire bourru mais bienveillant et généreux, sensible aux mystères de l'âme humaine, Simenon donne ses lettres de noblesse à un genre considéré jusqu'alors comme mineur. En quelques lignes, avec de courtes phrases à la construction sans détour, soumises à l'épure systématique, le style simple et neutre, près du réel, met au jour des tragédies sociales, la misère, la solitude, la jalousie, la mesquinerie du quotidien – des banalités de la vie qui émeuvent le lecteur. Dans l'extrait du roman *Le chien jaune* (1931), Maigret est en cours d'enquête : semblant procéder sans méthode, par intuition, il est à l'affût de rapports inattendus entre les gens et les choses.

Un grand vide d'où montait un râle

Maigret traversa le pont-levis, franchit la ligne des remparts, s'engagea dans une rue irrégulière et mal éclairée. Ce que les Concarnois appellent la ville close, c'est-à-dire le vieux quartier encore entouré de ses murailles, est une des parties les plus populeuses de la cité.

5 Et pourtant, alors que le commissaire avançait, il pénétrait dans une zone de silence de plus en plus équivoque. Le silence d'une foule qu'hypnotise un spectacle et qui frémit, qui a peur ou qui s'impatiente.

Quelques voix isolées d'adolescents décidés à crâner.

10 Un tournant encore et le commissaire découvrit la scène : la ruelle étroite, avec des gens à toutes les fenêtres ; des chambres éclairées au pétrole ; des lits entrevus ; un groupe barrant le passage, et, au-delà de ce groupe, un grand vide d'où montait un râle.

Maigret écarta les spectateurs, des jeunes gens pour la plupart, 15 surpris de son arrivée. Deux d'entre eux étaient encore occupés à jeter des pierres dans la direction du chien. Leurs compagnons voulurent arrêter leur geste. On entendit, ou plutôt on devina :

« Attention !... »

Et un des lanceurs de pierres rougit jusqu'aux oreilles tandis 20 que Maigret le poussait vers la gauche, s'avançait vers l'animal blessé. Le silence, déjà, était d'une autre qualité. Il était évident que quelques instants plus tôt une ivresse malsaine animait les spectateurs, hormis une vieille qui criait de sa fenêtre :

« C'est honteux !... Vous devriez leur dresser procès-verbal, com-25 missaire !... Ils sont tous à s'acharner sur cette pauvre bête... Et je sais bien pourquoi, moi !... Parce qu'ils en ont peur... »

Le cordonnier qui avait tiré rentra, gêné, dans sa boutique. Maigret se baissa pour caresser la tête du chien qui lui lança un regard étonné, pas encore reconnaissant. L'inspecteur Leroy sortait 30 du café d'où il avait téléphoné. Des gens s'éloignaient à regret.

Georges Simenon, *Le chien jaune*, 1931.

VERS LA DISSERTATION

Un grand vide d'où montait un râle

1. En quoi ce qui se passe dans ce vieux quartier s'oppose-t-il au fait qu'il s'agisse d'une « des parties les plus populeuses de la cité » (l. 4) ?

2. Que signifie la phrase : « Le silence, déjà, était d'une autre qualité » (l. 21) ?

3. Qu'est-ce qui donne une tonalité pathétique* à cet extrait ?

4. Comment la seule présence de Maigret suffit-elle à mettre fin à l'évènement ?

Le théâtre

Le théâtre épique ne combat pas les émotions mais, au lieu de se borner à les susciter, il les soumet à examen.

Bertolt Brecht

Malgré les efforts d'Alfred Jarry, de Paul Claudel et d'Antonin Artaud pour imposer une esthétique théâtrale nouvelle, le vaudeville demeure toujours le théâtre en vogue, du moins jusqu'au début des années 1930, où de nombreuses pièces laissent transparaître une inquiétude de plus en plus aiguë face à la déperdition des valeurs et du sens de l'existence. Certains, comme Jean Giraudoux (1882-1944) et Jean Anouilh (1910-1987), font appel à des mythes gréco-romains, qu'ils transposent dans le monde contemporain, comme s'ils pressentaient l'éveil de vieilles fatalités. Ces récits symboliques chargés de correspondances classiques permettent à leurs auteurs de livrer une réflexion sur la condition humaine et sur le rôle du destin. Ces pièces recourent généralement aux formes dramaturgiques traditionnelles.

Le théâtre engagé

Le dramaturge allemand Bertolt Brecht (1898-1956) est le précurseur du « théâtre engagé », qui fait de la scène un espace de réflexion sociale : la pièce doit susciter chez le spectateur la naissance d'une prise de conscience qui le conduise à l'action immédiate. En fait, Brecht se sert du théâtre pour promouvoir l'avènement d'une société socialiste. À sa suite, Albert Camus et Jean-Paul Sartre écrivent des pièces dans lesquelles les idées philosophiques ont priorité sur les éléments de l'intrigue théâtrale. Leur théâtre devient un moyen apte à propager leurs idées face à l'irrationnel de la condition humaine.

Jean-Paul Sartre (suite)

Ce que le théâtre peut montrer de plus émouvant est un caractère en train de se faire, le moment du choix, de la libre décision qui engage une morale et toute une vie.

Lieu du dialogue, la scène apparaît à Sartre comme l'espace privilégié pour exposer les thèmes généraux de l'existentialisme. Ses personnages prennent position sur la question de leur liberté : ils doivent décider s'ils peuvent ou non endosser les conséquences de leurs propres actes. Ainsi, *Huis clos* (1944) propose une réflexion sur l'angoisse qu'entraîne l'obligation de vivre en permanence sous le regard d'autrui. Cette pièce présente trois personnages, issus de milieux différents, qui se retrouvent en enfer (un salon petit-bourgeois) : Garcin est un révolutionnaire exécuté pour trahison ; Inès, lesbienne, s'est suicidée ; Estelle est une infanticide. Chacun s'attendait à rencontrer un bourreau pour le châtier de son crime, mais ce bourreau, c'est le regard et le jugement des deux autres. Œuvre emblématique de l'existentialisme, *Huis clos* illustre le fait que la vie se ressent à travers les autres : ce sont eux qui nous font prendre conscience de nous-mêmes et de la triste réalité humaine.

L'enfer, c'est les Autres

Garcin, *la prenant aux épaules.* — Écoute, chacun a son but, n'est-ce pas ? Moi, je me foutais de l'argent, de l'amour. Je voulais être un homme. Un dur. J'ai tout misé sur le même cheval. Est-ce que c'est possible qu'on soit
5 un lâche quand on a choisi les chemins les plus dangereux ? Peut-on juger une vie sur un seul acte ?

Inès. — Pourquoi pas ? Tu as rêvé trente ans que tu avais du cœur ; et tu te passais mille petites faiblesses parce que tout est permis aux héros. Comme c'était commode ! Et puis, à
10 l'heure du danger, on t'a mis au pied du mur et... tu as pris le train pour Mexico.

Garcin. — Je n'ai pas rêvé cet héroïsme. Je l'ai choisi. On est ce qu'on veut.

Inès. — Prouve-le. Prouve que ce n'était pas un rêve.
15 Seuls les actes décident de ce qu'on a voulu.

Garcin. — Je suis mort trop tôt. On ne m'a pas laissé le temps de faire *mes* actes.

Inès. — On meurt toujours trop tôt – ou trop tard. Et cependant la vie est là, terminée : le trait est tiré, il faut
20 faire la somme. Tu n'es rien d'autre que ta vie.

Garcin. — Vipère ! Tu as réponse à tout.

Inès. — Allons ! allons ! Ne perds pas courage. Il doit t'être facile de me persuader. Cherche des arguments, fais un effort. (*Garcin hausse les épaules.*) Eh bien, eh bien ?
25 Je t'avais dit que tu étais vulnérable. Ah ! comme tu vas payer à présent. Tu es un lâche, Garcin, un lâche parce que je le veux. Je le veux, tu entends, je le veux ! Et pourtant, vois comme je suis faible, un souffle ; je ne suis rien que le regard qui te voit, que cette pensée incolore qui te pense.
30 (*Il marche sur elle, les mains ouvertes.*) Ha ! elles s'ouvrent, ces grosses mains d'homme. Mais qu'espères-tu ? On n'attrape pas les pensées avec les mains. Allons, tu n'as pas le choix : il faut me convaincre. Je te tiens.

Estelle. — Garcin !

35 **Garcin.** — Quoi ?

Estelle. — Venge-toi.

Garcin. — Comment ?

Estelle. — Embrasse-moi, tu l'entendras chanter.

Garcin. — C'est pourtant vrai, Inès. Tu me tiens, mais je te
40 tiens aussi.

Il se penche sur Estelle. Inès pousse un cri.

Inès. — Ha ! lâche ! lâche ! Va ! Va te faire consoler par les femmes.

Estelle. — Chante, Inès, chante !

45 **Inès.** — Le beau couple ! Si tu voyais sa grosse patte posée à plat sur ton dos, froissant la chair et l'étoffe. Il a les mains moites ; il transpire. Il laissera une marque bleue sur ta robe.

Estelle. — Chante ! Chante ! Serre-moi plus fort contre
50 toi, Garcin ; elle en crèvera.

Inès. — Mais oui, serre-la bien fort, serre-la ! Mêlez vos chaleurs. C'est bon l'amour, hein Garcin ? C'est tiède et profond comme le sommeil, mais je t'empêcherai de dormir.

Geste de Garcin.

55 **Estelle.** — Ne l'écoute pas. Prends ma bouche ; je suis à toi tout entière.

Inès. — Eh bien, qu'attends-tu ? Fais ce qu'on te dit, Garcin le lâche tient dans ses bras Estelle l'infanticide.

Les paris sont ouverts. Garcin le lâche l'embrassera-t-il ?
60 Je vous vois, je vous vois : à moi seule je suis une foule, la foule. Garcin, la foule, l'entends-tu ? (*Murmurant.*) Lâche ! Lâche ! Lâche ! Lâche ! En vain tu me fuis, je ne te lâcherai pas. Que vas-tu chercher sur ses lèvres ? L'oubli ? Mais je ne t'oublierai pas, moi. C'est moi qu'il
65 faut convaincre. Moi. Viens, viens ! Je t'attends. Tu vois, Estelle, il desserre son étreinte, il est docile comme un chien... Tu ne l'auras pas !

Garcin. — Il ne fera donc jamais nuit ?

Inès. — Jamais.

70 **Garcin.** — Tu me verras toujours ?

Inès. — Toujours.

*Garcin abandonne Estelle et fait quelques pas dans la pièce.
Il s'approche du bronze.*

Garcin. — Le bronze... (*Il le caresse.*) Eh bien, voici le
75 moment. Le bronze est là, je le contemple et je comprends que je suis en enfer. Je vous dis que tout était prévu. Ils avaient prévu que je me tiendrais devant cette cheminée, pressant ma main sur ce bronze, avec tous ces regards sur moi. Tous ces regards qui me mangent... (*Il se retourne
80 brusquement.*) Ha ! vous n'êtes que deux ? Je vous croyais beaucoup plus nombreuses. (*Il rit.*) Alors, c'est ça l'enfer. Je n'aurais jamais cru... Vous vous rappelez : le soufre, le bûcher, le gril... Ah ! quelle plaisanterie. Pas besoin de gril : l'enfer, c'est les Autres.

Jean-Paul Sartre, *Huis clos*, 1944.

VERS LA DISSERTATION

L'enfer, c'est les Autres

1. Garcin affirme : « On est ce qu'on veut » (l. 12-13).

   a) Dites ce que Garcin croit être.

   b) Comment Inès le perçoit-elle ?

2. Résumez la pensée d'Inès.

3. Trouvez un parallélisme* doublé d'une métonymie* qui met en évidence que l'humain est jugé par les autres.

4. Montrez que le regard d'Inès sur Garcin influence son comportement.

▓▓ Sujet de dissertation explicative

Expliquez comment le sous-titre « L'enfer, c'est les Autres » s'applique à l'extrait de *Huis clos* de Jean-Paul Sartre.

La poésie

Durant la Seconde Guerre mondiale et dans les années qui la précèdent, la poésie se fait civilisatrice pour contrer les sentiments d'angoisse et de fatalité de l'époque et élever l'homme à son humanité. Certains poètes, au nombre desquels se trouvent d'anciens surréalistes, s'engagent activement dans des combats sociaux et politiques. Sensibles à la fragilité de l'existence, Paul Éluard, Louis Aragon et Jacques Prévert expriment, chacun à sa manière, la nécessité de la résistance quand la liberté est bafouée.

Fernand Léger, *Liberté, j'écris ton nom,* poème-objet dépliant publié chez Seghers en 1953 sur lequel figure le poème « Liberté » de Paul Éluard.

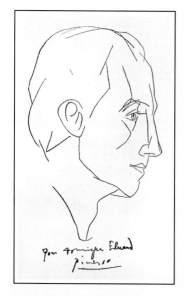

Pablo Picasso, *Portrait de Paul Éluard,* en 1953.

Paul Éluard (suite)

Il y a un autre monde, mais il est dans celui-ci.

Après sa période surréaliste, Paul Éluard participe au combat pour la France libre. Désireux de lutter contre la propagande ennemie et d'aider ses concitoyens à préserver l'espoir, il écrit le poème « Liberté » (1942), dont des copies sont larguées par des avions de la Royal Air Force britannique sur la France occupée, et qui devient un symbole de la Résistance.

Liberté

Sur mes cahiers d'écolier
Sur mon pupitre et les arbres
Sur le sable sur la neige
J'écris ton nom

5 Sur toutes les pages lues
Sur toutes les pages blanches
Pierre sang papier ou cendre
J'écris ton nom

Sur les images dorées
10 Sur les armes des guerriers
Sur la couronne des rois
J'écris ton nom

Sur la jungle et le désert
Sur les nids sur les genêts
15 Sur l'écho de mon enfance
J'écris ton nom

Sur les merveilles des nuits
Sur le pain blanc des journées
Sur les saisons fiancées
20 J'écris ton nom

Sur tous mes chiffons d'azur
Sur l'étang soleil moisi
Sur le lac lune vivante
J'écris ton nom

25 Sur les champs sur l'horizon
Sur les ailes des oiseaux
Et sur le moulin des ombres
J'écris ton nom

Sur chaque bouffée d'aurore
30 Sur la mer sur les bateaux
Sur la montagne démente
J'écris ton nom

Sur la mousse des nuages
Sur les sueurs de l'orage
35 Sur la pluie épaisse et fade
J'écris ton nom

Sur les formes scintillantes
Sur les cloches des couleurs
Sur la vérité physique
40 J'écris ton nom

Sur les sentiers éveillés
Sur les routes déployées
Sur les places qui débordent
J'écris ton nom

45 Sur la lampe qui s'allume
Sur la lampe qui s'éteint
Sur mes maisons réunies
J'écris ton nom

Sur le fruit coupé en deux
50 Du miroir et de ma chambre
Sur mon lit coquille vide
J'écris ton nom

Sur mon chien gourmand et tendre
Sur ses oreilles dressées
55 Sur sa patte maladroite
J'écris ton nom

Sur le tremplin de ma porte
Sur les objets familiers
Sur le flot du feu béni
60 J'écris ton nom

Sur toute chair accordée
Sur le front de mes amis
Sur chaque main qui se tend
J'écris ton nom

65 Sur la vitre des surprises
Sur les lèvres attentives
Bien au-dessus du silence
J'écris ton nom

Sur mes refuges détruits
70 Sur mes phares écroulés
Sur les murs de mon ennui
J'écris ton nom

Sur l'absence sans désir
Sur la solitude nue
75 Sur les marches de la mort
J'écris ton nom

Sur la santé revenue
Sur le risque disparu
Sur l'espoir sans souvenir
80 J'écris ton nom

Et par le pouvoir d'un mot
Je recommence ma vie
Je suis né pour te connaître
Pour te nommer

85 Liberté.

Paul Éluard, *Poésie et vérité,*
1942.

VERS LA DISSERTATION

Liberté

1. Étudiez la forme du poème*. Que pouvez-vous en dire ?

2. a) Trouvez les deux principales anaphores* du poème.

   b) Les anaphores* sont présentes dans toutes les strophes sauf la dernière. Expliquez cette rupture.

   c) Pourquoi le poète emploie-t-il autant d'anaphores* ?

3. Relevez les termes associés :

   a) à l'enfance ;   c) à la nature ;

   b) au pouvoir ;   d) aux éléments du quotidien.

4. Pourquoi le poète évoque-t-il autant d'éléments différents dans ce poème ?

5. a) Trouvez deux strophes dans lesquelles le poète semble perdre espoir ou être triste.

   b) Trouvez, au contraire, une strophe qui évoque l'espoir, le renouveau.

6. Pourquoi le mot « Liberté » est-il détaché à la fin du poème ?

▨ Sujet de dissertation explicative

Le poème « Liberté » de Paul Éluard peut être lu comme un hymne à la vie. Expliquez cette assertion.

Louis Aragon, 1972.

Louis Aragon (suite)

La femme est l'avenir de l'homme.

Tout comme Paul Éluard, Louis Andrieux, dit Louis Aragon, participe au mouvement sur-réaliste, puis l'abandonne et opte pour une écriture d'une facture beaucoup plus classique. Il célèbre dans la simplicité l'amour, la femme aimée, la nature, la patrie et la révolution.

Militant de la cause communiste et patriote engagé, il est l'un des principaux organisateurs de la résistance intellectuelle à l'occupant durant la Seconde Guerre. Son profond nationalisme lui confère d'ailleurs le statut de poète national. Nombre de ses poèmes traduisent les émotions bouleversantes causées par la tragique expérience de la guerre. « La rose et le réséda », l'un des poèmes les plus célèbres de la Résistance, tente de rassembler les Français amèrement divisés par l'Occupation. Aragon dédie son poème à quatre résistants qui viennent d'être fusillés.

La rose et le réséda

À Gabriel Péri et d'Estienne
d'Orves comme à Guy Moquet et
Gilbert Dru.

Celui qui croyait au ciel
Celui qui n'y croyait pas
Tous deux adoraient la belle
Prisonnière des soldats
5 Lequel montait à l'échelle
Et lequel guettait en bas
Celui qui croyait au ciel
Celui qui n'y croyait pas
Qu'importe comment s'appelle
10 Cette clarté sur leur pas
Que l'un fût de la chapelle
Et l'autre s'y dérobât
Celui qui croyait au ciel
Celui qui n'y croyait pas
15 Tous les deux étaient fidèles
Des lèvres du cœur des bras
Et tous les deux disaient qu'elle
Vive et qui vivra verra
Celui qui croyait au ciel

20 Celui qui n'y croyait pas
Quand les blés sont sous la grêle
Fou qui fait le délicat
Fou qui songe à ses querelles
Au cœur du commun combat
25 Celui qui croyait au ciel
Celui qui n'y croyait pas
Du haut de la citadelle
La sentinelle tira
Par deux fois et l'un chancelle
30 L'autre tombe qui mourra
Celui qui croyait au ciel
Celui qui n'y croyait pas
Ils sont en prison Lequel
A le plus triste grabat
35 Lequel plus que l'autre gèle
Lequel préfère les rats
Celui qui croyait au ciel
Celui qui n'y croyait pas
Un rebelle est un rebelle
40 Nos sanglots font un seul glas
Et quand vient l'aube cruelle
Passent de vie à trépas

Celui qui croyait au ciel
Celui qui n'y croyait pas
45 Répétant le nom de celle
Qu'aucun des deux ne trompa
Et leur sang rouge ruisselle
Même couleur même éclat
Celui qui croyait au ciel
50 Celui qui n'y croyait pas
Il coule il coule et se mêle
À la terre qu'il aima
Pour qu'à la saison nouvelle
Mûrisse un raisin muscat
55 Celui qui croyait au ciel
Celui qui n'y croyait pas
L'un court et l'autre a des ailes
De Bretagne ou du Jura
Et framboise ou mirabelle
60 Le grillon rechantera
Dites flûte ou violoncelle
Le double amour qui brûla
L'alouette et l'hirondelle
La rose et le réséda

Louis Aragon, *La Diane française,*
1946.

VERS LA DISSERTATION

La rose et le réséda

1. Le poème contient une anaphore*.

   a) Laquelle ?

   b) Quels sont les autres procédés stylistiques contenus dans cette anaphore ?

2. Louis Aragon écrit ce poème en l'honneur de quatre résistants abattus. Pour quoi se battaient-ils ?

3. À la lumière de votre réponse à la question 2, vous aurez compris que « la belle » dont parle le poème (v. 3) n'est pas une femme.

   a) Qui est donc « la belle » ?

   b) De quel procédé s'agit-il ?

4. Le poème donne l'impression que l'évènement qu'il décrit a eu lieu au Moyen Âge plutôt que pendant la Seconde Guerre mondiale. Relevez les termes qui l'évoquent.

5. Quels vers indiquent que les résistants ont été fusillés ?

6. a) Faites une recherche sur les deux végétaux du titre du poème et dites ce qu'ils symbolisent. Établissez également un lien avec l'anaphore*.

   b) Expliquez la ressemblance malgré la différence suggérée par le titre.

Jacques Prévert (1900-1977)

Ne parle que des belles choses
Pour ce qui est de la peine
Pas la peine d'en parler.

Poète le plus populaire de la seconde moitié du xxᵉ siècle, Jacques Prévert est un anarchiste qui refuse tout embrigadement. Avec les mots du quotidien et dans une tonalité désinvolte mais tendre, rarement rencontrée en poésie, le poète invective toutes les formes d'oppression, l'hypocrisie et la sottise qui rendent inaudibles tous les appels à la solidarité humaine.

Le poète s'en donne à cœur joie avec les mots, parlant un langage émaillé de calembours et de facéties qui se moque de la rime et de la régularité des vers. Peintre des amoureux et des défavorisés de l'amour, des voyous et des écoliers, de tous ces gens humbles qu'on retrouve dans les photographies de Robert Doisneau, Prévert élabore une poésie constamment au service de l'engagement social. En plus de collaborer au scénario d'une trentaine de films, le poète voit un grand nombre de ses textes mis en musique, bien souvent par Joseph Kosma.

Dans «Les enfants qui s'aiment», écrit pour le film *Les portes de la nuit* (1946) de Marcel Carné, Prévert observe des adultes qui envient la spontanéité et l'amour des plus jeunes qu'eux. «Pour faire le portrait d'un oiseau» est un hymne à la liberté.

Les enfants qui s'aiment

Les enfants qui s'aiment s'embrassent debout
Contre les portes de la nuit
Et les passants qui passent les désignent du doigt
Mais les enfants qui s'aiment
5   Ne sont là pour personne
Et c'est seulement leur ombre
Qui tremble dans la nuit
Excitant la rage des passants
Leur rage leur mépris leurs rires et leur envie
10 Les enfants qui s'aiment ne sont là pour personne
Ils sont ailleurs bien plus loin que la nuit
Bien plus haut que le jour
Dans l'éblouissante clarté de leur premier amour.

Jacques Prévert, *Spectacle*, 1949.

VERS LA DISSERTATION

Les enfants qui s'aiment

1. Les enfants échappent au temps.

   a) Quels sont les deux vers qui le montrent?

   b) Quels procédés* sont employés dans ces vers?

2. Qu'ont les enfants que les adultes n'ont plus?

3. Pourquoi les enfants excitent-ils la «rage des passants» (v. 8)?

4. Quelle expression montre que l'amour des jeunes semble si beau, si simple?

■ Sujet de dissertation explicative

Les adultes envient les enfants. Expliquez cette affirmation en vous basant sur l'extrait du conte *Le petit prince* d'Antoine de Saint-Exupéry (*voir p. 128*) et sur le poème «Les enfants qui s'aiment» de Jacques Prévert.

Pierre Alechinsky et Walasse Ting, *Aleching*, 1963.

Aleching, c'est la contraction d'Alechinsky et Ting. Mais c'est surtout la matérialisation d'une riche rencontre entre deux artistes, deux manières d'aborder la peinture et deux cultures. La calligraphie orientale, le maniement du pinceau, le fait de mettre le papier au sol pour ensuite tourner autour, encrier à la main, sont autant d'enseignements que retient Alechinsky de cette rencontre avec l'artiste d'origine chinoise.

Pour faire le portrait d'un oiseau

À Elsa Henriquez

Peindre d'abord une cage
avec une porte ouverte
peindre ensuite
quelque chose de joli
5 quelque chose de simple
quelque chose de beau
quelque chose d'utile
pour l'oiseau
placer ensuite la toile contre un arbre
10 dans un jardin
dans un bois
ou dans une forêt
se cacher derrière l'arbre
sans rien dire
15 sans bouger...
Parfois l'oiseau arrive vite
mais il peut aussi bien mettre de longues années
avant de se décider
Ne pas se décourager
20 attendre
attendre s'il le faut pendant des années
la vitesse ou la lenteur de l'arrivée de l'oiseau
n'ayant aucun rapport
avec la réussite du tableau

25 Quand l'oiseau arrive
s'il arrive
observer le plus profond silence
attendre que l'oiseau entre dans la cage
et quand il est entré
30 fermer doucement la porte avec le pinceau
puis
effacer un à un tous les barreaux
en ayant soin de ne toucher aucune des plumes de l'oiseau
Faire ensuite le portrait de l'arbre
35 en choisissant la plus belle de ses branches
pour l'oiseau
peindre aussi le vert feuillage et la fraîcheur du vent
la poussière du soleil
et le bruit des bêtes de l'herbe dans la chaleur de l'été
40 et puis attendre que l'oiseau se décide à chanter
Si l'oiseau ne chante pas
c'est mauvais signe
signe que le tableau est mauvais
mais s'il chante c'est bon signe
45 signe que vous pouvez signer
Alors vous arrachez tout doucement
une des plumes de l'oiseau
et vous écrivez votre nom dans un coin du tableau.

Jacques Prévert, *Paroles*, 1949.

VERS LA DISSERTATION

Pour faire le portrait d'un oiseau

1. Relevez le champ lexical* :

   a) de l'art ; b) de l'attente ; c) de la nature.

2. Qu'est-ce qui indique que le tableau est réussi ?

3. Qu'est-ce qui n'influence pas la réussite
   du tableau ?

4. Comment le poète conçoit-il la liberté ?

▓▓▓ Sujet de dissertation explicative

Les poèmes « Liberté » de Paul Éluard (*voir p. 138-139*)
et « Pour faire le portrait d'un oiseau » de Jacques Prévert
sont des hymnes à la vie. Justifiez cette assertion.

Les plus belles lettres d'amour d'écrivains existentialistes

Jean-Paul Sartre et Simone de Beauvoir forment, pendant 50 ans, l'un des couples les plus célèbres de la littérature française. Ils ne peuvent pas se passer l'un de l'autre, néanmoins ils concluent un pacte de transparence établissant une distinction entre leur « amour nécessaire » et les « amours contingentes ». Dans les *Lettres au Castor et à quelques autres*, parues en 1983, mais datées entre 1926 et 1963, Sartre adresse une correspondance nourrie à celle qu'il appelle affectueusement « Castor ».

Comme la liberté personnelle ne peut s'imposer des limites, Sartre comme de Beauvoir reconnaissent avoir eu des aventures sentimentales et sexuelles. De 1947 à 1964, Simone de Beauvoir écrit 304 lettres à un « amour transatlantique », le romancier américain Nelson Algren (1909-1981). Les *Lettres à Nelson Algren* furent publiées en 1997.

Egon Schiele, *Étreinte*, 1917.

La production d'Egon Schiele est essentiellement réalisée au crayon, à l'aquarelle et à la gouache. Sa manière de dessiner s'inspire largement des estampes japonaises, à la mode au début du xxᵉ siècle. Fasciné par le corps humain, il n'hésite pas à exécuter des nus, féminins et masculins, dans des poses provoquantes. Cela lui a d'ailleurs valu d'être condamné à une peine de prison. *Étreinte* est une œuvre plutôt sage qui montre les corps vieillissants de deux amoureux.

De Jean-Paul Sartre à Simone de Beauvoir

À Simone de Beauvoir

5 mars [1940]

Mon charmant Castor

Deux lettres de vous aujourd'hui, dont une toute douce, celle de samedi
5 où vous m'expliquiez bien que vous ne me jugez pas un trop mauvais
petit. Mon amour, je suis si heureux que nous soyons tout unis et que
vous sentiez bien fort comme je tiens à vous. Vous avez bien raison,
cette année est «capitale» et il ne faudrait pas que nous ne l'ayons pas
eue. Ça fait «épreuve» et je pense qu'il est bon comme ça qu'il y ait au
10 milieu d'une vie qui est forcément engagée un peu à l'aveuglette et qui
se construit sans perspectives ou avec des perspectives fausses, un temps
d'épreuve qui permette de tout vérifier et remettre au point. Et c'est bien
fort, mon cher amour, mon petit, de penser que la seule chose qu'il n'y
ait pas lieu de changer le moins du monde, qui fait tout vrai et satisfai-
15 sant, c'est notre amour à tous deux.

J'ai été piqué ce matin pour la seconde fois mais il y a cinq heures de ça et
il n'y paraît pas du tout. Peut-être la tête un peu vague, si l'on veut bien
chercher. J'ai même mangé un sandwich au saucisson. [...]

Mon doux petit, j'ai formidablement envie de vous voir, je vous presserai
20 comme un citron. Je vous aime tant, doux petit Castor.

Jean-Paul Sartre, *Lettres au Castor et à quelques autres*, 1983.

De Jean-Paul Sartre à Simone de Beauvoir

1. a) Montrez que Jean-Paul Sartre et Simone de Beauvoir éprouvent de la tendresse et de l'amour l'un envers l'autre.

   b) Trouvez une hyperbole* qui affirme que leur amour est sans faille.

2. Selon Sartre, pourquoi l'épreuve dans le couple est-elle bénéfique?

3. Quelle est la conception de la vie de Sartre?

4. Sartre dit à son amante: «[...] je vous presserai comme un citron» (l. 19-20).

   a) De quelle figure de style* s'agit-il?

   b) Quel lien pouvez-vous établir entre cette phrase et l'amour?

De Simone de Beauvoir à Nelson Algren

Mercredi [2 juillet 1947]

Nelson, mon amour. Quelle bonne lettre vous m'avez envoyée ! à pleurer de tendresse comme j'avais fait sur la fleur blanche. Je vous aime, je suis heureuse. Heureuse que vous disiez que cet amour est *bon*, car j'en suis convaincue. D'abord votre lettre était longue ; quand elles sont longues je peux les relire une
5 semaine entière avant de les savoir par cœur, moment où arrive la suivante. [...]

[...]

[...] J'avais senti qu'à vos yeux, précisément, j'étais une femme, ça m'avait plu parce que vous me plaisiez. Mais qu'arriverait-il exactement ? Serais-je même aussi attirée par vous que la première fois ? C'est pourquoi j'ai voulu prendre une chambre d'hôtel. Et puis au cours de la journée vous m'avez séduite, quand
10 vous m'avez embrassée ça m'a plu, et j'ai été heureuse de dormir chez vous. Ce n'est que le jour suivant que j'ai véritablement fait connaissance avec vous ; d'abord j'ai été sensible à la façon dont vous m'aimiez, puis je vous ai aimé tout court. À présent j'ai l'impression que je vous connais depuis très longtemps, que nous avons été amis toute notre vie, quoique notre amour soit
15 si neuf. Mon chéri, nuit et jour je me sens enveloppée dans votre amour, il me protège de tout mal ; quand il fait chaud il me rafraîchit, quand le vent froid souffle il me réchauffe ; tant que vous m'aimerez je ne vieillirai jamais, je ne mourrai pas. Quand j'imagine vos bras autour de moi, je sens dans l'estomac la secousse dont vous parlez, dont le corps entier reste endolori.

Simone de Beauvoir, *Lettres à Nelson Algren*, 1997.

VERS LA DISSERTATION

De Simone de Beauvoir à Nelson Algren

1. Quel est l'avantage de recevoir de longues lettres ?

2. Résumez comment Simone de Beauvoir et Nelson Algren se sont séduits.

3. Relevez les antithèses* qui expriment les bienfaits de l'amour.

4. Établissez un lien entre l'extrait du *Deuxième sexe* de Simone de Beauvoir « On ne naît pas femme : on le devient » (*voir p. 132*) et le sens de la première phrase du deuxième paragraphe de cette lettre.

▉▉▉ Sujet de dissertation explicative

La vision de l'amour de Simone de Beauvoir, telle qu'exprimée dans sa lettre du 2 juillet 1947 à Nelson Algren, n'est pas tant romantique que pragmatique. Expliquez cette assertion.

Vue d'ensemble de la littérature engagée et de l'existentialisme	
Caractéristiques/thèmes	**Auteurs importants et œuvres principales**
Littérature engagée • Remise en question d'idées reçues • Défense des valeurs fondamentales de la vie humaine • Engagement social et politique • Monologue intérieur • Thèmes : liberté, engagement, spiritualité (Malraux, Bernanos, Hesse) • Prise de parole politique et sociale des poètes • Poésie civilisatrice • Dénonciation de la guerre • Thèmes : liberté, espoir, résistance, solidarité et nature	Genre privilégié : roman • Louis-Ferdinand Céline *Voyage au bout de la nuit* (1932) *D'un château l'autre* (1957) • François Mauriac *Thérèse Desqueyroux* (1927) *Le nœud de vipères* (1932) • André Malraux *La condition humaine* (1933) *L'espoir* (1937) • Antoine de Saint-Exupéry *Terre des hommes* (1939) *Le petit prince* (1943) Genre privilégié : poésie • Paul Éluard *Poésie et vérité* (1942) *Poèmes politiques* (1948) • Jacques Prévert *Paroles* (1949) *Spectacle* (1949) Genre privilégié : poésie et roman • Louis Aragon *Servitude et grandeur des Français : scènes des années terribles* (1945) *La Diane française* (1946)
Existentialisme • Prise de conscience politique • Refus du déterminisme • Obligation pour l'humain de définir lui-même son identité • Narration au « je » • Style minimaliste • Propos francs et parfois provocants du narrateur ou des personnages • Thèmes : liberté, solitude, absurdité de la vie humaine, angoisse, rapport à autrui	Genre privilégié : roman, théâtre et essai philosophique • Jean-Paul Sartre *La Nausée* (1938) *L'être et le néant* (1943) *Huis clos* (1944) • Simone de Beauvoir *Le sang des autres* (1945) *Le deuxième sexe* (1949) • Albert Camus *L'Étranger* (1942) *La peste* (1947)

4 Le malaise d'une génération

OU LA LIQUIDATION DES TRADITIONS

Auteurs et œuvres à l'étude

James Rosenquist, *Presidential Election: Kennedy*, 1960.

Le malaise d'une génération

OU LA LIQUIDATION DES TRADITIONS

Je n'avance qu'en tournant le dos au but, je ne fais qu'en défaisant.

Alberto Giacometti

Comme si l'utopie était à portée de main (1945-1980)

À la fin de la Seconde Guerre mondiale en 1945, on découvre une réalité impensable dont peu soupçonnaient l'existence : l'horreur absolue des camps d'extermination massive par l'industrie nazie de la mort. Et quand on fait le décompte des victimes de cette guerre, en incluant les 6 millions de Juifs exterminés et les 225 000 victimes de l'arme atomique au Japon, on arrive à un nombre situé entre 50 et 55 millions de morts. Comment les humains, et plus particulièrement les écrivains et les artistes, pourraient-ils demeurer indifférents devant une telle hécatombe ?...

Au lendemain du conflit mondial, une « guerre froide » divise le monde en deux blocs hostiles. Une sorte d'équilibre de la terreur s'installe alors entre l'Est et l'Ouest, ce qui a au moins l'avantage d'assurer une certaine paix. Alors que s'isole le bloc communiste, les échanges commerciaux entre les pays occidentaux explosent. De 1945 à 1975, pendant ces

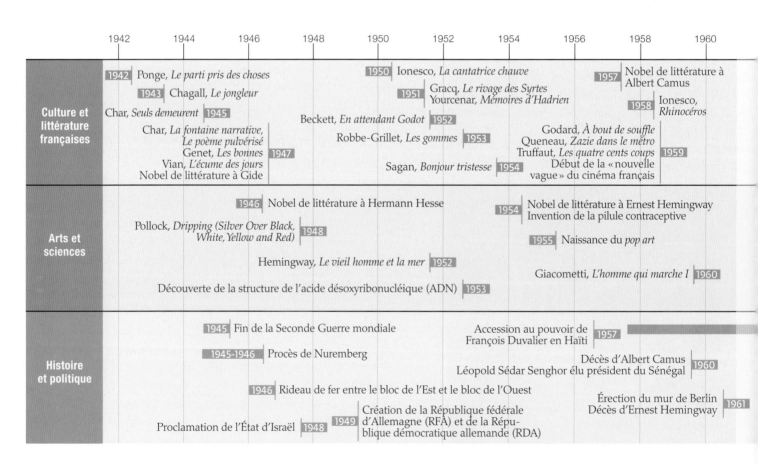

	1942	1944	1946	1948	1950	1952	1954	1956	1958	1960

Culture et littérature françaises

1942 Ponge, *Le parti pris des choses*
1943 Chagall, *Le jongleur*
Char, *Seuls demeurent* 1945
Char, *La fontaine narrative, Le poème pulvérisé*
Genet, *Les bonnes*
Vian, *L'écume des jours* 1947
Nobel de littérature à Gide
Beckett, *En attendant Godot* 1952
Robbe-Grillet, *Les gommes* 1953
Sagan, *Bonjour tristesse* 1954
1950 Ionesco, *La cantatrice chauve*
1951 Gracq, *Le rivage des Syrtes*
Yourcenar, *Mémoires d'Hadrien*
1957 Nobel de littérature à Albert Camus
1958 Ionesco, *Rhinocéros*
Godard, *À bout de souffle*
Queneau, *Zazie dans le métro*
Truffaut, *Les quatre cents coups* 1959
Début de la « nouvelle vague » du cinéma français

Arts et sciences

1946 Nobel de littérature à Hermann Hesse
Pollock, *Dripping (Silver Over Black, White, Yellow and Red)* 1948
Hemingway, *Le vieil homme et la mer* 1952
Découverte de la structure de l'acide désoxyribonucléique (ADN) 1953
1954 Nobel de littérature à Ernest Hemingway
Invention de la pilule contraceptive
1955 Naissance du *pop art*
Giacometti, *L'homme qui marche I* 1960

Histoire et politique

1945 Fin de la Seconde Guerre mondiale
1945-1946 Procès de Nuremberg
1946 Rideau de fer entre le bloc de l'Est et le bloc de l'Ouest
Proclamation de l'État d'Israël 1948
1949 Création de la République fédérale d'Allemagne (RFA) et de la République démocratique allemande (RDA)
Accession au pouvoir de François Duvalier en Haïti 1957
Décès d'Albert Camus 1960
Léopold Sédar Senghor élu président du Sénégal
Érection du mur de Berlin 1961
Décès d'Ernest Hemingway

«Trente Glorieuses» années, une ère d'expansion économique sans précédent entraîne une forte hausse du niveau de vie, faisant doubler le pouvoir d'achat entre 1950 et 1968. Les valeurs du capitalisme américain – efficacité, productivité et concurrence, libre entreprise et compétence technique – deviennent les nouvelles balises de tout l'Occident. Le mode de vie de la surpuissance états-unienne et ses biens de consommation tant culturels que matériels, désormais produits selon les normes industrielles et les techniques de diffusion massive, séduisent toutes les populations dites du «monde libre». Jamais dans l'Histoire une génération n'avait connu de transformations d'une ampleur analogue à celles que vit l'Occident de 1945 à 1975.

Une société de consommation

Dans les comportements collectifs, la frugalité et l'épargne cèdent la place à la recherche immédiate du bien-être matériel. Le monde occidental passe d'une économie qui satisfaisait des besoins à une économie qui manipule les désirs.

Arman, *Long Term Parking*, 1982.

Long Term Parking est représentatif du «nouveau réalisme» et plus spécifiquement du concept d'«accumulation» que développe le sculpteur Arman. Haute de 19,5 mètres et pesant plus 1 600 tonnes, cette tour constituée de 59 automobiles figées dans le béton rappelle les *ready-made* de Duchamp, remettant en question la définition même de l'art et de l'esthétique. L'opposition entre le lieu d'exposition de l'œuvre, un parc, et des carcasses de voitures, élevées au rang de monument, contribue à choquer le public, par là mis en face de sa réalité quotidienne de consommateur de masse.

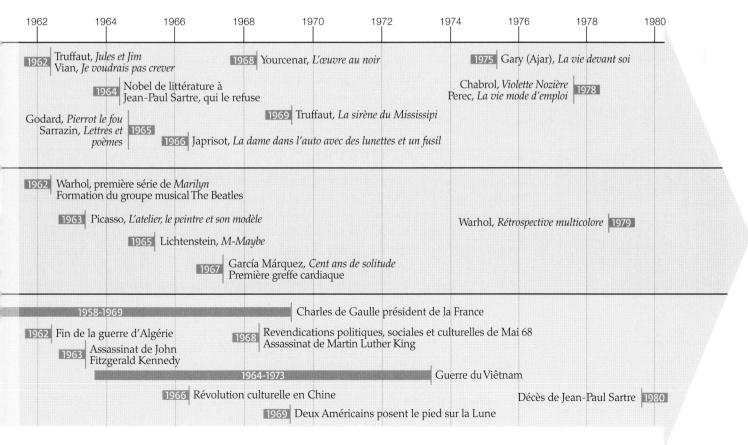

Duane Hanson, *La femme au caddie*, 1969.

Considéré comme le chef de file du courant hyperréaliste, Duane Hanson livre ici un portrait troublant de l'*American way of life*, mettant l'accent sur les effets pervers qu'entraîne la société de consommation au sein de la classe moyenne : l'embonpoint, le laisser-aller, l'indifférence, la violence. À l'opposé de Hopper dans *Nighthawks* (*voir p. 117*), Hanson rejette tout idéal de beauté et place le spectateur dans la position inconfortable d'un badaud impuissant face à une réalité quelque peu sordide.

L'invention des textiles synthétiques et l'apparition du prêt-à-porter transforment la mode ; le début de l'ère du plastique et l'entrée des robots culinaires dans les foyers métamorphosent l'univers domestique ; la production massive d'automobiles et l'arrivée des premiers avions de ligne Boeing annoncent une ère de grande mobilité. Parallèlement, on assiste à l'émergence d'une véritable industrie culturelle : valorisés par une habile publicité, la presse, la chanson et la musique pop, le disque, la radio, le cinéma, la télévision, les télécommunications, les spectacles, les *best-sellers* et les sports deviennent des biens de consommation usuelle et favorisent la montée vertigineuse d'une culture de masse. Tous ces changements, qui donnent naissance à des classes moyennes, modifient profondément la vie quotidienne : le temps de repos d'hier devient un temps de loisir et de consommation.

Les premiers à profiter de cette culture disparate sont les jeunes Américains, ceux qu'on appelle dès la fin des années 1950 les *teenagers*. Ces adolescents représentent un véritable phénomène de société : en plus d'être soudés par des engouements communs qui leur confèrent le sentiment d'appartenance à une même génération, ils disposent pour la première fois d'un pouvoir d'achat autonome. Ces jeunes adoptent comme maîtres à penser les écrivains contestataires de la *beat generation*, regroupés en Californie, enclave hautement marginale dans l'Amérique puritaine des années 1950, autour de quelques chefs de file tels que Jack Kerouac. Ce dernier, auteur de *Sur la route* (1957), raconte dans ses écrits sa vie de liberté et d'errance tant dans les grands espaces américains qu'à l'intérieur de lui-même. Les *teenagers* trouvent leurs héros dans le cinéma, en particulier dans le James Dean de *La fureur de vivre* (1955), qui incarne le romantisme de cette génération ; ils se reconnaissent dans ce personnage qui a vécu intensément et est mort jeune et beau dans une voiture roulant à 240 kilomètres à l'heure. Les jeunes adoptent même les vêtements de leurs héros : le blue-jean, le blouson de cuir et le t-shirt, cette pièce indispensable de l'habillement qui n'était au départ porté que comme sous-vêtement, mais qu'on exhibe maintenant dans la rue en toute liberté. Cette génération permissive amorce une critique de la société de consommation. Cette culture prend peu de temps à se propager dans le reste du monde occidental.

Le choc des générations

La plupart des pays occidentaux se sont modernisés. Cependant, malgré la profonde mutation qui donne la priorité à l'avoir, les populations adultes conservent le plus souvent les mentalités et les attitudes associées au passé. Elles restent attachées à la puissance de la tradition, à la religion de leurs parents et à une vieille conception de la morale qui semble les rassurer quant à un certain ordre des choses. Les adultes valorisent toujours l'autoritarisme et survalorisent le passé. Aussi n'est-il pas rare de voir de jeunes filles répudiées par leur famille parce qu'elles sont enceintes, les relations sexuelles avant le mariage étant encore considérées comme une faute des plus graves.

Une partie de la jeune génération tient à se démarquer du monde gris et uniforme des adultes, à se désolidariser totalement des règles et des codes de la génération des pères. Nombre de ces jeunes, issus du *baby-boom*, veulent échapper au matérialisme qui anime leurs parents : travail routinier, compte en banque, couple paralysé par l'obligation de durer, rêve d'une maison en banlieue et concession à perpétuité dans un cimetière. Ces contestataires ne veulent pas passer leur vie à courir après des dollars, mais souhaitent plutôt prendre le

Richard Hamilton, *Qu'est-ce qui peut bien rendre nos foyers d'aujourd'hui si différents, si sympathiques ?*, 1956.

Cette œuvre est considérée comme fondatrice du *pop art*. Plus qu'une représentation du confort moderne que symbolisent la marque Ford, le téléviseur, l'aspirateur et la nourriture en conserve, ce collage ridiculise les canons de beauté de l'époque, la *pin-up* et le culturiste, respectivement affublés d'un abat-jour et d'une sucette géante. L'abréviation du terme *lollipop* serait à l'origine de l'expression « *pop art* ». Le portrait de John Ruskin, défenseur de l'art pour l'art, ajoute au caractère ironique de l'œuvre.

temps de vivre et d'aimer, de regarder les autres avec des yeux neufs, en dehors des structures hiérarchiques. Ils tournent le dos à un monde qu'on leur a préparé pour en inventer un autre.

Ils remettent en cause le nouveau *credo* qui établit un lien entre richesse et bonheur. Ils dénoncent cette civilisation de l'inutile, des gadgets et du gaspillage, qui rend les gens esclaves de futilités. Selon eux, leurs aînés n'ont su mettre à portée de main que le confort matériel ; ils n'ont fait que consommer des biens sans se soucier de leur vie intérieure qu'ils ont laissée se perdre dans leur quête de la richesse. Aussi tentent-ils de faire sortir leur esprit de l'abîme du matérialisme dans lequel leurs parents se sont enfoncés. Les avantages du progrès économique viennent de buter contre le malaise d'une génération.

Contre-culture et mutation sociale

Le drame de la jeunesse [...], c'est qu'elle a tout sauf quelque chose, et ce quelque chose, c'est l'essentiel.

Robert Kennedy

La décennie 1960, qui voit l'État providence prendre le relais de l'« Église providence », est aussi celle de la montée de l'individualisme. La jeune génération s'oppose avec vigueur à une société qu'elle juge trop rigide et trop matérialiste ; elle estime qu'il est passé le temps où le comportement de chacun était déterminé par des traditions ou des directives venues du dehors. Avec une surprenante confiance dans la possibilité du changement, chacun revendique dorénavant le droit à la réalisation totale de soi, à l'expression de son authentique individualité. Naît alors un mouvement protéiforme de contestation, caractérisé par un mode de vie autant que par une idéologie, qui vient mettre en évidence le malaise d'une société ayant trop sacrifié au mythe de la consommation. Ce mouvement est culturel et non politique, puisqu'il ne brigue pas le pouvoir, mais cherche plutôt à dissoudre les fondements idéologiques traditionnels. L'individualisme se fait ainsi le ferment de dissolution des ordres anciens : une société se référant à la discipline cède la place à une société guidée par l'autonomie individuelle.

La contre-culture est née, et elle entend changer le monde, à commencer par chaque individu. Remis en question, le principe d'autorité fait place à celui de la négociation et du consentement. S'ensuit un remodelage des rapports sociaux basé sur une démocratisation des relations. Bientôt, la famille patriarcale est déstructurée. Toute autorité est discutée : dans la religion, en politique, au travail, sans oublier le monde de l'enseignement. Le droit de choisir sa vie et de disposer de son corps est désormais un idéal de vie, et la vieille morale qui pèse sur les rapports sociaux et sur la sexualité est déconsidérée, car la contre-culture se manifeste d'abord et avant tout à travers le corps. La transgression euphorique de tous les tabous devient le mot d'ordre de cette « culture jeune » qui se veut spontanée et créatrice. Au changement d'équilibre économique des années 1950, la jeunesse, promue pour la première fois au rang de groupe social incontournable, vient adjoindre un changement d'équilibre culturel.

Affiche du film *Apocalypse Now* (détail).

Ce film qui se déroule lors de la guerre du Viêtnam déborde du cadre strictement historique pour amorcer une réflexion sur la raison d'être de la guerre et sur les intérêts de ceux qui en sont à l'origine.

Une effervescence planétaire

Une carte du monde qui n'inclurait pas l'Utopie n'est pas digne d'un regard, car elle écarte le seul pays auquel l'Humanité sans cesse aborde.

Oscar Wilde

Étonnamment, une cristallisation de la lutte entre les valeurs des conservateurs et des contestataires se produit à peu près partout dans le monde dans cette brève période, comme s'il s'agissait d'une mutation planétaire. Dans les campus de Californie, les étudiants se révoltent contre l'intervention de l'armée américaine dans la guerre du Viêtnam (1964-1975). À Nanterre, en France, les étudiants, las des scléroses universitaires et dégoûtés de l'attitude égoïste des nouveaux riches, se mobilisent pour faire une « révolution culturelle » : en mai 1968, la fronde gagne tout le pays. Le Québec connaît aussi ses poussées de contestation : des manifestations hostiles accueillent la reine d'Angleterre lors de sa visite en 1964, évènement auquel on a donné le nom de « samedi de la matraque » ; les défilés de la Saint-Jean-Baptiste en 1968 et en 1969 se terminent par des émeutes ; de 1963 à 1970, un petit groupe d'utopistes radicaux, membres du Front de libération du Québec, recourent à la violence pour faire advenir plus rapidement une victoire indépendantiste. À cette époque nommée la « Révolution tranquille », les consciences s'affranchissent définitivement de la tutelle de l'Église et s'émancipent sur le plan moral. Le Québec connaît une vague de désacralisation et de sécularisation des institutions et de la vie sociale.

En 1966, Mao Zedong amorce la révolution culturelle en Chine ; parallèlement, en URSS, une littérature du goulag (avec, entre autres, Boris Pasternak et Alexandre Soljenitsyne) dénonce le régime stalinien et annonce un tournant capital pour ce pays. Des dictatures militaires prennent le pouvoir en Amérique latine. À Cuba, Fidel Castro implante le marxisme-léninisme, et sa révolution met à l'avant-plan des individus comme Che Guevara, qui devient un nouveau type de héros, à la fois romantique et révolutionnaire. Aux États-Unis, en 1963, John Fitzgerald Kennedy, un président qui incarne le renouveau et la jeunesse, est assassiné en pleine rue. Le pasteur noir américain Martin Luther King, qui lutte en faveur des droits civils, est lui aussi tué, en 1968. Même l'Église catholique connaît sa « révolution » : le pape Jean XXIII convoque le IIe concile œcuménique du Vatican (1962-1965) pour inscrire l'Église dans le monde moderne. Après des troubles révolutionnaires en Pologne et en Hongrie, la Tchécoslovaquie tente à son tour de se libérer du joug soviétique, durant ce qu'on appelle le « Printemps de Prague », en 1968. De leur côté, les États-Unis agrandissent leurs frontières de façon spectaculaire en 1969, lorsque des Américains marchent sur la Lune. L'astronaute Neil Armstrong résume ainsi l'exploit : « C'est un petit pas pour l'homme, mais un grand bond pour l'humanité. » L'observation de notre planète à partir de la Lune permet de confirmer, pour la première fois, l'assertion du poète Paul Éluard : « La terre est bleue comme une orange. »

Photo sur la pochette de l'album *Abbey Road* des Beatles, 1969.

Les revendications féministes

Dans les années 1970, les femmes prennent le relais des jeunes. Un ambitieux mouvement révolutionnaire féministe puise dans la contre-culture ses modes de dénonciation. S'appuyant, entre autres, sur *Le deuxième sexe* (1949) de Simone de Beauvoir, et conforté par l'invention, en 1954, de la pilule contraceptive, le mouvement de libération de la femme (MLF) prône l'émancipation des femmes et la déconstruction des rôles et des mécanismes du pouvoir, généralement détenu par les hommes. Les féministes mettent à mal tout autant l'ordre patriarcal et le machisme dominant que les clichés de l'éternel féminin : la femme-objet, la femme facile, la maman ou la putain. Elles revendiquent leur propre jouissance sexuelle (« Jouir sans entraves ») en même temps que le choix de procréer (« Un enfant si je veux, quand je veux »). Elles militent pour une loi autorisant l'avortement de même qu'en faveur du divorce, des unions libres et du droit à la sexualité pour les jeunes. Les femmes travaillent de plus en plus à l'extérieur du foyer et elles ont compris que l'émancipation va de pair avec l'indépendance financière. Ce basculement des valeurs favorise un vaste mouvement de lutte contre toutes les formes de discrimination, par exemple envers les minorités culturelles et sexuelles qui subissent la même occultation. Cette effervescence sociale et culturelle, qui aura un impact majeur sur la libération des mœurs et les transformations sociales dans le dernier quart du XXᵉ siècle, ne s'apaise que lorsque surgit la crise du capitalisme en 1973-1974, qui s'étendra bientôt à toute la planète.

Niki de Saint Phalle, *Ange protecteur*, 1997.

L'*Ange protecteur* suspendu dans le hall de la gare centrale de Zurich fait partie de la série des « Nanas » qu'amorce Niki de Saint Phalle en 1965. Par ces sculptures monumentales de femmes plantureuses et colorées, l'artiste explore les rôles de la femme et la place qui lui est réservée dans la société. Rapidement, ces nanas en viennent à incarner le mouvement féministe. « Nana » fait référence tant au surnom qu'on donne aux jeunes femmes qu'à la courtisane du roman de Zola.

Un tournant dans la civilisation

Après une crise des valeurs qui a fait perdre à la société ses repères idéologiques et moraux, une nouvelle perturbation sévit dans l'ensemble des pays industrialisés : la brutale dégradation de la situation économique met fin à l'optimisme engendré par la société d'abondance et de consommation à tous crins. De fait, les crises pétrolières de 1973 et de 1978 signent la fin de la croissance économique que l'Occident connaissait depuis la fin de la guerre : le prix du pétrole augmente de façon spectaculaire et l'économie des pays occidentaux est ébranlée. La vieille industrie s'essouffle, l'inflation grimpe, le dollar est dévalué et l'ombre du chômage de masse assombrit le ciel de l'État providence qui s'était imposé comme le principal ordonnateur de la vie économique. Loin de se résorber, les crises économiques se multiplient. Un mot est inventé, « stagflation », pour souligner un nouveau phénomène qui s'installe, mélange de stagnation et d'inflation. En découlent de plus en plus d'inégalités, de paupérisation, d'exclusions, de délinquance et de violence qui préoccupent les esprits. Comme si la défaite du capitalisme occidental marquait la fin du mythe du progrès continu et des espérances qu'il nourrissait.

Quelques slogans des étudiants affichés aux murs des universités en mai 1968

« Il est interdit d'interdire. »

« Faites l'amour, pas la guerre. »

« Prenez vos désirs pour la réalité. »

« Le pouvoir est à l'imagination. »

« Ne me libère pas, je m'en charge. »

« Vivre sans temps morts, jouir sans entraves. »

« Plus je fais l'amour, plus je fais la révolution. »

« Cours camarade, le vieux monde est derrière toi. »

« Ne faites jamais confiance à quelqu'un de plus de trente ans. »

*De nos jours, être un artiste signifie s'interroger
sur la nature de l'art.*

Joseph Kosuth

L'art de cette époque se « dé-définit » et se « dés-esthétise », selon les termes de l'Américain Harold Rosenberg. Alors que l'abîme moral et philosophique ne cesse de se creuser à la suite de la Shoah et du souvenir culpabilisant d'Hiroshima, les créateurs prennent conscience que l'esthétique selon laquelle le public doit trouver du plaisir dans son rapport à l'art est devenue inconvenante. Le théoricien Theodor W. Adorno pose même cette interrogation : « Il n'est pas certain que l'art puisse être encore possible. »

Aussi les artistes demandent-ils dorénavant à l'art de soulever des questions, de déranger, d'interroger celui qui le regarde. Dans cet art qui renoue avec les avant-gardes du début du siècle, le spectateur est appelé à adopter une attitude active : « C'est le regardeur qui fait le tableau », affirme l'influent Marcel Duchamp. L'œuvre nouvelle comporte deux éléments essentiels qui dialoguent entre eux : d'une part, les réflexions et le travail du créateur, d'autre part, les interrogations du public. De très nombreuses tendances émergent de cette nouvelle conception de l'art qui déboulonne les certitudes et dynamite les différents codes.

L'action painting

Aux États-Unis, l'influence du procédé automatiste des surréalistes amène les adeptes de l'*action painting* (« peinture gestuelle ») à pratiquer un art où le geste physique du peintre compte tout autant que le résultat final. L'artiste se répand gestuellement sur une toile de dimension monumentale étendue sur le sol ; il se mesure à lui-même comme s'il était dans une arène. Il construit en quelque sorte un champ de forces qui matérialise ses énergies et ses émotions. Jackson Pollock est le principal instigateur de ce courant où il n'y a plus d'images ni de formes, mais uniquement l'impression des énergies sur la toile. S'abandonnant lui aussi à des gestes compulsifs, Willem De Kooning conserve cependant une certaine figuration. Ce courant est à l'origine de deux innovations techniques, le *dripping* et le *all-over*. Le *dripping*, ou égouttage, inaugure une nouvelle conception de l'acte de peindre : déambulant par avancées ou récessions sur sa toile posée par terre, l'artiste y projette sa peinture (une peinture industrielle, en raison de sa fluidité) en agitant un bâton trempé dans la couleur ou en secouant énergiquement une boîte de conserve percée de trous. Quant à la technique de composition *all-over,* elle rompt avec la tradition du primat du centre par rapport aux bords : toutes les parties de la toile sont envahies, une importance égale étant accordée à chacune, sans point de fixation déterminé pour le regard. À l'image d'une réalité devenue débordante et insaisissable, le tableau ne présente plus ni haut ni bas, ni bord ni centre. Comme il permet à l'artiste d'investir la toile de tout son corps, l'*action painting* ouvre la porte à de nouvelles audaces, comme le *happening* et l'installation.

Le *colorfield painting*

À la fin des années 1950, un groupe de peintres, influencés par le regain de la spiritualité orientale sur la côte Ouest américaine, font subir une mutation à l'abstraction. Ils conservent la technique *all-over*, mais, plus portés sur la méditation que sur l'action, ils tempèrent sa violence passionnée en épurant les formes et en accordant la prédominance à de vastes champs de couleur. Dans leurs toiles, les peintres juxtaposent de larges bandes rectangulaires aux limites imprécises, dont le pourtour tend à se dissoudre sur le fond. Ces champs colorés visent à inventer de nouveaux espaces, loin de l'agitation du monde moderne : les espaces de l'intériorité et du domaine spirituel. Chez Mark Rothko, l'important n'est plus le tableau mais l'espace qu'il suscite, qu'il s'agit moins de regarder que d'éprouver en tout notre être. Kenneth Noland, Barnett Newman, Ad Reinhardt et Robert Motherwell suivent une voie semblable, chacun ajoutant une particularité qui lui est propre.

Un art informel

En Europe, un mouvement informel regroupe une multitude d'approches si semblables qu'il est pratiquement impossible de les dissocier : l'abstraction lyrique, le tachisme, le matiérisme, la peinture gestuelle, l'art

Andy Warhol, *Marilyn Monroe,* **1967.**

Avec cette représentation de Marilyn, Andy Warhol revisite les conventions du portrait dans l'art occidental, qui cherchent à affirmer le caractère unique de l'individu et à célébrer les personnalités exemplaires. Le visage de Marilyn que reproduit à plusieurs reprises Warhol, dans différentes couleurs, rappelle l'affiche publicitaire. Ce procédé transforme l'« image » de la blonde actrice en un simple produit de consommation. Warhol met ainsi en lumière le pouvoir des images sur la construction des mythes modernes, qu'il s'agisse d'un symbole sexuel (*sex symbol*) ou d'une boîte de soupe.

calligraphique et la Nouvelle École de Paris, pour n'en nommer que quelques-unes. Tous ces artistes remettent en cause l'emprise du conscient sur l'activité créatrice et privilégient la spontanéité expressive. La peinture est posée au pinceau, à la spatule, au couteau ou appliquée directement du tube. Elle s'agglutine et coule, laisse des taches, s'épaissit, se fait pâteuse et informe, pour créer des effets de relief hétérogènes et laisser surgir une forme de la matière afin de donner vie à la couleur. Alberto Burri incorpore à ses tableaux des chiffons, du bois brûlé ou du plastique. Antoni Tàpies recourt à des matériaux divers, aussi bien du liège, du latex que du goudron. Ces artistes « matiéristes » reprennent à leur façon l'intégration des objets à la toile que les artistes cubistes avaient pratiquée. D'autres s'en tiennent à la peinture : Nicolas de Staël épure le réel à la limite de la lisibilité ; Pierre Soulages tire une obscure clarté des ténèbres ; Jean-Paul Riopelle peint des toiles tempétueuses pleines à ras bord d'une épaisse pâte colorée, foisonnante de lignes brisées ; chez Jean Fautrier, la matière émerge de la toile comme des plaies.

Le retour au primitif : l'art brut

Mouvement « contre la culture » amorcé par Jean Dubuffet, l'art brut dénonce l'art culturel, professionnel et intellectuel ; il valorise plutôt l'art des cultures archaïques, les dessins des enfants et des schizophrènes. Cette démarche est fortement apparentée à l'art informel, notamment à cause de sa fascination pour les matériaux bruts. Mais dans l'art brut, les artistes passent de l'informel au difforme, de la quasi-abstraction à la déliquescence de l'image : les personnages sont sommairement tracés, déformés, caricaturaux et peuvent ressembler à des graffitis. Les artistes élaborent des œuvres sans prétention culturelle ou intellectuelle, des œuvres soumises au seul jaillissement créatif de l'inconscient. Cette esthétique de l'inculture se situe hors des repères habituels et fait de l'art en le niant. Le groupe Cobra (1948-1951) s'est particularisé dans cet art : Asger Jorn, Pierre Alechinsky et Karel Appel en sont les principaux membres.

Le *pop art*

Le *pop art* (pour *popular art*) s'approprie les objets de la vie courante, comme des boîtes de soupe, des canettes de bière, des photos de presse, des portraits de stars ou des fragments de bandes dessinées, pour en faire des photomontages, des collages, des sérigraphies... Il recycle dans les formes de l'art d'élite les images de la culture populaire de la société marchande. Ce style gomme l'espace entre l'art et la vie, prend possession entière d'une époque, dans ce qu'elle a de plus quotidien, de plus clinquant et de plus éphémère. Affranchi de tout dogme ou de tout préjugé, le *pop art* élève au rang d'objet esthétique ce qui, hier encore, était considéré comme capitaliste et laid. Andy Warhol est la figure la plus représentative du *pop art* et l'un des plus grands portraitistes du xxe siècle. Richard Hamilton, Robert Rauschenberg, Jasper Johns, Roy Lichtenstein, Tom Wesselmann, James Rosenquist, Claes Oldenburg et George Segal sont d'autres représentants de ce courant.

César, *Compression Ricard,* 1962.

Bien que *Compression Ricard* soit vu comme un regard critique jeté sur la société de consommation, cette « compression dirigée » de César est surtout une réponse esthétique au culte du nouveau, du tout neuf qui entraîne inévitablement le gaspillage et la surabondance de déchets. La presse hydraulique qu'il découvre dans les années 1960 lui permet de comprimer des objets divers tout en valorisant la récupération et la réhabilitation. César est le créateur de la statuette du même nom remise aux lauréats du cinéma français.

Le nouveau réalisme

Un mouvement parallèle prend forme en France à partir de 1960 : le « nouveau réalisme » force la peinture à sortir de sa toile et de son cadre. Les artistes délaissent le geste pictural pour s'approprier un morceau du monde, auquel ils confèrent le statut d'œuvre d'art. Leurs pratiques sont très diverses. Chaque artiste invente un nouveau langage à partir des matériaux les plus hétéroclites : ferraille, résidus de table, objets de rebut, pacotille de bazar, pianos défoncés, etc. Après avoir ramassé des déchets, l'artiste les organise : il les casse, les assemble, les accumule, les empile, les écrase, les comprime, les lacère, les emballe, les met en mouvement, les attaque au fusil, et ainsi de suite. Le geste d'appropriation du créateur semble plus important que le résultat. Cette peinture hors la toile donne une autonomie au réel sociologique et devient une chronique ironique de la société de consommation. Ainsi, Jacques Mahé de la Villeglé et Raymond Hains déchirent et décollent des affiches ou des panneaux publicitaires, Daniel Spoerri expose des restes de repas, Martial Raysse peint à l'acrylique des personnages qu'il éclaire de néons, Alain Jacquet revisite des chefs-d'œuvre de l'histoire de l'art, César compresse des automobiles, Arman récupère de vieux objets et les accumule (*voir p. 149*), Christo et Jeanne-Claude emballent des monuments, Jean Tinguely et Niki de Saint Phalle produisent des œuvres ludiques. Yves Klein reste la figure tutélaire de ce courant ; il invite de jeunes femmes nues, le corps enduit de peinture bleue, comme des pinceaux vivants, à se rouler dans des draps pour les marquer de leur empreinte corporelle (*voir p. 163*).

Renouveler l'art jusqu'à le dématérialiser

De nouvelles inventions repoussent sans cesse les limites de l'art. En 1959, Allan Kaprow inaugure le *happening*, aussi appelé « performance ». Cette approche vient bousculer les hiérarchies culturelles traditionnelles, car elle fusionne les arts (peinture, sculpture, musique, poésie et théâtre) de même que les rôles des acteurs et des spectateurs. Les artistes des *happenings* désirent créer des conditions où puissent se manifester des rapports imprévisibles, où tout peut arriver. D'autres artistes produisent des installations (ou œuvres environnementales) gigantesques qui brouillent les frontières entre l'art et la nature : Robert Smithson crée sur le rivage du Grand Lac Salé en Utah la *Spiral Jetty* (1970), une monumentale spirale de pierres et de terre atteignant 457 mètres de long. Ces œuvres généralement éphémères comptent sur la photo ou le film pour témoigner de ce qu'elles furent.

La sculpture minimaliste connaît aussi son heure de gloire : il ne s'agit ni de tableaux ni de sculptures, mais de structures tridimensionnelles construites en matériaux variés et exécutées dans des ateliers industriels, selon les plans et indications de l'artiste. Celui-ci compte sur la répétition de ces « structures élémentaires » ou « objets spécifiques » pour qu'ils s'imposent par leur seule présence, sans justification autre que leur propre structure assemblée. Parmi d'autres, les œuvres minimalistes de Donald Judd, Carl André et Dan Flavin élèvent la banalité au rang de l'art et reprennent la démarche dadaïste, puisque la création artistique y est dissociée de l'idée de culture. Enfin, l'art conceptuel semble conduire les mouvements avant-gardistes à leur terme : en mettant l'accent sur la conception plutôt que sur l'exécution, il amène la dématérialisation de l'œuvre d'art. À la limite, l'œuvre peut ne pas exister matériellement. Joseph Kosuth place au même plan l'art et la pensée : « L'idée de l'art et l'art sont la même chose. » Yves Klein expose un espace vide chez lui, comme une preuve tangible du Rien. À cette étape conceptuelle, nombreux sont ceux qui parlent d'une « crise de l'art » : ainsi porté à son paroxysme, le projet moderniste ne peut pas pousser plus loin le processus avant-gardiste de destruction des catégories de l'art.

Donald Judd, *Sans titre,* 1974.

Le minimalisme auquel appartiennent la plupart des œuvres de Donald Judd est né en réaction à l'expressionnisme abstrait et au *pop art,* dans l'objectif d'éliminer toute subjectivité et tout superflu qui donneraient à voir autre chose que ce qui est visible : la matière. Judd réalise dans des matériaux bruts des structures simples qu'il répète, comme c'est le cas dans cette installation. Par son travail, souvent monumental, il remet en question le rapport qu'entretient l'œuvre avec son environnement, pour offrir au spectateur une expérience physique de l'œuvre.

Une littérature qui se remet en question

L'atrocité de la Première Guerre mondiale avait ébranlé les consciences collectives et les certitudes individuelles. Le surréalisme et la littérature engagée ont bien tenté de rasséréner l'humain, mais leurs efforts n'ont pu empêcher l'horreur absolue de la Seconde Guerre. Le génocide programmé d'un peuple et la double abomination d'Auschwitz et d'Hiroshima, avec ses dizaines de millions de cadavres, taraudent les consciences désorientées par une telle inhumanité. On ne peut que déplorer l'impuissance de la raison et de la culture face à la barbarie.

Les écrivains s'interrogent sur la légitimité même de la littérature, sur la validité du discours humaniste et des formes d'art qu'il engendre. L'impuissance de l'écriture à combattre le cortège d'horreurs qui ont marqué ce siècle ne peut que modifier les cadres de la création et mettre à mal les modèles reçus du roman, du théâtre et de la poésie, ainsi que toutes les formes usées de l'éloquence officielle et de la raison. Cet éclatement des formes et de leur contenu, tout comme dans l'art, ne fait que correspondre à l'éclatement d'une conception du monde. Et c'est ainsi que se développe une « nouvelle » littérature, insolite, qui vient dire le paradoxal effacement de l'être humain, conter sa crise d'identité et mimer celle de son langage, livré à la dissolution.

Le roman

Les codes romanesques ont passablement évolué depuis le XVIIIᵉ siècle : après avoir cerné les individus par leurs caractères ou leurs passions, le roman confie bientôt aux milieux sociaux le soin de déterminer le rôle de ses personnages. Au début du XXᵉ siècle, l'analyse de plus en plus fine de la complexité intérieure fait voler en éclats le personnage social, jugé trop rigide et incapable de saisir la vie tumultueuse de la conscience. Parallèlement à la déperdition de la prétention documentaire du roman, le monologue intérieur vient rendre compte des innombrables subtilités psychiques de ses protagonistes.

Dès 1945, les romanciers s'interrogent toujours davantage sur la nature et la fonction du roman : ils mettent en doute sa capacité à dire un monde qui devient de moins en moins compréhensible, dont on saisit surtout l'absurdité. Si les romanciers de la génération précédente se sont attachés à trouver un sens à la vie, ceux de la nouvelle génération entendent plutôt dissoudre ce qui reste des anciennes structures du récit afin d'exprimer le chaos qui menace nos vies et notre conformisme, pour dire la confusion et la détresse inhérente à toute existence. C'est ainsi que les récits deviennent de véritables laboratoires narratifs où la forme et l'écriture se constituent en véritables héros de la fiction.

Des romans différents

L'amour est un châtiment. Nous sommes punis de n'avoir pas pu rester seuls.

Marguerite Yourcenar

Si l'après-guerre est surtout marqué par les transformations radicales de ce qu'on a appelé le Nouveau Roman, il existe néanmoins de grands romanciers, irréductibles à toute étiquette, qui persistent à suivre une route personnelle échappant à toute catégorisation. Tout en renouvelant une certaine idée de la littérature, leurs œuvres refusent néanmoins de tout remettre en question. C'est aussi l'époque où les femmes commencent à occuper leur place légitime dans les lettres, la libération des mœurs s'accompagnant d'une libération de la parole et de l'écriture.

Marguerite Yourcenar (1903-1987)

Le véritable lieu de naissance est celui où l'on a porté, pour la première fois, un coup d'œil intelligent sur soi-même.

Marguerite Yourcenar, 1979.

Grande humaniste, femme libre et citoyenne du monde, Marguerite de Crayencour, dite Marguerite Yourcenar, scrute le passé, en capte les facettes obscures emprisonnées dans l'Histoire et les transforme en fils conducteurs vers le présent : «C'est de l'amour de la vie qu'il s'agit [...] Quand on aime la vie, on aime le passé, parce que c'est le présent tel qu'il a survécu dans la mémoire humaine», affirme la romancière. Ses autobiographies fictives, dont la réussite est fondée sur la qualité de ses recherches, ont renouvelé le roman historique. Pour ces œuvres, l'écrivaine s'infiltre à l'intérieur de personnages appartenant au passé – l'Antiquité dans *Mémoires d'Hadrien* (1951) ou la Renaissance dans *L'œuvre au noir* (1968) – afin d'en faire une analyse d'une rare finesse psychologique. À la recherche d'une éthique, Yourcenar reconstitue la vie et la carrière de ses personnages et propose, sans rien forcer, une réflexion sur la condition humaine. Cette reconstitution mi-historique, mi-fictive du passé est livrée dans une langue classique et rigoureuse, dense et dépouillée, mais vibrante de perceptions et d'interrogations. Styliste accomplie, la romancière manie habilement l'allégorie et la parabole, et fait appel à toutes les ressources du monologue introspectif afin de faire entendre la voix propre des personnages évoqués.

Dans *L'œuvre au noir*, l'auteure brosse une fresque des années 1510-1569. Elle y décrit la vie d'un personnage fictif, Zénon, philosophe, médecin et alchimiste, éternel errant et dissident, qui parcourt l'Europe à la recherche de nouvelles connaissances. Coincé entre les promesses de l'humanisme et le fanatisme de l'Inquisition, il tente d'élucider les mystères de l'homme et de la vie. Cet être d'un scepticisme radical, habité par le désir du dépassement et de l'ascèse, en vient, après une succession d'épreuves qui le portent à examiner et à évaluer son existence, à se libérer des routines et des préjugés et à atteindre la sagesse. Dans ce roman, Marguerite Yourcenar semble avoir voulu reculer dans le temps pour remonter à l'Homme lui-même. Dans l'extrait retenu, Zénon s'abîme dans l'une de ses visions.

La rouille du faux

Les idées glissaient elles aussi. L'acte de penser l'intéressait maintenant plus que les douteux produits de la pensée elle-même. Il s'examinait pensant, comme il eût pu compter du doigt à son poignet les pulsations de l'artère radiale, ou sous
5 ses côtes le va-et-vient de son souffle. Toute sa vie, il s'était ébahi de cette faculté qu'ont les idées de s'agglomérer froidement comme des cristaux en d'étranges figures vaines, de croître comme des tumeurs dévorant la chair qui les a conçues, ou encore d'assumer monstrueusement certains linéaments[1] de la
10 personne humaine, comme ces masses inertes dont accouchent certaines femmes, et qui ne sont en somme que de la matière qui rêve. Bon nombre des produits de l'esprit n'étaient eux aussi que de difformes veaux-de-lune[2]. D'autres notions, plus propres et plus nettes, forgées comme par un maître ouvrier, étaient de
15 ces objets qui font illusion à distance; on ne se lassait pas d'admirer leurs angles et leurs parallèles; elles n'étaient néanmoins que les barreaux dans lesquels l'entendement s'enferme lui-même, et la rouille du faux mangeait déjà ces abstraites ferrailles. Par instants, on tremblait comme sur le bord d'une
20 transmutation : un peu d'or semblait naître dans le creuset de la cervelle humaine; on n'aboutissait pourtant qu'à une équivalence; comme dans ces expériences malhonnêtes par lesquelles les alchimistes de cour s'efforcent de prouver à leurs clients princiers qu'ils ont trouvé quelque chose, l'or au fond de la cor-
25 nue n'était que celui d'un banal ducat[3] ayant passé par toutes les mains, et qu'avant la cuisson le souffleur y avait mis. Les notions mouraient comme les hommes : il avait vu au cours d'un demi-siècle plusieurs générations d'idées tomber en poussière.

Marguerite Yourcenar, *L'œuvre au noir*, 1968.

1. Lignes élémentaires, premiers traits, esquisses. **2.** L'expression «veaux-de-lune» serait une traduction libre de l'anglais *mooncalf* qui désigne le fœtus avorté, entre autres, d'une vache (par extension, de tout animal de ferme). **3.** Monnaie des ducs ou doges de Venise.

Quelques citations de Yourcenar

«L'humain me satisfait ; j'y trouve tout, jusqu'à l'éternel. »

«Qu'il eût été fade d'être heureux. »

«On ne bâtit un bonheur que sur un fondement de désespoir. Je crois que je vais pouvoir me mettre à construire. »

«Rien n'est plus lent que la véritable naissance d'un homme. »

«Le feu le plus ardent est celui qui rafraîchit le plus. »

La rouille du faux

1. Dites ce que signifient les expressions suivantes et de quelle figure de style* il s'agit :

   a) « les douteux produits de la pensée » (l. 2) ;

   b) « ces masses inertes dont accouchent certaines femmes » (l. 10-11).

2. a) Expliquez le lien qui existe entre la transmutation et la naissance d'une idée.

   b) Par quel procédé stylistique* cela est-il rendu ?

3. a) Relevez une figure de rapprochement* fréquemment employée dans l'extrait.

   b) Donnez-en quelques exemples.

4. Quelle opinion le narrateur a-t-il des alchimistes ?

▓▓▓ Sujet de dissertation explicative

D'après Zénon, le narrateur de *L'œuvre au noir* de Marguerite Yourcenar, les idées sont douteuses. Expliquez cette affirmation.

Georges Mathieu, *Les Capétiens partout,* **1954.**

Ce tableau est exemplaire de l'abstraction lyrique que défend Georges Mathieu et de l'importance de la gestuelle dans l'acte de peindre. Le format monumental, 3 mètres sur 6 mètres, engage tout le corps du peintre. La rapidité d'exécution, 1 h 20 min, proche d'un automatisme spontané, confirme aussi sa volonté de laisser « parler » la matière. Et cela malgré le titre, référence à Hugues Capet, premier d'une longue dynastie de rois de France.

Julien Gracq, 1951.

Julien Gracq (1910-2007)

Tant de mains pour transformer ce monde, et si peu de regards pour le contempler !

Louis Poirier, dit Julien Gracq, un esprit brillant à la pensée incisive, se tient loin des modes littéraires et de la pression médiatique, ce qui l'amène même à refuser le prix Goncourt qui vient de lui être décerné pour *Le rivage des Syrtes* (1951). Cette œuvre sombre et raffinée se déroule dans un pays fictif et décadent, depuis longtemps engagé dans une drôle de guerre avec le pays voisin. Le conflit demeure en sursis, la bataille ayant cessé depuis 300 ans, mais aucun belligérant ne peut se permettre ni de s'avouer vaincu, ni de continuer, ni n'est prêt à négocier la paix. Rêvant d'exil et d'ascétisme, un jeune officier, Aldo, accepte le poste d'observateur dans une forteresse depuis longtemps abandonnée sur la frontière. Constamment en état d'alerte, il attend une déclaration de guerre qui n'arrive jamais.

L'histoire sert de support à la création d'un monde strictement imaginaire, qui est cependant décrit avec une précision de géographe, les références historiques entremêlant les époques. Le lecteur ne peut se fier à la chronologie des évènements et doit se laisser guider par des images somptueuses, des symboles et des réminiscences littéraires semées au fil des pages, qui prennent vite le pas sur le récit. Ce grand roman, dont l'écriture rappelle la poésie, réussit particulièrement bien à exprimer la présence envoûtante de la mer, ici symbole de la liberté. L'histoire apparemment anodine accède au rang de l'intemporalité, tout en proposant une méditation sur la destinée humaine et le déclin d'une civilisation. Dans l'extrait retenu, Aldo, le narrateur, est envoyé en observateur dans la province des Syrtes où il retrouve la princesse Vanessa. La narration laisse présager que la rencontre de cette femme passionnée aura des effets néfastes.

Une hostilité murée et chagrine

[...] Je jetais les yeux autour de moi, tout à coup frileux et seul sous ce jour cendreux de verrière triste qui flottait dans la pièce avec la réverbération du canal : il me semblait que le flux qui me portait venait de se retirer à sa laisse la plus
5 basse, et que la pièce se vidait lentement par le trou noir de ce sommeil hanté de mauvais songes. Avec son impudeur hautaine et son insouciance princière, Vanessa laissait toujours battantes les hautes portes de sa chambre : dans le demi-jour qui retombait comme une cendre fine du
10 rougeoiement de ces journées brèves, les membres défaits, le cœur lourd, je croyais sentir sur ma peau nue comme un souffle froid qui venait de cette enfilade de hautes pièces délabrées ; c'était comme si le tourbillon retombé d'un saccage nous eût oubliés là, terrés dans une encoignure,
15 comme si mon oreille dressée malgré moi dans l'obscurité eût cherché à surprendre au loin, du fond de ce silence aux aguets de ville cernée, la rafale d'une chasse sauvage. Un malaise me dressait tout debout au milieu de la chambre ; il me semblait sentir entre les objets et moi comme un im-
20 perceptible surcroît de distance, et le mouvement de retrait léger d'une hostilité murée et chagrine ; je tâtonnais vers un appui familier qui manquait soudain à mon équilibre, comme un vide se creuse devant nous au milieu d'amis qui savent déjà une mauvaise nouvelle. Ma main serrait malgré
25 elle l'épaule de Vanessa ; elle s'éveillait toute lourde ; sur son visage renversé je voyais flotter au-dessous de moi ses yeux d'un gris plus pâle, comme tapis au fond d'une curiosité sombre et endormie – ces yeux m'engluaient, me halaient comme un plongeur vers leurs reflets visqueux
30 d'eaux profondes ; ses bras se dépliaient, se nouaient à moi en tâtonnant dans le noir ; je sombrais avec elle dans l'eau plombée d'un étang triste, une pierre au cou.

Julien Gracq, *Le rivage des Syrtes*, 1951.

VERS LA DISSERTATION

Une hostilité murée et chagrine

1. Faites ressortir les mots ou les expressions qui concourent à l'évènement tragique de la fin de l'extrait.

2. Le narrateur ne semble pas apprécier Vanessa. Quelles en sont les raisons ?

3. Décrivez le cadre spatiotemporel de cet extrait.

4. Les sens de la vue, de l'odorat et du toucher sont sollicités. Relevez les mots ou les expressions qui dénotent des sensations.

Romain Gary (1914-1980)

Avec l'amour maternel, la vie vous fait à l'aube une promesse qu'elle ne tient jamais.

Romain Gary, 1978.

Maître de la simulation et de la réincarnation, Romain Gary trouve des suppléments d'existence en se glissant dans la défroque des autres : « Je me suis toujours été un autre », avoue-t-il. Cet homme d'origine russe peut mener plusieurs romans de front, sous divers noms, en français et en anglais. Il connaît le succès avec des romans qui dénoncent différentes formes d'oppression, des récits tourmentés qui tentent d'établir des points de repère en un temps de confusion : « Toute mon œuvre est à la recherche de l'humain fondamental, de l'humain essentiel. » Le 2 décembre 1980, il se tire un coup de feu dans la bouche, laissant à côté de lui ces mots : « Je me suis enfin exprimé entièrement. »

Gary monte une singulière supercherie littéraire où, sous le pseudonyme d'Émile Ajar, il obtient pour la seconde fois le prix Goncourt. Il est le seul auteur à avoir jamais remporté deux fois ce prestigieux prix : d'abord pour *Les racines du ciel* en 1956 et ensuite pour *La vie devant soi*, en 1975. Il s'amuse de l'enthousiasme des critiques devant les audaces de ce « nouveau jeune auteur ». Ce succès, il le doit d'abord et avant tout à son style incisif, qui serre de près la langue orale, mais qui tient l'argot à distance, lui préférant plutôt les formules lapidaires et cocasses, les phrases distordues porteuses d'un humour d'une grande finesse.

Dans *La vie devant soi*, Gary/Ajar confie la narration à un jeune émigré orphelin, Mohammed (ou Momo), recueilli par une ancienne tenancière de maison close. Il observe les manies et les hantises de cette vieille dame qui a toute une vie derrière elle et la mort devant elle. Les sujets les plus sérieux, tels que la dégradation causée par la vieillesse, thème qui obsède Gary, y sont traités avec une fraîcheur qui sait allier humour et émotion. Une œuvre humaniste qui célèbre la beauté de la vie.

Celui qui va lentement et qui n'est pas français

[...] Alors j'ai dit :

— Monsieur Hamil, Monsieur Hamil ! comme ça, pour lui rappeler qu'il y avait encore quelqu'un qui l'aimait et qui connaissait son nom et qu'il en avait un.

5 Je suis resté un bon moment avec lui en laissant passer le temps, celui qui va lentement et qui n'est pas français. Monsieur Hamil m'avait souvent dit que le temps vient lentement du désert avec ses caravanes de chameaux et qu'il n'était pas pressé car il transportait l'éternité. Mais
10 c'est toujours plus joli quand on le raconte que lorsqu'on le regarde sur le visage d'une vieille personne qui se fait voler chaque jour un peu plus et si vous voulez mon avis, le temps, c'est du côté des voleurs qu'il faut le chercher.

Le propriétaire du café que vous connaissez sûrement, car
15 c'est Monsieur Driss, est venu nous jeter un coup d'œil. Monsieur Hamil avait parfois besoin de pisser et il fallait le conduire aux W.-C. avant que les choses se précipitent. Mais il ne faut pas croire que Monsieur Hamil n'était plus responsable et qu'il ne valait plus rien. Les vieux ont la
20 même valeur que tout le monde, même s'ils diminuent. Ils sentent comme vous et moi et parfois même ça les fait souffrir encore plus que nous parce qu'ils ne peuvent plus se défendre. Mais ils sont attaqués par la nature, qui peut être une belle salope et qui les fait crever à petit feu. Chez
25 nous, c'est encore plus vache que dans la nature, car il est interdit d'avorter les vieux quand la nature les étouffe lentement et qu'ils ont les yeux qui sortent de la tête. Ce n'était pas le cas de Monsieur Hamil, qui pouvait encore vieillir beaucoup et mourir peut-être à cent dix ans et
30 même devenir champion du monde. Il avait encore toute sa responsabilité et disait « pipi » quand il fallait et avant que ça arrive et Monsieur Driss le prenait par le coude dans ces conditions et le conduisait lui-même aux W.-C. Chez les Arabes, quand un homme est très vieux et qu'il va être
35 bientôt débarrassé, on lui témoigne du respect, c'est autant de gagné dans les comptes de Dieu et il n'y a pas de petits bénéfices. C'était quand même triste pour Monsieur Hamil d'être conduit pour pisser et je les ai laissés là car moi je trouve qu'il faut pas chercher la tristesse.

Romain Gary (Émile Ajar), *La vie devant soi*, 1975.

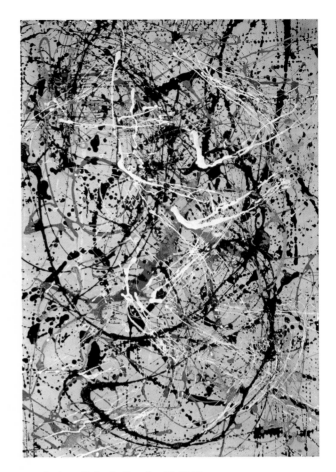

Jackson Pollock, *Numéro 20*, 1949.

Représentant incontestable de l'*action painting* américain, Jackson Pollock révolutionne la manière de peindre, influençant nombre de ses contemporains. Il élabore notamment une technique, le *dripping*, qui consiste à laisser couler la peinture sur la toile. S'il partage avec Georges Mathieu un profond intérêt pour la gestuelle créatrice, il l'exprime de manière bien différente, ne serait-ce qu'en n'étant jamais en contact direct avec la toile. La peinture coule directement du pot, du pinceau ou de tout autre outil.

VERS LA DISSERTATION

Celui qui va lentement et qui n'est pas français

1. Le thème du temps qui passe domine le début de l'extrait.

    a) Expliquez comment Monsieur Hamil conçoit le temps qui passe.

    b) Quelle est la conception de Momo quant à ce thème ?

2. Quelle est l'opinion de Momo à propos des vieux ?

3. Que reproche Momo à la nature ?

4. Que signifie l'expression « il est interdit d'avorter les vieux » (l. 25-26) ?

5. Qu'entend Momo lorsqu'il affirme qu'un homme très vieux « va être bientôt débarrassé » (l. 34-35) ?

Sujet de dissertation explicative

Momo affirme, dans cet extrait de *La vie devant soi* de Romain Gary (Émile Ajar), qu'il ne faut pas chercher la tristesse. Comment cette façon de voir s'applique-t-elle à l'extrait ?

Borin Vian, 1949.

Boris Vian
(1920-1959)

Dire des idioties de nos jours où tout le monde réfléchit profondément, c'est le seul moyen de prouver qu'on a une pensée libre et indépendante.

Figure marquante du quartier parisien de Saint-Germain-des-Prés dans l'après-guerre et auteur fétiche de la jeunesse des années 1960, Boris Vian mène sa vie à vive allure : cet iconoclaste est musicien, trompettiste, scénariste, parolier, chanteur, pataphysicien, traducteur, ingénieur ingénu, poète, chroniqueur de jazz, essayiste, sans oublier romancier unique en son genre et dont l'œuvre est devenue mythique.

Vian se plaît à rire de tout, puisqu'on ne peut qu'en pleurer. Son œuvre, marquée par le surréalisme et minée par la mélancolie, est caractérisée par le goût de l'insolite et une prodigieuse invention verbale. L'ironie omniprésente sert à détourner le regard de profondes blessures, et l'humour doit conjurer l'angoisse, que ce soit de la maladie, de la déchéance ou de la mort absurde : « Comme tout le monde, je passe ma vie à préparer une image déformée du cadavre que je serai, comme s'il n'allait pas se déformer suffisamment tout seul. »

L'écume des jours (1947), roman tendre et poignant, fait pénétrer le lecteur dans un univers qui l'enchante et le bouleverse, où l'amour fou s'allie à la pureté des sentiments et à la féerie du langage. Colin, jeune dilettante riche doté d'un domestique et d'une souris qui parle comme animal de compagnie, désire éperdument tomber amoureux. Chloé apparaît, et l'amour s'épanouit. Mais on apprend qu'elle souffre d'un « nénuphar dans le poumon droit » et que pour guérir elle doit s'entourer d'une myriade de fleurs afin de respirer leur parfum, ce qui ruine Colin qui n'a plus de « doublezons », puis Chloé meurt. Vian fait subir au langage de joyeuses triturations, transférant à la prose narrative les procédés de la fonction poétique.

Chloé est morte

Les deux porteurs trouvèrent Colin qui les attendait dans l'entrée de l'appartement. Ils étaient couverts de saleté, car l'escalier se dégradait de plus en plus, mais ils avaient leurs vieux habits et n'en étaient pas à une
5 déchirure près. On voyait, par les trous de leurs uniformes, les poils rouges de leurs vilaines jambes noueuses et ils saluèrent Colin en lui tapant sur le ventre, comme prévu au règlement des enterrements pauvres.

L'entrée ressemblait maintenant à un couloir de cave,
10 ils baissèrent la tête pour arriver à la chambre de Chloé. Ceux du cercueil étaient partis, on ne voyait plus Chloé mais une vilaine boîte noire marquée d'un numéro d'ordre et toute bosselée. Ils la saisirent, et s'en servant comme d'un bélier, la précipitèrent par la
15 fenêtre, on ne descendait les morts à bras qu'à partir de cinq cents doublezons. C'est pour cela, pensa Colin, que la boîte a tant de bosses; et il pleura parce que Chloé devait être meurtrie et abîmée; il songea qu'elle ne sentait plus rien et pleura plus fort; la boîte fit un fracas sur
20 les pavés et brisa la jambe d'un enfant qui jouait à côté, on le repoussa contre le trottoir, et ils la hissèrent sur la voiture à morts, c'était un vieux camion peint en rouge et un des deux porteurs conduisait.

Très peu de gens suivaient le camion, Nicolas, Isis et
25 Colin, et deux ou trois qu'ils ne connaissaient pas; le camion allait assez vite; ils durent courir pour le suivre; le conducteur chantait à tue-tête; il ne se taisait qu'à partir de deux cent cinquante doublezons.

Devant l'église, on s'arrêta, et la boîte noire resta là
30 pendant que tous entraient pour la cérémonie. Le Religieux, l'air renfrogné, leur tournait le dos et commença à s'agiter sans conviction, Colin restait debout devant l'autel, il leva les yeux: devant lui, accroché à la paroi, il y avait Jésus sur sa croix, il avait l'air de s'ennuyer et
35 Colin lui demanda :

— Pourquoi est-ce que Chloé est morte ?

Boris Vian, L'écume des jours, 1947.

VERS LA DISSERTATION

Chloé est morte

1. Relevez les évènements singuliers décrits dans cet extrait.

2. Pourquoi ces évènements singuliers se produisent-ils?

3. Outre Colin, montrez que les personnages font peu de cas de la mort de Chloé.

4. Pourquoi la mort de Chloé est-elle si pathétique?

5. Quelle opinion Boris Vian a-t-il de la religion?

▮▮▮ Sujet de dissertation explicative

Boris Vian, dans *L'écume des jours*, met en évidence le sort absurde réservé aux pauvres. Justifiez cette assertion.

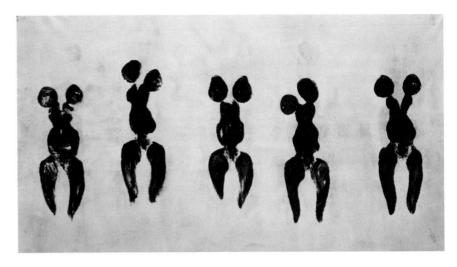

Yves Klein, *Anthropométrie de l'époque bleue* (ANT 82), 1960.

En 1956, Yves Klein met au point un bleu outremer, connu sous le nom d'*International Klein Blue*, dont il enregistre la formule quatre ans plus tard auprès de l'Institut national de la propriété industrielle. Pour la réalisation d'*Anthropométrie*, Klein pousse encore plus loin son appropriation des conventions artistiques. Délaissant le pinceau habituel, il se sert des modèles féminins non plus comme inspiratrices du tableau, mais comme outils de création. Sous la direction de l'artiste, elles imprègnent de leur corps badigeonné de bleu Klein la toile qui devient ainsi œuvre d'art.

La chanson

Pendant que, parmi d'autres, Jacques Brel, Georges Brassens et Léo Ferré donnent une nouvelle impulsion à la chanson française, et que l'État français s'enlise chaque jour un peu plus dans un conflit en Indochine qui mènera bientôt à la guerre du Viêtnam, Boris Vian inscrit à son répertoire, en 1954, une chanson qui exprime la haine totale qu'il voue à la guerre en même temps qu'elle invite à l'insoumission.

Boris Vian (suite)

Après avoir lancé une première bombe dans la littérature avec son roman *J'irai cracher sur vos tombes* (1946), considéré à l'époque comme un outrage aux bonnes mœurs, Boris Vian en remet avec sa chanson *Le déserteur* (1954), perçue comme un appel à la désobéissance civile. Cette chanson antimilitariste est d'abord interdite de radiodiffusion avant d'être expurgée par la censure. À la fin, Vian avait d'abord conclu par: «Si vous me poursuivez / Prévenez vos gendarmes / Que je possède une arme / Et que je pourrai tirer». Les deux derniers vers ont été changés: «Que je n'aurai pas d'armes / Et qu'ils pourront tirer». Cette modification métamorphose une chanson de type insurrectionnel en un pamphlet non violent. Néanmoins, *Le déserteur* demeure le texte fondateur d'une éthique sans concession contre la guerre, contre toutes les guerres.

Le déserteur

Monsieur le Président
Je vous fais une lettre
Que vous lirez peut-être
Si vous avez le temps
5 Je viens de recevoir
Mes papiers militaires
Pour partir à la guerre
Avant mercredi soir
Monsieur le Président
10 Je ne veux pas la faire
Je ne suis pas sur terre
Pour tuer des pauvres gens
C'est pas pour vous fâcher
Il faut que je vous dise
15 Ma décision est prise
Je m'en vais déserter

Depuis que je suis né
J'ai vu mourir mon père
J'ai vu partir mes frères
20 Et pleurer mes enfants
Ma mère a tant souffert
Qu'elle est dedans sa tombe

Et se moque des bombes
Et se moque des vers
25 Quand j'étais prisonnier
On m'a volé ma femme
On m'a volé mon âme
Et tout mon cher passé
Demain de bon matin
30 Je fermerai ma porte
Au nez des années mortes
J'irai sur les chemins

Je mendierai ma vie
Sur les routes de France
35 De Bretagne en Provence
Et je dirai aux gens

Refusez d'obéir
Refusez de la faire
N'allez pas à la guerre
40 Refusez de partir
S'il faut donner son sang
Allez donner le vôtre
Vous êtes bon apôtre
Monsieur le Président
45 Si vous me poursuivez
Prévenez vos gendarmes
Que je n'aurai pas d'armes
Et qu'ils pourront tirer

Boris Vian, *Je voudrais pas crever*, 1962.

VERS LA DISSERTATION

Le déserteur

1. Vian, dans son poème, parle de désertion. Quelles en sont les raisons ?

2. a) Qu'a perdu le poète lorsqu'il a été retenu prisonnier ?

   b) Par quelle figure de style* l'exprime-t-il ?

3. a) Quels vers peuvent se lire comme une incitation à déserter ?

   b) Relevez l'anaphore* de cette incitation.

   c) À quel temps* et à quel mode* les verbes qui composent cette incitation sont-ils employés ?

4. Expliquez l'ambiguïté de ces vers : « S'il faut donner son sang / Allez donner le vôtre » (v. 41-42).

5. Expliquez le lien entre l'absurdité de la guerre et la fin du poème (cinq dernier vers).

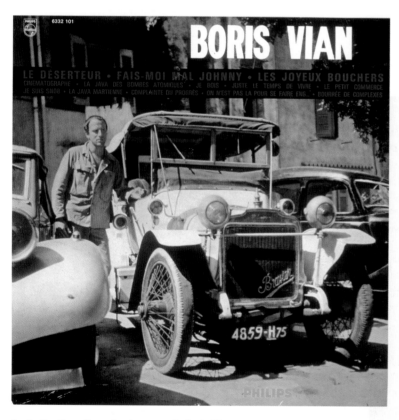

Pochette d'un album de chansons de Boris Vian paru en 1968.

Renaud, vers 1985.

Renaud (né en 1952)

Auteur-compositeur-interprète, Renaud Séchan, dit Renaud, se fait d'abord connaître après mai 1968 avec des chansons de tendances anarchistes. On retient surtout de cette époque son déguisement de gavroche : foulard rouge, pantalon à carreaux, casquette et mégot. Dans une langue colorée où l'argot parisien prend une place importante, le chanteur dénonce de manière irrévérencieuse les injustices et les préjugés, la médiocrité et le conformisme. En 1983, il métamorphose la « bombe » poétique de Boris Vian pour lui conférer un nouvel usage.

Déserteur

Monsieur Le Président
Je vous fais une bafouille[1]
Que vous lirez sûr'ment
Si vous avez des couilles.

5   Je viens de recevoir
Un coup d'fil de mes vieux
Pour m'prév'nir qu'les gendarmes
S'étaient pointés chez eux.

J'ose pas imaginer
10 C'que leur a dit mon père
Lui, les flics, les curés
Et pi' les militaires.

Les a vraiment dans l'nez
P't'être encore plus que moi
15 Dès qu'y peut en bouffer
L'vieil anar'[2] y s'gêne pas
L'vieil anar' y s'gêne pas.

'lors y paraît qu'on m'cherche
Qu'la France a besoin de moi
20 C'est con, j'suis en Ardèche
Y fait beau, tu l'crois pas.

J'suis là avec des potes
Des écolos marrants
On a une vieille bicoque
25 On la r'tape tranquillement.

On fait pousser des chèvres
On fabrique des bijoux
On peut pas dire qu'on s'crève
L'travail, c'est pas pour nous.

30 On a des plantations
Pas énorme, trois hectares
D'une herbe qui nous rend moins con
Non, c'est pas du Ricard
Non, c'est pas du Ricard.

35 Monsieur Le Président
Je suis un déserteur
De ton armée de glands
De ton troupeau de branleurs.

Y z'auront pas ma peau
40 Touch'ront pas à mes cheveux
J'saluerai pas le drapeau
J'march'rai pas comme les bœufs.

J'irai pas en Allemagne
Faire le con pendant douze mois
45 Dans une caserne infâme
Avec des plus cons qu'moi.

J'aime pas recevoir des ordres
J'aime pas me lever tôt
J'aime pas étrangler l'borgne[3]
50 Plus souvent qu'il ne faut
Plus souvent qu'il ne faut.

Pi surtout c'qui m'déplait
C'est que j'aime pas la guerre
Et qui c'est qui la fait
55 Ben, c'est les militaires.

Y sont nuls, y sont moches
Et pi, y sont teigneux
Maint'nant j'vais t'dire pourquoi
J'veux jamais être comme eux.

60 Quand les russes, les 'ricains
F'ront péter la planète
Moi, j'aurai l'air malin
Avec ma bicyclette.

Mon pantalon trop court
65 Mon fusil, mon calot
Ma ration d'topinambour[4]
Et ma ligne Maginot
Et ma ligne Maginot.

Alors, me gonfle pas[5]
70 Ni moi, ni tous mes potes
Je s'rai jamais soldat
J'aime pas les bruits de bottes.

T'as plus qu'à pas t'en faire
Et construire tranquillos
75 Tes centrales nucléaires
Tes sous-marins craignos.

Et va pas t'imaginer
Monsieur Le Président
Qu'j'suis manipulé
80 Par les rouges ou les blancs.

Je n'suis qu'un militant
Du parti des oiseaux
Des baleines, des enfants
De la terre et de l'eau
85 De la terre et de l'eau.

Monsieur Le Président
Pour finir ma bafouille
J'voulais t'dire simplement
Qu'ce soir, on fait des nouilles.

90 À la ferme, c'est le panard
Si tu veux viens bouffer
On fumera un pétard[6]
Et on pourra causer
On fumera un pétard
95 Et on pourra causer.

Renaud, *Morgane de toi...*, 1983.

1. Lettre. **2.** Anarchiste. **3.** Me masturber.
4. Purée de légumes. **5.** Ne m'énerve pas.
6. Joint.

VERS LA DISSERTATION

Déserteur

1. Comment expliquez-vous le passage du vouvoiement au tutoiement ?

2. Que reproche le chanteur aux militaires ?

3. Quels mots du texte relèvent du registre* familier, voire argotique ?

4. À qui le poète fait-il allusion lorsqu'il dit ne pas être manipulé par « les rouges ou les blancs » (v. 80) ?

5. Quelle est l'appartenance politique de l'auteur ?

6. Qu'est-ce qui peut paraître irrévérencieux ?

Françoise Sagan (1935-2004)

Françoise Sagan, 1955.

Je connaissais peu de choses de l'amour: des rendez-vous, des baisers et des lassitudes.

Romancière et auteure dramatique, Françoise Quoirez, qui vient de se trouver un pseudonyme dans l'œuvre de Marcel Proust, le prince de Sagan, connaît la gloire à 18 ans avec *Bonjour tristesse* (1954), roman qui devient vite un *best-seller*, tant aux États-Unis qu'en France, et rend la jeune femme riche et célèbre : « La gloire, je l'ai rencontrée à 18 ans en 188 pages, c'était comme un coup de grisou », dira-t-elle. Ce roman qui respire la transgression joyeuse devient vite un symbole de sa génération, une génération désenchantée qui a connu l'horreur de la guerre au sortir de l'adolescence et qui a renoncé à vouloir changer le monde : plutôt oublier le cauchemar, tourner la page, se montrer désinvolte et s'agripper à la surface des choses.

Sur un fond d'émancipation féminine, *Bonjour tristesse* annonce l'avènement d'une société plus permissive. On s'empresse de juger immoral ce récit d'une jeune fille de la bonne bourgeoisie qui refuse d'en respecter les codes. On se dit choqué par l'évocation libre de la sexualité (bien que suggestive avant tout), la frivolité des thèmes et une certaine arrogance dans le style. Sagan, qui a cessé de croire aux faux-semblants de ses aînés, lève seulement le voile sur une certaine jeunesse féminine, libre et sensuelle, qui fait la découverte de l'amour physique, mais sans éprouver de réels sentiments.

Renommée pour sa « petite musique » mélancolique au ton nonchalant – un mélange de cynisme, d'impudeur et d'indifférence –, cette grande styliste qu'est Sagan met en scène une bourgeoisie riche et désabusée qui s'oublie dans la vie facile, les voitures rapides, les riches villas, le soleil et la mer. Au centre de cette brève histoire de jalousie et de vengeance, Cécile, 17 ans, passe l'été sur la Côte d'Azur avec son père, veuf, qui n'a de cesse de collectionner les femmes. Accompagné de sa maîtresse du moment, Elsa, il délaisse quelque peu sa fille qui, lassée, s'adonne à des escapades avec un nommé Cyril. Mais Anne, une ancienne amie de sa mère, resurgit.

Il était agréable d'avoir des idées faciles

Les premiers jours furent éblouissants. Nous passions des heures sur la plage, écrasés de chaleur, prenant peu à peu une couleur saine et dorée, à l'exception d'Elsa qui rougissait et pelait dans d'affreuses souf-
5 frances. Mon père exécutait des mouvements de jambes compliqués pour faire disparaître un début d'estomac incompatible avec ses dispositions de Don Juan. Dès l'aube, j'étais dans l'eau, une eau fraîche et transparente où je m'enfouissais, où je m'épuisais en
10 des mouvements désordonnés pour me laver de toutes les ombres, de toutes les poussières de Paris. Je m'allongeais dans le sable, en prenais une poignée dans ma main, le laissais s'enfuir de mes doigts en un jet jaunâtre et doux, je me disais qu'il s'enfuyait comme le
15 temps, que c'était une idée facile et qu'il était agréable d'avoir des idées faciles. C'était l'été.

Le sixième jour, je vis Cyril pour la première fois. Il longeait la côte sur un petit bateau à voile et chavira devant notre crique. Je l'aidai à récupérer ses affaires
20 et, au milieu de nos rires, j'appris qu'il s'appelait Cyril, qu'il était étudiant en droit et passait ses vacances avec sa mère, dans une villa voisine. Il avait un visage de Latin, très brun, très ouvert, avec quelque chose d'équilibré, de protecteur, qui me plut. Pourtant, je
25 fuyais ces étudiants de l'Université, brutaux, préoccupés d'eux-mêmes, de leur jeunesse surtout, y trouvant le sujet d'un drame ou un prétexte à leur ennui. Je n'aimais pas la jeunesse. Je leur préférais de beaucoup les amis de mon père, des hommes de quarante ans
30 qui me parlaient avec courtoisie et attendrissement, me témoignaient une douceur de père et d'amant. Mais Cyril me plut. Il était grand et parfois beau, d'une beauté qui donnait confiance. Sans partager avec mon père cette aversion pour la laideur qui nous faisait sou-
35 vent fréquenter des gens stupides, j'éprouvais en face des gens dénués de tout charme physique une sorte de gêne, d'absence ; leur résignation à ne pas plaire me semblait une infirmité indécente. Car, que cherchions-nous, sinon plaire ? Je ne sais pas encore aujourd'hui
40 si ce goût de conquête cache une surabondance de vitalité, un goût d'emprise ou le besoin furtif, inavoué, d'être rassuré sur soi-même, soutenu.

Quand Cyril me quitta, il m'offrit de m'apprendre la navigation à voile. Je rentrai dîner, très absorbée par
45 sa pensée, et ne participai pas, ou peu, à la conversation ; c'est à peine si je remarquai la nervosité de mon père. Après dîner, nous nous allongeâmes dans des fauteuils,

sur la terrasse, comme tous les soirs. Le ciel était éclaboussé
d'étoiles. Je les regardais, espérant vaguement qu'elles seraient
50 en avance et commenceraient à sillonner le ciel de leur chute.
Mais nous n'étions qu'au début de juillet, elles ne bougeaient
pas. Dans les graviers de la terrasse, les cigales chantaient.
Elles devaient être des milliers, ivres de chaleur et de lune, à
lancer ainsi ce drôle de cri des nuits entières. On m'avait expli-
55 qué qu'elles ne faisaient que frotter l'une contre l'autre leurs
élytres, mais je préférais croire à ce chant de gorge guttural,
instinctif comme celui des chats en leur saison. Nous étions
bien ; des petits grains de sable entre ma peau et mon chemi-
sier me défendaient seuls des tendres assauts du sommeil.

Françoise Sagan, *Bonjour tristesse*, 1954.

VERS LA DISSERTATION

Il était agréable d'avoir des idées faciles

1. Que reproche Cécile aux étudiants inscrits à « l'Université » ?

2. Quels types d'hommes préfère-t-elle ?

3. Pourquoi n'aime-t-elle pas les gens laids ?

4. Expliquez ce que veut dire la narratrice lorsqu'elle affirme que
l'aversion de son père pour la laideur leur faisait « souvent fréquenter
des gens stupides » (l. 34-35).

5. Quel serait le but de la vie de Cécile ?

■■■ Sujet de dissertation explicative

Dans *Bonjour tristesse* de Françoise Sagan, expliquez comment
le père, autant que sa fille Cécile, sont voués à la séduction.

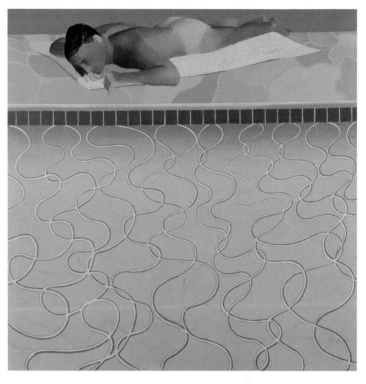

David Hockney, *Bain de soleil*, 1966.

Sur le plan esthétique, *Bain de soleil* oscille entre la recherche sur les
effets hypnotiques de l'*op art* et le *pop art* américain. Tirée de la série
des *Swimming Pools* que réalise David Hockney alors qu'il s'installe à
Los Angeles, cette œuvre montre un corps nu qui n'est plus l'habituelle
représentation féminine, mais plutôt un homme prenant un bain de
soleil. Quoique le thème de l'homosexualité ne soit pas nouveau en art,
il prend dans les années 1960 de plus en plus de place chez certains
peintres figuratifs.

Le Nouveau Roman

Le roman traditionnel raconte une histoire, fait vivre des personnages, dépeint des passions.
Certains écrivains estiment révolu le temps où les auteurs pouvaient se livrer au pur plaisir de
la rhétorique et se satisfaire d'écrire dans un style visant la beauté, voire l'ornementation. Ils
refusent d'écrire des fictions qui puissent représenter ou copier la réalité. Dans un monde où
toutes les valeurs d'hier sont en train de s'écrouler, les écrivains dits du « Nouveau Roman »
contestent au roman le pouvoir de montrer une quelconque réalité autre que littéraire.

Ils jugent périmées toutes les conventions romanesques habituelles : les personnages, l'histoire et la psychologie. L'intrigue est éclatée ; il n'y a plus de tension vers le dénouement.
La linéarité du temps est brouillée au point de faire perdre la cohérence chronologique. La
complexité du roman en vient à traduire la complexité de la vie et donne à voir l'enchevê-
trement inextricable du réel.

En même temps qu'ils envahissent la vie quotidienne des lecteurs, une multitude de nouveaux objets usuels imposent leur présence dans la création littéraire. De cette façon, la
littérature reflète un monde qui perd de son humanité, une société qui valorise la consommation, provoque l'aliénation de l'homme et sa subordination aux choses qu'il possède.
Avec une précision d'entomologiste, ces romanciers, dans leur quête d'une objectivité

maximale, posent leur regard sur les objets, les seuls dont l'existence objective est indubitable. Ils en décrivent minutieusement et froidement les contours, sans qu'aucune volonté préconçue ne semble régler leurs choix. Le Nouveau Roman incite à regarder le monde avec les yeux d'une personne qui déambule dans la ville, sans autre préoccupation que celle de regarder le spectacle de la rue. Il ne s'agit plus de comprendre ni d'expliquer, mais de saisir le monde tel qu'il est: ni signifiant ni absurde, tout simplement présent.

Le rôle autrefois dévolu au personnage est maintenant confié aux mots et à tous les procédés linguistiques et narratifs. C'est dire que l'écriture elle-même devient le sujet premier de l'œuvre, une écriture à la recherche d'elle-même, alors que les interrogations sur la structure narrative remplacent les interrogations métaphysiques ou didactiques qui ont cours dans d'autres genres de romans. Dans cette recherche formelle, « l'aventure d'une écriture » remplace « l'écriture d'une aventure », selon l'expression de Jean Ricardou. Le fil des romans est d'ailleurs constitué du mouvement même de l'écriture.

Ces transformations bousculent les lecteurs, qui ont l'habitude de trouver un plaisir dans le texte. Le lien entre la littérature et son public vit donc une crise, d'autant plus que le nouveau public de jeunes lecteurs, né de la démocratisation de l'enseignement, a adopté massivement les mœurs culturelles américaines et semble trouver un écho plus immédiat à ses interrogations et à ses désirs dans la musique populaire que dans les textes littéraires.

Alain Robbe-Grillet, 1966.

Alain Robbe-Grillet (1922-2008)

Une explication, quelle qu'elle soit, ne peut être qu'en trop face à la présence des choses.

Le Nouveau Roman naît en 1953 avec la parution du roman *Les gommes* d'Alain Robbe-Grillet, le théoricien du genre. Dans cette parodie d'un roman policier, un détective recherche un assassin qui n'a pas encore commis son crime. Ses faits et gestes sont décrits de l'extérieur sans que jamais l'on pénètre dans sa conscience. Alors que toutes les perspectives temporelles – passé, présent et avenir – sont confondues, une écriture cinématographique donne la place centrale aux objets, minutieusement décrits et tous placés sur le même plan.

Si le décor, les lieux et les objets ont une présence particulièrement intense, les humains se contentent de jouer des rôles de figurants. Seule se démarque la conscience observatrice du narrateur omniscient, qui emploie volontiers un ton ironique, comme s'il voulait s'amuser avec le lecteur. Dans l'extrait présenté, le détective Wallas s'apprête à déjeuner dans un restaurant automatisé.

Un quartier de tomate

Wallas fait le tour des appareils. Chacun d'eux renferme – placées sur une série de plateaux de verre, équidistants et superposés – une série d'assiettes en faïence où se reproduit exactement, à une
5 feuille de salade près, la même préparation culinaire. Quand une colonne se dégarnit, des mains sans visage complètent les vides, par derrière.

Arrivé devant le dernier distributeur, Wallas ne s'est pas encore décidé. Son choix est d'ailleurs
10 de faible importance, car les divers mets proposés ne diffèrent que par l'arrangement des articles sur l'assiette; l'élément de base est le hareng mariné.

Dans la vitre de celui-ci Wallas aperçoit, l'un au-dessus de l'autre, six exemplaires de la compo-
15 sition suivante: sur un lit de pain de mie, beurré de margarine, s'étale un large filet de hareng à la peau bleu argenté; à droite cinq quartiers de tomate, à gauche trois rondelles d'œuf dur; posées par-dessus, en des points calculés, trois
20 olives noires. Chaque plateau supporte en outre une fourchette et un couteau. Les disques de pain sont certainement fabriqués sur mesure.

Wallas introduit son jeton dans la fente et appuie
sur un bouton. Avec un ronronnement agréable
25 de moteur électrique, toute la colonne d'assiettes
se met à descendre ; dans la case vide située à
la partie inférieure apparaît, puis s'immobilise,
celle dont il s'est rendu acquéreur. Il la saisit,
ainsi que le couvert qui l'accompagne, et pose
30 le tout sur une table libre. Après avoir opéré de
la même façon pour une tranche du même pain,
garni cette fois de fromage, et enfin pour un
verre de bière, il commence à couper son repas
en petits cubes.

35 Un quartier de tomate en vérité sans défaut,
découpé à la machine dans un fruit d'une
symétrie parfaite.

La chair périphérique, compacte et homogène,
d'un beau rouge de chimie, est régulièrement
40 épaisse entre une bande de peau luisante et la
loge où sont rangés les pépins, jaunes, bien cali-
brés, maintenus en place par une mince couche de
gelée verdâtre le long d'un renflement du cœur.
Celui-ci, d'un rose atténué légèrement granuleux,
45 débute, du côté de la dépression inférieure, par un
faisceau de veines blanches, dont l'une se prolonge jusque vers les pépins – d'une façon peut-être
un peu incertaine.

Tout en haut, un accident à peine visible
50 s'est produit : un coin de pelure, décollé de la
chair sur un millimètre ou deux, se soulève
imperceptiblement.

Alain Robbe-Grillet, *Les gommes*, 1953.

Joseph Beuys, *Fettstuhl (Chaise de graisse)*, 1964.

Une grande partie de l'œuvre de Joseph Beuys est conçue autour du récit de
sa prétendue guérison auprès de nomades après l'écrasement de son avion
pendant la Seconde Guerre mondiale. Les matériaux bruts rappellent cet
épisode, mais ils sont aussi une façon pour l'artiste de « sculpter » la société,
de la rapprocher de la nature. Associée à l'art conceptuel, la démarche de
Beuys entend faire réfléchir le spectateur sur le concept même de l'art et
de ses valeurs esthétiques.

Un quartier de tomate

1. Pourquoi le narrateur parle-t-il de « mains sans visage » (l. 6-7) ?

2. « Son choix est d'ailleurs de faible importance [...] » (l. 9-10).
   Expliquez en quoi cette phrase contraste avec ce qui est narré.

3. a) Le narrateur de cet extrait est-il interne, externe ou
      omniscient ?

   b) Donnez quelques exemples qui le prouvent.

4. a) Expliquez l'importance de la tomate dans cet extrait.

   b) Pourquoi le narrateur décrit-il la tomate comme étant « d'un
      beau rouge de chimie » (l. 39) ?

   c) Expliquez le jeu de mots qui pourrait exister entre le sous-titre
      (« Un quartier de tomate ») et le sujet de l'extrait.

5. Quel rôle le personnage occupe-t-il par rapport aux objets ?

▰▰▰ Sujet de dissertation explicative

Montrez que cet extrait du roman *Les gommes* d'Alain
Robbe-Grillet est fidèle à l'esthétique du Nouveau Roman.

JOSEPH BEUYS FETTSTUHL 1964

HESSISCHES LANDESMUSEUM DARMSTADT

Marguerite Duras (1914-1996)

Marguerite Duras, 1955.

Ce n'est pas qu'il faut arriver à quelque chose, c'est qu'il faut sortir de là où l'on est.

L'œuvre d'une tension extrême de Marguerite Duras, née Marguerite Donnadieu, qui comprend récit, théâtre et film, est profondément marquée par sa jeunesse passée en Indochine. Son écriture dépouillée, qui refuse tout élément mélodramatique, cultive l'ellipse et le sous-entendu. Elle accorde une large place aux dialogues, souvent lourds de silences et d'attentes. Une écriture d'une telle exigence qu'elle fait dire à Duras qu'«il n'y a pas d'écriture qui vous laisse le temps de vivre. [...] Je me souviens d'années entières, mortes.»

Paru en 1984, *L'amant* connaît un succès populaire exceptionnel. Dans l'Indochine française des années 1930, la narratrice, une jeune Française de 15 ans, retrace sa relation avec un riche Chinois de 12 ans son aîné, une relation charnelle transgressive qui se déploie dans un milieu familial instable et déchiré. Le découpage en séquences qui emprunte aux *flashbacks* du cinéma illustre le travail de grande styliste de Duras. Son style impressionniste et discontinu trouve les mots justes pour capturer l'attente et dire l'ennui engendré par la solitude et le besoin de l'autre. Dans l'extrait proposé ici, la narratrice se livre dans toute sa vérité.

Il n'y a jamais de centre

1. a) Expliquez ce qui s'oppose entre l'écriture de jeunesse de la narratrice et celle d'une période plus tardive.

   b) Relevez des antithèses* qui décrivent ces moments d'écriture.

2. Montrez que la narration alterne entre le passé et le présent.

3. Expliquez le discours de la narratrice sur l'alcool et le désir.

4. Que veut dire l'expression «l'*experiment*» (l. 37)?

VERS LA DISSERTATION

Il n'y a jamais de centre

L'histoire de ma vie n'existe pas. Ça n'existe pas. Il n'y a jamais de centre. Pas de chemin, pas de ligne. Il y a de vastes endroits où l'on fait croire qu'il y avait quelqu'un, ce n'est pas vrai il n'y avait personne. L'histoire d'une toute
5 petite partie de ma jeunesse je l'ai plus ou moins écrite déjà, enfin je veux dire, de quoi l'apercevoir, je parle de celle-ci justement, de celle de la traversée du fleuve. Ce que je fais ici est différent, et pareil. Avant, j'ai parlé des périodes claires, de celles qui étaient éclairées. Ici je parle des périodes
10 cachées de cette même jeunesse, de certains enfouissements que j'aurais opérés sur certains faits, sur certains sentiments, sur certains événements. J'ai commencé à écrire dans un milieu qui me portait très fort à la pudeur. Écrire pour eux était encore moral. Écrire, maintenant, il semblerait que ce
15 ne soit plus rien bien souvent. Quelquefois je sais cela : que du moment que ce n'est pas, toutes choses confondues, aller à la vanité et au vent, écrire ce n'est rien. Que du moment que ce n'est pas, chaque fois, toutes choses confondues en une seule par essence inqualifiable, écrire ce n'est rien que
20 publicité. Mais le plus souvent je n'ai pas d'avis, je vois que tous les champs sont ouverts, qu'il n'y aurait plus de murs, que l'écrit ne saurait plus où se mettre pour se cacher, se faire, se lire, que son inconvenance fondamentale ne serait plus respectée, mais je n'y pense pas plus avant.

25 Maintenant je vois que très jeune, à dix-huit ans, à quinze ans, j'ai eu ce visage prémonitoire de celui que j'ai attrapé ensuite avec l'alcool dans l'âge moyen de ma vie. L'alcool a rempli la fonction que Dieu n'a pas eue, il a eu aussi celle de me tuer, de tuer. Ce visage de l'alcool m'est venu avant
30 l'alcool. L'alcool est venu le confirmer. J'avais en moi la place de ça, je l'ai su comme les autres, mais, curieusement, avant l'heure. De même que j'avais en moi la place du désir. J'avais à quinze ans le visage de la jouissance et je ne connaissais pas la jouissance. Ce visage se voyait très fort. Même ma
35 mère devait le voir. Mes frères le voyaient. Tout a commencé de cette façon pour moi, par ce visage voyant, exténué, ces yeux cernés en avance sur le temps, l'*experiment*.

Marguerite Duras, *L'amant*, 1984.

L'Oulipo ou l'écriture sous la contrainte

Il faut pratiquer l'art avec le sérieux d'un enfant qui joue.

Robert Stevenson

En 1960, des écrivains et des mathématiciens se réunissent dans le but d'expérimenter des formes littéraires nouvelles, susceptibles de redonner à la littérature sa fonction ludique. Il ne s'agit ni d'une école ni d'un mouvement, mais d'un groupe constitué d'hommes et de femmes qui ont en commun un amour pour les mathématiques et la littérature. Ils travaillent sur la langue, qu'ils contraignent, tordent et modèlent en vue d'ouvrir de nouvelles possibilités inconnues des auteurs qui les ont précédés.

L'originalité de leur démarche tient au fait qu'ils forcent le système langagier à sortir de son fonctionnement routinier pour prouver que, grâce aux bienfaits de la contrainte, on peut écrire comme en jouant. Ils donnent à leur atelier d'expérimentation littéraire le nom d'Ouvroir de la littérature potentielle ou, plus simplement, Oulipo, acronyme composé des deux premières lettres de chaque mot. Le terme « ouvroir » désigne un atelier de travail : les oulipiens souscrivent à l'idée que l'on fabrique de la littérature, que l'on travaille à inventer de nouvelles formes et structures littéraires, à commencer par le roman que l'on veut dégager de son moule traditionnel.

Georges Perec, 1978.

Georges Perec (1936-1982)

Nous vivons dans un monde qui est hanté par sa propre disparition.

De tous ces lettrés formalistes, Georges Perec est assurément celui qui accomplit le plus d'acrobaties verbales et de prouesses stylistiques. Il aime s'imposer des contraintes, et plus elles sont difficiles, plus elles stimulent son imagination. Il s'amuse à faire des mots croisés sans carrés noirs ou à produire des palindromes[1] de plus de 5000 lettres. Il rédige *La disparition* (1969), un roman de 312 pages dans lequel la lettre « e » n'est jamais utilisée[2], pour ensuite la faire revenir en force de façon cocasse dans son roman *Les revenentes* (1972), qui ne comprend que cette voyelle.

Deux de ses ouvrages retiennent plus particulièrement l'attention. Il publie, en 1965, *Les choses*, un roman sociologique qui critique la société de consommation. Toute une génération de lecteurs se reconnaît dans ce récit où un jeune couple choisit de vivre dans le bien-être matériel. La possession des « choses », le luxe et le confort facilitent tellement la vie de ces personnages qu'ils n'ont bientôt même plus le loisir d'user de leur liberté, englués qu'ils sont au milieu d'objets aussi nombreux qu'inutiles. L'œuvre traduit l'angoisse de l'homme contemporain, qui compense l'indifférence de son entourage par l'accumulation de possessions qui le submergent.

En 1978, le romancier sociologue écrit *La vie mode d'emploi*. Ce roman reconstitue la vie des habitants d'un immeuble parisien, avec ses étages, nobles et moins nobles, et chacune de ses chambres plus ou moins recommandables. Mais, bien davantage encore, il propose un tableau fascinant de la société française, dans lequel aucune sphère de l'activité humaine n'est négligée : éducation, jeux, travail, santé, cuisine, arts... Sans jamais insister, à la manière d'un observateur distrait, insoucieux de l'unité du temps, Perec fait défiler plus d'une centaine de personnages dans des péripéties multiples, tragiques ou cocasses. Cette extravagante odyssée du xxe siècle, dans laquelle la littérature constitue le mode d'emploi de la vie, offre la particularité de pouvoir se lire à partir de n'importe quelle page. Nous avons choisi de présenter le premier chapitre, dans lequel le romancier décrit l'immeuble où vivent tous les personnages du roman.

---

1. Un palindrome est un mot ou une phrase qu'on peut lire dans les deux sens, comme « élu par cette crapule ». **2.** Ce jeu formel, nommé « lipogramme », équivaut à effectuer une opération mathématique élémentaire, la soustraction, dans le cas présent la soustraction d'une voyelle dans une œuvre. Le procédé inverse – n'utiliser qu'une seule voyelle – se nomme « monovocalisme ».

Ils font les mêmes gestes en même temps

Oui, cela pourrait commencer ainsi, ici, comme ça, d'une manière un peu lourde et lente, dans cet endroit neutre qui est à tous et à personne, où les gens se croisent presque sans se voir, où la vie de l'immeuble se réper-
5 cute, lointaine et régulière. De ce qui se passe derrière les lourdes portes des appartements, on ne perçoit le plus souvent que ces échos éclatés, ces bribes, ces débris, ces esquisses, ces amorces, ces incidents ou accidents qui se déroulent dans ce que l'on appelle les « parties com-
10 munes », ces petits bruits feutrés que le tapis de laine rouge passé étouffe, ces embryons de vie communautaire qui s'arrêtent toujours aux paliers. Les habitants d'un même immeuble vivent à quelques centimètres les uns des autres, une simple cloison les sépare, ils se partagent
15 les mêmes espaces répétés le long des étages, ils font les mêmes gestes en même temps, ouvrir le robinet, tirer la chasse d'eau, allumer la lumière, mettre la table, quelques dizaines d'existences simultanées qui se répètent d'étage en étage, et d'immeuble en immeuble, et de rue en rue.

20 Ils se barricadent dans leurs parties privatives – puisque c'est comme ça que ça s'appelle – et ils aimeraient bien que rien n'en sorte, mais si peu qu'ils en laissent sortir, le chien en laisse, l'enfant qui va au pain, le reconduit ou l'éconduit, c'est par l'escalier que ça sort. Car tout ce qui
25 se passe passe par l'escalier, tout ce qui arrive arrive par l'escalier, les lettres, les faire-part, les meubles que les déménageurs apportent ou emportent, le médecin appelé en urgence, le voyageur qui revient d'un long voyage. C'est à cause de cela que l'escalier reste un lieu anonyme,
30 froid, presque hostile. Dans les anciennes maisons, il y avait encore des marches de pierre, des rampes en fer forgé, des sculptures, des torchères, une banquette parfois pour permettre aux gens âgés de se reposer entre deux étages. Dans les immeubles modernes, il y a des ascen-
35 seurs aux parois couvertes de graffiti qui se voudraient obscènes et des escaliers dits « de secours », en béton brut, sales et sonores. Dans cet immeuble-ci, où il y a un vieil ascenseur presque toujours en panne, l'escalier est un lieu vétuste, d'une propreté douteuse, qui d'étage
40 en étage se dégrade selon les conventions de la respectabilité bourgeoise : deux épaisseurs de tapis jusqu'au troisième, une seule ensuite, et plus du tout pour les deux étages de combles.

Oui, ça commencera ici : entre le troisième et le
45 quatrième étage, 11 rue Simon-Crubellier.

Georges Perec, *La vie mode d'emploi*, 1978.

Brian Alfred, *Balcony*, 2002.

Comme une réponse à *La vie mode d'emploi* paru plus de 20 ans auparavant, Brian Alfred dépeint dans *Balcony* l'univers banal des immeubles d'appartements où, bien que des centaines de personnes y habitent, la seule trace de vie se résume parfois aux vêtements suspendus à sécher aux balcons. La rigueur du motif géométrique, les aplats de couleur et la luminosité presque irréelle contribuent à cette perception que l'on a généralement de ces tours d'habitation : « un lieu anonyme, froid, presque hostile ».

VERS LA DISSERTATION

Ils font les mêmes gestes en même temps

1. Trouvez une antithèse* qui décrit les « parties communes » (l. 9-10) de l'immeuble.

2. Par quelles périphrases* le narrateur résume-t-il toute l'énumération des indiscrétions ?

3. Quels mots ou expressions montrent que les locataires, peu importe leurs origines, se rejoignent ?

4. a) Décrivez la fonction de l'escalier.

   b) Trouvez un parallélisme* qui l'évoque.

   c) De qui s'agit-il lorsque le narrateur parle du « reconduit ou l'éconduit » (l. 23-24) ?

5. Que symbolise l'escalier ?

Raymond Queneau (1903-1976)

L'humour est une tentative pour dépouiller les grands sentiments de leur connerie.

Figure importante du groupe surréaliste entre 1924 et 1929, Raymond Queneau est l'un des membres fondateurs de l'Oulipo. Sa grande créativité l'amène à pratiquer tous les genres, la poésie, le roman et le théâtre, des essais de toutes natures, des chansons, des dialogues de films, de la critique d'art, en plus de dessiner et de peindre. Toujours il adopte le parti pris du rire et du jeu, sa principale défense contre les inquiétudes existentielles.

Ainsi, pour récrire « La cigale et la fourmi » du fabuliste Jean de La Fontaine, il obtient « La cimaise et la fraction » en remplaçant chaque mot important d'un vers par le 7e qui le suit dans le dictionnaire. En 1947 paraît *Exercices de style* : sa fulgurante créativité l'amène à raconter de 99 façons différentes le même fait anodin : dans un autobus, un homme en accuse un autre de l'avoir bousculé. Racontée sous forme de rêve, d'ode, de sonnet, de compte rendu, de réclame, en argot, et bien d'autres, cette anecdote prouve que le langage n'est pas innocent : il façonne et définit la réalité que nous percevons.

Raymond Queneau, *Photomaton*, 1928.

Queneau se plaît à désarticuler la syntaxe, à corrompre le vocabulaire littéraire et à malmener l'« ortografe » officielle. Pour crever l'enflure verbale et démasquer les clichés, il se sert de calembours dérisoires, a recours à des métaphores pour le moins inattendues et introduit des termes et des expressions populaires, quand il ne les crée pas de toutes pièces. Sa remise en cause de la langue littéraire est totale et joyeuse.

Zazie dans le métro (1959), roman considéré comme le chef-d'œuvre de Queneau, raconte l'histoire d'une petite fille frondeuse et mal embouchée, qui est confiée à son oncle parisien, tonton Gabriel, un danseur travesti. Zazie tient absolument à voir le réseau du métro, mais il est en grève au moment de sa visite. Dans ce roman au déroulement insolite et à l'imaginaire débridé – on n'est pas loin de la BD –, le monde des adultes-enfants est vu par une enfant-adulte. Les scènes cocasses se multiplient et entraînent le lecteur dans un univers ludique qui ne cesse de l'étonner. Dans l'extrait retenu, Gabriel vient d'aller chercher Zazie à la gare. Comme dans l'ensemble du roman, ce n'est pas l'histoire qui prime, mais la manière de la raconter.

Je nous le sommes réservé

Maintenant, il dit quelque chose.

« En route », qu'il dit.

Et il fonce, projetant à droite et à gauche tout ce qui se trouve sur sa trajectoire. Zazie galope derrière.

5 « Tonton, qu'elle crie, on prend le métro ?

— Non.

— Comment ça, non ? »

Elle s'est arrêtée. Gabriel stoppe également, se retourne, pose la valoche et se met à espliquer :

10 « Bin oui : non. Aujourd'hui, pas moyen. Y a grève.

— Y a grève ?

— Bin oui : y a grève. Le métro, ce moyen de transport éminemment parisien, s'est endormi sous terre, car les employés aux pinces perforantes ont cessé tout travail.

15 — Ah ! les salauds, s'écrie Zazie, ah ! les vaches. Me faire ça à moi.

— Y a pas qu'à toi qu'ils font ça, dit Gabriel parfaitement objectif.

— Jm'en fous. N'empêche que c'est à moi que ça
20 arrive, moi qu'étais si heureuse, si contente et tout de m'aller voiturer dans lmétro. Sacrebleu, merde alors.

— Faut te faire une raison », dit Gabriel dont les propos se nuançaient parfois d'un thomisme légèrement kantien.

25 Et, passant sur le plan de la cosubjectivité, il ajouta :

« Et puis faut se grouiller : Charles attend.

— Oh ! celle-là je la connais, s'esclama Zazie furieuse, je l'ai lue dans les Mémoires du général Vermot.

— Mais non, dit Gabriel, mais non, Charles, c'est un
30 pote et il a un tac. Je nous le sommes réservé à cause de la grève précisément, son tac. T'as compris ? En route. »

Il ressaisit la valoche d'une main et de l'autre il entraîna Zazie.

Raymond Queneau, *Zazie dans le métro*, 1959.

VERS LA DISSERTATION

Je nous le sommes réservé

1. Pourquoi Gabriel dit-il que le métro est « éminemment parisien » (l. 13) ?

2. Quels termes relèvent du registre* populaire ou de l'oralité ?

3. Le narrateur affirme que les propos de Gabriel se nuancent parfois d'un « thomisme légèrement kantien » (l. 23-24). Que cela signifie-t-il ?

4. La ponctuation n'est pas toujours conventionnelle. Trouvez-en quelques exemples.

Roy Lichtenstein, *La fille qui pleure*, 1963.

Les œuvres de Roy Lichtenstein s'inscrivent dans le courant du *pop art* américain et, tout comme celles de Warhol, Hamilton et Hanson, elles posent un regard critique sur la société américaine. Les modèles tirés des bandes dessinées mettent en lumière l'artificialité qui caractérise la culture populaire dans laquelle les superhéros et les symboles sexuels ont remplacé les dieux de la mythologie.

Un antidote au roman élitiste : le roman policier

Le sauveur de l'ordre d'une époque en désordre.

Jorge Luis Borges

Entre les deux guerres mondiales apparaît aux États-Unis le *thriller*, un roman policier réaliste et à caractère social. Ce roman, noir comme l'encre qui le révèle au lecteur, met l'accent non plus sur le détective, mais sur le criminel, tout comme sur la violence urbaine, la cruauté des protagonistes et la délinquance. Pour paraphraser Stendhal, ce genre de roman est un miroir que l'on promène dans les recoins sombres des ruelles mal famées de la grande ville où s'agite toute une faune peu recommandable de prostituées, de trafiquants, de gangsters et de psychopathes de tous poils.

Avec ces romans qui connaissent une incroyable vitalité naît aussi un nouveau type d'antihéros : le dur à cuire, le détective aux méthodes brutales, la « sale gueule » que l'on aime détester, qui remplace la rationalisation des détectives des romans policiers traditionnels par le corps à corps avec la dure réalité. Pour pareil détective, il s'agit moins de résoudre une énigme que de s'assurer qu'il y a de l'action. Ce genre romanesque axé sur un criminel ou sur un détective violent est surtout associé aux grands maîtres américains que sont, entre autres, Dashiell Hammett, Raymond Chandler, Horace McCoy, W. R. Burnett, Ed McBain et Chester Himes. Plus tard apparaît une variante des romans noirs dans laquelle tout est centré sur la victime : la cible désignée, traquée, menacée et violentée, cherche à fuir désespérément. Ces « romans de la victime » font partager au lecteur la terreur ressentie par la proie luttant contre des forces obscures. Patricia Highsmith et Mary Higgins Clark excellent dans ce genre qui franchit bientôt toutes les frontières.

Une sorte de vertige froid

[...] Nos regards se sont croisés : je n'oublierai jamais l'horreur qu'il y avait dans le sien.

Je l'ai entendu, près de moi, remuer l'homme mort. Je fixais désespérément des yeux l'entrée de la cour, mais ce n'était pas par crainte de voir quelqu'un surgir. Je n'y pensais même plus. Un murmure :

Sébastien Japrisot (1931-2003)

Être écrivain, ce n'est pas un métier. C'est un état.

Sébastien Japrisot, anagramme de Jean-Baptiste Rossi, est un scénariste talentueux et un romancier traduit dans de nombreuses langues. En 40 ans de carrière, il écrit 8 romans, des enquêtes captivantes, dont la plupart sont adaptés au cinéma et au théâtre. Il est aussi le traducteur de *L'attrape-cœurs* de Jerome David Salinger (*The Catcher in the Rye*).

Sébastien Japrisot, 1977.

Ses récits, basés sur une intrigue et menés comme un suspense, complexes mais plausibles, comprennent plusieurs énigmes qui se résolvent en parallèle. Japrisot affectionne particulièrement les personnages de jeunes femmes, des antihéroïnes plus vraies que nature, peintes avec sensibilité et justesse. Ces inoubliables entêtées s'engagent dans une mécanique implacable et arrivent toujours à leur fin.

Ainsi, pour *La dame dans l'auto avec des lunettes et un fusil* (1966), Japrisot construit une architecture solide dont les intrigues sont labyrinthiques, comme il en a le secret. C'est l'histoire d'une jeune secrétaire qui décide d'aller voir la mer avec l'auto qu'elle « emprunte » à son patron, lui-même parti en voyage d'affaires. Elle a toutefois la désagréable surprise d'entendre de la bouche de nombreuses personnes rencontrées au hasard de sa route qu'elle y est passée elle-même le matin ou la veille. Son malaise vire à l'horreur quand elle découvre un cadavre dans le coffre de la voiture. Pétrie de culpabilité, la jeune femme est par la suite appelée à se livrer à un fascinant jeu de la vérité qui la ramène à un évènement douloureux de son passé. Dans le passage retenu, Dany, la « dame » du titre, fait la stupéfiante découverte du cadavre dans le coffre de la voiture.

5 — Regarde, Dany.

Il me montrait le fusil, une arme longue au canon noir.

— Il y a des initiales sur la crosse.

— Des initiales ?

— M. K.

10 Il m'a fait voir et toucher du doigt les deux lettres gravées dans le bois. Je ne connaissais personne portant ces initiales. Lui non plus. Il m'a dit :

— C'est une Winchester à répétition. Il manque trois balles dans le chargeur.

15 — Tu t'y connais ?

— Comme ça.

Il a essuyé le fusil avec mon mouchoir, il l'a remis en place dans le tapis qui entourait l'homme mort. J'ai aperçu le visage de celui-ci, mâchoire ouverte dans la
20 lumière blanche du coffre. Philippe fouillait les poches de la robe de chambre. À un silence, j'ai deviné qu'il venait de découvrir quelque chose, qu'il retenait sa respiration. Il s'est redressé brusquement. Il voulait parler, il n'y arrivait pas. L'incrédulité le pétrifiait. J'ai eu le
25 temps de voir un papier dans sa main gauche. Puis il a crié. Je ne sais pas ce qu'il a crié. Sans doute que j'étais démente, qu'il s'était laissé engluer dans le rêve d'une démente, parce que c'était cela, je le comprends maintenant, que disait son regard. Je crois avoir vu
30 aussi, dans ce regard, qu'il allait me frapper. Je crois que j'ai levé un bras pour me protéger.

Une douleur au creux de l'estomac, dans le même instant, m'a coupé le souffle et pliée en deux. Il m'a attrapée à bras-le-corps avant que je touche le sol, il m'a
35 traînée vers une portière, et j'ai eu conscience d'étouffer sur les sièges avant de la voiture, de l'entendre refermer le coffre et s'éloigner. Et puis, plus rien.

Longtemps après, tout était tranquille, j'étais seule, j'avais réussi à m'asseoir à côté du volant, j'aspirais
40 l'air de la nuit par la bouche, j'étais bien, je pleurais.

Sébastien Japrisot

La dame dans l'auto
avec des lunettes et un fusil

folio
policier

Page couverture du roman *La dame dans l'auto avec des lunettes et un fusil* paru aux Éditions Gallimard dans la collection « Folio Policier », 1998.

Mes lunettes étaient tombées sur le tapis de sol. Il était une heure du matin au tableau de bord quand je les ai remises. Dans le désordre de ma robe, en voulant la rabattre sur mes jambes, j'ai trouvé le papier que Philippe avait sorti d'une
45 poche du mort.

J'ai fait de la lumière.

C'était un message téléphoné, à en-tête de l'aéroport d'Orly. Il était destiné à un certain Maurice Kaub, passager, vol Air-France 405. Il avait été reçu par une hôtesse à
50 l'écriture pointue, le 10 juillet, à 18 h 55. J'ai mis du temps à calculer que c'était le vendredi, deux jours et demi avant, et à ce moment, tout ce que j'avais fait durant ces deux jours a basculé dans une sorte de vertige froid, traversé de cris.

Texte : *Ne pars pas. Si tu n'as pas pitié de moi, je te suivrai à*
55 *Villeneuve. Au point où j'en suis, tout m'est égal.*

Signature : *Dany.*

Le numéro de téléphone, à Paris, inscrit dans la case « origine du message », c'était le mien.

Sébastien Japrisot, *La dame dans l'auto avec des lunettes et un fusil*, 1966.

VERS LA DISSERTATION

Une sorte de vertige froid

1. Philippe est davantage perturbé par ce qu'il trouve dans les poches du cadavre que par le cadavre lui-même.

    a) Que fait Philippe avec le contenu du coffre ?

    b) Relevez les expressions qui montrent que Philippe est troublé lorsqu'il fouille les poches du mort.

2. Quels mots laissent planer des doutes sur la santé mentale de Dany ?

3. Qu'indique le papier trouvé dans les poches du mort ?

4. Dany est prise au piège et toutes les preuves sont contre elle. Quelle explication pourrait faire d'elle une victime plutôt qu'une coupable ?

Le théâtre

Plus de drame ni de tragédie, le tragique se fait comique, le comique est tragique.

Eugène Ionesco

Dans l'entre-deux-guerres, le théâtre existentialiste était l'expression d'une philosophie née du sentiment de l'absurdité du monde. Tout en exprimant leur révolte devant l'irrationalité et le tragique de la condition humaine, les dramaturges étaient parvenus à trouver un sens à la destinée humaine. Recourant aux vieilles conventions théâtrales et à l'hypothèse qui les sous-tend, selon laquelle la pensée repose sur la cohérence du conscient – intrigue bien construite, personnages crédibles, cohérence du langage et des idées –, les existentialistes ont produit des œuvres qui proposaient des modèles de comportement et d'engagement. Ces écrivains se sont contentés d'opposer, selon les règles du raisonnement et de la logique, la puissance des mots et des idées au chaos du monde.

Le théâtre de l'absurde

Après la Seconde Guerre, dans un monde abandonné par les illusions politiques, religieuses et sociales, la nouvelle génération de dramaturges traduit la même prise de conscience d'une existence «sans raison, sans cause et sans nécessité» (Sartre), d'une présence au monde qui n'a pas de signification. Elle le fait toutefois en dehors de toute pensée discursive, de toute démarche rationnelle. Le chaos et l'absurde s'infiltrent dans les structures scéniques et au cœur même du langage. Toutes les conventions sont abolies, et la dramaturgie s'en trouve révolutionnée de fond en comble. Ce théâtre, qu'il convient mieux d'appeler «antithéâtre», consacre l'«effondrement du réel» selon l'expression d'Ionesco, comme la mise en scène des décombres d'une civilisation, d'une «fin de partie».

Les personnages

Les personnages de ces psychodrames n'ont plus aucune réalité sociale et ne sont pas typés psychologiquement : ce sont des êtres anonymes, des entités sans état civil, des sortes d'abstractions. Ils ont en fait tellement régressé, pour ce qui est des attitudes et des comportements humains, qu'ils ont perdu leur personnalité, voire leur identité. Ils sont simplement là, déroutés et déroutants, dans un lieu irréel, réduits à une série de gestes, de mouvements et de mots. Leur action peut être inexistante : il n'y a pas d'histoire construite, rien ne se passe, rien n'est préconisé, rien n'est interdit. Leur vie n'a plus de sens, et le vide qu'ils abritent est si grand qu'ils font figure d'antihéros absolus. Ces marginaux amnésiques doivent être vus comme des allégories : ils révèlent l'état pitoyable de l'être humain, conditionné et menacé, dans un monde que le rationnel a déserté.

Le langage

Ces personnages ne subsistent finalement que par leur langage ; un langage bavard tissé de platitudes, de trivialités, de lieux communs, de bouts de phrases dérisoires, de calembours ; un langage illusoire débouchant sur le silence de l'incommunicabilité. La dérision côtoie sans cesse l'angoisse, et les thèmes les plus tragiques peuvent prendre le ton de la parodie la plus débridée. Les mots servent tout au plus à établir un contact entre des interlocuteurs qui ne se comprennent pas, à assurer une présence d'autant plus grotesque que les thèmes du vieillissement, de la mort, de l'enfermement, de la peur et de l'attente sont omniprésents.

Généralement le plus rassurant moyen de communication, le langage devient ici le véhicule même de l'absurdité qui enveloppe les personnages aussi bien que les spectateurs. Ce langage déconcertant exprime l'impuissance de l'homme, réduit à bavarder pour s'empêcher de sentir le vide qui l'habite. Il fait prendre conscience du chaos d'une époque désespérée, où l'angoisse existentielle est refoulée, terrée sous le masque du rire. Le langage et la littérature se voient ainsi confié une vision du monde. Paradoxalement, les dramaturges font un acte de foi en croyant la littérature encore capable de rendre l'expérience humaine telle quelle, fût-elle de la plus absolue noirceur.

**Eugène Ionesco
(1909-1994)**

*Je puis dire que mon théâtre
est un théâtre de dérision.
Ce n'est pas une certaine
société qui me paraît
dérisoire, c'est l'homme.*

Eugène Ionesco, 1960.

Influencé par le théâtre
de la cruauté d'Antonin
Artaud, Eugène Ionesco renouvelle le genre dramatique avec ses
antipièces qui se font l'écho du tragique de l'époque et de celui,
permanent, de la condition humaine. Ce maître de la parodie et
de la dislocation des mots se plaît à tirer parti de l'insolite des
situations quotidiennes, un quotidien où les objets prolifèrent :
« [...] les objets sont la concrétisation de la solitude, de la victoire
des forces antispirituelles, de tout ce contre quoi nous nous
débattons », écrit Ionesco.

Ses personnages mécaniques et sans consistance, à mi-chemin
entre la bêtise et la folie, fuient sans cesse, se réfugiant dans
un bavardage inauthentique : ils enfilent des clichés, des rabâ-
chages, des onomatopées, se jettent à la tête des mots vidés de
leur contenu. Ce langage stéréotypé sert à tout, sauf à communiquer. Le ridicule des personnages et l'insignifiance de leurs
paroles sont rendus par un humour corrosif, grinçant et sarcas-
tique, propre à mettre en évidence le vide de leur existence. Ils
croient exister, alors que leur vie est sans substance ; ils croient
parler et échanger avec les autres, alors que leur langage ne fait
que servir de paravent à leur angoisse. Le spectateur n'est pas
long à comprendre que ce qui se passe sur scène n'est que la
caricature de son propre langage quotidien farci de clichés – le
« parler pour ne rien dire » – et de sa vie.

Dans *Rhinocéros* (1958), Ionesco dénonce le conformisme. Cette
satire sociale et politique est inspirée par la montée du nazisme,
mais vise toutes les formes du fascisme ou du totalitarisme
capables d'écraser l'individu. Elle met en scène une petite ville
menacée par la rhinocérite. Cette maladie métamorphose en
rhinocéros tous ceux qui, incapables de pensées personnelles
et d'authenticité, préfèrent se conformer à l'ensemble. Refusant d'assumer leur condition humaine, ils sont transformés
en animaux. Un seul parvient à résister, Bérenger, qui incarne le
pouvoir de s'assumer et de s'affirmer contre tout ce qui écrase
l'être humain. C'est le dernier défenseur de l'humanisme. Le
passage proposé est extrait de la toute fin de la pièce.

Malheur à celui qui veut conserver son originalité !

Bérenger, *se regardant toujours dans la glace.* — Ce n'est
tout de même pas si vilain que ça, un homme. Et
pourtant, je ne suis pas parmi les plus beaux ! Crois-moi,
Daisy ! (*Il se retourne.*) Daisy ! Daisy ! Où es-tu, Daisy ? Tu
5 ne vas pas faire ça ! (*Il se précipite vers la porte.*) Daisy !
(*Arrivé sur le palier, il se penche sur la balustrade.*)
Daisy ! remonte ! reviens, ma petite Daisy ! Tu n'as
même pas déjeuné ! Daisy, ne me laisse pas tout seul !
Qu'est-ce que tu m'avais promis ! Daisy ! Daisy ! (*Il renonce
10 à l'appeler, fait un geste désespéré et rentre dans sa chambre.*)
Évidemment. On ne s'entendait plus. Un ménage dés-
uni. Ce n'était plus viable. Mais elle n'aurait pas dû me
quitter sans s'expliquer. (*Il regarde partout.*) Elle ne m'a
pas laissé un mot. Ça ne se fait pas. Je suis tout à fait seul
15 maintenant. (*Il va fermer la porte à clé, soigneusement, mais
avec colère.*) On ne m'aura pas, moi. (*Il ferme soigneusement
les fenêtres.*) Vous ne m'aurez pas, moi. (*Il s'adresse à
toutes les têtes de rhinocéros.*) Je ne vous suivrai pas, je
ne vous comprends pas ! Je reste ce que je suis. Je suis
20 un être humain. Un être humain. (*Il va s'asseoir dans le
fauteuil.*) La situation est absolument intenable. C'est ma
faute, si elle est partie. J'étais tout pour elle. Qu'est-ce
qu'elle va devenir ? Encore quelqu'un sur la conscience.
J'imagine le pire, le pire est possible. Pauvre enfant
25 abandonnée dans cet univers de monstres ! Personne
ne peut m'aider à la retrouver, personne, car il n'y a
plus personne. (*Nouveaux barrissements, courses éperdues,
nuages de poussière.*) Je ne veux pas les entendre. Je vais
mettre du coton dans les oreilles. (*Il se met du coton dans
30 les oreilles et se parle à lui-même, dans la glace.*) Il n'y a pas
d'autre solution que de les convaincre, les convaincre,
de quoi ? Et les mutations sont-elles réversibles ? Hein,
sont-elles réversibles ? Ce serait un travail d'Hercule,
au-dessus de mes forces. D'abord, pour les convaincre,
35 il faut leur parler. Pour leur parler, il faut que j'apprenne
leur langue. Ou qu'ils apprennent la mienne ? Mais
quelle langue est-ce que je parle ? Quelle est ma langue ?
Est-ce du français, ça ? Ce doit être du français ?
Mais qu'est-ce que du français ? On peut appeler ça du
40 français, si on veut, personne ne peut le contester, je suis
seul à le parler. Qu'est-ce que je dis ? Est-ce que je me
comprends, est-ce que je me comprends ? (*Il va vers le
milieu de la chambre.*) Et si, comme me l'avait dit Daisy,
si c'est eux qui ont raison ? (*Il retourne vers la glace.*)
45 Un homme n'est pas laid, un homme n'est pas laid !

(Il se regarde en passant la main sur sa figure.) Quelle drôle de chose ! À quoi je ressemble alors ? À quoi ? *(Il se précipite vers un placard, en sort des photos, qu'il*
50 *regarde.)* Des photos ! Qui sont-ils tous ces gens-là ? Papillon, ou Daisy plutôt ? Et celui-là, est-ce Botard ou Dudard, ou Jean ? ou moi, peut-être ! *(Il se précipite de nouveau vers le placard d'où il sort deux*
55 *ou trois tableaux.)* Oui, je me reconnais ; c'est moi, c'est moi ! *(Il va raccrocher les tableaux sur le mur du fond, à côté des têtes des rhinocéros.)* C'est moi, c'est moi. *(Lorsqu'il accroche les tableaux, on s'aperçoit*
60 *que ceux-ci représentent un vieillard, une grosse femme, un autre homme. La laideur de ces portraits contraste avec les têtes des rhinocéros qui sont devenues très belles. Bérenger s'écarte pour contempler les tableaux.)* Je ne suis pas beau, je ne suis pas beau. *(Il décroche les*
65 *tableaux, les jette par terre avec fureur, il va vers la glace.)* Ce sont eux qui sont beaux. J'ai eu tort ! Oh, comme je voudrais être comme eux. Je n'ai pas de corne, hélas ! Que c'est laid, un front plat. Il m'en faudrait une ou deux, pour rehausser mes traits tombants. Ça viendra peut-être, et je n'aurai plus honte, je pourrai aller tous les
70 retrouver. Mais ça ne pousse pas ! *(Il regarde les paumes de ses mains.)* Mes mains sont moites. Deviendront-elles rugueuses ? *(Il enlève son veston, défait sa chemise, contemple sa poitrine dans la glace.)* J'ai la peau flasque. Ah, ce corps trop blanc, et poilu ! Comme je voudrais avoir une peau dure et cette magnifique couleur d'un vert sombre,
75 une nudité décente, sans poils, comme la leur !
(Il écoute les barrissements.) Leurs chants ont du charme, un peu âpre, mais un charme certain ! Si je pouvais faire comme eux. *(Il essaie de les imiter.)* Ahh, Ahh, Brr ! Non, ça n'est pas ça ! Essayons encore, plus fort ! Ahh, Ahh, Brr ! non, non, ce n'est pas ça, que c'est faible,
80 comme cela manque de vigueur ! Je n'arrive pas à barrir. Je hurle seulement. Ahh, Ahh, Brr ! Les hurlements ne sont pas des barrissements ! Comme j'ai mauvaise conscience, j'aurais dû les suivre à temps. Trop tard maintenant ! Hélas, je suis un monstre, je suis un monstre. Hélas, jamais je ne deviendrai rhinocéros, jamais, jamais !
85 Je ne peux plus changer. Je voudrais bien, je voudrais tellement, mais je ne peux pas. Je ne peux plus me voir. J'ai trop honte ! *(Il tourne le dos à la glace.)* Comme je suis laid ! Malheur à celui qui veut conserver son originalité ! *(Il a un brusque sursaut.)* Eh bien tant pis ! Je me défendrai contre tout le monde ! Ma carabine, ma carabine !
90 *(Il se retourne face au mur du fond où sont fixées les têtes des rhinocéros, tout en criant :)* Contre tout le monde, je me défendrai, contre tout le monde, je me défendrai ! Je suis le dernier homme, je le resterai jusqu'au bout ! Je ne capitule pas !

Eugène Ionesco, *Rhinocéros*, 1958.

Frédéric Dubois signe la mise en scène de la pièce *Le roi se meurt* d'Eugène Ionesco, présentée au Théâtre du Nouveau Monde, à l'hiver 2013.

VERS LA DISSERTATION

Malheur à celui qui veut conserver son originalité !

1. Pourquoi Bérenger est-il troublé par le départ de Daisy ?

2. Trouvez des preuves de la résistance de Bérenger.

3. Bérenger dit que de convaincre les rhinocéros serait « un travail d'Hercule » (l. 33). Faites une recherche sur Hercule et sur le mythe auquel il est associé.

4. a) Expliquez l'importance de l'affirmation de Bérenger : « Je suis un être humain. Un être humain » (l. 19-20).

   b) Pourquoi le personnage répète-t-il : « Un homme n'est pas laid, un homme n'est pas laid ! » (l. 45) ?

   c) Cette répétition* est aussi une autre figure de style*. Laquelle ? Quel est l'effet créé ?

5. a) Expliquez pourquoi Bérenger se trouve maintenant laid (l. 64, 67, 73 et 86).

   b) Bérenger tente de résister, mais sa volonté s'affaiblit. Pourquoi ?

▉▉▉ Sujet de dissertation explicative

Bérenger, dans *Rhinocéros* d'Eugène Ionesco, résiste malgré tout au conformisme. Justifiez cette assertion.

Samuel Beckett (1906-1989)

Samuel Beckett, 1997.

Notre vie est une succession de paradis qui nous sont l'un après l'autre refusés.

C'est dans le néant et dans l'impossibilité de faire du théâtre que, paradoxalement, Samuel Beckett puise la matière de son théâtre. D'une grande puissance tragique, ses pièces désespérantes mais admirablement drôles, marquées par le souci d'une parole scrupuleusement agencée, peignent l'homme d'ici et maintenant, habité par l'angoisse et interrogeant sa problématique finitude.

Les personnages, pantins dérisoires et tragiques, sont interchangeables : des solitaires, des vagabonds, des vieillards, des clowns tristes engagés dans des aventures sans signification et réduits à n'être qu'une voix, qui ressassent leur existence larvaire. Ils sont immobiles, enfouis dans la terre, enfermés dans des poubelles, enfoncés dans l'obscurité. Ils n'ont aucun rôle à jouer dans la pièce, pas plus que dans le théâtre de la vie, si ce n'est de composer avec le temps qui passe – un temps stagnant, celui de l'attente, l'attente de la mort.

Le langage de ces êtres misérables qui accordent la plus grande importance à leur corps et à son usure est celui des paroles anodines du quotidien. Leur machine à penser se met-elle à fonctionner que la parole s'embourbe aussitôt dans les mots au milieu de bégaiements, de balbutiements, de borborygmes. Beckett fait éprouver l'élément de faillite au cœur même du langage. Ce qui n'empêche pas les nombreux jeux de mots, souvent mis en valeur par des accessoires grotesques et des situations relevant de la farce. Le spectateur ne peut manquer d'y reconnaître ses propres interrogations sur sa vie et sur la condition humaine, sur la communication qui se désagrège et sur la déroute du raisonnement, sur l'anxiété d'« exister pour rien », en attente du silence définitif.

Dans *En attendant Godot* (1952), deux personnages sans identité ni statut social attendent un certain Godot. Toute la pièce durant, ils tuent le temps et trompent leur ennui en se livrant à de vains balbutiements. Leur pressant besoin de dire se heurte à l'impossibilité d'exprimer quelque chose de significatif. Dans leur attente, il ne se passe rien, chaque instant ressemble au précédent et ne mène à quoi que ce soit, car Godot (nom symbolique qui peut rappeler autant «*God*» que «godillot») ne vient jamais. Comme si cet univers absurde caricaturait une humanité qui, quotidiennement, répète les mêmes gestes, les mêmes rites, dans l'attente aveugle qu'il se passe quelque chose. Le passage retenu est extrait de la fin de la pièce.

Je ne peux plus continuer comme ça

Estragon. — [...] Et si on se pendait ?

Vladimir. — Avec quoi ?

Estragon. — Tu n'as pas un bout de corde ?

Vladimir. — Non.

5 **Estragon.** — Alors on ne peut pas.

Vladimir. — Allons-nous-en.

Estragon. — Attends, il y a ma ceinture.

Vladimir. — C'est trop court.

Estragon. — Tu tireras sur mes jambes.

10 **Vladimir.** — Et qui tirera sur les miennes ?

Estragon. — C'est vrai.

Vladimir. — Fais voir quand même. (*Estragon dénoue la corde qui maintient son pantalon. Celui-ci, beaucoup trop large, lui tombe autour des chevilles. Ils* 15 *regardent la corde.*) À la rigueur ça pourrait aller. Mais est-elle solide ?

Estragon. — On va voir. Tiens.

Ils prennent chacun un bout de la corde et tirent. La corde se casse. Ils manquent de tomber.

20 **Vladimir.** — Elle ne vaut rien.

Silence.

Estragon. — Tu dis qu'il faut revenir demain ?

Vladimir. — Oui.

Estragon. — Alors on apportera une bonne corde.

25 **Vladimir.** — C'est ça.

Silence.

Estragon. — Didi.

Vladimir. — Oui.

Estragon. — Je ne peux plus continuer comme ça.

30 **Vladimir.** — On dit ça.

Estragon. — Si on se quittait ? Ça irait peut-être mieux.

Vladimir. — On se pendra demain. (*Un temps.*) À moins que Godot ne vienne.

35 **Estragon.** — Et s'il vient ?

Vladimir. — Nous serons sauvés.

Vladimir enlève son chapeau – celui de Lucky –, regarde dedans, y passe la main, le secoue, le remet.

Estragon. — Alors, on y va ?

40 **Vladimir.** — Relève ton pantalon.

Estragon. — Comment ?

Vladimir. — Relève ton pantalon.

Estragon. — Que j'enlève mon pantalon ?

Vladimir. — RE-lève ton pantalon.

45 **Estragon.** — C'est vrai.

Il relève son pantalon. Silence.

Vladimir. — Alors, on y va ?

Estragon. — Allons-y.

Ils ne bougent pas.

Samuel Beckett, *En attendant Godot,* 1952.

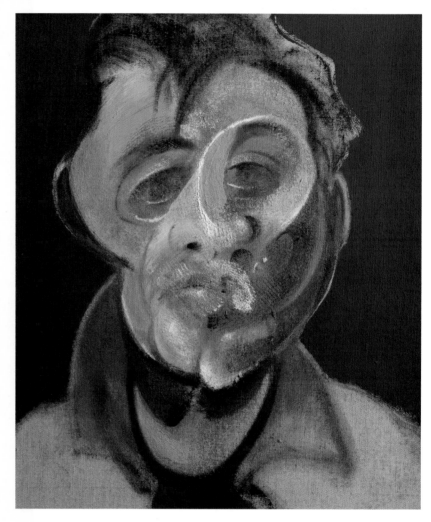

Francis Bacon, *Autoportrait,* 1969.

Peintre de la démesure, passionné des corps humains déformés, Bacon se représente ici tout aussi torturé que les personnages qui hantent ses toiles. Son œuvre est qualifiée d'existentialiste en raison de l'isolement dans lequel il enferme ses personnages.

VERS LA DISSERTATION

Je ne peux plus continuer comme ça

1. a) Pourquoi Estragon et Vladimir veulent-ils mettre fin à leurs jours ?

   b) Le souhaitent-ils vraiment ?

2. Quelles répliques passent du coq à l'âne, ce qui renforce l'absurdité de la scène ?

3. Pourquoi attendre Godot devient-il un prétexte ?

Jean Genet, 1968.

Jean Genet
(1910-1986)

Il faut poursuivre les actes jusqu'à leur achèvement. Quel que soit leur point de départ la fin sera belle. C'est parce qu'elle n'est pas achevée qu'une action est infâme.

Enfant de l'Assistance publique, Jean Genet mène longtemps une vie errante et marginale qui le conduit d'une maison de correction à une autre, avant de connaître les prisons. Homme de rupture, il voue une haine farouche à toutes les facettes de l'ordre établi, jusqu'à faire l'apologie systématique de la transgression de la loi. Sa vie de vagabondage prend fin lorsqu'il atteint la trentaine avancée et publie des poèmes rédigés en prison. Ce révolté n'en continue pas moins de militer sans relâche en faveur des «damnés de la terre», ses frères : les hors-norme, les travailleurs immigrés, les réfugiés des camps palestiniens et autres *Black Panthers*.

Son théâtre se situe en marge du théâtre de l'absurde. Comme Ionesco et Beckett, il rejette les conventions scéniques, mais ses personnages ne sont pas, eux, des fantoches allégoriques. Ce sont plutôt des êtres mus par une exceptionnelle violence qu'ils exercent contre les figures de l'autorité. Véritable icône de la révolte, Genet ne craint pas de déclencher le scandale : il sacralise le crime et souligne ainsi la beauté du mal.

Le malaise moral causé par cette audace est racheté par la force créatrice d'une écriture hautement poétique, lyrique et élégante, même quand elle se veut grossière et provocatrice. Souvent hallucinatoire, cette vision du monde exprimée par un exclu n'est pas si négative qu'elle peut le paraître au premier abord. D'autres avant lui ont constaté l'absurdité et le chaos ; Genet, à la manière des dadaïstes, fait un pas de plus dans la direction de la révolte totale, proposant de tout dynamiter afin de permettre une reconstruction sur quelque chose de solide et de vrai. Le dramaturge inverse les valeurs et montre l'envers de ce que les spectateurs désirent, ce qui lui permet de toucher à leurs déchirures secrètes, qui sont en fait celles de la condition humaine.

Dans *Les bonnes* (1947), deux servantes discutent des rapports qu'elles entretiennent avec leur patronne. Le dramaturge y reprend l'idée d'une humanité intrinsèquement vouée à faire le mal : les bonnes décident de tuer Madame.

Willem De Kooning, *Woman and Bicycle,* 1952-1953.

Comme chez beaucoup de peintres, le thème de la femme est récurrent chez De Kooning. *Woman and Bicycle* fait d'ailleurs partie de sa série *Women* qu'il réalise entre 1951 et 1953. Représentant majeur de la peinture américaine, De Kooning ouvre la voie à l'expressionnisme abstrait, qui s'exprime notamment par ses coups de brosse et la violence avec laquelle il étale la peinture sur la toile. La déformation de la figure humaine emprunte largement au surréalisme.

S'aimer dans le dégoût, ce n'est pas s'aimer

Solange. — Je voudrais t'aider. Je voudrais te consoler, mais je sais que je te dégoûte. Je te répugne. Et je le sais puisque tu me dégoûtes. S'aimer dans le dégoût, ce n'est pas s'aimer.

Claire. — C'est trop s'aimer. Mais j'en ai assez de ce miroir effrayant qui me ren-
5 voie mon image comme une mauvaise odeur. Tu es ma mauvaise odeur. Eh bien ! je suis prête. J'aurai ma couronne. Je pourrai me promener dans les appartements.

Solange. — Nous ne pouvons tout de même pas la tuer pour si peu.

Claire. — Vraiment ? Ce n'est pas assez ? Pourquoi, s'il vous plaît ? Pour quel autre motif ? Où et quand trouver un plus beau prétexte ? Ce n'est pas assez ?
10 Ce soir, Madame assistera à notre confusion. En riant aux éclats, en riant parmi ses pleurs, avec ses soupirs épais ! Non. J'aurai ma couronne. Je serai cette empoisonneuse que tu n'as pas su être. À mon tour de te dominer.

Solange. — Mais, jamais...

Claire, *énumérant méchamment, et imitant Madame.* — Passe-moi la serviette !
15 Passe-moi les épingles à linge ! Épluche les oignons ! Gratte les carottes ! Lave les carreaux ! Fini. C'est fini. Ah ! J'oubliais ! ferme le robinet ! C'est fini. Je disposerai du monde.

Solange. — Ma petite sœur !

Claire. — Tu m'aideras.

20 **Solange.** — Tu ne sauras pas quels gestes faire. Les choses sont plus graves, Claire, plus simples.

Claire. — Je serai soutenue par le bras solide du laitier. Il ne flanchera pas. J'appuierai ma main gauche sur sa nuque. Tu m'aideras. Et s'il faut aller plus loin, Solange, si je dois partir pour le bagne, tu m'accompagneras, tu monteras
25 sur le bateau. Solange, à nous deux, nous serons ce couple éternel, du criminel et de la sainte. Nous serons sauvées, Solange, je te le jure, sauvées !

Jean Genet, *Les bonnes*, 1947.

VERS LA DISSERTATION

S'aimer dans le dégoût, ce n'est pas s'aimer

1. Expliquez l'absurdité de la réponse de Claire lorsqu'elle affirme : « Où et quand trouver un plus beau prétexte ? » (l. 9).

2. Quel temps* et quel mode* des verbes soulignent les ordres donnés aux bonnes ?

3. Expliquez l'expression « tu monteras sur le bateau » (l. 24-25).

4. Trouvez une antithèse* qui décrit :
   a) l'acte que Claire veut commettre ;
   b) les deux bonnes maléfiques.

5. a) Pourquoi Claire déclare-t-elle que Solange et elle seront sauvées (deux dernières phrases, l. 25-26) si elles tuent Madame ?
   b) Expliquez l'absurdité de la réplique.

La poésie imite une réalité dont notre monde ne possède que l'intuition.

Jean Cocteau

La mission du poète demeure toujours la même : recréer ce qu'il a perçu dans un mouvement d'intuition, au plus près de l'instant. Mais, à partir des années 1940, la poésie, qui ne se reconnaît plus d'écoles ni de mouvements, quitte le champ du lyrisme et se méfie de l'éloquence. Elle rejette même l'image poétique dans le but de mieux s'unir à ce qui est : l'élémentaire, la matière, les choses, afin d'affirmer le réel dans son élan.

Le monde n'apparaît plus comme la création d'un Être transcendant, porteur d'un sens à dévoiler, mais s'ouvre dans le simple horizon des mots : leur signification première ou leur polysémie, leurs rapports de contiguïté, leurs évocations, leur sonorité... Sans jugement et dans un rapport non moral au monde, le poète, se tenant au plus près des mots, met le langage en fête.

Dès lors, un poème n'a pas à être expliqué. L'essentiel repose sur le choc d'une rencontre qui s'impose entre lui et nous, qui nous parle dans le choc de notre présent. Chaque lecteur doit aspirer à retrouver au cœur du travail poétique une intensité réelle qui l'amène à penser « Ah ! comme c'est beau ! » et non pas « Qu'est-ce que ça veut dire ? ».

Dans ces poèmes, où la frontière entre prose et poésie se fait de plus en plus indistincte, les expériences personnelles importent bien davantage que les règles à suivre. Dans une quête de vérité sans compromis, chaque poète exprime pleinement son originalité.

Francis Ponge, 1982.

Francis Ponge (1899-1988)

L'amour des mots est en quelque façon nécessaire à la jouissance des choses.

La grande originalité de Francis Ponge est de rompre avec la manière dont on traitait auparavant les choses et la nature. Avec lui, l'homme n'est plus au centre du monde ni de l'œuvre d'art. Le poète part plutôt des objets, qu'il confie aux mots, non pas pour qu'ils décrivent les objets, mais pour qu'ils en rendent un équivalent verbal qui en restituera l'âme. Ponge fait se rencontrer dans une parfaite adéquation les objets et les mots : les mots donnent asile aux choses en se modelant à leur structure, alors que l'épaisseur des choses rend les ressources infinies de la sémantique des mots.

La fascination pour l'objet ordinaire et l'élimination du point de vue humain semblent traduire la progression de la société de consommation. Cette même obsession pour l'envahissement de l'objet se retrouve aussi bien dans le Nouveau Roman et le théâtre de l'absurde que dans le *pop art*. Le vieil humanisme a cessé de séduire les sociétés ; seuls subsistent le matérialisme et les pressants diktats de la réalité réduite à des objets qui envahissent des territoires jusque-là réservés à l'humain, jusqu'à l'effacement de ce dernier.

En 1942, Francis Ponge ouvre donc la voie à une poésie de l'objet avec *Le parti pris des choses*. Il ne s'agit pas de poésie en prose, du moins pas au sens où on l'entendait au XIXe siècle, mais plutôt d'un nouveau genre littéraire qui fait fusionner prose et poésie. La phrase se fait attentive aux détails et progresse par ajouts, retouches, reprises et fignolage.

L'huître

L'huître, de la grosseur d'un galet moyen, est d'une apparence plus rugueuse, d'une couleur moins unie, brillamment blanchâtre. C'est un monde opiniâtrement clos. Pourtant on peut l'ouvrir : il faut alors la tenir au creux d'un
5 torchon, se servir d'un couteau ébréché et peu franc, s'y reprendre à plusieurs fois. Les doigts curieux s'y coupent, s'y cassent les ongles : c'est un travail grossier. Les coups qu'on lui porte marquent son enveloppe de ronds blancs, d'une sorte de halos.

10 À l'intérieur l'on trouve tout un monde, à boire et à manger : sous un *firmament* (à proprement parler) de nacre, les cieux d'en-dessus s'affaissent sur les cieux d'en-dessous, pour ne plus former qu'une mare, un sachet visqueux et verdâtre, qui flue et reflue à l'odeur et à la vue, frangé
15 d'une dentelle noirâtre sur les bords.

Parfois très rare une formule perle à leur gosier de nacre, d'où l'on trouve aussitôt à s'orner.

Francis Ponge, *Le parti pris des choses*, 1942.

Jasper Johns, *Bronze peint (Ballantine Ale)*, 1960.

Œuvre du courant néodada, *Bronze peint* est une réplique en bronze d'un produit courant, la bière Ballantine. Jasper Johns pousse toutefois plus loin la réflexion sur la notion et la valeur de l'objet d'art qu'évoquait Marcel Duchamp avec *Fountain* (*voir p. 85*). Il brouille les codes de lecture en opposant une matière noble générale-ment associée à la sculpture, le bronze, à l'objet quotidien, la canette de bière.

Quelques citations de Ponge

« Ô ressources infinies de l'épaisseur des choses, rendues par les ressources infinies de l'épaisseur des mots ! »

« Je tiens que chaque écrivain digne de ce nom doit écrire contre tout ce qui a été écrit jusqu'à lui. »

« Il ne faut cesser de s'enfoncer dans sa nuit : c'est alors que brusquement la lumière se fait. »

« La racine de ce qui nous éblouit est dans nos cœurs. »

« Le langage ne se refuse qu'à une chose, c'est à faire aussi peu de bruit que le silence. »

« C'est par sa mort parfois qu'un homme montre qu'il était digne de vivre. »

VERS LA DISSERTATION

L'huître

1. L'huître domine le poème de Ponge. Pourtant, quelques traces de l'humain subsistent. Lesquelles ?

2. Montrez que l'humain reste malgré tout anonyme.

3. Trouvez deux périphrases* qui décrivent l'intérieur de l'huître.

4. Trouvez trois expressions qui, un peu comme un oxymore* ou une antithèse*, contiennent deux termes qui s'opposent, l'un mélioratif, l'autre péjoratif.

5. Quels sont les éléments poétiques de la description du mollusque ?

Le cageot

À mi-chemin de la cage au cachot la langue française a cageot, simple caissette à claire-voie vouée au transport de ces fruits qui de la moindre suffocation font à coup sûr une
5 maladie.

Agencé de façon qu'au terme de son usage il puisse être brisé sans effort, il ne sert pas deux fois. Ainsi dure-t-il moins encore que les denrées fondantes ou nuageuses qu'il
10 enferme.

À tous les coins de rues qui aboutissent aux halles, il luit alors de l'éclat sans vanité du bois blanc. Tout neuf encore, et légèrement ahuri d'être dans une pose maladroite à la
15 voirie jeté sans retour, cet objet est en somme des plus sympathiques, – sur le sort duquel il convient toutefois de ne s'appesantir longuement.

Francis Ponge, *Le parti pris des choses*, 1942.

VERS LA DISSERTATION

Le cageot

1. Expliquez le choix des mots « de la cage au cachot » (l. 1).

2. Dites pourquoi certains passages ressemblent à un mode d'emploi.

3. Relevez :

   a) les personnifications* employées pour décrire le cageot ;

   b) une périphrase* pour décrire son contenu.

4. L'homme disparaît encore derrière l'objet. Trouvez la seule phrase qui évoque l'humain.

5. Expliquez le jeu de mots lorsque le poète dit qu'il ne faut pas « s'appesantir longuement » (l. 17-18) sur le sort du cageot.

▦ Sujet de dissertation explicative

L'objet, dans les poèmes « L'huître » et « Le cageot » de Francis Ponge, est tantôt ordinaire, tantôt valorisé. Expliquez cette opposition.

René Char (1907-1988)

Nous n'avons qu'une ressource avec la mort : faire de l'art avec elle.

Homme d'un tempérament solitaire, René Char quitte le mouvement surréaliste après y avoir puisé les forces vives de sa poésie. Selon lui, l'homme se doit de lutter pour sortir de la confusion générale. Or, la poésie est justement, pour Char, le lieu privilégié de ce combat ; le poète doit donc accomplir son devoir de lucidité, lui qui a la responsabilité de donner l'exemple.

Char se plaît à produire de petits textes aux formules décapantes, dont l'écriture est si dense et si elliptique que la prose ne se distingue plus de la poésie. Son œuvre dépouillée pratique à merveille l'art du raccourci.

René Char, 1925.

Allégeance

Dans les rues de la ville il y a mon amour. Peu importe
où il va dans le temps divisé. Il n'est plus mon amour,
chacun peut lui parler. Il ne se souvient plus ; qui au
juste l'aima ?

5 Il cherche son pareil dans le vœu des regards. L'espace
qu'il parcourt est ma fidélité. Il dessine l'espoir et léger
l'éconduit. Il est prépondérant sans qu'il y prenne part.

Je vis au fond de lui comme une épave heureuse. À son
insu, ma solitude est son trésor. Dans le grand méridien
10 où s'inscrit son essor, ma liberté le creuse.

Dans les rues de la ville il y a mon amour. Peu importe
où il va dans le temps divisé. Il n'est plus mon amour,
chacun peut lui parler. Il ne se souvient plus ; qui au
juste l'aima et l'éclaire de loin pour qu'il ne tombe pas ?

René Char, *La fontaine narrative*, 1947.

La compagne du vannier

Je t'aimais. J'aimais ton visage de source raviné
par l'orage et le chiffre de ton domaine enser-
rant mon baiser. Certains se confient à une
imagination toute ronde. Aller me suffit. J'ai
5 rapporté du désespoir un panier si petit, mon
amour, qu'on a pu le tresser en osier.

René Char, *Seuls demeurent*, 1945.

VERS LA DISSERTATION

La compagne du vannier

1. a) Qu'est-ce qu'un vannier ?

   b) Qui est-ce dans le contexte ?

2. Que pourrait bien évoquer ce panier dont parle le poète ?

3. a) Quels sont les deux principaux thèmes du poème ?

   b) Donnez au moins un exemple qui illustre chacun des thèmes.

4. Relisez bien le poème. Que percevez-vous en ce qui a trait aux thèmes ?

VERS LA DISSERTATION

Allégeance

1. Le poème donne l'impression que René Char voue une allégeance à l'amour. Cependant, il n'en est rien. À quoi d'autre le poète peut-il vouer allégeance ?

2. Expliquez le sens des troisième et quatrième phrases.

3. a) Que signifie la première phrase du deuxième paragraphe ?

   b) De quelle figure de style* s'agit-il ?

4. Pourquoi le poète se compare-t-il à une « épave heureuse » (l. 8) ?

5. Expliquez le sens de la dernière phrase.

Comment vivre sans inconnu devant soi?

Les hommes d'aujourd'hui veulent que le poème soit à l'image de leur
vie, faite de si peu d'égards, de si peu d'espace et brûlée d'intolérance.

Parce qu'il ne leur est plus loisible d'agir suprêmement, dans cette préoccupation fatale de se détruire par son semblable, parce que leur inerte richesse
5 les freine et les enchaîne, les hommes d'aujourd'hui, l'instinct affaibli,
perdent, tout en se gardant vivants, jusqu'à la poussière de leur nom.

Né de l'appel du devenir et de l'angoisse de la rétention, le poème,
s'élevant de son puits de boue et d'étoiles, témoignera presque silencieu-
sement, qu'il n'était rien en lui qui n'existât vraiment ailleurs, dans ce
10 rebelle et solitaire monde des contradictions.

René Char, *Le poème
pulvérisé*, 1947.

VERS LA DISSERTATION

Comment vivre sans inconnu devant soi?

1. Comment le poète perçoit-il la vie?

2. Pourquoi, selon René Char, les humains perdent-ils tout?

3. Comment le poète perçoit-il la nature humaine?

4. Quel serait le rôle de la poésie?

Jean Dubuffet, *La route des hommes*, 1944.

Premier théoricien de l'art brut, Jean Dubuffet explore tout au long
de sa carrière divers styles, de l'abstraction au pittoresque. Il réserve
cependant une place importante à la production des artistes non
professionnels, des enfants et des personnes atteintes de maladies
mentales. *La route des hommes* offre une vision naïve et enfantine de
la vie à la campagne.

La plus belle lettre d'amour d'une auteure contestataire

Abandonnée à sa naissance, Albertine Sarrazin (née Albertine
Damien, 1937-1967) passe son enfance dans des maisons d'éducation
surveillées. Plus tard, son «ardeur à vivre» conduit cette jumelle spirituelle de Jean Genet de prison en prison. Enfermée dans sa cellule,
elle s'évade par l'écriture: la liberté, la seule, la vraie, c'est en écrivant
qu'elle la trouve. Dans deux romans qui la rendent célèbre et lui permettent de se refaire une vie honnête, *L'astragale* et *La cavale*, cette
romancière atypique explore l'aventure intérieure d'une femme exclue
de la société, mais qui trouve assez de force pour préserver son être
essentiel.

Au cours d'une évasion, en 1957, elle saute le mur d'une prison et se
casse l'astragale (un petit os du pied). Un passant la recueille chez
lui: Julien Sarrazin, petit malfrat au cœur tendre. Elle est arrêtée
à nouveau, de même que Julien, qui mène une vie semblable à la
sienne. Ils se marient en 1959, dans la prison où Albertine est incar-
cérée, pendant que Julien est momentanément libre. La lettre présentée à la page suivante a été écrite le 28 mars 1958. Les autorités
pénitentiaires ne la remettent à Julien, avec les autres lettres qu'elle
lui a écrites, qu'à la Saint-Jean de 1959. Albertine Sarrazin meurt en
1967, après une vie aventureuse tout entière consacrée à se battre
pour le bonheur.

Mark Rothko, *Sans titre*, 1953.

À l'instar de plusieurs autres peintres issus de l'expressionnisme abstrait américain, Mark Rothko rejette dans les années 1950 toutes références à la facture gestuelle et expressive de l'artiste pour se concentrer sur les qualités propres de la peinture, la couleur et la bidimensionnalité du support, le *colorfield painting*. Ses œuvres de cette époque reprennent sensiblement la même composition : quelques rectangles colorés dont les contours ne sont pas tout à fait définis et qui donnent parfois l'impression de flotter sur une surface monochrome.

D'Albertine Sarrazin à Julien Sarrazin

À Julien Sarrazin

28-3.

Dix jours.

Plus faim ni soif depuis dix jours avec la seule envie
5 de toi, à crier. Cette chose qui peut rendre tiède et
fraîche, qui peut brûler et faire mal.

Ce soir, j'ai aimé en ton nom tous les hommes.
Cette peur à l'approche du mâle, ce refus jamais
vaincu, l'étrange et l'inconnu, tout cela s'est fondu
10 en joie. Cette joie désespérée que tu as su me donner pour toujours.

J'ai rêvé. J'avais calé ta porte avec mon corps, pour
te crier je t'aime parmi tes potes, cependant que
tu étais retourné à d'autres décors. Ah ! N'importe,
15 puisque me sont laissées les nuits douces où nous
nous reconnaissons, cette nuit après l'autre qui me
retrouve chaque réveil un peu plus lasse de
me réveiller.

Quelle indifférence, leur plaisir. En vain chercherais-je,
20 parmi les leurs, tes mots et ta voix et ta peau. Ami, qui
m'as fait mal et bonheur chaque fois un peu plus, je
ne pleure pas. Même pas. Peut-être demain nous serons-nous
rendus, peut-être jamais, peut-être la route, nous deux, n'importe ?
Il n'y a pas de terre pour notre voyage.

25 Oh, cher si pareil, comme moi mal cicatrisé de la vie…Vois-tu
j'aurais dû faire gaffe davantage, quand tu me faisais l'amour :
serrer un peu moins. On ne sait jamais assez regarder. On saisit,
trop fort, oui. La mort même ne ferait pas ouvrir les doigts.

Albertine Sarrazin, *Lettres et poèmes*, 1965.

VERS LA DISSERTATION

D'Albertine Sarrazin à Julien Sarrazin

1. Trouvez deux procédés* qui expriment les extrêmes de l'amour.

2. Que veut dire l'auteure lorsqu'elle dit à son amant : « […] tu étais retourné à d'autres décors » (l. 14) ?

3. a) Quel paragraphe évoque les doutes d'Albertine Sarrazin quant à sa relation avec son amoureux ?

b) Relevez une métaphore* qui illustre l'avenir incertain des amoureux.

4. a) Résumez le propos du dernier paragraphe de la lettre.

b) Qui est ce « cher si pareil » (l. 25) auquel Albertine Sarrazin fait référence ? Trouvez une expression similaire que vous connaissez.

c) Pourquoi parle-t-elle de la mort ?

Vue d'ensemble du Nouveau Roman, du théâtre de l'absurde et de la poésie d'après-guerre	
Caractéristiques/thèmes	**Auteurs importants et œuvres principales**
Nouveau Roman • Refus des conventions du roman traditionnel • Refus du roman réaliste • Refus de la narration omnisciente • Narration interne (au « je ») privilégiée • Le personnage n'est plus important : il devient presque anonyme • Représentations du monde non conventionnelles : les repères du lecteur sont brouillés • Intrigue non linéaire • Refus de la littérature engagée • Écriture comme telle plus importante que le sens • Registre de langue étendu, qui va du soutenu à l'argotique en passant par des néologismes (invention verbale)	**Genre privilégié : roman** • Alain Robbe-Grillet *Les gommes* (1953) *Le voyeur* (1955) • Marguerite Duras *Moderato cantabile* (1958) *L'amant* (1984) • Georges Perec *La disparition* (1969) *La vie mode d'emploi* (1978) • Raymond Queneau *Zazie dans le métro* (1959) *Les fleurs bleues* (1965) • Sébastien Japrisot *Compartiment tueurs* (1962) *La dame dans l'auto avec des lunettes et un fusil* (1966)
Théâtre de l'absurde ou antithéâtre • Conventions théâtrales non conventionnelles • Personnages marginaux évoluant dans un monde qui n'a aucun sens • Espace clos • Langage parfois cru, argotique et teinté de mots inventés • Intrigue qui tourne souvent en rond, sans but • Thèmes : absurdité de la société, difficulté de communication, condition humaine, vide existentiel	**Genre privilégié : théâtre** • Eugène Ionesco *Les chaises* (1954) *Rhinocéros* (1958) • Samuel Beckett *En attendant Godot* (1952) *Oh les beaux jours* (1963)
Poésie d'après-guerre • Aucune école ni aucun mouvement • Refus du lyrisme • Retour aux sources • Simplicité du langage (surtout chez Ponge) • Poèmes en prose • Célébration de l'objet	**Genre privilégié : poésie** • Francis Ponge *Le parti pris des choses* (1942) *Proêmes* (1948) • René Char *Seuls demeurent* (1945) *La fontaine narrative* (1947) *Le poème pulvérisé* (1947)

5 Requiem pour une civilisation

Auteurs et œuvres à l'étude

Magdalena Abakanowicz, *Agora,* **2006.**

Requiem pour une civilisation

OU LA POSTMODERNITÉ_____

L'homme [...] est maintenant devenu un objet de contemplation pour lui-même. Son auto-aliénation est telle qu'il peut contempler sa propre destruction avec un plaisir esthétique de premier ordre.

Walter Benjamin

Un monde en mouvance (de 1980 à aujourd'hui)

Les sociétés occidentales prennent maintenant conscience que les mouvements sociaux apparus à partir de la fin des années 1960 ont marqué un tournant dans la civilisation. Depuis, nous assistons à une accélération foudroyante de l'Histoire : révolution économique, révolution technologique, mondialisation culturelle, nouvel ordre géopolitique, primauté de l'individualisme... Le présent, entré dans une mue continuelle, devient insaisissable, et le passé, censé offrir un socle de référence et de réconfort, se dérobe. Tous ces changements en si peu de temps, dans cette période qui n'a encore d'appellation autre que l'insatisfaisante postmodernité, ne sont pas sans causer

	1972	1973	1974	1975	1976	1977	1978	1979	1980	1981	1982	1983	1984	1985	1986	1987	1988	1989	1990	1991	1992

Culture et littérature françaises

1978 Modiano, *Rue des boutiques obscures*

Guibert, *Le protocole compassionnel* 1991
Le Clézio, *Onitsha*

Kundera, *L'insoutenable légèreté de l'être* 1984

Koltès, *Dans la solitude des champs de coton* 1986
Kristof, *Le grand cahier*

Pennac, *Comme un roman* 1992

Guillevic, *Art poétique* 1989

Arts et sciences

Eco, *Le nom de la rose* 1980

Premier cas de sida répertorié 1981
Vol inaugural de la navette spatiale par la NASA

1984 Création du Cirque du Soleil
Mise en marché du Macintosh 128K, premier microordinateur avec souris et interface graphique

Süskind, *Le parfum* 1985
Première greffe cœur-poumons au Québec

1988 Rushdie, *Les versets sataniques*

Histoire et politique

Premier référendum sur l'indépendance du Québec 1980

Grave accident nucléaire à Tchernobyl, en Russie 1986

Débuts du réseau Internet 1992

Guerre entre l'Iran et l'Irak 1980-1989

Massacre de la place Tiananmen à Pékin 1989
Chute du mur de Berlin

Réunification des deux Allemagnes 1990

Dissolution de l'URSS 1991
Guerre du Golfe

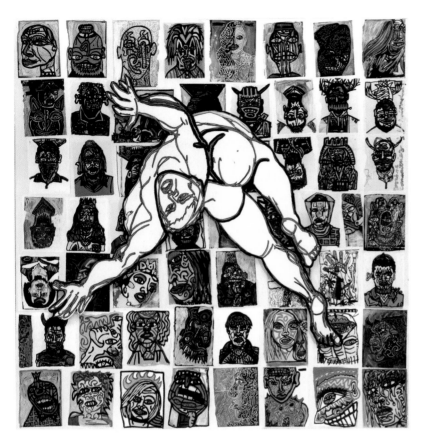

un certain vertige; ils ont transformé en profondeur la vie des populations occidentales, suscitant espoirs et craintes en proportion de leur démesure.

Mais comment définir la postmodernité? Historiquement, la postmodernité prend racine dans un contexte difficile, marqué par deux guerres mondiales, le nazisme, le totalitarisme soviétique, la guerre froide et la course au nucléaire. La postmodernité est l'expression d'une crise de la modernité (*voir chapitre 1*) qui frappe la société occidentale, en particulier les pays les plus industrialisés de la planète. Plus qu'un refus d'envisager l'avenir, elle est surtout le symptôme d'un profond malaise de la civilisation.

Robert Combas, *La fin en boucle*, 2010.

Robert Combas est l'une des figures marquantes de la figuration libre. Ce mouvement, né dans les années 1980 en opposition avec l'art minimaliste et conceptuel, a pour sujet la violence, la sexualité, la souffrance et les petits bonheurs. *La fin en boucle* fait partie d'une série d'œuvres qu'il crée autour d'un poème de John Milton, « Le paradis perdu ». Le personnage central est en chute libre, sans filet, sous les regards de nombreux personnages indifférents à son sort comme à celui du monde.

1993 1994 1995 1996 1997 1998 1999 2000 2001 2002 2003 2004 2005 2006 2007 2008 2009 2010 2011 2012 2013

1994 Jaccottet, *À la lumière d'hiver*
Semprún, *L'écriture ou la vie*

2001 Bonnefoy, *Les planches courbes*
Vargas, *Pars vite et reviens tard*

2009 Jauffret, *Ce que c'est que l'amour et autres microfictions*

Delerm, *La première gorgée de bière et autres plaisirs minuscules* **1997**

2003 Beigbeder, *Windows on the World*
Kundera, *L'ignorance*

2010 Echenoz, *Des éclairs*
Revol, *Nos étoiles ont filé*

1998 Houellebecq, *Les particules élémentaires*
Vinaver, *Les huissiers*

2011 Carrère, *Limonov*

2006 Grand Corps Malade, *Midi 20*

Sollers, *Passion fixe* **2000**
Nothomb, *Métaphysique des tubes*

2002 Schmitt, *Lorsque j'étais une œuvre d'art*

2008 Ernaux, *Les années*

Delisle, *Chroniques de Jérusalem* **2012**

1993 Wall, *Brusque rafale de vent (d'après Hokusai)*

2001 Martel, *Histoire de Pi*

Nouvelle technologie de fabrication de cellules souches à partir de cellules adultes **2007**

Après 135 missions, la NASA met fin à son programme de navette spatiale **2011**

1997 Gehry, musée Guggenheim à Bilbao, en Espagne
Gilbert et George, *Drops of Blood*

1997-1998 Goldsworthy, *Storm King Wall*

Transmission, par le robot *Curiosity*, d'images de sédiments laissés par l'écoulement d'eau sur Mars **2012**

Manguel, *Une histoire de la lecture* **1998**

2000 Début du séquençage du génome humain

Arrestation de Saddam Hussein (mort par pendaison en 2006) **2003**

Oussama Ben Laden abattu par l'armée américaine **2011**

Grève étudiante au Québec **2012**

Attentats terroristes aux États-Unis **2001**

Mouvement de contestation dans plusieurs pays du Proche-Orient et du nord de l'Afrique, appelé « Printemps arabe » **2010-2011**

1995 Deuxième référendum sur l'indépendance du Québec

Élection de Barack Obama aux États-Unis **2008**

Révolution économique et mondialisation des marchés

Les crises pétrolières de 1973 et de 1978 sonnent le glas du système économique fondé sur une consommation illimitée que connaissait l'Occident depuis trois décennies. Sous l'impulsion de Margaret Thatcher, première ministre britannique de 1979 à 1990, et de Ronald Reagan, président américain de 1981 à 1989, une politique conservatrice de néolibéralisme s'impose bientôt dans les pays occidentaux, puis, à la suite de l'effondrement du bloc soviétique, se répand à toute vitesse sur tous les continents. L'hyperpuissance américaine orchestre et domine une nouvelle économie-monde de type capitaliste, communément appelée «la mondialisation des marchés»: elle favorise le désengagement de l'État, la privatisation des entreprises publiques, la déréglementation de la finance et l'introduction de produits étrangers à bas coût, le tout au profit des intérêts privés. Dans les faits, c'est l'avènement d'une société postindustrielle, où l'économie financière, basée en grande partie sur la spéculation, devient plus payante que l'économie réelle.

Cette globalisation des marchés, qui met en libre concurrence mondiale les acteurs économiques et financiers nationaux ou multinationaux, ne s'impose qu'une règle: faire un maximum de profit dans un minimum de temps. Ce capitalisme sauvage ne peut qu'engendrer ou accentuer des inégalités. La hausse des prix du pétrole et les spéculations sur les denrées de base appauvrissent les plus démunis. Les écarts se creusent entre les riches et les pauvres, les «super-riches» accaparant l'argent. Les pertes d'emplois et les réorientations de carrières sont maintenant banalisées. Les États eux-mêmes souffrent d'un déficit de leadership national au profit des toutes-puissantes multinationales. On voulait croire qu'une autorégulation spontanée de l'économie de marché suffirait à résoudre tous les problèmes. En réalité, le néolibéralisme met au jour des crises d'une ampleur planétaire comme le réchauffement climatique, la sécurité alimentaire et l'approvisionnement énergétique à un prix abordable.

Le Net étend sa toile sur la planète

La mondialisation des marchés suscite une mondialisation parallèle rendue possible par l'extraordinaire progrès des techniques de communication. En 1990, fruits d'inventions en cascade, de nouvelles technologies de l'information et de la communication sont mises au point. Couplées à un ordinateur personnel, elles donnent naissance à Internet, l'expression la plus spectaculaire de cette ère nouvelle. Émerge alors un nouveau continent numérique sillonné par de multiples autoroutes de l'information. La transmission universelle et instantanée des informations et des idées est maintenant à portée de clavier. Ce nouveau média individualisé et interactif réunit, autour de nouvelles tables de conférence, des interlocuteurs qui peuvent se trouver physiquement à des dizaines de milliers de kilomètres les uns des autres.

Le *World Wide Web,* dont nous sommes encore loin de soupçonner toutes les possibilités, est déjà responsable d'un des plus grands bouleversements de l'histoire de l'humanité – probablement aussi considérable que l'invention de l'écriture, puis de l'imprimerie. Réalisée dans un but purement économique au départ[1], cette propagation en temps réel et en tout lieu des sons et des images va bien au-delà de cette sphère: elle transforme les personnes et les valeurs, bouleverse le monde de la culture et des médias, crée des interdépendances entre les différents endroits de la planète, et touche au politique aussi bien qu'à l'idéologique.

---

1. Tout comme l'invention de l'écriture.

Andreas Gursky, *Madonna 1*, 2001.

Les photographies d'Andreas Gursky sont imposantes par leur très grand format et la très haute définition des images retravaillées à l'ordinateur, ce qui les rapproche de la peinture hyperréaliste. Entre autres sujets, Gursky est fasciné par les grandes foules et l'excitation qui s'en dégage. Dans *Madonna 1*, la multiplicité des perspectives et le travail de superposition rappellent l'effet *all-over* des *drippings* de Pollock, mais surtout rendent compte de la scénographie complexe qui entoure les concerts de la star du pop.

L'idéologie technologique de la communication en vient à prendre le relais de l'idéologie essoufflée du progrès sans fin. Les nouveaux acquis que permet le « réseau des réseaux » sont indéniables et, puisque l'humain a besoin d'idéaux, il veut y voir un outil pour réenchanter le monde. On croit y trouver la rassurante confirmation des théories de Marshall McLuhan prédisant que les nouvelles technologies conduiraient à l'instauration d'un « village global ». Dans celui-ci devraient réapparaître les formes de communication originelles, comme dans les tribus primitives, où règne le sentiment d'appartenir à un groupe dont tous les membres se connaissent.

La définition d'une nouvelle identité culturelle

La mondialisation technologique amène à redéfinir la culture. Le temps réservé naguère à la lecture est de plus en plus grignoté par la télévision, le cinéma et Internet. Le livre en particulier, en tant qu'œuvre palpable, est attaqué en ce qu'il a de plus singulier. On lui substitue de plus en plus de nouveaux outils de lecture électronique toujours plus séduisants et performants, où sont accessibles une multitude d'autres textes dans les domaines les plus divers. De voie royale qu'il était pour accéder à la culture et au savoir, le nouveau livre numérisé est réduit à un objet de consommation équivalent à n'importe quel autre. En dématérialisant et en rendant accessibles en réseau toutes les formes de connaissances, Internet établit un nouveau rapport au savoir, désormais mis en concurrence, sans le moindre privilège, avec d'autres produits de consommation.

Dans l'édifice social, les anciens équilibres sont balayés au profit de nouvelles pratiques. Les rapports sociaux se dématérialisent pour devenir numériques : Facebook constitue le plus grand journal intime du monde, un monde que chacun peut mobiliser à volonté avec Twitter, 140 caractères. Partout sur la planète, la nouvelle identité culturelle supra-nationale nous permet de partager les mêmes jeux en réseau, la même musique, le même cinéma, les mêmes nouveaux lieux de marivaudage – la dimension mondiale est limitée uniquement par l'aisance à nous exprimer dans la langue anglaise. Sur tous les

Jeff Koons, *Pink Panther*, 1988.

Artiste chouchou des nouveaux riches, Jeff Koons s'inscrit dans la lignée des Marcel Duchamp, Claes Oldenburg et Andy Warhol, tournant en dérision tout ce qui constitue la culture et la sous-culture populaires. Avec *Pink Panther*, de sa série *Banalités*, réalisé dans un matériau symbolique du kitsch, la porcelaine, il associe, voire « accouple » l'un des symboles sexuels des années 1950, Jayne Mansfield, avec la célèbre panthère rose, personnage né du générique du film culte de 1963. L'humour de Koons, qualifié par plusieurs d'immature ou de prétentieux, jette en fait un regard plutôt pessimiste sur sa génération.

continents, des êtres humains sont susceptibles de partager au même moment une même émotion, qu'il s'agisse d'un triomphe sportif, des funérailles d'une princesse ou d'un épisode du feuilleton *Mad Men*. Dans cette uniformisation, les pulsions de la planète entière sont rythmées par les courbes du Dow Jones, de l'indice Nikkei et autres NASDAQ.

Ces nouveaux outils bouleversent nos habitudes de penser et nous éloignent de celles que le livre a induites, à commencer par un effacement de la mémoire. Notre existence est transformée sur pratiquement tous les plans, en même temps qu'est renouvelé notre regard sur le monde : l'espace n'est plus déterminé par des distances mais par des proximités. Dans cette ère de nouveauté, on choisit d'oublier que la connexion permanente et l'exigence de réactivité qu'elle entraîne font voler en éclats la frontière entre vie publique et vie privée.

Mon image.com

Le regard ne s'empare pas des images, ce sont elles qui s'emparent du regard. Elles inondent la conscience.

Franz Kafka

Ce monde en changement voit l'émancipation vis-à-vis des valeurs spirituelles et la désagrégation des cadres d'appartenance qui guidaient les comportements : la famille, les groupes sociaux, les institutions et même l'État. L'autorité et les valeurs imposées sont rejetées, ainsi que toutes les normes. Chacun doit dorénavant se débrouiller avec ses propres capacités pour se définir, revendiquer une appartenance qui donne un sens à son existence. La nouvelle et unique valeur qui prend la place des anciennes pourrait se définir ainsi : le droit de chacun de choisir lui-même tout ce qui le concerne. Cette liberté de choix peut, à la limite, signifier le droit de choisir les critères de la vérité. Ce qui est particulièrement patent dans le domaine des arts.

L'autonomisation de l'individu, à laquelle les nouvelles techniques « individualisantes » ne sont pas étrangères, s'inscrit dans une logique *consumériste* qui promeut le culte du plaisir. Dans ce nouvel hédonisme, les buts sont choisis en fonction d'expériences concrètes plutôt que fondés sur des idées abstraites ou sur ce qu'on appelait autrefois « la raison » ; les exigences qui vont au-delà de nos désirs sont le plus souvent négligées ou délégitimées. L'individualisme postmoderne fait ainsi de l'individu la finalité de toute chose.

Par ailleurs, la mort étant réduite à un phénomène biologique, la sacralisation du corps semble avoir remplacé le vieux concept religieux de l'immortalité de l'âme. Le corps est valorisé en termes de santé et de plaisir. Sans cesse la publicité et les médias valorisent un corps jeune et plein de vitalité, pendant qu'une véritable industrie où le mince, le musclé, le lisse et le hâlé tiennent lieu d'absolus justifie toutes les surenchères, tant cosmétiques que chirurgicales.

Cette valorisation de l'apparence physique, qui transforme le corps en objet, est devenue un important aspect de la culture de masse. L'image de soi est appelée à jouer un rôle de première importance, à la fois dans la perception qu'on a des autres et dans celle qu'on veut obtenir des autres. Le corps vampirise l'âme, et l'on se met en scène sans pudeur : au milieu

Cindy Sherman, *Sans titre*, 2000.

Cindy Sherman s'est surtout fait connaître pour ses photographies dans lesquelles elle était son propre modèle, parodiant les stéréotypes féminins des films de série B des années 1950. Dans *Sans titre*, elle fait référence à l'histoire du portrait autant qu'au vieillissement du corps. Son maquillage met en relief la fragilité de son visage face aux normes de beauté. Toute l'œuvre de Sherman interroge l'identité sexuelle féminine et les fantasmes qu'elle véhicule.

des autres, devant une webcaméra ou dans une quelconque téléréalité. L'intime se retrouve au cœur du champ social. Cet ascendant de l'image de soi fait que certains poussent toujours plus loin la transgression dans le but d'affirmer leur authenticité, sous prétexte de résistance au conformisme social ou «marchand». Les tatouages de Zombie Boy, parmi tant d'autres, en témoignent.

Plus généralement, cette culture sensorielle amène à penser que la seule identité réelle est l'identité sociale. Aussi se laisse-t-on guider par les influences extérieures, en faisant comme les autres, en se conformant à l'ensemble. Or, comment trouver notre identité quand notre personnalité sociale est une création de la pensée ou du regard d'autrui? Pendant ce temps, paradoxalement, le progrès technologique, même s'il a effacé la distance physique, n'a jamais autant isolé les humains. Dans une société fragmentée en archipel de solitudes, le réseau social se révèle gratifiant, donnant l'impression que la solitude devient «sociale», puisque nous nous retrouvons tous seuls ensemble. Ce qui n'empêche pas l'estime de soi d'être en perpétuelle reconstruction.

La résurgence du religieux

La guerre froide terminée, les menaces majeures semblent abolies. Pourtant, le 11 septembre 2001, un coup de tonnerre dans le ciel de New York et de Washington fracasse ce quiétisme et arrache le nouveau siècle à l'utopie. L'impossible se produit: Al-Qaïda réussit à frapper par surprise le World Trade Center et le Pentagone en faisant près de 3 000 victimes. Pour la première fois de leur histoire, les États-Unis sont attaqués sur leur propre sol: le sanctuaire territorial américain n'est plus inviolable, malgré l'immensité des moyens de défense et de renseignements dont Washington dispose. Les nouvelles technologies de la communication bénéficient également à des groupes terroristes d'un type nouveau, non rattachés à des États et fonctionnant en réseau. L'impression ressentie depuis les années 1980 de fin d'époque, voire de civilisation, se confirme.

Ce 11 septembre braque les projecteurs sur l'islam. À une époque où l'Occident opte pour une dynamique du progrès et une sécularisation du monde, certains importants pays de l'islam optent plutôt pour la primauté de la foi sur le progrès. Ainsi, depuis 1979 et le triomphe de l'ayatollah Khomeiny en Iran, l'islamisme ultraradical s'impose et prouve sa capacité à fédérer les rancœurs des exclus de la mondialisation: il aspire à rien de moins qu'au renversement de l'ordre mondial dans l'espoir de revenir à un âge d'or, tel que l'avait imaginé la communauté musulmane initiale à Médine, où se trouve le tombeau de Mahomet. À cette fin, des tueurs, se sacrifiant «pour la cause», s'érigent en missiles humains. Pour sa part, le monde occidental postséculier semble retrouver la mémoire après son amnésie spirituelle: une lame de fond évangélique entend assurer un encadrement à la fois social et moral à la société matérialiste. Les pensées charismatiques, fondamentalistes et intégristes se répandent un peu partout sur la planète, comme si certains cherchaient dans des mythologies le refuge pour se protéger des menaces de la technologie. On dénonce le règne absolu de la consommation comme mode de vie, l'effritement des valeurs familiales et la libération des pratiques sexuelles; on refuse surtout à l'individu l'idée d'être son seul maître.

Vers un nouvel ordre géopolitique

Si tu n'espères pas, tu ne rencontreras jamais l'inespéré.

Héraclite

Les évènements du 11 septembre ont profondément modifié la psyché du peuple américain. Les États-Unis ont montré leur faiblesse, et depuis, tout est en train de changer sur l'échiquier mondial. S'imposant le rôle de gendarmes du monde, les Américains ont survalorisé leur puissance militaire, ce qui a abouti à un échec en Irak et en Afghanistan. Aux difficultés militaires s'ajoutent celles d'ordre économique : les technologies de l'information et de la communication sont au cœur d'un basculement, encore en cours, des rapports de forces économiques entre le Nord et le Sud. Les anciens États coloniaux d'Asie et d'Afrique commencent à imaginer leurs forces virtuelles et certains pays connaissent un rattrapage rapide : outre la Chine dont l'économie décuple et qui devient en 2007 le premier exportateur mondial, le Brésil, l'Inde, la Russie et l'Indonésie bénéficient d'un essor sans précédent, ce qui nous fait voir la mondialisation d'un nouvel œil. Pendant ce temps, les pays riches subissent un ralentissement de leur croissance.

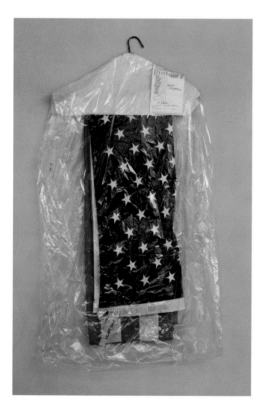

Mitch Epstein, *Flag 2000*, 2000.

Après un incendie criminel qui détruit une église du XIXᵉ siècle et un immeuble appartenant à son père, ce qui le conduit à la faillite, Mitch Epstein réalise la série *Family Business. Flag 2000* en fait partie. Cette représentation du drapeau des États-Unis, tout propre et tout droit sorti du « nettoyeur », veut montrer non seulement la fragilité du rêve américain, mais également le déclin d'une petite ville où la drogue fait des ravages.

En 2008, résultat des dérives de la tyrannie du néolibéralisme et d'un capitalisme déréglé, une crise financière américaine puis mondiale est provoquée par la croissance du secteur financier par rapport à l'économie réelle. Le krach, dont les turbulences traversent tous les pays industrialisés, porte le coup de grâce à la croyance dans l'autorégulation des marchés. Les banques, pourtant des facteurs importants dans cette dérive du capitalisme, puisqu'elles se sont montrées d'abord et avant tout soucieuses de leurs dividendes et des très hauts salaires de leurs dirigeants au détriment de l'intérêt général, sont les premières sauvées par les gouvernements qui, en contrepartie, se voient contraints de réduire les dépenses sociales. L'unilatéralisme américain est de plus en plus mal perçu dans un monde en train de se reformuler et de se reconfigurer. Nous assistons à ce qui pourrait bien être la remise en cause d'une histoire vue à travers le prisme d'un Occident hégémonique. C'est comme si notre planète était en train de devenir un monde nouveau et multiculturel où d'autres sociétés et cultures non européennes étaient sur le point d'accéder à une place digne et responsable.

À la suite de la crise financière de 2008, un mouvement de protestataires – des enfants de la Toile et des réseaux sociaux –, qui voient réduites leurs perspectives d'avenir, dénoncent la dictature internationale des marchés financiers et exigent une refonte du capitalisme, un dépassement de son stade actuel qui ne met plus l'humain au centre de la vie. En plus des ravages causés par la dernière crise économique mondiale sont aussi dénoncés d'autres maux du présent, comme la corruption dans les hautes strates de la société, le gaspillage des fonds publics, le trop fréquent désaccord entre la loi et la justice, la spéculation immobilière, le délitement de la classe moyenne et l'érosion de la démocratie. Ce mouvement se propage en fort peu de temps : les « indignés » occupent des quadrilatères de Séville à New York, de Montréal à Athènes. Ces revendications citoyennes ont recours à des slogans communs qui traversent les frontières : « Nous sommes 99 %, ils sont 1 % » ; « *Error 404: democracy not found* ». Les poussées passionnelles des indignés appellent une solidarité nouvelle et portent l'espoir d'une plus grande justice égalitaire. L'espoir d'une nouvelle renaissance. Rappelons-nous comment, en son temps, la Renaissance, période vécue comme extrêmement agitée et troublée à cause de la remise en question des pratiques et des dogmes en vigueur, est encore aujourd'hui considérée comme une des périodes les plus fécondes et inventives de tous les temps.

Un art de la postmodernité

Je crois à une révolution des sentiments et des modes de représentation qui fera honte à tout ce qui l'aura précédée.

Friedrich Hölderlin

À la fin des années 1970, l'utopie du nouveau aboutit à une impasse et l'art semble arrivé au point extrême de la modernité : la démarche entreprise par Manet et les impressionnistes se termine avec l'art conceptuel, l'œuvre d'art confinée dans une simple idée. La surenchère du nouveau ne peut aller plus loin. C'est la fin de l'hégémonie des avant-gardes dont les enjeux esthétiques portaient une dimension révolutionnaire. De même que la société abandonne à peu près tout ce qui lui tenait lieu de critères normatifs, les hiérarchies et les échelles de valeur se brouillent dans le domaine des arts. L'abandon de la linéarité de l'histoire de l'art et de la création pour arriver à un dépassement des réalisations antérieures ébranle la croyance en la pureté et la spécificité de l'art, et se pose comme une étape majeure de sa désacralisation.

Cette dévalorisation de l'art et de la création est sans doute corrélative à son intégration dans le système économique et à la confusion entre valeur artistique et valeur marchande : l'art est devenu un commerce, et l'acheteur tout autant que l'artiste en est la clé. La société de consommation a suscité un marché où l'art fait figure de valeur nouvelle, existant dorénavant moins comme œuvre que comme simple produit culturel auquel peut se greffer la notion de rentabilité. L'exigence de démocratisation au sein de la société et le prodigieux développement des techniques et des médias ont favorisé ce phénomène, chacun s'estimant libre de juger des œuvres selon ses goûts et ses critères propres, étant donné que les critères et les repères esthétiques traditionnels ont disparu.

Une industrie culturelle

Cette hybridation de l'art et de la marchandise engouffre souvent l'art dans une recherche de l'effet, qu'il soit répulsif, attractif ou carrément publicitaire. Certains créateurs n'hésitent pas à se livrer à des scandales pour acquérir des parts d'un marché qui, pour exister, a besoin de constamment se renouveler en rendant obsolète ce qui, hier encore, était la nouveauté. Dans cet académisme du nouveau, il y a peu de place pour l'ouverture du sentiment. Parmi ceux qui savent le mieux profiter de cette industrie, certains cultivent le macabre comme Robert Gober, avec ses étranges jambes d'hommes sortant d'un mur, et Damien Hirst, l'artiste sans doute le plus marquant de sa génération, qui vend à prix exorbitant d'impressionnants animaux dans le formol. Souvent le macabre s'allie au kitsch : le même Hirst moule un crâne humain en platine et le recouvre de 8 601 diamants. Pour leur part, les artistes du « néo pop » Jeff Koons et Barry Flanagan ont une prédilection pour le kitsch le plus outrancier avec leurs sculptures en acier chromé (*voir p. 217*). Mais ce marché de l'art permet aussi à des spéculateurs d'investir dans des œuvres d'une grande notoriété : en 2012, une des quatre versions du *Cri* d'Edvard Munch (*voir p. 64*), un pastel réalisé en 1893 et devenu le symbole de l'angoisse de notre temps, est

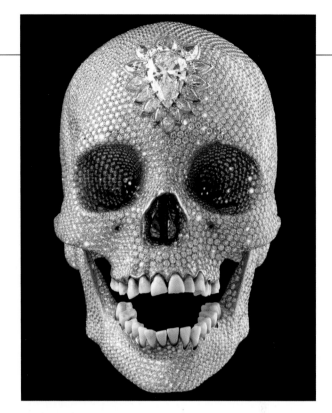

Damien Hirst, *For the Love of God,* **2007.**

For the Love of God est la reproduction en platine d'un crâne du XVIIIe siècle sur laquelle les dents originales ont été implantées et qu'on a recouverte de diamants. Par cette œuvre, Damien Hirst fait l'apologie de l'art comme valeur boursière, mais aussi comme indicateur social. Dans la foulée, l'artiste, jadis maudit, devient une marque, un placement.

vendue aux enchères 120 millions de dollars, l'acquéreur trouvant plus profitable un investissement dans l'art plutôt qu'à la Bourse.

Le recours aux nouvelles technologies

Les avancées technologiques ouvrent des aires nouvelles à la création. Des œuvres, souvent interactives, font évoluer le rapport à l'image en même temps qu'elles établissent un nouveau rapport au public. L'ordinateur permet la création d'images virtuelles qui sont souvent récupérées par le cinéma. De nombreux architectes créent d'abord à l'ordinateur des plans qu'il aurait été impossible de réussir sur papier : Frank Gehry exploite ce nouveau champ d'investigation pour la création de son improbable musée Guggenheim (1997) à Bilbao, en Espagne. Pionnier de l'art vidéo, Nam June Paik élabore des formes expressives fondées sur des installations vidéo : des murs entiers sont couverts d'écrans de télévision diffusant simultanément des images et des sons différents (*voir p. 204*). Hanté par son enfance – « L'enfance [...] c'est ce qui meurt d'abord en nous. Nous sommes des enfants morts », affirme-t-il –, Christian Boltanski multiplie les installations, sortes d'iconostases théâtrales où sont mêlées ampoules nues, fils électriques et photos d'enfants.

Jacques Monory, *Toxique n° 1,*
« Mélancolia », 1982.

Figure de proue de la figuration narrative, mouvement qui s'impose dans les
années 1960, Jacques Monory explore
à travers ses œuvres la fine frontière
qui sépare l'imaginaire du réel. Si, au
premier regard, les « images » que crée
l'artiste nous semblent familières, à
l'instar de vieilles photos jaunies, elles
nous déstabilisent rapidement en raison
du traitement chromatique – le rouge, le
bleu et le jaune – qui recouvre comme
une mince pellicule plastique les scènes
qu'il tire du quotidien, les rendant à la
fois étranges et hors du temps.

Un retour de la peinture

Après l'étape de la dématérialisation de l'œuvre, les artistes postmodernes entendent en finir avec les excès du moderne et réhabili-
tent la peinture de chevalet. Au moyen de pinceaux ou de bombes
aérosol, ils redécouvrent le plaisir de l'exécution manuelle et redeviennent coloristes et lyriques. Déjà, à partir de 1965, en pleine
vague minimaliste et conceptuelle, des peintres dits de la nouvelle
figuration, comme Jacques Monory et Bernard Rancillac, refusant
le dogme des seuls procédés expérimentaux, se permettent un retour
à une peinture narrative et figurative. Ils contribuent ainsi à mettre fin à
l'ostracisme contre la peinture figurative, que l'on considérait comme
totalement dépassée par les nouveaux moyens d'expression tels que
la photographie et la vidéo. Le refus de ces peintres permet l'éclosion
des multiples nouveaux mouvements de la vague postmoderne. Leur
peinture d'un scepticisme éclectique, qui privilégie les formes les plus
simples, se veut généralement ludique et décontractée.

Une dynamique de la citation

Les peintres contemporains reprennent contact avec une tradition
qui, récemment encore, était frappée d'interdit. Loin de se couper du
passé, ils ouvrent plutôt un rapport fécond à lui, tentant d'y déceler des
germes porteurs d'avenir. Ils explorent donc le champ du vaste héritage des grands maîtres de l'histoire de l'art, et leur appropriation des
langages du passé devient une nouvelle forme d'affirmation artistique.
Ces nouveaux *ready-made,* extraits de leur contexte historique, perdent leur sens premier et sont réorganisés dans un circuit de sens tout
neuf. S'instaure ainsi une véritable dynamique de la citation, du dé-
tournement, de la parodie, de la dérision, de l'ironie et du pastiche. Les
langages, les genres et les époques sont déconstruits puis fusionnés,
rien n'étant *a priori* frappé d'illégitimité. C'est comme si après l'époque
de l'innovation était arrivée celle de la rénovation. Cette représentation de
quelque chose qui déjà représentait quelque chose peut donner, avec
la distanciation ironique qui caractérise la production culturelle hybride
des années 1980, une impression d'authentiquement faux, comme le
monde qui y est représenté. D'ailleurs, le baroque et l'éclectisme du
style de même que l'artifice et le spectaculaire qui caractérisent ces
œuvres ne peuvent qu'accentuer cette impression. Il faut dire que, dès
1919, Marcel Duchamp n'avait pas attendu pour dessiner des moustaches à *La Joconde* de Léonard de Vinci : il a été le premier artiste à
réaliser des détournements comme principe de création.

La peinture néo-expressionniste

Dans les années 1980 et 1990, l'expressionnisme de la première
partie du xxe siècle connaît, dans différents pays à peu près simultanément, une exceptionnelle réhabilitation. En opposition à tout diktat
esthétique, une figuration âpre, des formes tourmentées et des couleurs
discordantes peignent un monde de solitude où la violence domine.

En Allemagne, on nomme ces peintres les « Nouveaux Fauves ». L'un
d'eux, Georg Baselitz, peint avec une gaucherie voulue des êtres
agressés, écorchés, la tête à l'envers *(voir p. 235)* : le reflet d'un
monde sens dessus dessous. Pour sa part, le néo-expressionnisme de
Gerhard Richter trouve sa source dans des images tirées des médias.

Marcel Duchamp, *L.H.O.O.Q.,* 1919.

Deux ans après avoir envoyé un urinoir signé « R. Mutt » à la Society of Independent Artists à New York afin qu'il soit exposé à titre d'œuvre d'art, Marcel Duchamp récidive avec un autre *ready-made*. Cette fois, l'artiste parodie la *Mona Lisa* de Léonard de Vinci en lui dessinant une moustache et une barbichette, et en la renommant *L.H.O.O.Q.* (à prononcer lettre par lettre). Réalisée dans un format à la portée de tous – l'œuvre fait 19,7 cm sur 12,4 cm –, donc facilement reproductible, Duchamp pose la question de l'accessibilité de l'art. Picabia la reproduit d'ailleurs sur la couverture du numéro 12 de la revue dadaïste *391* paru en 1920.

Aux États-Unis, le *bad painting* entend réhabiliter les sous-cultures. Après s'être exprimé dans les couloirs du métro et sur les murs des quartiers dégradés, Jean-Michel Basquiat raffine son art. Dans des tableaux au style heurté, sans préoccupation formelle ni chromatique, où les dessins laissent percer l'agressivité, la révolte et la violence, Basquiat se fait le poète de la marginalité. Ce nouveau « peintre maudit » garantit « 80 % de colère » dans chacune de ses œuvres (*voir p. 224*). Parmi les autres principaux artistes de ce courant américain, Eric Fischl peint la banalité de l'Amérique petite-bourgeoise pendant que Julian Schnabel emprunte à l'art de l'architecte Antoni Gaudí.

En Italie, une peinture dite anachronique, limpide et précise, renoue avec les artifices raffinés du maniérisme ou des sévères compositions du néoclassicisme. Ainsi, Carlo Maria Mariani peint *Avril* (1988), des nus de facture classique à la peau nacrée et au regard vague qui rappellent les statues

d'Antonio Canova. Quant à Mike Bidlo, il peint des copies de Picasso (*Not Picasso. Study for Guernica, 1937,* 1985), l'expression logique, selon lui, d'un monde où tout le monde copie tout le monde (*voir p. 207*). Quant à la trans-avant-garde, on lui doit des atmosphères apocalyptiques dans lesquelles des figures dramatiques ou grotesques subissent de multiples déformations et adoptent des attitudes qui n'ont rien de naturel.

La figuration libre, en France, proche des graffitistes new-yorkais, revendique son appartenance à la culture urbaine de masse ; elle s'inspire de l'imagerie des médias, exploite les techniques rapides du graffiti, du tag et d'autres formes d'art de la rue. Les œuvres d'Ernest Pignon-Ernest s'affichent sur les murs de l'espace urbain. S'appuyant sur une photo de Carjat et une peinture de Fantin-Latour, il dessine une image très actuelle d'un Rimbaud « éphémère et errant », en jean et routard. Imprimée par sérigraphie sur un fragile papier journal, elle est collée sur des murs déjà couverts de graffitis (*Rimbaud,* 1978). Gérard Garouste préfère renouer avec des thèmes iconographiques tombés en désuétude, ceux de personnages mythiques ou d'une mythologie renouvelée. Quant à Robert Combas, il peut aussi bien peindre la violence de la guerre (*Pearl Harbor,* 1988) qu'inventer des icônes modernes comme Marianne (*R. F.,* 1988) ou François d'Assise (*Saint François,* 1991).

Carlo Maria Mariani, *The Tempest,* 2005.

Représentant de la peinture postmoderne, Carlo Maria Mariani revisite l'art classique et ses canons de la beauté. Ses compositions interpellent le spectateur par leur côté énigmatique. Dans *The Tempest* par exemple, l'artiste semble jouer sur la métaphore du vent qui souffle et renverse les traditions, que ce soit celles que reprend l'art ou que perpétuent nos sociétés...

La littérature après 1980 : les images d'un monde émietté

J'ai choisi les mots comme seule arme, j'ai une confiance tout à fait illimitée en leur pouvoir.

Michel Houellebecq

Durant ces décennies rythmées par des transformations technologiques et culturelles, le champ littéraire connaît une évolution aussi rapide et profonde que celle de la société. Jadis, la littérature était la source intarissable où l'on puisait des forces pour vivre. Après l'ère de soupçon des années 1960 et 1970 à l'égard de son rôle et de son influence, une cassure semble en train de s'effectuer, qui lui fait perdre son statut d'exception. La littérature occupe de moins en moins le centre de la culture occidentale et, dans le contexte d'une civilisation qui avait placé le livre sur un autel, la lecture perd une certaine sacralité.

Les nouveaux médias ont profondément transformé notre rapport aux textes, modifiant ainsi la place et la fonction de la littérature. La grammaire des réseaux sociaux impose l'instantanéité, l'ubiquité, la concision et la rapidité du présent : la pensée s'exprime sur le vif dans un format préétabli. Dans les faits, on en vient, chez un grand nombre, à éliminer les concepts de plus de deux syllabes et les phrases comprenant plus d'une proposition. Certes, cette nouvelle technologie permet à notre expérience du monde de gagner en fluidité et en étendue, mais n'usurpe-t-elle pas la place accordée autrefois à la réflexion et à la concentration ?

L'apport des nouvelles technologies

Le livre imprimé, qui a longtemps été notre principal moyen d'accès au savoir sous toutes ses formes aussi bien qu'à la littérature, dégringole de son piédestal, cédant de plus en plus sa place à un nouveau mode d'existence, le livre électronique, support qui paraît mieux adapté à son époque. L'essor de la littérature semble donc avoir partie liée avec les nouvelles technologies.

Déjà une multitude de livres numériques peuvent être téléchargés par qui le souhaite. Des écrivains, repensant leur pratique de l'écriture, imaginent de nouvelles formes narratives. Les expériences abondent dans plusieurs pays. Certains romanciers publient leur roman sur le Web afin que les lecteurs puissent s'introduire dans les pensées des personnages et leur suggérer des intrigues ; ils récrivent ensuite leur ouvrage en tenant compte de l'apport des lecteurs, avant de le faire paraître en version papier. D'autres écrivent le début et la fin d'un roman, puis invitent les internautes à poursuivre l'écriture ; ces auteurs sélectionnent les textes qui leur semblent les plus convaincants pour qu'ils fassent partie intégrante du roman. À bien y penser, ces œuvres écrites par une collectivité d'internautes ne sont pas très loin des « cadavres exquis » des surréalistes. Toutes ces expériences inattendues ont au moins l'avantage de susciter le goût de l'écriture et de la littérature. L'écrivaine autrichienne Elfriede Jelinek, Prix Nobel de littérature 2004, renonce depuis quelques années à faire paraître ses écrits sous forme de livre imprimé : toute son œuvre est disponible sur son site, en téléchargement gratuit. En 2007, elle poste sur son site le texte de son roman *Neid* à mesure qu'elle l'écrit. En un clic, elle peut faire apparaître ou disparaître, donner ou reprendre ce qu'elle écrit. Peut-être sommes-nous en train d'assister aux balbutiements d'une nouvelle culture littéraire où les réseaux sociaux se font les laboratoires de nouveaux genres et de nouvelles formes littéraires ?

Le triomphe du marché mondialisé

En ce qui concerne les livres traditionnels, mondialisation oblige, les frontières sont disparues, et dans la librairie du « village global » se trouvent les produits les plus divers venus des contrées les plus éloignées. Les œuvres circulent, et celles de la littérature nationale, censées exprimer les caractères propres à chaque patrie, sont noyées au milieu des traductions d'œuvres étrangères. À cause de la domination de la langue anglaise et de la puissance impériale des États-Unis, la littérature anglo-saxonne bénéficie d'une position hégémonique, ce qui n'empêche toutefois pas l'accessibilité à de très grands auteurs de l'Amérique latine, de l'Inde ou d'ailleurs.

Dans le contexte de ce marché globalisé, le «roman d'auteur» voit son territoire envahi par la littérature populaire, grouillante de *best-sellers* pour lesquels le marketing importe généralement davantage que la qualité de l'écriture. Le livre est devenu un produit comme un autre, soumis aux lois de la publicité et du profit. On ne doit pas s'étonner de trouver des ouvrages qui cherchent d'abord à plaire, au lieu de nourrir l'esprit critique. Cette démocratisation culturelle amène également un déplacement des frontières entre les formes que l'on disait «savantes» et celles que l'on classait comme «populaires»: les genres autrefois dominants dans la culture des privilégiés – le théâtre et la poésie – subissent l'écrasante supériorité du roman dans les goûts du public. Quant au roman lui-même, il voit des formes autrefois décrites comme populaires, telles que le policier et la science-fiction, subir une grande mutation et s'afficher dans les meilleures bibliothèques. Ce monde qui s'offre à nous sous la forme d'une énigme, le polar tente à sa manière de le déchiffrer. Même le roman graphique, une forme plus élaborée des bandes dessinées, jouit d'un réel succès.

Paul Rebeyrolle, *Narcisse et son buste de plâtre II*, 1989.

Rebeyrolle, peintre expressionniste et matiériste, reprend ici un thème qui a inspiré de nombreux artistes au fil de l'histoire : Narcisse qui voit son reflet dans l'eau d'une fontaine. Il se distingue toutefois de ses prédécesseurs, puisque l'œuvre est exempte de toute connotation mythologique. Empreinte de violence, elle dénonce plutôt les vicissitudes de la vie contemporaine et la bêtise humaine, une obsession chez l'artiste.

Le roman

On ne peut se passer du roman car il a cette fonction décisive d'être l'observatoire de l'Histoire. C'est un lieu de miroitement, de réflexion, au sens photographique du terme, par l'imaginaire.

Anne-Marie Garat

Les avant-gardes ont disparu: le Nouveau Roman aura été le dernier mouvement littéraire français. Il faut reconnaître que, pour la masse du public, l'avant-garde était le plus souvent synonyme d'ennui, d'incompréhension ou d'illisibilité. L'originalité de la période actuelle repose sur l'absence de courant majoritaire: inscrits dans une démarche solitaire, chaque auteur entretient et affermit une force de pensée et d'écriture qui lui est propre. La littérature s'approprie de nouvelles finalités, d'autres ambitions et s'invente dorénavant de parution en parution. En multipliant les voies de la création contemporaine, les romanciers n'en contribuent pas moins à l'émergence d'une nouvelle sensibilité littéraire.

Le renouvellement de l'écriture romanesque

La littérature revient à une narration plus traditionnelle, ce qui ne signifie pas que les romanciers n'ont pas retenu certaines leçons de l'époque précédente, en particulier le dédain des *a priori* et des conventions de l'écriture, le refus des facilités du cliché. La désaffection touche aussi l'analyse psychologique et les différents procédés traditionnels de caractérisation des personnages (portrait moral, physique et social), auxquels on substitue la technique de l'inventaire, de la minutie extrême. Disparu aussi le personnage en tant que héros privilégié dont le regard guide celui du lecteur.

Aujourd'hui, même le mot « style », qui désignait autrefois la marque d'un écrivain, tend à devenir une réalité du passé. On parle plutôt d'« écriture », c'est-à-dire d'une façon d'écrire étroitement liée à la réalité subjective de chacun ; une écriture qui se banalise, se veut « non littéraire », pour passer de plus en plus inaperçue. Les écrivains renoncent aux fleurs de rhétorique, se libèrent des contraintes de la grammaire classique et introduisent de plus en plus de marques du langage parlé, entendant ainsi serrer de près la réalité quotidienne. Leurs romans se plaisent à déconstruire l'intrigue linéaire traditionnelle en superposant des temps du passé dans un présent généralisé, systématisé. On note fréquemment l'hétérogénéité des matériaux (narration, lettre, document) et des styles (insertion du dialogue sans marque typographique dans le cours du récit). Enfin, comme la fiction pure n'est plus crédible, l'écrivain recourt fréquemment à la technique du roman en abyme : il s'observe en train d'écrire.

Les romanciers n'entendent plus construire une intrigue ou reproduire le monde : ils veulent restituer la vie, la créer à travers le langage. C'est dire qu'ils cherchent moins à faire de leurs œuvres le reflet de leur époque que sa manifestation. Tout autant que les installations de l'art contemporain, les romans donnent à voir des fragments du réel.

L'intertextualité

La littérature contemporaine assume l'héritage des générations précédentes qu'elle s'approprie selon des modalités différentes. Certains réinvestissent des récits anciens pour les adapter aux idées du jour. C'est ainsi que Michel Tournier fait sienne l'histoire de Robinson Crusoé (*Vendredi ou les limbes du Pacifique,* 1967). Plus récemment, Patrick Chamoiseau se lance à son tour dans l'écriture de son Robinson (*L'empreinte à Crusoé,* 2012) : « Aller entre Defoe et Tournier, entre deux masses de lumière. Trouver l'interstice », résume-t-il quand on l'interroge sur son intention. D'autres écrivains multiplient les allusions littéraires et les citations, allant jusqu'à rapporter d'importants fragments d'autres œuvres. Cette hétérogénéité des sources qui dynamise l'œuvre littéraire se nomme « intertextualité ». Fréquemment aussi, la littérature est mise en dialogue avec les autres arts. Ce métissage des valeurs et des voix se produit comme si la mondialisation de l'économie avait des répercussions jusque dans la littérature, qui se nourrit maintenant des cultures d'autres époques et d'autres lieux.

Nam June Paik, *L'Olympe de Gouges – La fée électronique,* 1989.

Nam June Paik est l'un des premiers artistes de la vidéo. Conçue pour le bicentenaire de la Révolution française, *L'Olympe de Gouges – La fée électronique* comprend 12 postes de télévision en bois, 12 moniteurs couleur, 1 lecteur vidéodisque laser, du tissu et des fleurs en tissu. L'installation rend hommage à l'une des pionnières du féminisme et révolutionnaire, Olympe de Gouges, ainsi qu'à Raoul Dufy qui a créé en 1937 *La fée électricité,* œuvre devant laquelle se déploie l'installation de Nam June Paik.

Un nouveau réalisme

Les romanciers partagent une nouvelle sensibilité née de la conscience de vivre dans une époque privée de repères et qui tente d'uniformiser les consciences. Chacun explore, sur des modes très différents, l'idée d'un changement historique en passe d'advenir. Ils se font les témoins attentifs et tourmentés de la réalité sociale, une réalité immergée dans la société de consommation et de médiatisation. Se dégage fréquemment une impression de désarroi, de vacillement. Surtout après l'apocalypse new-yorkaise du 11 septembre 2001, les écrivains ne peuvent plus décrire le réel de la même manière : ils tentent d'humaniser l'inhumain, de forcer le lecteur à voir le réel autrement qu'avec ses yeux blasés de téléspectateur.

Avec cette licence totale qu'autorise le roman, en plus de vampiriser tous les autres genres, l'auteur effectue une réduction de l'espace entre la fiction et la réalité : tout devient objet potentiel de littérature, aussi bien un minuscule plaisir quotidien que la vie ordinaire des gens sans histoire. Certains écrivains n'hésitent pas à s'approprier une affaire réelle, souvent un fait divers, banal ou monstrueux. Ainsi, on découvre en 2008 qu'un père a séquestré pendant 24 ans sa fille dans une cave et lui a fait 7 enfants (pour la préserver des perversions et des dangers de la drogue); en 2011, Régis Jauffret en tire un roman, *Claustria*. La distance qu'introduit la fiction par rapport aux faits divers permet de prendre de la hauteur, de la réflexion. Ces romans invitent moins le lecteur à s'émouvoir aux côtés de la victime ou à frissonner face à son bourreau qu'à se questionner, à s'interroger sur ce qui le passionne tant dans la mise en récit de faits divers à sensation.

On peut dégager deux grandes tendances dans la production romanesque actuelle: la construction d'espaces intimes et, rigoureusement à l'inverse, la volonté de capter des forces obscures emprisonnées dans l'Histoire. Une seule et même question unit toutefois ces deux grands courants: « Comment vivre ? » Et leur réponse fait écho à celle de Georges Perec: le mode d'emploi de la vie, c'est la littérature.

La construction d'espaces intimes

Une fiction d'événements et de faits strictement réels.

Serge Doubrovsky

Alors que l'individualisme est devenu l'un des points dominants de la culture contemporaine, de nombreux écrivains orientent leurs créations vers « l'extrême singulier » qui fait du *je* le meilleur moyen de rendre compte de ce que la sociologie, l'histoire et les sciences sociales ne peuvent dire. Cela favorise le développement d'une littérature profondément incarnée, non romanesque, inscrite dans une perspective résolument non héroïque. Les romanciers abandonnent leur désir de transformer le monde; ils se concentrent plutôt sur des moments d'intimité, des espaces intérieurs insoupçonnés, voilés par la banalité des existences personnelles. Ces œuvres, le plus souvent de forme courte et d'apparence modeste mais à l'ambition démesurée, tentent d'enfermer le maximum de réalité dans le plus petit espace possible.

Chassée par le Nouveau Roman, la vie privée reprend donc ses droits. On donne le nom d'« autofiction » à ces récits écrits au présent et à la première personne du singulier, dans lesquels le romancier se met en scène et se sent libre de tout dire, sa vie intime devenant vie publique. Cette nouvelle forme de l'autobiographie – où les femmes tiennent une grande place – révèle des êtres à l'écoute de leur corps, pour capter des signes de leur bien-être et plus encore de leur mal-être, de leurs plaisirs et de leurs douleurs. Guidé par un besoin de réalisme de plus en plus poussé, chacun plonge dans son passé pour y débusquer des non-dits, des expériences qui faisaient trop mal pour être propagées. La littérature tente ici de rassembler des fragments, à défaut de pouvoir construire une nouvelle identité. L'inventeur du genre, Serge Doubrovsky, décrit l'autofiction, qui peut prendre les formes les plus diverses, comme un « récit dont la matière est entièrement autobiographique, la manière entièrement fictionnelle ». C'est dire que l'ambition littéraire dépasse de loin la stricte confession.

Repérer des forces obscures emprisonnées dans l'Histoire

Tel un passeur, je vais en tous sens d'une rive à l'autre pour entretenir le vivant de ce qui ne disparut pas tout à fait et faire chemin avec lui.

Arlette Farge

Certains romanciers éprouvent un vif intérêt pour l'Histoire, mais d'un point de vue qui effectue le passage de l'universel à l'individu, les faits du passé étant abordés de l'intérieur, depuis la conscience individuelle de l'écrivain. Quelques-uns, en particulier les survivants de l'Holocauste, tentent de dire l'indicible et d'exprimer les souffrances accumulées. D'autres, se faisant des ethnologues du minuscule, s'intéressent plutôt à la microhistoire sous toutes ses variantes. Comme ce qu'on cherche avant tout est un sens au présent et une reconnaissance de soi, ce passé sans cesse réinventé est perçu avec le regard du présent. Ce présent abolit les distances et accomplit le métissage des vestiges du passé avec les vertiges d'aujourd'hui; c'est l'histoire telle qu'elle se vit, se pense, se souffre. Ces souvenirs d'autrefois sont souvent passés au tamis de l'ironie afin de mieux les nourrir de fiction et les recomposer.

Michel Tournier, 1977.

Michel Tournier (né en 1924)

L'écrivain a pour fonction naturelle d'allumer par ses livres des foyers de réflexion, de contestation, de remise en cause de l'ordre établi. Inlassablement, il lance des appels à la révolte, des appels au désordre.

L'un des romanciers les plus originaux de son époque, Michel Tournier est un philosophe de formation qui excelle à produire des œuvres allégoriques dans lesquelles il soulève des questions éthiques. Dans ses principaux romans, il réactive des mythes anciens, fondateurs de la culture occidentale et les modifie, les adaptant à sa philosophie personnelle. Il donne ainsi vie à des personnages qui symbolisent le désarroi de l'homme contemporain; en quête de leur propre identité, ils amènent le lecteur à s'interroger sur lui-même. Écrivain éminemment subversif, Tournier fournit au lecteur un maximum d'informations dans sa trame narrative, mais introduit le doute dans les certitudes, bouscule les normes et secoue les idées reçues. Si la narration de ses romans initiatiques demeure de forme classique, l'exploration sensuelle des territoires de l'imaginaire et le sens aigu de l'allégorie en font de véritables œuvres poétiques.

Dans une de ses œuvres, Michel Tournier porte un regard neuf sur *La vie et les étranges aventures de Robinson Crusoé* de Daniel Defoe (1660-1731) et renouvelle ainsi le mythe de Robinson. En effet, dans *Vendredi ou les limbes du Pacifique* (1967), Vendredi remplace Robinson comme personnage principal : l'«homme sauvage» devient celui qui guide l'homme dit «civilisé» dans sa transformation. Tout au long de ce roman, une philosophie est développée en arrière-plan des évènements narratifs : Tournier pose la question des raisons de vouloir survivre plutôt que celle des moyens d'y parvenir, et s'interroge sur la survie spirituelle de son héros plutôt que sur sa survie matérielle et physique. L'homme nouveau en vient à ne plus vouloir quitter son île, devenue le lieu de voluptueuses noces avec la nature. L'extrait ci-contre le montre au moment où il est initié à la sagesse par Vendredi.

Un maître si impérieux

La liberté de Vendredi – à laquelle Robinson commença à s'initier les jours suivants – n'était pas que la négation de l'ordre effacé de la surface de l'île par l'explosion. Robinson savait trop bien, par le souvenir de ses pre-
5 miers temps à Speranza, ce qu'était une vie désemparée, errant à la dérive et soumise à toutes les impulsions du caprice et à toutes les retombées du découragement, pour ne pas pressentir une unité cachée, un principe implicite dans la conduite de son compagnon.

10 Vendredi ne travaillait à proprement parler jamais. Ignorant toute notion de passé et de futur, il vivait enfermé dans l'instant présent. Il passait des jours entiers dans un hamac de lianes tressées qu'il avait tendu entre deux poivriers, et du fond duquel il abattait parfois à la sarba-
15 cane les oiseaux qui venaient se poser sur les branches, trompés par son immobilité. Le soir, il jetait le produit de cette chasse nonchalante aux pieds de Robinson qui ne se demandait plus si ce geste était celui du chien fidèle qui rapporte, ou au contraire celui d'un maître si impé-
20 rieux qu'il ne daigne même plus exprimer ses ordres. En vérité il avait dépassé dans ses relations avec Vendredi le stade de ces mesquines alternatives. Il l'observait, passionnément attentif à la fois aux faits et gestes de son compagnon et à leur retentissement en lui-même où ils
25 suscitaient une métamorphose bouleversante.

Michel Tournier, *Vendredi ou les limbes du Pacifique*, 1967.

VERS LA DISSERTATION

Un maître si impérieux

1. Décrivez la façon de vivre de Vendredi.

2. a) Quelle conception Robinson a-t-il du mode de vie de son compagnon ?

   b) Qu'y a-t-il d'ambigu dans cette conception ?

3. a) Expliquez le sens de la phrase suivante : «Ignorant toute notion de passé et de futur, il vivait enfermé dans l'instant présent» (l. 10-12).

   b) Quelle figure de style* contient-elle ?

4. Trouvez une périphrase* qui décrit :

   a) Vendredi ;

   b) Robinson.

5. a) Comment le narrateur nomme-t-il les échanges de pouvoir et de soumission entre Robinson et Vendredi ?

   b) Relevez le procédé stylistique*.

Mike Bidlo, *Matisse/Picasso: A Cross Examination,* MoMA PS1. Long Island City, New York.

Appropriationniste, Mike Bidlo est souvent qualifié de faussaire ou de copiste. En se réappropriant les toiles de peintres célèbres, il pose entre autres questions celle de la paternité de l'art et du génie créateur. Révoquant le côté élitiste de l'art, Bidlo fait la démonstration que les chefs-d'œuvre admirés dans les musées ou encensés par la critique sont en fait le résultat de l'héritage des anciens.

Milan Kundera (né en 1929)

Les jeunes, après tout, s'ils jouent, ce n'est pas leur faute; inachevés, la vie les plante dans un monde achevé où on exige qu'ils agissent en « hommes faits ». Ils s'empressent, par suite, de s'approprier des formes et des modèles, ceux qui sont en vogue, qui leur vont, qui leur plaisent – et ils jouent.

Milan Kundera, 1984.

Milan Kundera supporte difficilement l'invasion soviétique de la Tchécoslovaquie en 1968, et surtout l'instauration d'un nouveau régime qui bannit ses livres des bibliothèques publiques et jette sur lui le discrédit. En 1975, il s'exile en France. Dès lors, il se met à écrire à la fois en tchèque et en français. Ouvrage après ouvrage, il séduit et étonne toujours davantage ses lecteurs, au point d'être considéré comme l'un des écrivains les plus remarquables du xxᵉ siècle. De tous ses livres, c'est *L'insoutenable légèreté de l'être* (1984) qui contribue le plus à sa renommée.

Ce témoin lucide de son époque, qui se considère comme l'héritier du siècle des Lumières, entend renouer avec le roman d'avant Balzac. Comme Diderot, son maître en littérature, Kundera fait du roman un champ de réflexion aussi bien philosophique que littéraire. Les évènements historiques, en particulier ceux survenus en Tchécoslovaquie, lui servent de projecteurs pour mettre en lumière certains des aspects les plus sombres de la nature humaine. Ses romans n'ont rien du récit psychologique ni de la fresque historique; ils montrent plutôt comment l'Histoire influe, de tout son poids de violence et de cruauté, sur les destins individuels et cause des déchirures dans le tissu subjectif des personnages. Passé maître dans l'art de la digression, ce romancier possède également un grand sens de l'humour et de la dérision; il se plaît à souligner l'absurde de certaines situations considérées pourtant comme fort sérieuses, voire dramatiques, et à ébranler les certitudes des bien-pensants.

Dans *L'ignorance* (2003), Kundera observe le mal-être de l'exilé, plus particulièrement son questionnement sur une identité désormais fuyante. Après la chute du communisme et un exil de 20 ans, Irena quitte la France, son pays d'adoption, en même temps que Josef quitte le Danemark pour se retrouver à Prague, la ville de leur jeunesse. Eux qui se croyaient des Tchèques en exil découvrent, après avoir en vain tenté de retrouver une complicité avec les amis de jadis, que le pays dont ils viennent ne les reconnaît plus, fait même preuve d'une certaine hostilité à leur égard. Devenus des étrangers dans leur propre pays, ils prennent le chemin du retour qui les conduira à reprendre celui de l'exil. De nombreuses références à l'*Odyssée* dressent un parallèle entre le temps présent et celui, légendaire, où Ulysse pouvait rentrer à Ithaque.

Cette histoire aussi banale que touchante est rendue sans artifices stylistiques ni envolées lyriques ; tout au long de la cinquantaine de courts chapitres, les personnages, crédibles et bien ancrés dans les gestes du présent, franchissent les barrières entre l'autrefois et l'aujourd'hui, entre le vraisemblable et le vrai, entre l'oubli et le rappel, pendant que des considérations sociopolitiques haussent le récit à un autre niveau.

Le nombre d'années qui nous est imparti

1. En quoi le nombre d'années à vivre peut-il influencer la perception d'un individu, immigrant ou non ?

2. Pourquoi le concept de la patrie est-il directement lié au fait que nous ne vivions pas trop longtemps ?

3. Qu'est-ce qui serait garant de la notion d'amour ?

4. Selon le narrateur, quelle est la fonction du temps qui passe ?

▉▉▉ Sujet de dissertation explicative

Si la longévité humaine augmentait, l'humain serait dénaturé, selon Milan Kundera dans *L'ignorance*. Justifiez cette assertion.

Le nombre d'années qui nous est imparti

Disons que la vie humaine est longue de quatre-vingts ans. C'est à peu près pour cette durée que chacun imagine et organise sa vie. Ce que je viens de dire, tout le monde le sait mais on se rend rarement compte que le nombre d'années
5 qui nous est imparti n'est pas une simple donnée quantitative, une caractéristique extérieure (comme la longueur du nez ou la couleur des yeux), mais qu'il fait partie de la définition même de l'homme. Celui qui pourrait vivre, dans toute sa force, deux fois plus longtemps, donc, disons, cent
10 soixante ans, n'appartiendrait pas à la même espèce que nous. Rien ne serait plus pareil dans sa vie, ni l'amour, ni les ambitions, ni les sentiments, ni la nostalgie, rien. Si un émigré, après vingt ans vécus à l'étranger, revenait au pays natal avec encore cent ans de vie devant lui, il n'éprouve-
15 rait guère l'émotion d'un Grand Retour, probablement que pour lui cela ne serait pas du tout un retour, seulement l'un des nombreux détours sur le long parcours de son existence.

Car la notion même de patrie, dans le sens noble et sentimental de ce mot, est liée à la relative brièveté de notre vie
20 qui nous procure trop peu de temps pour que nous nous attachions à un autre pays, à d'autres pays, à d'autres langues.

Les rapports érotiques peuvent remplir toute la vie adulte. Mais si cette vie était beaucoup plus longue, la lassitude n'étoufferait-elle pas la capacité d'excitation longtemps
25 avant que les forces physiques ne déclinent ? Car il y a une énorme différence entre le premier, le dixième, le centième, le millième ou le dix millième coït. Où se trouve la frontière derrière laquelle la répétition deviendra stéréotypée, sinon comique, voire impossible ? Et cette limite franchie, que
30 deviendra la relation amoureuse entre un homme et une femme ? Disparaîtra-t-elle ? Ou, au contraire, les amants tiendront-ils la phase sexuelle de leur vie pour la préhistoire barbare d'un vrai amour ? Répondre à ces questions est aussi facile qu'imaginer la psychologie des habitants
35 d'une planète inconnue.

La notion d'amour (de grand amour, d'amour unique) est née elle aussi, probablement, des limites étroites du temps qui nous est donné. Si ce temps était sans limites, Josef serait-il à ce point attaché à sa femme défunte ? Nous qui
40 devons mourir si tôt, nous n'en savons rien.

Milan Kundera, *L'ignorance*, 2003.

Jean-Marie Gustave Le Clézio (né en 1940)

Ce qui me tue dans l'écriture, c'est qu'elle est trop courte. Quand la phrase s'achève, que de choses sont restées au-dehors!

Toute l'œuvre de Jean-Marie Gustave Le Clézio, dont une partie importante concerne le monde amérindien, exprime la nostalgie d'une primitive harmonie de l'homme avec lui-même et avec le monde. C'est cette quête que ses héros aventuriers poursuivent dans des cultures de l'ailleurs et du passé, dans des lieux peu accessibles et négligés qui ont pu préserver leur qualité originelle, n'ayant pas encore été touchés par les progrès techniques. Le romancier s'attache à des anecdotes locales, des légendes, de bons mots, des figures tendres, et une vie foisonnante s'éveille sous sa plume; la géographie prend consistance et résonne en formes poétiques.

Son écriture toute personnelle, au lyrisme souvent déroutant, donne vie à des personnages dévorés par une soif d'absolu. Les descriptions, minutieuses, cherchent à capter les émotions instantanées, les sensations étouffées, encore toutes imprécises, d'un homme confronté avec sa propre civilisation.

J. M. G. Le Clézio, 1992.

Sensible aux mots, aux rythmes et à la syntaxe, Le Clézio croit que le fil de l'écriture, avec tous ses méandres, est davantage qualifié pour apporter des réponses à nos angoisses que la fière raison. Comme si le rêve était la clé qui permettait d'accéder au secret qu'est la réalité.

En 1946, alors qu'il a tout juste six ans, le jeune Le Clézio s'embarque avec sa mère pour l'Afrique, afin de rejoindre son père parti y chercher les vestiges d'une ville mythique. C'est ce que raconte, en le transposant, le 20ᵉ ouvrage de l'auteur, *Onitsha* (1991), son roman le plus autobiographique. Le personnage central devient, dans la fiction, un adolescent de 12 ans du nom de Fintan Allen: il découvre dans l'Afrique un lieu de ravissement et d'envoûtement qui l'initie aux valeurs fondamentales de la vie. La pureté des origines transforme une aventure terrestre en un espace d'aventures métaphysiques. Ce choc culturel est le point de départ de toute la philosophie qui sous-tend l'œuvre de Le Clézio. Dans l'extrait choisi, Fintan vient de faire une découverte sur le pont du *Surabaya*, avant son arrivée en Afrique. Ce passage semble être la transposition du moment où l'enfant Le Clézio trace la voie à l'écrivain J. M. G. Le Clézio.

Quelques citations de Le Clézio

« La littérature, en fin de compte, ça doit être quelque chose comme [...] la dernière chance de fuite. »

« Vivre, connaître la vie, c'est le plus léger, le plus subtil des apprentissages. Rien à voir avec le savoir. »

« L'artiste est celui qui nous montre du doigt une parcelle du monde. »

« Par le langage, l'homme s'est fait le plus solitaire des êtres du monde, puisqu'il s'est exclu du silence. »

« Les souvenirs sont moins fluctuants et plus durables que la réalité. Je leur trouve plus de force et de brillance. »

Entre les conteneurs rouillés

[...] Les îles invisibles passaient, il y avait le bruit effrayant de la mer sur les récifs. L'étrave remontait lentement le cours des vagues.

Alors, sur le pont de charge obscurci par l'éclat des
5 lampions, Fintan découvrit les noirs installés pour le voyage. Pendant que les blancs étaient à la fête dans le salon des premières, ils étaient montés à bord, silencieux, hommes, femmes et enfants, portant leurs ballots sur leur tête, un par un sur la planche qui servait
10 de coupée. Sous la surveillance du quartier-maître, ils avaient repris leur place sur le pont, entre les conteneurs rouillés, contre les membrures du bastingage, et ils avaient attendu l'heure du départ sans faire de bruit. Peut-être qu'un enfant avait pleuré, ou bien peut-être
15 que le vieil homme au visage maigre, au corps couvert de haillons avait chanté sa mélopée, sa prière. Mais la musique du salon avait couvert leurs voix, et ils avaient

peut-être entendu M. Simpson se moquer en imitant leur langue, et les Anglais qui criaient : « Maïwot ! Maïwot ! » et cette histoire de « Pickaninny stop along him fellow ! ».

20

Fintan en ressentit une telle colère et une telle honte qu'un instant il voulut retourner dans le salon des premières. C'était comme si, dans la nuit, chaque noir le
25 regardait, d'un regard brillant, plein de reproche. Mais l'idée de retourner dans la grande salle pleine de bruit et de l'odeur du tabac blond était insupportable.

Alors Fintan descendit dans la cabine, il alluma la veilleuse, et il ouvrit le petit cahier d'écolier sur lequel
30 était écrit, en grandes lettres noires, UN LONG VOYAGE. Et il se mit à écrire en pensant à la nuit, pendant que le *Surabaya* glissait vers le large, chargé d'ampoules et de musique comme un arbre de Noël, soulevant lentement son étrave, pareil à un immense
35 cachalot d'acier, emportant vers la baie du Biafra les voyageurs noirs déjà endormis.

J. M. G. Le Clézio, *Onitsha*, 1991.

VERS LA DISSERTATION

Entre les conteneurs rouillés

1. Donnez la définition des mots suivants :

   a) étrave (l. 2 et 34) ;

   b) membrures (l. 12) ;

   c) bastingage (l. 12).

2. Qu'est-ce que le « salon des premières » (l. 7 et 23-24) ?

3. Relevez les indications de racisme dans cet extrait.

4. Expliquez le comportement de Fintan.

5. Le narrateur précise que « le *Surabaya* glissait vers le large, chargé d'ampoules et de musique **comme un arbre de Noël** » (l. 32-33).

   a) Quelle est cette figure de style* ?

   b) Dites pourquoi cette phrase est particulièrement choquante.

▓▓ Sujet de dissertation explicative

« L'artiste est celui qui nous montre du doigt une parcelle du monde. » Expliquez comment cette citation de Jean-Marie Gustave Le Clézio s'applique bien à cet extrait d'*Onitsha*.

Patrick Modiano, 1978.

Patrick Modiano (né en 1945)

Arracher à l'oubli des fragments du passé.

Né à la Libération, Patrick Modiano est hanté par une guerre qu'il n'a pas vécue, mais dont il subit néanmoins le douloureux héritage. N'écrivant pratiquement que sur ce passé qu'il n'a pas connu, l'écrivain, sollicitant sa mémoire prénatale autant que la mémoire collective, y cherche des fragments de son identité, comme si le passé l'avait mutilé, lui avait causé une fracture qui n'est pas encore guérie. Ses récits sont tissés de personnages vrais ou fictifs, de consistance incertaine, qui partent à la recherche d'un temps perdu, au confluent de l'Histoire et de leur histoire personnelle.

Modiano met à nu ses fantasmes et ses traumatismes personnels, de sorte que ses romans semblent toujours évoluer entre l'authenticité historique, la présence autobiographique et l'imprécision du rêve. Dans des ouvrages admirables de simplicité, où la technique romanesque est fondée sur un va-et-vient entre différents moments, l'écriture se fait discrète, les sensations et les réminiscences se superposant aux fruits de l'imagination.

Dans *Rue des boutiques obscures* (1978), un amnésique part à la recherche de son passé, de son identité perdue, dérobée par les circonstances historiques. Le roman remonte aux sources du souvenir émotif, et le narrateur se livre au jeu des intermittences de la mémoire, à l'imprévu des rencontres entre les évènements de sa vie intérieure et de la vie réelle, ce qui crée un réseau de subtiles attaches dans lesquelles réside son identité. Fragment par fragment, il extirpe sa propre histoire de celle du passé, évoluant à mi-chemin entre l'authenticité historique et l'imprécision du rêve. Dans l'extrait ci-contre, le narrateur commence à retrouver le fil qui le relie à son passé.

Comme le sourcier qui guette

VERS LA DISSERTATION

Comme le sourcier qui guette

1. a) Qu'est-ce qui permet au narrateur de reconnaître l'endroit où il se trouve ?

   b) Quelle expression le narrateur emploie-t-il pour dire qu'il a un souvenir ?

2. Quels sont les temps* et modes* verbaux employés :

   a) lorsque le narrateur évoque un souvenir lointain ?

   b) lorsque le narrateur évoque un souvenir récent ?

3. Montrez comment les temps de verbes* alternent entre souvenir et réalité.

4. Ce ne sont pas précisément les souvenirs qui font que le personnage principal acquiert une certitude quant à son passage dans la ville, mais quelque chose de plus concret. Qu'est-ce alors ?

[... L]a rue silencieuse bordée d'arbres que je revoyais dans mon souvenir correspondait aux rues de ce quartier. J'étais comme le sourcier qui guette la moindre oscillation de son pendule. Je me postais au début de chaque rue, espérant que les arbres, les immeubles, me causeraient un coup au cœur. J'ai cru le sentir au carre-
5 four de la rue Molitor et de la rue Mirabeau et j'ai eu brusquement la certitude que chaque soir, à la sortie de la légation, j'étais dans ces parages.

Il faisait nuit. En suivant le couloir qui menait à l'escalier, j'entendais le bruit de la machine à écrire et je passais la tête dans l'entrebâillement de la porte. L'homme était déjà parti et elle restait seule devant sa machine à écrire. Je lui disais bonsoir.
10 Elle s'arrêtait de taper et se retournait. Une jolie brune dont je me rappelle le visage tropical. Elle me disait quelque chose en espagnol, me souriait et reprenait son travail. Après être demeuré un instant dans le vestibule, je me décidais enfin à sortir.

Et je suis sûr que je descends la rue Mirabeau, si droite, si sombre, si déserte que je presse le pas et que je crains de me faire remarquer, puisque je suis le seul
15 piéton. Sur la place, plus bas, au carrefour de l'avenue de Versailles, un café est encore allumé.

Il m'arrivait aussi d'emprunter le chemin inverse et de m'enfoncer à travers les rues calmes d'Auteuil. Là, je me sentais en sécurité. Je finissais par déboucher sur la chaussée de la Muette. Je me souviens des immeubles hauts du boulevard
20 Émile-Augier, et de la rue où je m'engageais à droite. Au rez-de-chaussée, une fenêtre à la vitre opaque comme celles des cabinets de dentiste était toujours éclairée. Denise m'attendait un peu plus loin, dans un restaurant russe.

Je cite fréquemment des bars ou des restaurants mais s'il n'y avait pas, de temps en temps, une
25 plaque de rue ou une enseigne lumineuse, comment pourrais-je me guider ?

Patrick Modiano, *Rue des boutiques obscures*, 1978.

Sigmar Polke, *Tour d'observation dans la région d'Eifel*, 1987.

Sigmar Polke conserve de son époque pop un regard ironique sur la réalité. Dans cette œuvre caractéristique des années 1980, il oppose figuration du paysage, compris comme véridique, à la distorsion de ce même paysage. Cette perception « corrompue » de la société, Polke la réalise en versant de la laque sur le coton déjà peint, pour rendre l'œuvre transparente et donc changeante selon la densité de lumière sous laquelle elle est regardée. Cela amplifie l'idée que la réalité est malléable et que les notions de savoir et de raison qui lui sont associées sont facilement « sabotables ».

Philippe Sollers (né en 1936)

La vraie vie, la vie réellement vécue, c'est le livre, car l'autre, la sociale, est toujours un enfer plus ou moins brûlant.

Philippe Sollers, 1997.

Provocateur et iconoclaste, Philippe Joyaux, dit Philippe Sollers, campe au centre de la scène littéraire française depuis trois décennies. Cet écrivain cultivé, controversé, redoutablement doué et rusé promène un regard désabusé et moqueur, souvent rempli de dérision, sur ses contemporains, surtout ceux de l'intelligentsia parisienne. Ces derniers ont d'ailleurs souvent la mauvaise surprise de se reconnaître dans ses romans, où l'auteur les transpose en voilant à demi leur identité, mais ne les fait pas paraître sous leur meilleur jour. Dans les œuvres de cet auteur particulièrement fécond transpire le plaisir d'écrire. Le mensonge et la vérité y sont aussi indissociables que la vie et la littérature. Son écriture limpide et brillante, ludique et musicale sert particulièrement bien son insolence toute voltairienne. Les romans de ce libertin des temps modernes aiguillonné par l'amour des mots et des femmes constituent autant de chapitres d'une vaste fresque sur le discours amoureux.

Chez Philippe Sollers, la passion confère toute sa saveur à la vie, ce qu'il explicite lui-même dans un ouvrage au titre paradoxal, *Passion fixe* (2000). Dans ce troublant roman, un narrateur, l'*alter ego* de l'auteur, rend grâce à celle qui lui a inspiré l'unique «passion fixe» de sa vie. Cette belle histoire d'amour sert aussi de prétexte à une critique ironique de la société occidentale des quelque 30 années qui suivent mai 1968. Un jeune homme de 23 ans fait la rencontre de la séduisante Dora, plus âgée que lui de quelques décennies. Leur amour, toujours aussi fort après une quarantaine d'années, demeure secret. L'année même de la parution de ce roman de Sollers, la romancière Dominique Rolin (1913-2012) fait paraître *Journal amoureux*, le récit de 40 ans d'amour fou vécus dans la joie et la clandestinité, entre elle et Jim, son cadet de 25 ans. Chacun reconnaît évidemment Sollers en Jim et Rolin en Dora. Cette double publication constitue un *coming out* d'une grande sensibilité et un dialogue inusité à l'ère de la postmodernité. L'extrait qui suit illustre la passion que met Sollers à raconter l'amour.

La différence est musicale

On me caresse les cheveux, les joues. J'ouvre les yeux, c'est elle. Il fait sombre. Je l'attire sur moi, on s'embrasse fort, on est bientôt serrés sur le tapis, j'entends grogner le chien, il est jaloux, elle se lève, ferme la porte à clé, allume dans un coin une lampe rouge, et cette fois on ne baise plus,

5 on fait l'amour. La différence est très grande, elle est musicale, ça ne s'écrit pas de la même façon. Au lieu du monologue parallèle qui se fait passer pour dialogue, une conversation chiffrée. Au lieu de ce qui fait semblant d'être interdit, ce qui est *vraiment* interdit. Au lieu de la violence toujours plus ou moins simulée, le crime. Le crime est doux, souple, insidieux,

10 curieux, il ne se satisfait de rien, il veut aller plus loin, savoir davantage. Question? Réponse. D'accord? Oui, mais on pourrait nuancer. Un peu plus, un peu moins, on a tout le temps, rien ne presse, le feu insiste sous la cendre des mots, les premiers sont les meilleurs, les premiers «chéri» et «chérie», les premiers «je t'aime» ou «je t'adore», on les dit forcément

15 une fois ou l'autre *pour de vrai,* la question étant de mesurer à quel creux ils renvoient, à quel enfouissement d'odeurs, de peau, de langue, de salive, de souffles. Tu me sens? dit un point précis à un autre point précis. Je suis là, dit quelqu'un qui n'est pas le quelqu'un spatial. Il vient de loin, ce quelqu'un, on ne sait pas d'où, à travers des milliers d'échecs ou de lueurs

20 brèves. L'amour est un art de musique, comme l'alchimie.

C'est contre le crime d'amour que se font tous les crimes.

Philippe Sollers, *Passion fixe*, 2000.

VERS LA DISSERTATION

La différence est musicale

1. D'après le narrateur, il existe des différences entre «baiser» et «faire l'amour». Lesquelles?

2. Montrez que le texte, bien qu'il évoque une dimension intime, reste impersonnel.

3. Que veut dire le narrateur lorsqu'il dit que «les premiers sont les meilleurs» (l. 13)?

4. Comment le narrateur décrit-il la passion amoureuse?

Quelques citations de Sollers

«On peut dire que la mort se montre chaque fois que vous commencez à vous voir comme les autres vous voient.»

«Les hommes demanderont de plus en plus aux machines de leur faire oublier les machines.»

«Lucidité, superficialité, vénalité: toutes les qualités pour bien coller à la réalité.»

«L'amour est aveugle? Quelle plaisanterie! Dans un domaine où tout est regard!»

Annie Ernaux, 2000.

Annie Ernaux (née en 1940)

Une passion, je crois que c'est l'œuvre d'art de chaque vie.

Avec des récits qui se plaisent plus particulièrement à explorer le théâtre mental où se joue notre vie, les femmes occupent une place de plus en plus importante dans le monde des lettres, ce qui n'est que légitime. Annie Ernaux est l'une d'elles. Ses ouvrages, qui ne sont ni des autobiographies, ni des romans, ni des journaux intimes, ni des documents, mais plutôt un amalgame de ces quatre genres, rendent compte des moments importants de sa vie tout en abolissant la frontière entre son intimité et l'écriture, entre la vie et la littérature. Dans des œuvres où la morale consiste à tout dire, l'écriture épurée, précise et directe se met au service de la vérité, qui devient le premier critère de la beauté littéraire.

Rendue à un âge où elle dit avoir «perdu son sentiment d'avenir», Annie Ernaux se lance dans une entreprise proustienne : elle s'immerge dans ses souvenirs pour tracer le plus précisément possible le destin d'une femme dans l'Histoire. Celle qui avait fait de l'autofiction sa spécialité écrit au *elle* (pour se désigner), au *on* et au *nous* pour effectuer une magistrale plongée dans le temps et la mémoire d'une femme, sur les quelque 60 dernières années.

Explorant le réel au plus près des mots et des sensations, cette «autobiographie impersonnelle» que sont *Les années* (2008) dit la marche du monde en même temps que celle d'une femme. S'y trouve un éblouissant inventaire mêlant le trivial et l'exceptionnel : les grands évènements politiques, les chambardements sociaux sur fond d'une consommation de plus en plus effrénée, les idées, les croyances et les lieux communs en circulation dans la société, sans négliger le destin d'une génération de femmes arrivées aujourd'hui aux portes de la vieillesse. Comme marqueurs historiques, l'auteure utilise habilement des photos d'elle à différents âges (non reproduites) qui, tout en fixant le passage des années, reflètent les changements sociaux, les codes vestimentaires et les différents usages. L'écriture, économe de son verbe mais riche d'images, où toute fiction se veut absente, livre ici l'intimité non pas de l'auteure mais de toute une époque. L'extrait retenu laisse affleurer à la mémoire les années 1990.

À mesure qu'on vieillissait on n'avait plus d'âge

Plus que jamais les femmes constituaient un groupe surveillé, dont les comportements, les goûts et les désirs faisaient l'objet d'un discours assidu, d'une attention inquiète et triomphante. Elles étaient
5 réputées avoir «tout obtenu», «être partout» et «réussir à l'école mieux que les garçons». Comme d'habitude, les signes de leur émancipation étaient cherchés dans leur corps, leur audace vestimentaire et sexuelle. Qu'elles disent «draguer les mecs»,
10 dévoilent leurs fantasmes et se demandent dans *Elle* si elles sont «un bon coup» était la preuve de leur liberté et de leur égalité avec les hommes. L'offrande perpétuelle de leurs seins et de leurs cuisses dans la publicité se devait d'être appréciée comme un
15 hommage à la beauté. Le féminisme était une vieille idéologie vengeresse et sans humour, dont les jeunes femmes n'avaient plus besoin, qu'elles regardaient avec condescendance, ne doutant pas de leur force et de leur égalité. (Mais elles lisaient
20 toujours plus de romans que les hommes comme si elles avaient besoin de donner une forme imaginaire à leur vie.) « Merci les hommes d'aimer les femmes », titrait un journal pour femmes. L'oubli tombait sur leurs luttes, seule mémoire à ne pas être
25 ravivée officiellement.

Avec la pilule, elles étaient devenues les maîtresses de la vie, ça ne s'ébruitait pas.

Nous qui avions avorté dans des cuisines, divorcé, qui avions cru que nos efforts pour nous libérer servi-
30 raient aux autres, nous étions prises d'une grande fatigue. Nous ne savions plus si la révolution des femmes avait eu lieu. On continuait à voir le sang

après cinquante ans. Il n'avait plus la même couleur ni la même odeur qu'avant, une espèce de sang illusoire.

35 Mais cette scansion régulière du temps qu'on pouvait maintenir jusqu'à la mort nous rassurait. On portait des jeans et des caleçons, des tee-shirts comme les filles de quinze ans, disions comme elles « mon copain » pour parler de notre amant régulier. À mesure qu'on vieillis-
40 sait on n'avait plus d'âge. En entendant *Only You* ou *Capri c'est fini* sur Radio Nostalgie, une jeune douceur nous envahissait, le présent s'agrandissait jusqu'à nos twenties. Par rapport à nos mères, refermées et suantes dans leur ménopause, on avait l'impression de gagner
45 sur le temps.

(Les femmes jeunes rêvaient de s'attacher un homme, les plus de cinquante qui en avaient eu un n'en voulaient plus.)

Les enfants, les garçons surtout, quittaient difficile-
50 ment le domicile familial, le frigo rempli, le linge lavé, le bruit de fond des choses de l'enfance. Ils faisaient l'amour en toute innocence dans la chambre voisine de la nôtre. Ils s'installaient dans une longue jeunesse, le monde ne les attendait pas. Et nous, en les nourris-
55 sant, en continuant d'avoir souci d'eux, nous avions l'impression de vivre toujours dans le même temps, sans rupture.

Annie Ernaux, *Les années*, 2008.

VERS LA DISSERTATION

À mesure qu'on vieillissait on n'avait plus d'âge

1. Quelle vision l'auteure a-t-elle de la femme moderne ?

2. Quels seraient les signes d'émancipation de la femme ?

3. Pourquoi l'auteure dit-elle que « [l']oubli tombait sur leurs luttes » (l. 23-24) ?

4. Expliquez le sous-titre de l'extrait, « À mesure qu'on vieillissait on n'avait plus d'âge ».

5. Qu'est-ce qui serait responsable du comportement paradoxal des adultes, mais aussi des enfants ?

▬ Sujet de dissertation explicative

L'âge n'existe plus, selon Annie Ernaux. Justifiez cette affirmation en vous basant sur l'extrait de son roman *Les années*.

Linder Sterling, *Oh Grateful Colours, Bright Looks VI*, 2009.

Artiste multidisciplinaire, Linder Sterling provoque par ses œuvres crues (en 1981, avant Lady Gaga, elle porte une robe de viande crue au spectacle du groupe punk Ludus qu'elle a cofondé). Pigeant abondamment dans les revues féminines et masculines, elle réalise, comme l'ont fait avant elle les dadaïstes, des photo-montages dans lesquels elle met en scène le corps de la femme en tant qu'objet commercial, sexuel et jetable après usage, détruisant au passage l'image de la femme à la beauté idéale.

Jorge Semprún, 1998.

Jorge Semprún (1923-2011)

Il me faudrait plusieurs vies pour raconter toute cette mort.

Né en Espagne, Jorge Semprún est bientôt contraint, après l'avènement au pouvoir de l'antirépublicain Franco, de quitter le pays, où il laisse une enfance à jamais saccagée. Sa famille déménage en France ; il y obtient sa seconde nationalité et adopte la langue française pour ses écrits. Engagé dans la Résistance, il est arrêté par les Allemands à 20 ans, puis déporté dans le camp d'extermination de Buchenwald, jusqu'à l'arrivée des Alliés en 1945. L'expérience est tellement horrible et indicible que, jusqu'en 1963, il ne peut écrire sur le sujet : c'est ce qu'il appelle sa période d'« oubli volontaire ».

Son œuvre ne cesse d'interroger l'histoire, celle du franquisme, mais surtout celle des horreurs quotidiennes à l'intérieur du camp de concentration. Jorge Semprún a bien conscience d'être l'un des tout derniers survivants des sombres évènements de 1939-1945 et se sent le devoir de témoigner avant de céder la parole aux seuls historiens. Romancier novateur, il produit un nouveau type de roman auto-biographique : sa narration, sans cesse discontinuée, procède par avancées, retouches, remords, approfondissements de réflexions, ajouts de nouvelles précisions, dans un va-et-vient continuel entre le présent et de multiples passés, sans cesse revisités.

Dans *L'écriture ou la vie* (1994), plus de 50 ans après la guerre, celui qui affirme être moins un rescapé qu'un revenant extirpe de sa mémoire tout ce qui accepte de ne pas sombrer dans l'oubli total. Semprún réussit à trouver la tonalité assez juste et assez grave pour suggérer l'impensable et l'inexprimable de ce temps douloureux. La mort rôde à chaque page, mais la vie finit par triompher grâce à la solidarité et à la fraternité que l'auteur lui oppose. Ce livre émouvant n'est pas qu'un simple témoignage, mais la mise en œuvre littéraire de ce voyage dans la mémoire et dans l'horreur. Dans l'extrait retenu, le narrateur-acteur prend conscience de l'urgence de témoigner.

Ce ne sera plus qu'une idée d'odeur

[...] Un jour viendrait, relativement proche, où il ne resterait plus aucun survivant de Buchenwald. Il n'y aurait plus de mémoire immédiate de Buchenwald : plus personne ne saurait dire avec des mots venus de la mémoire charnelle, et non pas d'une reconstitution théorique, ce
5 qu'auront été la faim, le sommeil, l'angoisse, la présence aveuglante du Mal absolu – dans la juste mesure où il est niché en chacun de nous, comme liberté possible. Plus personne n'aurait dans son âme et son cerveau, indélébile, l'odeur de chair brûlée des fours crématoires.

Un jour j'avais fait dire à Juan Larrea, un personnage de roman qui était
10 mort à ma place, dans *La montagne blanche*, les mots suivants : « J'ai pensé que mon souvenir le plus personnel, le moins partagé... celui qui me fait être ce que je suis... qui me distingue des autres, du moins, tous les autres... qui me retranche même, tout en m'identifiant, de l'espèce humaine... à quelques centaines d'exceptions près... qui brûle dans ma
15 mémoire d'une flamme d'horreur et d'abjection... d'orgueil aussi... c'est le souvenir vivace, entêtant, de l'odeur du four crématoire : fade, écœu-rante... l'odeur de chair brûlée sur la colline de l'Ettersberg... »

Un jour prochain, pourtant, personne n'aura plus le souvenir réel de cette odeur : ce ne sera plus qu'une phrase, une référence littéraire,
20 une idée d'odeur. Inodore, donc.

J'avais pensé à tout cela, en m'avançant vers le centre de la place d'appel de Buchenwald, un dimanche de mars, en 1992. Je m'étais souvenu de Juan Larrea, qui avait pris la place que la mort m'avait gardée à ses côtés, depuis toujours. Et j'avais posé ma main sur l'épaule de Thomas Landman[1].

25 Une main légère comme la tendresse que je lui portais, lourde comme la mémoire que je lui transmettais.

Jorge Semprún, *L'écriture ou la vie*, 1994.

1. Thomas Landman accompagne son grand-père, Jorge Semprún, lors de ce voyage.

VERS LA DISSERTATION

Ce ne sera plus qu'une idée d'odeur

1. Faites une recherche sur ce qu'a été Buchenwald.

2. Expliquez la métaphore* du « Mal absolu » (l. 6).

3. a) Qu'est-ce qui perturbe le narrateur ?

   b) Qu'est-ce que l'« idée d'odeur » (l. 20) ?

4. a) Relevez trois figures de style* dans la dernière phrase.

   b) Expliquez le sens de cette phrase.

■■ **Sujet de dissertation explicative**

Selon Jorge Semprún dans cet extrait de *L'écriture ou la vie*, le souvenir d'un évènement se perpétue seulement si l'on en a été témoin. Justifiez cette affirmation.

Agota Kristof (1935-2011)

Tout être humain est né pour écrire un livre, et pour rien d'autre. Un livre génial ou un livre médiocre, peu importe.

Agota Kristof, 1991.

Agota Kristof fuit sa Hongrie natale en 1956, au moment de l'invasion de Budapest par les chars russes, pour émigrer en Suisse. Au sujet de l'expérience traumatisante de son enfance, elle confie: «Il y a un tas de mots que je suis incapable de dire. Par exemple: "passionnant", "exaltant", "poétique", "âme", "souffrance", "solitude", etc. Tout simplement je n'arrive pas à les prononcer.» Ces mots qu'elle exclut de son vocabulaire, la romancière en fait le sujet de ses écrits.

Kristof écrit, en français, une série de trois fables bouleversantes où se côtoient réalisme et onirisme, poésie lumineuse et réalité sordide, dans un enchaînement de brèves scènes implacables et cruelles qui confèrent à son œuvre romanesque une tonalité particulière. Elle prend bien soin de brouiller toutes les pistes qui pourraient mener à une lecture autobiographique de l'œuvre, transposant les atrocités vécues à un tout autre niveau. Le premier de ces récits, *Le grand cahier* (1986), raconte la vie de deux jumeaux, Klaus et Lucas, si semblables que même leurs noms forment des anagrammes presque parfaits. Ils vivent à la campagne chez leur grand-mère depuis que leur mère les y a abandonnés pour les protéger de la guerre qui sévit dans la Grande Ville. Or, cette grand-mère est une aïeule terrifiante, qu'on soupçonne d'avoir empoisonné son mari,

et les jumeaux sont exposés à une violence encore plus grande que celle de la guerre. Pour survivre, ils décident de s'aguerrir et d'apprendre à ne plus souffrir: chaque jour, ils s'exercent à la douleur, au froid, à la cruauté, et apprennent à ne plus éprouver le moindre sentiment.

La trame du récit, fascinant mélange de baroque et d'austérité, est constituée du cahier dans lequel le «nous» indifférencié des jumeaux dresse la liste de leurs progrès et de leurs forfaits en une suite de saynètes. L'auteure pratique un style dépouillé, ascétique même, qui refuse les artifices, dans une écriture simple et directe. Ce style correspond tout à fait au regard dénué de toute sensibilité et de toute subjectivité apparente, monstrueusement neutre, que les jumeaux projettent sur le monde.

Paradoxalement, plus les enfants deviennent insensibles, plus le lecteur perçoit la souffrance et l'abomination qu'ils vivent. Dans ce texte intemporel et universel, la romancière réussit à faire ressentir toute l'horreur de la guerre sans vraiment en parler. Les deux autres parties de cette chronique familiale sont *La preuve* (1988), qui relate les malheurs des jumeaux confrontés à la séparation, et *Le troisième mensonge* (1991), où les jumeaux ne se retrouvent que pour mieux se séparer, après avoir appris la vérité sur leur enfance. Chacune de ces œuvres remarquables par leur intensité et leur pouvoir d'émotion explore avec une précision toute chirurgicale les petits et grands malentendus de l'exil et de l'existence. Des romans qui se lisent avec horreur et délectation.

Exercice d'endurcissement de l'esprit

Grand-Mère nous dit:

— Fils de chienne!

Les gens nous disent:

— Fils de Sorcière! Fils de pute!

5 D'autres disent:

— Imbéciles! Voyous! Morveux! Ânes! Gorets! Pourceaux! Canailles! Charognes! Petits merdeux! Gibier de potence! Graines d'assassin!

Quand nous entendons ces mots, notre visage
10 devient rouge, nos oreilles bourdonnent, nos yeux piquent, nos genoux tremblent.

Nous ne voulons plus rougir ni trembler, nous voulons nous habituer aux injures, aux mots qui blessent.

15 Nous nous installons à la table de la cuisine l'un en face de l'autre et, en nous regardant dans les yeux, nous disons des mots de plus en plus atroces.

L'un :

— Fumier ! Trou du cul !

20 L'autre :

— Enculé ! Salopard !

Nous continuons ainsi jusqu'à ce que les mots
n'entrent plus dans notre cerveau, n'entrent même
plus dans nos oreilles.

25 Nous nous exerçons de cette façon une demi-
heure environ par jour, puis nous allons nous
promener dans les rues.

Nous nous arrangeons pour que les gens nous insul-
tent, et nous constatons qu'enfin nous réussissons à
30 rester indifférents.

Mais il y a aussi les mots anciens.

Notre Mère nous disait :

— Mes chéris ! Mes amours ! Mon bonheur ! Mes
petits bébés adorés !

35 Quand nous nous rappelons ces mots, nos yeux
se remplissent de larmes.

Ces mots, nous devons les oublier, parce que, à
présent, personne ne nous dit des mots semblables
et parce que le souvenir que nous en avons est une
40 charge trop lourde à porter.

Alors, nous recommençons notre exercice d'une
autre façon.

Nous disons :

— Mes chéris ! Mes amours ! Je vous aime... Je ne vous
45 quitterai jamais... Je n'aimerai que vous... Toujours...
Vous êtes toute ma vie...

À force d'être répétés, les mots perdent peu à peu leur
signification et la douleur qu'ils portent en eux s'atténue.

Agota Kristof, *Le grand cahier*, 1986.

Barry Flanagan, *The Boxing Ones*, 1981.

L'œuvre de Barry Flanagan est largement influencée par Alfred Jarry et sa
« science des solutions imaginaires ». Ses lièvres, qui sont sa signature et
qu'il réalise selon les techniques traditionnelles de la sculpture, sont tantôt
burlesques, tantôt totalement iconoclastes, jamais sérieux.

VERS LA DISSERTATION

Exercice d'endurcissement de l'esprit

1. Expliquez comment l'emploi des pronoms* concourt à
   illustrer l'indifférence dont il est question dans l'extrait.

2. À quoi servent les exercices d'injures des jumeaux ?

3. a) Que sont les « mots anciens » (l. 31) dont parlent
      les personnages ?

   b) Pourquoi les jumeaux recommencent-ils leur exercice
      avec les « mots anciens » ?

4. Expliquez comment, dans cet extrait, les mots doux sont
   liés au souvenir.

▨ Sujet de dissertation explicative

Le thème du souvenir est traité différemment chez Jorge
Semprún et chez Agota Kristof. Expliquez-en les différences
en vous basant sur les extraits de *L'écriture ou la vie* (voir
p. 215) et du *Grand cahier*.

Daniel Pennac (né en 1944)

Le verbe lire ne supporte pas l'impératif.

Daniel Pennac, 1995.

Daniel Pennacchioni, dit Daniel Pennac, est reconnu pour son imagination foudroyante, son humour insolent et son intelligence généreuse. Cet écrivain prolifique se plaît à aborder des genres différents : littérature jeunesse, scénarios, théâtre... Il a acquis sa grande popularité à partir de 1985 avec la saga des Malaussène, série de six (faux) romans policiers se déroulant dans le quartier de Belleville, à Paris. La psychologie propre à ce genre romanesque y est remplacée par des images, à la limite de la poésie, qui évoquent la réalité plus qu'elles ne la décrivent. Pennac inverse les stéréotypes et prend le contre-pied des idées reçues, sans que l'histoire qu'il raconte et la fresque sociale qu'il peint ne perdent leur dimension réaliste.

Dans le roman-essai-manifeste *Comme un roman* (1992), Pennac fait un vigoureux plaidoyer pour la lecture-plaisir. Dans un style souple et dynamique, où un humour grinçant pointe constamment, il décrit sa vision de la lecture, explique les phénomènes qui font, selon lui, que les jeunes lisent peu ou pas du tout, et invite les pédagogues à réfléchir sur leurs manières d'appréhender la lecture. Dans ce qui se veut une véritable désacralisation de la lecture, après avoir repris les formules toutes faites autour de la lecture et les avoir battues en brèche, Pennac affirme le droit de ne pas lire, de sauter des pages, de ne pas terminer un livre, de lire n'importe où, de lire à haute voix, de se laisser captiver par un récit, d'en parler aux autres ou de relire.

Des pages bourrées de lignes comprimées

Et le voilà, adolescent reclus dans sa chambre, devant un livre qu'il ne lit pas. Toutes ses envies d'être ailleurs font entre lui et les pages ouvertes un écran glauque qui trouble les lignes. Il est assis devant sa fenêtre, la porte
5 fermée dans son dos. Page 48. Il n'ose compter les heures passées à atteindre cette quarante-huitième page. Le bouquin en compte exactement quatre cent quarante-six. Autant dire cinq cents. 500 pages ! S'il y avait des dialogues, encore. Tu parles ! Des pages bourrées de lignes
10 comprimées entre des marges minuscules, de noirs paragraphes entassés les uns sur les autres, et, par-ci par-là, la charité d'un dialogue – un tiret, comme une oasis, qui indique qu'un personnage parle à un autre personnage. Mais l'autre ne lui répond pas. Suit un bloc de douze
15 pages ! Douze pages d'encre noire ! Ça manque d'air ! Ouh là que ça manque d'air ! Putain de bordel de merde ! Il jure. Désolé, mais il jure. Putain de bordel de merde de bouquin à la con ! Page quarante-huit... S'il se souvenait, au moins, du contenu de ces quarante-sept premières pages !
20 Il n'ose même pas se poser la question – qu'on lui posera, inévitablement. La nuit d'hiver est tombée. Des profondeurs de la maison monte jusqu'à lui l'indicatif du journal télévisé. Encore une demi-heure à tirer avant le dîner. C'est extraordinairement compact, un livre. Ça ne se laisse
25 pas entamer. Il paraît, d'ailleurs, que ça brûle difficilement. Même le feu ne peut s'insinuer entre les pages. Manque d'oxygène. Toutes réflexions qu'il se fait en marge. Et ses marges à lui sont immenses. C'est épais, c'est compact, c'est dense, c'est un objet contondant, un livre. Page
30 quarante-huit ou cent quarante-huit, quelle différence ? Le paysage est le même. Il revoit les lèvres du prof prononcer le titre. Il entend la question unanime des copains :

— Combien de pages ?

— Trois ou quatre cents...

35 (Menteur...)

— C'est pour quand ?

L'annonce de la date fatidique déclenche un concert de protestations :

— Quinze jours ? Quatre cents pages (cinq cents) à lire en
40 quinze jours ! Mais on n'y arrivera jamais, Monsieur !

Monsieur ne négocie pas.

Un livre, c'est un objet contondant et c'est un bloc d'éternité. C'est la matérialisation de l'ennui. C'est le livre. « Le livre ». Il ne le nomme jamais autrement
45 dans ses dissertations : le livre, un livre, les livres, des livres.

« Dans son livre *Les Pensées,* Pascal nous dit que… »

Le prof a beau protester en rouge que ce n'est pas la dénomination correcte, qu'il faut parler d'un roman,
50 d'un essai, d'un recueil de nouvelles, d'une pla-quette de poèmes, que le mot « livre », en soi, dans son aptitude à tout désigner ne dit rien de précis, qu'un annuaire téléphonique est un livre, tout comme un dictionnaire, un guide bleu, un album de timbres, un
55 livre de comptes…

Rien à faire, le mot s'imposera de nouveau à sa plume dans sa prochaine dissertation :

« Dans son livre, *Madame Bovary,* Flaubert nous dit que… »

Daniel Pennac, *Comme un roman,* 1992.

VERS LA DISSERTATION

Des pages bourrées de lignes comprimées

1. Que pense le personnage du livre qu'il doit lire ?

2. Pourquoi le tiret qui annonce un dialogue est-il perçu « comme une oasis » (l. 12) ?

3. Expliquez comment la réaction du personnage à cette lecture obligatoire s'étend à tous les livres ?

4. Quel parallèle le personnage établit-il entre la combustion difficile d'un livre et la lecture obligatoire qu'il doit faire ?

5. Trouvez trois périphrases* et une antithèse* qui définissent le livre.

▰▰ Sujet de dissertation explicative

Une lecture imposée peut anéantir le goût pour la lecture. Justifiez comment cette assertion s'applique bien à l'extrait de *Comme un roman* de Daniel Pennac.

Jean Echenoz (né en 1947)

Jean Echenoz, 2006.

C'est trop facile de raconter une histoire grave de façon grave.

Jean Echenoz est un observateur attentif des faits et gestes du quotidien ainsi que des égarements des individus dans une civilisation dont il souligne les tics et les marottes. Mais il est d'abord l'homme d'un style. Il conserve une distance ironique et amusée à l'égard de ses personnages et de ses intrigues, pratique un art de la fausse candeur, emploie un ton détaché et nonchalant qui désamorce les plus grands drames. Cultivant l'art de l'esquive et de la surprise, l'écrivain mélange les genres, mêle le charme et la désinvolture, recourt à des formules-chocs, jongle avec les mots, pratique l'ellipse et n'hésite pas à bousculer la syntaxe.

L'espace de trois romans, Echenoz s'empare de person-nages bien réels, des hommes hors du commun habités par la passion – un artiste, un athlète et un scientifique –, pour construire ses fictions romanesques. Après Maurice Ravel (*Ravel,* 2006) et Emil Zátopek (*Courir,* 2008), voici qu'il réinvente la vie de Nikola Tesla (*Des éclairs,* 2010), un ingénieur d'origine serbe, exilé aux États-Unis à l'âge de 28 ans, considéré comme l'un des grands inventeurs en matière d'électricité, à l'origine notamment du courant alternatif. S'emparant de ces figures mythiques, le romancier respecte scrupuleusement leur univers tout en rêvant leur existence dans une grande liberté roma-nesque. Dans l'extrait, Echenoz s'amuse à donner à Nikola Tesla, qu'il renomme Gregor, une naissance légendaire.

Quelques minutes avant qu'il s'extraie de sa mère

Chacun préfère savoir quand il est né, tant que c'est possible. On aime mieux être au courant de l'instant chiffré où ça démarre, où les affaires commencent avec l'air, la lumière, la perspective, les nuits et les déboires, les plaisirs et les jours. Cela permet déjà d'avoir un premier repère, une inscription, un numéro
5 utile pour vos anniversaires. Cela donne aussi le point de départ d'une petite idée personnelle du temps dont chacun sait aussi l'importance : telle que la plupart d'entre nous décident, acceptent de le porter en permanence sur eux, découpé en chiffres plus ou moins lisibles et parfois même fluorescents, fixé par un bracelet à leur poignet, le gauche plus souvent que le droit.

10 Or ce moment exact, Gregor ne le connaîtra jamais, qui est né entre vingt-trois heures et une heure du matin. Minuit pile ou peu avant, peu après, on ne sera pas en mesure de le lui dire. De sorte qu'il ignorera toute sa vie quel jour, veille ou lendemain, il aura le droit de fêter son anniversaire. De cette question du temps pourtant si partagée, il fera donc une première affaire personnelle.
15 Mais, si l'on ne pourra l'informer de l'heure précise à laquelle il est apparu, c'est que cet événement se produit dans des conditions désordonnées.

D'abord, quelques minutes avant qu'il s'extraie de sa mère et comme tout le monde s'affaire dans la grande maison – cris de maîtres, entrechocs de valets, bousculades de servantes, disputes entre sages-femmes et gémis-
20 sements de la parturiente –, un orage fort violent s'est levé. Précipitations granuleuses et très denses provoquant un fracas étale, feutré, chuchoté, impérieux comme s'il voulait imposer le silence, distordu par des mouvements d'air cisaillants. Ensuite et surtout, un vent perforant de force majeure tente de renverser cette maison. Il n'y parvient pas mais, forçant les fenêtres écar-
25 quillées dont les vitrages explosent et les boiseries se mettent à battre, leurs rideaux envolés au plafond ou aspirés vers l'extérieur, il s'empare des lieux pour en détruire le contenu et permettre à la pluie de l'inonder. Ce vent fait valser toutes les choses, bascule les meubles en soulevant les tapis, brise et dissémine les bibelots sur les cheminées, fait tournoyer aux murs les cruci-
30 fix, les appliques, les cadres qui voient s'inverser leurs paysages et culbuter leurs portraits en pied. Convertissant en balançoires les lustres sur lesquels s'éteignent aussitôt les bougies, il souffle également toutes les lampes.

La naissance de Gregor se déroule ainsi dans cette obscurité bruyante jusqu'à ce qu'un éclair gigantesque, épais et ramifié, torve colonne d'air
35 brûlé en forme d'arbre, de racines de cet arbre ou de serres de rapace, illumine son apparition puis le tonnerre couvre son premier cri pendant que la foudre incendie la forêt alentour. Tout s'y met à ce point que dans l'affo-lement général on ne profite pas de la vive lueur tétanisée de l'éclair, de son plein jour instantané pour consulter l'heure exacte – même si de toute façon,
40 nourrissant de vieux différends, les pendules ne sont plus d'accord entre elles depuis longtemps.

Jean Echenoz, *Des éclairs*, 2010.

VERS LA DISSERTATION

Quelques minutes avant qu'il s'extraie de sa mère

1. Trouvez le sens des mots suivants :

   a) parturiente (l. 20) ;

   b) étale (l. 21) ;

   c) impérieux (l. 21-22) ;

   d) tétanisée (l. 38).

2. a) Résumez les conditions atmosphériques au cours desquelles Gregor vient au monde.

   b) Trouvez trois oxymores* qui décrivent le bruit de l'orage.

3. Expliquez pourquoi on ne connaît pas l'heure exacte de la naissance de Gregor.

4. Quelles sont les conséquences de cette inconnue ?

5. Quels liens pouvez-vous établir entre les manifestations de la nature le jour de la naissance et le choix de profession du personnage principal ?

La première gorgée de bière

Philippe Delerm (né en 1950)

Philippe Delerm, 2008.

La violence du siècle, je la ressens, je la côtoie. Je ne la dirai pas.

L'homme ordinaire est devenu le héros du temps présent ; Philippe Delerm, auteur de nombreux récits dont la principale caractéristique est la brièveté, lui porte une grande attention. Puisque, selon lui, les hommes ne peuvent pas changer le monde, il est impérieux qu'ils jouissent de ce qu'ils ont. Aussi son œuvre, fort peu romanesque, est-elle tissée de ces presque riens qui constituent la vie quotidienne.

Dans un monde de plus en plus déshumanisé, la littérature ressemble ici à un refuge. Avec son écriture minimale qui refuse le spectaculaire, aux phrases courtes et limpides, Delerm fixe un doux moment qui passe, un plaisir minuscule, une émotion simple d'où émane un bonheur tranquille. Ses récits faits d'atmosphères, de saveurs et de climats se contentent de projeter l'éclairage sur des banalités de l'espace intime pour qu'aussitôt opère la magie de l'écriture. En témoigne cette « première gorgée de bière ».

C'est la seule qui compte. Les autres, de plus en plus longues, de plus en plus anodines, ne donnent qu'un empâtement tiédasse, une abondance gâcheuse. La dernière, peut-être, retrouve avec la désillusion de finir un semblant de pouvoir...

5 Mais la première gorgée ! Gorgée ? Ça commence bien avant la gorge. Sur les lèvres déjà cet or mousseux, fraîcheur amplifiée par l'écume, puis lentement sur le palais bonheur tamisé d'amertume. Comme elle semble longue, la première gorgée ! On la boit tout de suite, avec une avidité faussement instinctive. En fait, tout est écrit :
10 la quantité, ce ni trop ni trop peu qui fait l'amorce idéale ; le bien-être immédiat ponctué par un soupir, un claquement de langue, ou un silence qui les vaut ; la sensation trompeuse d'un plaisir qui s'ouvre à l'infini... En même temps, on sait déjà. Tout le meilleur est pris. On repose son verre, et on l'éloigne même un peu sur le
15 petit carré buvardeux. On savoure la couleur, faux miel, soleil froid. Par tout un rituel de sagesse et d'attente, on voudrait maîtriser le miracle qui vient à la fois de se produire et de s'échapper. On lit avec satisfaction sur la paroi du verre le nom précis de la bière que l'on avait commandée. Mais contenant et contenu peuvent
20 s'interroger, se répondre en abîme, rien ne se multipliera plus. On aimerait garder le secret de l'or pur, et l'enfermer dans des formules. Mais devant sa petite table blanche éclaboussée de soleil, l'alchimiste déçu ne sauve que les apparences, et boit de plus en plus de bière avec de moins en moins de joie. C'est un bonheur
25 amer : on boit pour oublier la première gorgée.

Philippe Delerm, *La première gorgée de bière et autres plaisirs minuscules*, 1997.

VERS LA DISSERTATION

La première gorgée de bière

1. Décrivez toute l'importance de la première gorgée.

2. Pourquoi les autres gorgées ne sont-elles pas intéressantes ?

3. Trouvez deux oxymores* et une antithèse* qui décrivent le reste de l'expérience.

4. Selon le narrateur, pourquoi boit-on ?

▬ Sujet de dissertation explicative

L'extase est éphémère, selon Philippe Delerm dans *La première gorgée de bière et autres plaisirs minuscules*. Discutez cette affirmation.

Hervé Guibert, 1988.

Hervé Guibert
(1955-1991)

Je disparaîtrai et je n'aurai rien caché.

À l'heure où le sida a déjà détruit ou hypothéqué lourdement une quantité effarante de vies humaines, de nombreuses personnes atteintes de cette maladie crient leur désespérance, leur fureur de vivre, et rappellent ainsi la fragilité de la vie. Hervé Guibert est l'un de ces créateurs qui mettent en scène des homosexuels atteints de la terrible maladie, dans des situations qui dépassent largement la seule dimension sexuelle, puisque la sexualité ne devient qu'un simple élément d'une réalité beaucoup plus complexe. Reconnu pour son ironie féroce, Guibert se présente lui-même comme un «sidatique public»: il a organisé son temps de survie dans le sens d'une exploitation littéraire systématique de cette maladie. Sa plume brûlante et sèche décrit méticuleusement la progression de sa dégradation physique, la métamorphose du corps d'un homme de 35 ans sur lequel se greffe le corps d'un vieillard, en même temps qu'il se «met en abyme», qu'il s'observe lui-même en train d'écrire.

Dans l'extrait tiré du roman autobiographique *Le protocole compassionnel*, le narrateur raconte sa lutte contre la maladie, les derniers espoirs dus aux rémissions, le rôle salvateur de l'écriture – «C'est quand j'écris que je suis le plus vivant» – et la préparation à la mort.

Horriblement envie de vivre

Arrive un moment, est arrivé pour moi en tout cas ce moment, où l'on se fiche complètement de son taux de T4, dont on a pourtant suivi l'évolution, les hauts et les bas, les effondrements et les redressements spontanés, deux ou
5 trois ans durant, comme le plus grand des suspens, le suspens crucial. Ces aléas de chute et de remontée rythment le rapport avec le médecin, lui donnent une base, un prétexte, préparent en fait par paliers à la maladie et d'abord à son idée, car de fait, entre 1 000 T4 et 200, le seuil
10 critique, il n'y a sans doute rien d'autre à faire qu'assister à la lente faillite de ce taux de défenses immunitaires. Le médecin est impuissant, sinon psychologiquement, à tendre le leurre que la maladie peut être reculée, sinon vaincue. Quand j'avais entre 500 et 199 T4, je me jetais sur
15 les enveloppes marquées «de caractère confidentiel» de l'institut Alfred-Fournier, je l'ai raconté, et je dépouillais devant ma boîte aux lettres ces feuilles agrafées de comptes rendus d'analyses pour découvrir mon taux de T4,

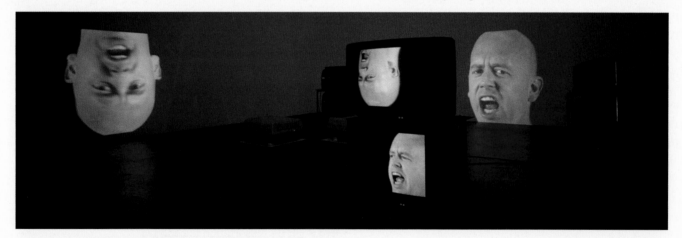

Bruce Nauman, *Anthro-socio*, 1992.

Avec ses installations visuelles et sonores, Bruce Nauman n'a qu'un but, nous déstabiliser, voire nous mettre K.-O. Dans *Anthro-socio*, le spectateur entre dans une pièce sombre où il assiste à la démultiplication d'un seul et même visage présenté à l'endroit, à l'envers ou de trois quarts, de même qu'à la lancinante répétition des mêmes demandes, dans des tonalités différentes: «*feed me / eat me / anthropology*», «*help me / hurt me / sociology*». On peut interpréter son œuvre comme la métaphore d'une société sourde et aveugle aux besoins des autres.

dont je connaissais pratiquement les variations
20 mois après mois, ou alors j'enfournais ces feuilles
sans les regarder dans la poche de ma veste, pour
retarder un peu le moment du désastre ou de
la bonne surprise. Ce taux de T4 qui vont et qui
viennent, qui descendent et qui remontent, est une
25 illusion à laquelle le malade se raccroche comme
à un hameçon dont le filin le tirerait sur une mer
plus ou moins agitée. Le médecin entretient cette
fiction d'une maladie très aléatoire, qui ne va pas
forcément vers une issue fatale. Le taux des T4,
30 jusqu'à un certain moment, est un instrument de
lutte que le médecin propose à son patient. Quand
j'ai dû faire mes analyses à l'hôpital Spallanzani à
Rome, puis à l'hôpital Rothschild, pour qu'on me
délivre mes doses d'AZT soigneusement comptées,
35 je téléphonais au médecin ou à son assistante pour
connaître le résultat, le téléphoner aussitôt à Paris
et le commenter, dans une urgence qui m'apparaît
maintenant complètement inutile. Quand on a
chuté à 60 T4, par cas de force majeure, pour endi-
40 guer l'angoisse, on se contrefiche soudain de savoir
si on a encore descendu, et si on est à 3 ou à -3,
j'ignore si on comptabilise la faillite en négatif, sans
doute que non, mais on rase la mort de si près que
le pilote ferme les yeux au moment d'envoyer son
45 avion dans la colline. Je ne veux plus savoir où j'en
suis, je ne le demande plus au médecin, ni à voir les
résultats des analyses qu'on a pris l'habitude, avec
le sida, et je ne sais pas si c'est vraiment mieux ou
finalement moins bien, de livrer au malade. Je suis
50 dans une zone de menace où je voudrais plutôt me
donner l'illusion de la survie, et de la vie éternelle.
Oui, il me faut bien l'avouer et je crois que c'est le
sort commun de tous les grands malades, même si
c'est pitoyable et ridicule, après avoir tant rêvé à la
55 mort, dorénavant j'ai horriblement envie de vivre.

Hervé Guibert, *Le protocole compassionnel*, 1991.

VERS LA DISSERTATION

Horriblement envie de vivre

1. Quelle est l'importance du taux de T4 ?

2. Trouvez une métaphore* qui exprime la chute du taux de T4.

3. Pourquoi le taux de T4 n'a-t-il plus d'importance, soudainement, pour le narrateur ?

4. Trouvez une antithèse* qui illustre la désillusion
du narrateur.

5. Quelle image le narrateur emploie-t-il pour parler de la mort ?

Emmanuel Carrère (né en 1957)

Dès l'instant où un homme a le courage de la dire, personne ne peut plus rien contre la vérité.

Emmanuel Carrère, 2009.

À partir des années 1980, la biographie devient un lieu d'expérimentation et de créativité. Les romanciers s'arrogent tous les droits, particulièrement dans l'utilisation de la vie privée des autres. À côté des auteurs de pures fictions, le réel réapparaît dans les romans sous sa forme la plus spectaculaire, la plus médiatique : le fait divers, l'histoire vraie. Au XIXe siècle, les roman-ciers recouraient abondamment au « petit fait vrai » pour assurer leur ancrage réaliste, pour aussitôt le noyer dans la composition de l'intrigue. Tout au contraire, les romanciers contemporains affichent frontalement ces faits véridiques, banals ou monstrueux, mettent en scène des personnes réelles qu'ils transforment en personnages de fiction et revendiquent leur légitimité d'en faire de la littérature.

L'œuvre d'Emmanuel Carrère est exemplaire à cet égard. En 2000, son roman *L'adversaire* tente de comprendre l'itinéraire d'un homme qui, en 1993, a assassiné sa famille après avoir menti toute sa vie d'adulte en se prétendant médecin. *Un roman russe*, en 2007, effectue une plongée très impudique dans la vie de son grand-père maternel et révèle un honteux secret familial. Deux ans plus tard, dans *D'autres vies que la mienne*, un roman poignant et lumineux, le récit est tissé autour de deux morts, celle d'une petite fille dans le tsunami de 2004 et celle de sa belle-sœur emportée par le cancer. En 2011, Carrère fait d'un petit politicien russe, le type même de l'antihéros extravagant, Édouard Savenko dit Limonov, le person-nage central de son roman.

Fruit d'une enquête menée sur place au cours de laquelle l'auteur rencontre, en plus du politicien lui-même, des policiers, des psychiatres, des archivistes et autres experts, *Limonov* se lit comme un roman d'aventures. Tous les soubresauts de l'histoire de la Russie de l'ère postcommuniste y sont retracés à partir du personnage de Limonov qui en incarne les paradoxes et la complexité. Ce qui est paradoxal cependant, c'est que la vie de Limonov importe moins que le rapport ambigu que Carrère entretient avec son personnage réel, le regard que l'écrivain porte sur lui constituant le véritable fil conducteur de l'œuvre. Constamment présent à l'arrière-plan, l'auteur ne cesse de se dévoiler par les abondantes digressions personnelles insérées dans son portrait de Limonov. Dans l'extrait retenu, Emmanuel Carrère discute avec son fils Gabriel de la fin du roman.

Je n'aime pas cette fin

Je n'aime pas cette fin, je pense que lui non plus ne l'aimerait pas. Je pense aussi que tout homme qui se risque à porter un jugement sur le *karma* d'autrui, et même sur le sien propre, peut être assuré de se tromper. Un soir, je confie ces doutes à mon fils aîné, Gabriel. Il est monteur, nous venons
5 d'écrire ensemble deux scénarios pour la télévision et j'aime bien avoir avec lui des discussions de scénaristes : cette scène-là, j'achète ; celle-ci, non.

« Au fond, me dit-il, ce qui t'embête, c'est de le montrer comme un *loser*. »

J'en conviens.

« Et ça t'embête pourquoi ? Parce que tu as peur de lui faire de la peine ?

10 — Pas vraiment. Enfin, un petit peu, mais je pense surtout que ce n'est pas une fin satisfaisante. Que, pour le lecteur, c'est décevant.

— C'est autre chose, ça », observe Gabriel, et il me cite une quantité de grands livres ou de grands films dont les héros finissent dans la panade. *Raging Bull*, par exemple, et sa dernière scène où on voit le boxeur joué par De Niro au
15 bout du rouleau, complètement déchu. Il n'a plus rien, ni femme, ni amis, ni maison, il s'est laissé aller, il est gros, il gagne sa vie en faisant un numéro comique dans une boîte minable. Assis devant le miroir de sa loge, il attend qu'on l'appelle pour entrer en scène. On l'appelle. Il s'extrait pesamment de son fauteuil. Juste avant de sortir du champ, il se regarde dans le miroir, se
20 dandine, mime quelques mouvements de boxe, et on l'entend grommeler, pas très fort, juste pour lui : « *I'm the boss. I'm the boss. I'm the boss.* »

C'est pathétique, c'est magnifique.

« C'est mille fois mieux, dit Gabriel, que si on le voyait victorieux sur un podium. Non, franchement, finir sur Limonov, après toutes ses aventures, en train
25 de compter sur Facebook s'il a plus d'amis que Kasparov, ça peut marcher. »

C'est vrai. Pourtant, quelque chose continue à me gêner.

« Bien. Prenons le problème autrement. Ce serait quoi, pour toi, la fin idéale ? Je veux dire : si c'était toi qui décidais ? Qu'il prenne le pouvoir ? »

Je secoue la tête : trop invraisemblable. En revanche, il y a dans son programme
30 de vie quelque chose qu'il n'a pas fait, c'est fonder une religion. Ce qu'il faudrait, c'est qu'il laisse tomber la politique où, franchement, ça paraît sans espoir, qu'il retourne dans l'Altaï et qu'il devienne soit le *guru* d'une communauté d'allumés, comme le baron Ungern von Sternberg, soit, encore mieux, un vrai sage. Une espèce de saint, carrément.

35 C'est au tour de Gabriel de faire la moue.

« Je crois que je sais, dit-il, ce qui te plairait comme fin : qu'il se fasse descendre. Lui, c'est complètement cohérent avec le reste de sa vie, c'est héroïque, ça lui évite de mourir comme n'importe qui d'un cancer de la prostate. Toi, ton livre se vend dix fois mieux. Et si on l'empoisonne au polonium, comme Litvinenko, ce n'est
40 pas dix fois mieux qu'il se vend, c'est cent fois mieux, dans le monde entier. […] »

Emmanuel Carrère, *Limonov*, 2011.

Jean-Michel Basquiat, *Sans titre*, 1982.

Issu de l'univers du graffiti et du *street art*, Jean-Michel Basquiat transpose sur ses toiles des motifs bigarrés de la culture populaire ainsi que des références à la violence et aux conditions de vie des Noirs américains. Son œuvre, erronément considérée comme un art primitif ou naïf, est surtout une affirmation de son identité métissée (père haïtien, mère portoricaine). Ce tableau sans titre peut être vu comme un autoportrait, celui du « *King* », qui a réussi à sortir de la rue pour enfin atteindre à la notoriété.

VERS LA DISSERTATION

Je n'aime pas cette fin

1. À qui le pronom* « lui » fait-il référence dans le premier paragraphe de l'extrait ?

2. Montrez que, pour Gabriel, le lecteur est plus important que le personnage.

3. a) Expliquez pourquoi Gabriel affirme à propos de la fin du film *Raging Bull* : « C'est pathétique, c'est magnifique » (l. 22).

   b) De quelle figure de style* s'agit-il ?

4. Quelles seraient les fins possibles au roman :

   a) selon l'écrivain ?

   b) selon son fils Gabriel ?

Michel Houellebecq (né en 1956)

Ce n'est pas pour dire la vérité que j'écris, c'est pour dire mes incertitudes.

Michel Houellebecq est un talentueux conteur d'histoires doublé d'un éclaireur hyperréaliste de la société d'aujourd'hui. Ses récits, et davantage encore l'ambiance inédite qui s'en

Michel Houellebecq, 2005.

dégage, faite de rêves et de mots davantage que de faits et d'idées, disent quelque chose de nouveau, de singulier, sur notre époque et sur nous-mêmes.

Houellebecq fait partie de ces rares auteurs qui, à la fin de chaque siècle, collectent et livrent la somme désenchantée des misères et des maux de leur époque : ce fut le cas de Pierre Choderlos de Laclos pour le XVIIIe siècle, de Joris-Karl Huysmans au siècle suivant, et tel semble être le cas de Michel Houellebecq pour le XXe. Romancier et poète, cet écrivain controversé, brillant et visionnaire développe un goût prononcé pour la polémique et la provocation.

Dans *La carte et le territoire* (2010), il n'hésite pas à se mettre lui-même en scène pour s'y annihiler, mise en abyme déroutante, en faisant de son propre meurtre le pivot du roman. Son esthétique cultive, avec une fausse indifférence, la parodie et le réemploi du banal ; l'écriture, précise comme un scalpel, se fait classique par sa forme – aussi classique que les boîtes de soupe d'Andy Warhol –, pour mieux conférer du réalisme au propos toujours déroutant.

Dans ce qui est devenu un roman culte, *Les particules élémentaires* (1998), le romancier satirise les mœurs libérales de la fin du XXe siècle, celles d'une génération qui s'intéresse peu à ce qui se passe au-delà des frontières de son propre confort. Il décrit la montée d'une société postmoderne oisive par une analyse culturelle et persuasive. Ce qui deviendra des thèmes récurrents dans son œuvre s'y trouve : l'amour élusif et la consommation érotique, l'ennui de l'existence et la déréliction, la décrépitude des corps dans une société qui vénère la jeunesse, la déception éprouvée en raison de l'échec des humanistes et de la barbarie, sans oublier la génétique qui ouvre les portes de ce qu'on dit être «le meilleur des mondes». Ce brillant roman arrive à dire le monde actuel et son chaos et, à défaut d'avoir les bonnes réponses, il a du moins le mérite de poser les bonnes questions. Il réussit surtout à nouer, de façon exemplaire, la fiction autour d'une réalité que le lecteur reconnaît et dont il est souvent lui-même le contempteur.

Une dignité supplémentaire

Il marche, il rejoint la frontière. Des vols de rapaces tourbillonnent autour d'un centre invisible – probablement une charogne. Les muscles de ses cuisses répondent avec élasticité aux dénivellations du chemin. Une steppe jaunâtre
5 recouvre les collines ; la vue s'étend à l'infini en direction de l'Est. Il n'a pas mangé depuis la veille ; il n'a plus peur.

Il s'éveille, tout habillé, en travers de son lit. Devant l'entrée de service du Monoprix, un camion décharge des marchandises. Il est un peu plus de sept heures.

10 Depuis des années, Michel menait une existence purement intellectuelle. Les sentiments qui constituent la vie des hommes n'étaient pas son sujet d'observation ; il les connaissait mal. La vie de nos jours pouvait s'organiser avec une précision parfaite ; les caissières du supermar-
15 ché répondaient à son bref salut. Il y avait eu, depuis dix ans qu'il était dans l'immeuble, beaucoup de va-et-vient. Parfois, un couple se formait. Il observait alors le déménagement ; dans l'escalier, des amis transportaient

des caisses et des lampes. Ils étaient jeunes, et, parfois,
20 riaient. Souvent (mais pas toujours), lors de la séparation qui s'ensuivait, les deux concubins déménageaient en même temps. Il y avait, alors, un appartement de libre. Que conclure ? Quelle interprétation donner à tous ces comportements ? C'était difficile.

25 Lui-même ne demandait qu'à aimer, du moins il ne demandait rien. Rien de précis. La vie, pensait Michel, devrait être quelque chose de simple ; quelque chose que l'on pourrait vivre comme un assemblage de petits rites, indéfiniment répétés. Des rites éventuellement un peu
30 niais, mais auxquels, cependant, on pourrait croire. Une vie sans enjeux, et sans drames. Mais la vie des hommes n'était pas organisée ainsi. Parfois il sortait, observant les adolescents et les immeubles. Une chose était certaine : plus personne ne savait comment vivre. Enfin, il exagé-
35 rait : certains semblaient mobilisés, transportés par une cause, leur vie en était comme alourdie de sens. Ainsi, les militants d'*Act Up* estimaient important de faire passer à

la télévision certaines publicités, jugées par d'autres pornographiques, représentant différentes pratiques homo-
40 sexuelles filmées en gros plan. Plus généralement leur vie apparaissait plaisante et active, parsemée d'événements variés. Ils avaient des partenaires multiples, ils s'enculaient dans des *backrooms*. Parfois les préservatifs glissaient, ou explosaient. Ils mouraient alors du sida ; mais
45 leur mort elle-même avait un sens militant et digne. Plus généralement la télévision, en particulier TF1, offrait une leçon permanente de dignité. Adolescent, Michel croyait que la souffrance donnait à l'homme une dignité supplémentaire. Il devait maintenant en convenir : il s'était
50 trompé. Ce qui donnait à l'homme une dignité supplémentaire, c'était la télévision.

[...]

Encore jeune homme, Michel avait lu différents romans tournant autour du thème de l'absurde, du désespoir existentiel, de l'immobile vacuité des jours ; cette littéra-
55 ture extrémiste ne l'avait que partiellement convaincu. À l'époque, il voyait souvent Bruno. Bruno rêvait de devenir écrivain ; il noircissait des pages et se masturbait beaucoup ; il lui avait fait découvrir Beckett. Beckett était probablement ce qu'on appelle un *grand écrivain* : pourtant, Michel n'avait
60 réussi à terminer aucun de ses livres. C'était vers la fin des années soixante-dix ; lui et Bruno avaient vingt ans et se sentaient déjà vieux. Cela continuerait : ils se sentiraient de plus en plus vieux, et ils en auraient honte. Leur époque allait bientôt réussir cette transformation inédite : noyer le
65 sentiment tragique de la mort dans la sensation plus générale et plus flasque du vieillissement. Vingt ans plus tard, Bruno n'avait toujours pas réellement pensé à la mort ; et il commençait à se douter qu'il n'y penserait jamais. Jusqu'au bout il souhaiterait vivre, jusqu'au bout il serait dans la vie,
70 jusqu'au bout il se battrait contre les incidents et les malheurs de la vie concrète, et du corps qui décline. Jusqu'au dernier instant il demanderait une petite rallonge, un petit supplément d'existence. Jusqu'au dernier instant, en particulier, il serait en quête d'un ultime moment de jouissance,
75 d'une petite gâterie supplémentaire.

Michel Houellebecq, *Les particules élémentaires*, 1998.

VERS LA DISSERTATION

Une dignité supplémentaire

1. Expliquez les limites de l'existence « purement intellectuelle » de Michel.

2. Le narrateur affirme : « [...] plus personne ne savait comment vivre » (l. 34). Qui échappe à ce comportement ?

3. a) Comment le narrateur perçoit-il Beckett ?

   b) Et Michel ?

4. Qu'advient-il de la notion de la mort à l'époque moderne ?

▨▨▨ **Sujet de dissertation explicative**

La conception de la lecture, dans les extraits de *Comme un roman* de Daniel Pennac (*voir p. 218-219*) et des *Particules élémentaires* de Michel Houellebecq, est similaire. Justifiez cette affirmation.

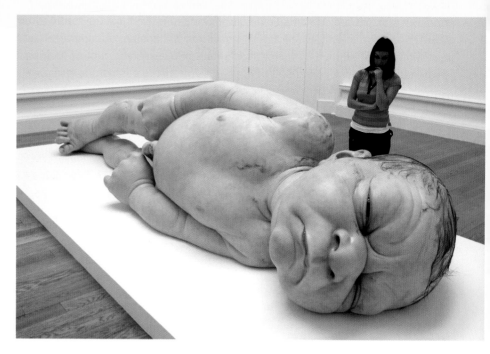

Ron Mueck, *Une fille*, 2006.

Au départ, Ron Mueck crée ses personnages hyperréalistes pour la télévision et le cinéma. Qu'elles soient monumentales, comme *Une fille*, ou lilliputiennes, comme *Vieille femme au lit*, ses œuvres en fibre de verre, silicone et résine suscitent chez le spectateur de forts sentiments allant de la compassion pour des êtres vulnérables, à l'admiration de la force qui émane du géant. Ainsi, peu importe le stade de vie qu'elles représentent, les œuvres de Mueck émeuvent et remettent en question la condition humaine.

Éric-Emmanuel Schmitt, 2003.

Éric-Emmanuel Schmitt (né en 1960)

Le bonheur suppose que l'on refuse de voir le monde tel qu'il est.

Optimiste à contre-courant d'une époque qui cultive la désillusion, Éric-Emmanuel Schmitt, entre autres dramaturge, romancier, conteur et philosophe, est l'un des auteurs franco-phones les plus populaires dans le monde : ses livres sont traduits en 35 langues et ses pièces de théâtre sont régulière-ment mises en scène dans plus de 40 pays. Schmitt possède un talent exceptionnel pour marier l'humour et les concepts philosophiques ou métaphysiques. Ses romans, peuplés de personnages aussi inattendus que Ponce Pilate, Jésus ou Hitler, réinventent l'Histoire, tout en incitant les lecteurs à se remettre en question, à s'interroger sur leurs attitudes et leurs partis pris. Ce qui n'exclut certes pas le grand plaisir de lire.

Lorsque j'étais une œuvre d'art (2002) propose une variation satirique et contemporaine sur le mythe de Faust. Schmitt y porte un regard critique sur certaines formes extrêmes de l'art actuel où les corps humains sont réduits au rang de simples matériaux. On peut penser à l'artiste française Orlan qui transforme littéralement son corps en le mutilant au moyen d'interventions chirurgicales effectuées en direct, devant des spectateurs. Dans son roman, Schmitt propose au lecteur une interrogation sur cette tendance de l'art contemporain – qu'il considère comme une déviation – et sur la déperdition de la conscience individuelle, à l'époque des engouements collectifs et du dopage publicitaire. Le narrateur, un homme sur le point de rater son énième suicide, fait la rencontre de Zeus-Peter Lama. Cet artiste sans scrupule et mondialement connu le convainc de se transformer en œuvre d'art vivante. Il est bientôt métamorphosé, telle une chair à modeler, et re-baptisé « Adam bis » ; cette marchandise deviendra patrimoine de l'État. Mais cet homme en vient à prendre conscience de la perte de sa liberté, ce qui vient tout remettre en question.

Une seule chose te ferait du bien : cesser de penser

— Tu souffriras tant que tu persisteras à avoir des sentiments ou des opinions personnelles. Remets-t'en à moi et tout ira bien.

— Je ne veux pas vivre nu, dis-je, la voix étranglée par les larmes.

5 — D'abord, abandonne cette habitude de dire « je veux » ou « je ne veux pas ». Ta volonté n'a plus d'importance, elle doit se résorber en pure obéissance. C'est ma volonté, ma seule volonté, celle de ton créateur, qui compte. À quoi arrivais-tu lorsque tu disais « je veux » ? Tu voulais mourir ! Si je ne t'avais pas, moi, 10 proposé autre chose, tu servirais de nourriture aux poissons et tu ne serais pas célèbre dans le monde entier. Fais-moi confiance.

— Tout de même, vivre nu dans la maison et dans le parc. Même un chien aurait droit à un collier.

— On met un collier au chien pour le distinguer des autres 15 et pour l'identifier. Toi, tu portes tout entier ma signature.

— Moins qu'une bête...

— Mille fois plus : une œuvre... Crois-tu qu'on pose un cache-sexe aux statues de Praxitèle ? Accroche-t-on un string au *David* de Michel-Ange ?

20 L'argument me toucha : je n'avais pas envisagé ma situation sous cet angle. Zeus, sentant qu'il avait visé juste, continua avec une chaleureuse indignation :

— Crois-tu que j'aie honte de ma création ? Crois-tu que je veuille cacher une imperfection ? Tout est parfait en toi et 25 je veux tout montrer.

J'étais flatté. L'enthousiasme de Zeus m'indiquait que, tout à l'heure, j'avais mal interprété le vol de mes vêtements.

— Vu comme ça..., dis-je, pensif.

— Mon jeune ami, une seule chose te ferait du bien : cesser 30 de penser.

— Vous estimez que je n'en suis pas capable ?

— J'estime surtout que c'est inutile.

Il se leva et me fit signe de le suivre à travers les couloirs du labyrinthe qu'il avait conçu.

35 — De quoi souffrais-tu lorsque je t'ai rencontré ? D'avoir une conscience. Pour te guérir, je t'ai proposé de devenir un objet. Deviens-le complètement. Obéis-moi en tout. Abolis-toi. Ma pensée doit se substituer à la tienne.

— En somme, vous voulez que je devienne votre esclave ?

40 — Non, malheureux! Esclave, c'est encore trop! Esclave, ça a une conscience! Esclave, ça veut se libérer! Non, je veux que tu deviennes moins qu'un esclave. Notre société est organisée de telle sorte qu'il vaut mieux être une chose qu'une conscience. Je veux que tu deviennes ma chose. Alors tu seras
45 enfin heureux! Tu t'évanouiras dans une complète félicité.

— Je me demande si vous n'avez pas raison...

— J'ai toujours raison.

Sortis du labyrinthe, nous nous dirigeâmes vers la terrasse en continuant à parler. Nous croisions beau-
50 coup de domestiques et, sans m'en rendre compte, je m'habituais à être nu. «Accroche-t-on un string au *David* de Michel-Ange?» me répétais-je lorsque je sentais de la gêne chez ceux que nous croisions.

— Je suis très fier de toi, me dit Zeus.

55 J'en éprouvai une telle joie que j'en conclus qu'il détenait la vérité définitive. Désormais, je préférerais ses pensées aux miennes, cela me simplifierait la vie.

Éric-Emmanuel Schmitt, *Lorsque j'étais une œuvre d'art*, 2002.

Nicole Tran Ba Vang, costume pour *Eldorado*, **2011.**

Les arts visuels et la danse sont depuis longtemps des compagnons presque inséparables; l'on n'a qu'à penser aux danseuses peintes par Edgar Degas (1870-1900) ou au *Ballet triadique* chorégraphié par Oskar Schlemmer (1922). Les décors et les costumes que crée Nicole Tran Ba Vang pour *Eldorado*, du chorégraphe Angelin Preljocaj, reprennent un thème qui lui est cher: le rapport que l'on entretient avec le corps et sa nudité. Les vêtements de peau dont elle habille les danseurs mettent en évidence l'importance que l'on accorde au paraître dans nos sociétés.

VERS LA DISSERTATION

Une seule chose te ferait du bien: cesser de penser

1. Puisque Praxitèle est un sculpteur de l'Antiquité grecque et que Michel-Ange est également un sculpteur, mais aussi un peintre et un architecte de la Renaissance, expliquez le lien entre les références à ces artistes et l'extrait.

2. a) Comment l'artiste se perçoit-il?

   b) En quoi son prénom est-il révélateur?

3. Pourquoi Zeus ne veut-il pas que le narrateur devienne un esclave?

4. a) Expliquez comment Zeus parvient à duper le narrateur.

   b) Pourquoi croyez-vous que cette transformation du narrateur en Adam bis ait été possible?

▓▓▓ **Sujet de dissertation explicative**

«[I]l vaut mieux être une chose qu'une conscience.» Expliquez comment cette déclaration de Zeus-Peter Lama, le créateur d'Adam bis, s'applique à l'extrait de *Lorsque que j'étais une œuvre d'art* d'Éric-Emmanuel Schmitt.

VERS LA DISSERTATION

La mort, c'était le plafond

1. Pourquoi la narratrice compare-t-elle son père à un «bébé géant» (l. 4)?

2. a) À quoi la narratrice associe-t-elle la mort?

   b) Pourquoi la narratrice fait-elle cette association?

3. Pourquoi la narratrice dit-elle: «[...] c'est notre caveau crânien qui devient un cerveau à ciel ouvert» (l. 34-35)?

4. Que symbolise vraiment la mort à laquelle la narratrice fait allusion?

▓▓▓ **Sujet de dissertation explicative**

Les concepts de la conscience et de la libre pensée s'opposent dans les textes *Quand j'étais une œuvre d'art* d'Éric-Emmanuel Schmitt (*voir p. 227-228*) et *Métaphysique des tubes* d'Amélie Nothomb. Justifiez cette assertion.

Amélie Nothomb, 1998.

Amélie Nothomb (née en 1967)

La vie est ce tuyau qui avale et qui reste vide.

Née d'un père diplomate belge, Amélie Nothomb est élevée au Japon, puis en Birmanie et au Laos. Elle débarque en Belgique à 17 ans et découvre alors le monde occidental. Bientôt, véritable phénomène, la jeune femme enchaîne les succès littéraires à raison d'un livre par an depuis 1992, et avoue avoir une trentaine de manuscrits dans ses tiroirs. Son œuvre est déjà traduite en 26 langues. Nothomb écrit aussi bien des récits autobiographiques que des romans strictement fictionnels.

Métaphysique des tubes (2000) est un roman très représentatif de son univers insolite. Dans cette vraie-fausse autobiographie, la narratrice cherche à faire revivre par l'écriture des impressions d'avant l'âge de la conscience ; elle met en scène sa petite enfance, de la naissance à l'âge de trois ans, ses questionnements, ses réflexions et ses découvertes. Pendant longtemps, la narratrice enfant se considère comme un simple tube digestif, inerte et rigide. Puis vient la grande découverte : celle du chocolat qui prélude à la quête insatiable du plaisir. Il lui semble enfin découvrir sa raison de vivre. Le véritable apprentissage de son métier de femme peut alors commencer.

On s'en doute, l'écriture elle-même, sobre, ramassée et brillante, est le lieu premier de ce récit écrit à la première personne par une petite fille surdouée dont le franc-parler est nourri de réflexions existentielles et métaphysiques. Le style souple est étoffé d'inventions drôles et étonnantes qui gomment la cruauté de certains constats. Il met l'insolite et l'ironie au service de réflexions qui font le bonheur du lecteur. Dans l'extrait qui suit, l'enfant doit faire face, pour la première fois de sa vie, à la mort d'un être aimé.

La mort, c'était le plafond

Il régnait dans la maison un silence anormal. Je voulus aller aux renseignements et descendis le grand escalier. Au salon, mon père pleurait : spectacle impensable et que je n'ai jamais revu. Ma mère le tenait dans ses bras comme un bébé géant.

5 Elle me dit très doucement :

— Ton papa a perdu sa maman. Ta grand-mère est morte.

Je pris un air terrible.

— Évidemment, poursuivit-elle, tu ne sais pas ce que ça veut dire, la mort. Tu n'as que deux ans et demi.

10 — Mort ! affirmai-je sur le ton d'une assertion sans réplique, avant de tourner les talons.

Mort ! Comme si je ne savais pas ! Comme si mes deux ans et demi m'en éloignaient, alors qu'ils m'en rapprochaient ! Mort ! Qui mieux que moi savait ? Le sens de ce mot, je
15 venais à peine de le quitter ! Je le connaissais encore mieux que les autres enfants, moi qui l'avais prolongé au-delà des limites humaines. N'avais-je pas vécu deux années de coma, pour autant que l'on puisse vivre le coma ? Qu'avaient-ils donc pensé que je faisais, dans mon ber-
20 ceau, pendant si longtemps, sinon mourir ma vie, mourir le temps, mourir la peur, mourir le néant, mourir la torpeur ?

La mort, j'avais examiné la question de près : la mort, c'était le plafond. Quand on connaît le plafond mieux que soi-même, cela s'appelle la mort. Le plafond est ce qui empêche les
25 yeux de monter et la pensée de s'élever. Qui dit plafond dit caveau : le plafond est le couvercle du cerveau. Quand vient la mort, un couvercle géant se pose sur votre casserole crânienne. Il m'était arrivé une chose peu commune : j'avais vécu ça dans l'autre sens, à un âge où ma mémoire pouvait sinon
30 s'en souvenir, au moins en conserver une vague impression.

Quand le métro sort de terre, quand les rideaux noirs s'ouvrent, quand l'asphyxie est finie, quand les seuls yeux nécessaires nous regardent à nouveau, c'est le couvercle de la mort qui se soulève, c'est notre caveau crânien
35 qui devient un cerveau à ciel ouvert.

Ceux qui, d'une manière ou d'une autre, ont connu la mort de trop près et en sont revenus contiennent leur propre Eurydice : ils savent qu'il y a en eux quelque chose qui se rappelle trop bien la mort et qu'il vaut mieux ne pas la
40 regarder en face. C'est que la mort, comme un terrier, comme une chambre aux rideaux fermés, comme la solitude, est à la fois horrible et tentante : on sent qu'on pourrait y être bien. Il suffirait qu'on se laisse aller pour rejoindre cette hibernation intérieure. Eurydice est si sédui-
45 sante qu'on a tendance à oublier pourquoi il faut lui résister.

Il le faut, pour cette unique raison que le trajet est le plus souvent un aller simple. Sinon, il ne le faudrait pas.

Amélie Nothomb, *Métaphysique des tubes*, 2000.

Erró, *Nun and Soldiers*, 2001.

Héritier du *pop art*, Erró multiplie les allégories contemporaines. Il puise ses images tant dans le registre de la publicité et la propagande des dictatures que dans les *comic strips*, auxquels il emprunte les couleurs éclatantes. Les apparentes oppositions qui peuplent ses œuvres, telles la paix et la guerre que représentent les personnages de *Nun and Soldiers*, ne sont en fait que le reflet d'une standardisation des valeurs (toutes deux portent la croix), d'une uniformisation de l'imaginaire (leur silhouette est semblable, proche de l'androgynie).

Frédéric Beigbeder (né en 1965)

Le seul moyen de savoir ce qui s'est passé, c'est de l'inventer.

Frédéric Beigbeder, 2010.

Personnage turbulent et hautement médiatique venu du monde de la publicité, Frédéric Beigbeder fait partie de cette vague de romanciers apocalyptiques qui décrivent la désillusion que leur apporte le tournant du millénaire, sans donner l'espoir d'aucune lumière au bout du tunnel. Une langue nerveuse, où l'humour grinçant peut céder la place à la sensibilité et à la gravité, sans hésiter à faire passer du rire à l'effroi, propose une radiographie du temps présent, excessive mais juste.

Son roman *Windows on the World* (2003) est l'une des premières œuvres de fiction à s'inspirer des évènements du 11 septembre 2001, jour tragique du premier grand attentat d'hyperterrorisme. Pour l'écrivain, cette date marque le début d'un nouvel ordre des choses : «Depuis le 11 septembre 2001, non seulement la réalité dépasse la fiction mais elle la détruit. »

Beigbeder se met lui-même en scène dans son roman : il s'observe en train d'écrire, attablé au Ciel de Paris, un restaurant situé au 56e étage de la tour Montparnasse. Il réfléchit sur son métier d'écrivain, sur son succès médiatique, sur sa vie. Il porte un regard décapant sur les rapports entre la France et l'Amérique, sur l'état de la démocratie, sur les intégrismes et la religion. Il est surtout ce narrateur français qui prolonge les réflexions d'un personnage fictif, l'Américain Carthew Yorston, dont il imagine les derniers moments dans le restaurant Windows on the World situé au 107e étage de la tour nord du World Trade Center, ce matin fatidique du 11 septembre 2001. L'homme en question, un Texan, est accompagné de ses deux fils, David et Jerry. Ce récit poignant les fait tous trois évoluer du banal au tragique, de l'insouciance totale au désespoir le plus profond, avant leur plongée dans le vide.

L'écrivain associe l'écroulement du World Trade Center à la faillite morale de sa génération et à la fin d'une époque. Le «temple de l'athéisme et du lucre international» que seraient les tours jumelles s'est transformé en gigantesque fleur de poussière, de même que la génération qui a eu 20 ans en 2001, dérive ultime de la société de consommation, n'est plus que la vivante incarnation de la superficialité et de la vacuité. Ce roman, qui avance au rythme de son style syncopé, est construit à la manière d'un *thriller*, même si le dénouement est connu d'avance. L'extrait ci-contre laisse la parole au narrateur, qui s'exprime au nom du romancier, et au romancier, qui s'imagine dans la peau du Texan prisonnier, avec ses deux fils, dans la tour fatidique.

But, but, why, but, it's, we, but, what...

9 h 40

Je voudrais inventer un nouveau genre : l'autosatire. Je voudrais savoir pourquoi j'ai tout oublié. Pourquoi je raye mon passé sur mes agendas. Pourquoi il faut
5 que je sois ivre mort avant d'être capable de parler à quiconque. Pourquoi j'écris au lieu de crier.

Je n'ai jamais vu mes parents mariés ensemble. Je ne les ai connus que divorcés et obligés de se voir à cause de moi. Amis, mais pas amants. Je ne me souviens pas
10 de les voir s'embrasser autre part que sur les joues. Est-ce grave ? Non, puisque j'ai fait la même chose qu'eux. D'ailleurs, la majorité des gens font pareil : se quitter après la naissance d'un enfant est presque devenu la norme. Mais si ce n'est pas grave, pourquoi suis-je si
15 ému d'en parler ?

[...]

Pourquoi voulons-nous tous être des artistes ? Je ne rencontre que des gens de mon âge qui écrivent, jouent, chantent, tournent, peignent, composent. Cherchent-ils la beauté ou la vérité ? Ce n'est qu'un prétexte. Ils
20 veulent être célèbres. Nous voulons être célèbres parce que nous voulons être aimés. Nous voulons être aimés parce que nous sommes blessés. Nous voulons avoir un sens. Servir à quelque chose. Dire quelque chose. Laisser une trace. Ne plus mourir. Compenser l'absence
25 de signification. Nous voulons cesser d'être absurdes. Faire des enfants ne nous suffit plus. Nous voulons être plus intéressants que le voisin. Et lui aussi veut passer à la télé. C'est la grande nouveauté : notre voisin aussi veut être plus intéressant que nous. Tout le monde jalouse
30 tout le monde depuis que l'Art est devenu totalement narcissique.

[...]

9 h 41

— So, Dad, you're not a super hero ?

C'est à 9 h 41 que David, qui n'avait jamais pleuré de sa
35 vie, s'est mis à pleurer. Oh pas tout d'un coup, non, il prenait son temps pour découvrir ce qui lui arrivait. Les coins de sa bouche se sont affaissés, formant un accent circonflexe, comme dans les comic-strips de Charlie Brown. Ensuite, ses yeux ont triplé de volume. Il fixait
40 la porte hermétiquement close, sa serrure condamnée, sa poignée inutile, son panneau en plastique rouge sur lequel était inscrit le gros mensonge : « EMERGENCY EXIT ». Soudain sa lèvre inférieure s'est gonflée, remontant vers son petit nez, et son menton s'est mis
45 à frissonner nerveusement. Au début, Jerry et moi on s'est regardés, interloqués : qu'est-ce que c'était que cette nouvelle grimace ? C'était bien le moment de tester de nouvelles têtes sur sa petite famille. David se frottait les cheveux sans trop comprendre ce qui lui arrivait.
50 On pouvait entendre sa respiration accélérer. J'ai cru qu'il s'étouffait à nouveau ; il y avait pourtant moins de fumée ici que tout à l'heure. Son souffle s'emballait comme si un Alien, enfoui en lui depuis des lustres, cherchait la sortie. David l'impassible, David la solidité
55 incarnée, David le flegmatique, était en train de fondre en larmes pour la première fois. Sa bouche s'est ouverte en grand pour laisser échapper un cri de rage. Il balbutiait des syllabes désespérées : « but, but, why, but, it's, we, but, what... » qui, additionnées les unes aux autres,
60 ont fini par former un grand « WAAAAAA » lequel déclencha la fontaine des yeux, de grosses gouttes qui roulaient sur ses joues roses. Jerry me regardait intensément pour ne pas craquer, mais comme je craquais, il craqua aussi. Nous nous sommes serrés très fort dans les
65 bras comme une équipe de football à la mi-temps, sauf que nous n'avions pas de casques, et que nous pleurions parce que nous perdions la partie.

Je pensais que faire des enfants était le meilleur moyen de vaincre la mort. Même pas vrai. On peut mourir avec eux,
70 et c'est comme si aucun d'entre nous n'avait jamais existé.

Frédéric Beigbeder, *Windows on the World*, 2003.

VERS LA DISSERTATION

But, but, why, but, it's, we, but, what...

1. À votre avis, pourquoi le narrateur est-il troublé par une situation devenue, selon ses dires, « la norme » (l. 13-14) ?

2. Quelles sont les véritables raisons qui pousseraient les gens à vouloir être célèbres ?

3. Que reproche le narrateur à l'art ?

4. a) Qu'est-ce qui dérange le narrateur en ce qui concerne l'issue de secours ?

   b) Expliquez le sens de cette affirmation.

5. Trouvez deux périphrases* qui décrivent les larmes.

▬▬ Sujet de dissertation explicative

La vie moderne, selon l'extrait de *Windows on the World* de Frédéric Beigbeder, perd tout son sens. Justifiez cette affirmation.

Le roman graphique

Depuis quelques années déjà, un certain type de bande dessinée se consacre à la biographie de grands personnages du passé. Entre autres, Marcel Proust, Olympe de Gouges, Camille Claudel et Stefan Zweig voient leur vie et leur époque exposées en cases pour inspirer un présent qui se cherche. Parallèlement, un nouveau type de roman, dérivé d'une bédé de plus en plus attirée par les soubresauts du monde réel contemporain, jouit présentement d'une grande faveur auprès d'un certain public : le roman graphique (de l'anglais *graphic novel*).

Ces récits, souvent lus par un public qui ignore les bandes dessinées classiques, constituent des œuvres narratives diverses, aussi bien fictionnelles que non romanesques. L'histoire, complète et la plupart du temps très développée, n'est pas du genre qu'on associe généralement aux bandes dessinées. Les codes de la bédé sont respectés ; toutefois cette dernière pense en images tout en restant attachée au verbe, alors que le roman graphique accorde plus d'importance au verbe. Ce type d'ouvrage est publié dans les mêmes formats que les romans imprimés, plus épais et plus petits que les albums de bandes dessinées ; il peut donc compter quelques centaines de pages, soit beaucoup plus que les bédés traditionnelles.

Mieux est de risque de larmes écrire
Pour ce que rire est le propre de l'homme.

François Rabelais

VERS LA DISSERTATION

Chroniques de Jérusalem

1. Résumez la chronologie des évènements qui ont mené à la construction de l'esplanade des mosquées.

2. Qui sont :

   a) Abraham ?

   b) Nabuchodonosor II ?

   c) Saladin ?

3. Qu'est-ce que l'Arche d'alliance ?

Guy Delisle (né en 1966)

Québécois vivant en France depuis une vingtaine d'années, Guy Delisle est en train de devenir l'une des voix les plus marquantes de la bande dessinée francophone. En 2012, ses *Chroniques de Jérusalem* lui ont d'ailleurs mérité le prix du meilleur album au Festival international de la bande dessinée d'Angoulême, le plus important du genre. Dans ce roman graphique de plus de 300 pages, Guy Delisle s'attache au quotidien d'une famille, la sienne, partie vivre un an à Jérusalem.

Pendant que sa compagne travaille pour Médecins sans frontières, lui s'occupe des deux enfants, observe le pays et son état... et dessine.

Le grand intérêt de ce roman tient au fait qu'il associe autobiographie et reportage : cette chronique

Guy Delisle, 2012.

quotidienne aux personnages attachants se veut également un carnet de voyage. Comme il l'avait déjà fait en Corée du Nord et en Birmanie[1], Delisle promène son regard ironique sur la complexité du réel. Sa plume acérée reproduit avec minutie et délicatesse les contradictions d'un pays en conflit, divisé entre juifs, musulmans et chrétiens, eux-mêmes fortement divisés entre eux. Ce sujet d'une gravité extrême, l'auteur en propose une vision de la rue, se gardant bien de porter quelque jugement. Au contraire, grâce à la vocation naturellement récréative de la bande dessinée, il sape fréquemment la pertinence de son témoignage, comme pour rappeler qu'il émane d'un bédéiste. Ce roman graphique toujours drôle, parfois fort touchant, partage le dénominateur commun de toutes les bandes dessinées : l'esprit d'enfance, à l'époque où nous étions les plus créatifs, où nous pouvions franchement rire de tout, qui précède l'âge auquel on rit pour ne pas pleurer.

1. *Pyongyang* (2003), *Chroniques birmanes* (2007).

Guy Delisle, *Chroniques de Jérusalem*, 2012.

Régis Jauffret
(né en 1955)

Je me sens très proche de toutes ces zones de la société où la souffrance est presque obligatoire tant aucune chance ne vous est accordée.

Régis Jauffret, 2008.

Dans des microfictions, Régis Jauffret endosse la personnalité de personnages si ordinaires qu'ils n'ont même pas de nom ; il se glisse dans la peau de ses contemporains anonymes, de tout sexe, de tout âge et de tout statut, pour en dérober des fragments de vie. En résulte *Ce que c'est que l'amour et autres microfictions* (2009), un titre trompeur pour qui croit y trouver un contenu à portée romanesque.

Au contraire, l'ensemble de ces histoires minuscules qui tiennent en quelque deux pages constitue un portrait de groupe des pathologies du monde actuel. Les expériences limites d'un quotidien pourtant banal sont décrites comme les symptômes du dérèglement social d'une humanité en crise. L'écriture limpide, où l'humour noir le dispute au cynisme, confère force et réalisme à des situations qui ne manquent pas de semer le trouble chez le lecteur, comme s'il percevait son propre reflet dans le pathétique de certaines obsessions.

Bonheur strict

Le soleil est interdit de séjour dans mon appartement, je n'ouvre mes volets que la nuit quand il est couché depuis longtemps. Même au fin fond du mois de l'hiver il est éblouissant, il découpe les objets et les gens comme un
5 rasoir. Je préfère la clarté de la lune quand elle n'est pas encore pleine, celle des lampes, des veilleuses.

Je vis du produit des loyers de cet immeuble dont les six étages m'appartiennent et dont je n'occupe qu'une centaine de mètres carrés.

10 — Je n'ai jamais travaillé qu'à accroître mon confort psychique.

Je suis marié depuis trente ans. J'ai refusé d'avoir des enfants pour éviter de me propager, et par peur du bruit. Ma femme aime la lumière et l'agitation, je l'encourage à sortir, à attraper
15 une insolation au parc Monceau, à écouter les motos démarrer au feu vert, à faire partie d'une foule aux contours trop nets en traversant la ville de part en part.

À son retour, elle me décrit les nouvelles affiches publicitaires, me parle d'une chanson entendue par la vitre ouverte
20 d'une voiture, d'une rue défoncée au marteau-piqueur, d'une femme nue sous sa robe trempée par un orage de juillet, d'un chien d'importation, large, presque jaune, bas sur pattes, tenu en laisse par une dame chapeautée, liftée, et pourtant visiblement sexagénaire depuis une éternité.

25 — J'ai vu aussi un homme dont la tête ressemblait à une asperge.

Ma femme est une prothèse efficace, un bras articulé qui va glaner les informations dont j'ai besoin afin de garder un contact quotidien avec le monde extérieur.

Nous sortons cependant une fois par semaine pour aller dîner dans une
30 brasserie. Nous nous installons toujours à la même table perdue dans un recoin de la salle d'où je peux observer discrètement les clients, et les disséquer comme un légiste qui étendrait des vivants sur sa paillasse en échange d'une compensation financière, ou d'une boîte de havanes.

J'ai l'ouïe assez fine pour distinguer leurs paroles, le cerveau assez vif pour
35 suivre en parallèle plusieurs conversations à la fois. Je m'enfonce dans leur vie comme dans un étui, je déterre sous leurs éclats de rire les drames qui ont jonché leur existence, et à leur façon de porter un verre à la bouche, de découper leur viande, d'une main blanche et fine, ou lourde et couverte de cicatrices, je détecte les frustrations qui les empêcheront toujours de flotter
40 comme moi dans un bonheur strict.

Régis Jauffret, *Ce que c'est que l'amour et autres microfictions*, 2009.

Bonheur strict

VERS LA DISSERTATION

1. En quoi le narrateur et sa femme sont-ils différents ?

2. Expliquez pourquoi, selon le narrateur, les nombreuses sorties de sa femme sont, malgré tout, utiles.

3. Expliquez le sens de la phrase suivante : « Je n'ai jamais travaillé qu'à accroître mon confort psychique » (l. 10-11).

4. Le narrateur affirme flotter « dans un bonheur strict » (l. 40). Expliquez pourquoi, selon lui, il est le seul à y parvenir.

Sandro Chia, *Water Bearer,* 1981.

Figure importante de la trans-avant-garde italienne, mouvement qui rejoint le néoexpressionnisme allemand, Sandro Chia privilégie un art où la figure de l'homme occupe une place de choix. Il s'oppose ainsi à l'Arte Povera et au *minimal art.* Inspirés par les maîtres de la peinture traditionnelle italienne, ses personnages, comme celui de *Water Bearer,* sont généralement musclés et robustes.

Fred Vargas, 2006.

Fred Vargas (née en 1957)

La connerie militaire et l'immensité des flots sont les deux seules choses qui puissent donner une idée de l'infini.

Le polar contemporain fait la preuve d'une exceptionnelle diversité : questionnement existentiel et critique sociale s'y épaulent souvent. Certains romans d'histoire-fiction connaissent même de foudroyants succès dans tout le « village global », comme le *thriller* théologique de l'Américain Dan Brown, *The Da Vinci Code* (2003). Mais plus généralement, les polars décrivent sans complaisance quelques-uns des plus graves malaises de la civilisation actuelle : violence quotidienne, bavures policières, tentations terroristes…

La reine incontestée du polar en France est une archéozoologue de formation, spécialiste en ossements du Moyen Âge. Fred Vargas, de son vrai nom Frédérique Audoin-Rouzeau, se sert même de son érudition pour nourrir l'univers insolite de ses « rompols » comme elle les appelle, des romans policiers plus fantaisistes que réalistes, à la fois vraisemblables et impossibles.

Pars vite et reviens tard (2001) est le roman qui a lancé sa carrière. Après avoir quitté sa Bretagne natale, un ancien marin breton, Joss Le Guern, échoue place Edgar Quinet, à Paris, pour reprendre le métier de son arrière-arrière-grand-père : crieur public. Joss relève les messages que ses clients ont déposés dans sa boîte et, trois fois par jour, il crie les nouvelles devant les habitués du quartier. Un jour, il découvre une étrange missive. Pendant ce temps, à la brigade criminelle du 13e arrondissement, le commissaire Jean-Baptiste Adamsberg est alerté par la présence de tracés énigmatiques (des 4 à l'envers) sur des portes d'appartements d'un bout à l'autre de Paris. Un vieil érudit nommé Decambrais, qui exerce en cachette la profession de dentellière, et un savant médiéviste, femme de ménage de son métier, mettront le commissaire sur la piste : les textes lus par le crieur ont été copiés de textes anciens et les extraits annoncent tous le retour imminent de la peste. Des morts sont bientôt trouvés et la panique commence à s'emparer de la capitale. Au commissaire Adamsberg de résoudre l'énigme.

Ce roman, abondamment garni de digressions et d'aphorismes – qui sont la marque des romans de Fred Vargas –, est habile à ménager le suspense en plus d'amener les lecteurs à s'interroger sur la création des psychoses collectives. L'extrait retenu présente le commissaire Adamsberg en train de s'interroger sur les évènements.

Un don pernicieux offert à sa naissance

Le lundi, Adamsberg annonça à Danglard la fin de l'affaire des 4. En homme stylé, Danglard ne se permit aucun commentaire et se contenta d'acquiescer.

Le mardi, à 14 h 15, un appel du commissariat du 1er arrondissement l'informa de la découverte d'un cadavre rue Jean-Jacques-Rousseau, au n° 117.

5 Adamsberg reposa l'écouteur avec une lenteur extrême, comme on le fait en pleine nuit lorsqu'on ne veut réveiller personne. Mais c'était plein jour. Et il ne cherchait pas à préserver le sommeil des autres mais à s'endormir lui-même, à se propulser sans un bruit dans l'oubli. Il connaissait ces instants où sa propre nature l'inquiétait au point qu'il priait pour trouver un jour un refuge d'hébétude et d'impuissance
10 dans lequel il se roulerait en boule pour ne plus le quitter. Ces moments où il avait eu raison contre toute raison n'étaient pas ses meilleurs. Ils l'accablaient brièvement, comme s'il sentait soudain peser sur lui le poids d'un don pernicieux offert à sa naissance par une fée Carabosse devenue gâteuse et qui aurait, au-dessus de son berceau, prononcé ces paroles : «Puisque vous ne m'avez pas conviée à ce
15 baptême – ce qui n'avait rien de surprenant, vu que ses parents, pauvres comme Job, avaient fêté seuls sa naissance au fond des Pyrénées en l'enroulant dans une bonne couverture – puisque vous ne m'avez pas conviée à ce baptême, je fais don à cet enfant de pressentir le merdier là où les autres ne l'ont pas encore vu.» Ou quelque chose comme ça, en mieux dit, car la fée Carabosse n'était pas la dernière
20 des illettrées ni un grossier personnage, en aucun cas.

Ces moments de malaise duraient peu. D'une part parce que Adamsberg n'avait aucune intention de se rouler en boule, attendu qu'il avait besoin de marcher la moitié du jour et d'être debout l'autre moitié, d'autre part parce qu'il croyait ne posséder aucune sorte de don. Ce qu'il avait pressenti quand avaient débuté ces 4
25 n'avait, finalement, rien que de logique, même si cette logique n'avait pas la belle lisibilité de celle de Danglard, même s'il était incapable d'en présenter les impalpables rouages. Ce qui lui paraissait évident, c'est que ces 4 avaient été conçus dès l'origine comme une menace, aussi distinctement que si leur auteur avait écrit sur les portes : «Je suis là. Regardez-moi et prenez garde à vous.» Évident que
30 cette menace s'était épaissie pour prendre l'aspect d'un danger véritable lorsque Decambrais et Le Guern étaient venus lui apprendre qu'un annonceur de peste sévissait depuis le même jour. Évident que l'homme se complaisait dans une tragédie qu'il orchestrait lui-même. Évident qu'il n'allait pas s'arrêter en route, évident que cette mort annoncée avec tant de précision mélodramatique risquait d'apporter un
35 cadavre. Logique, si logique que Decambrais l'avait redouté autant que lui.

La monstrueuse mise en scène de l'auteur, sa grandiloquence, sa complexité même, ne troublait [*sic*] pas Adamsberg. Dans son étrangeté, elle avait presque quelque chose de classique, d'exemplaire pour un type rare d'assassin tourmenté par un orgueil monumental et bafoué, et qui se haussait sur un piédestal à la
40 mesure de son humiliation et de son ambition. Plus obscur et même incompréhensible était ce recours à l'ancienne figure de la peste.

Le commissaire du 1er arrondissement avait été formel : d'après les premiers renseignements communiqués par les officiers qui avaient découvert le corps, le cadavre était noir.

Fred Vargas, *Pars vite et reviens tard*, 2001.

VERS LA DISSERTATION

Un don pernicieux offert à sa naissance

1. Qui est la fée Carabosse ? Au besoin, faites une recherche.

2. a) Décrivez le commissaire Adamsberg.

   b) Quel serait le don du commissaire Adamsberg ?

3. Expliquez le sens du passage suivant : « [...] il avait eu raison contre toute raison [...] » (l. 10-11).

4. Pourquoi le narrateur parle-t-il de « l'ancienne figure de la peste » (l. 41) ?

5. Trouvez deux antithèses* dans le troisième paragraphe.

La poésie c'est justement la sensation de vivre, le carpe diem, le « pays de la première fois » contre le temps qui nous rattrape, nous marche dessus, nous pulvérise.

Emmanuel Carrère

La poésie subit aujourd'hui un fort rejet. À une époque régie par l'efficacité, le conformisme social et le culte *consumériste*, pour certains, elle peut même sembler une provocation. Pourtant, pour nous tous qui sommes constamment prisonniers du filtre de nos idées, de nos concepts et de nos pensées parasites, embourbés dans le monde de nos problèmes, de nos contradictions et de notre réalité immédiate, elle pourrait bien être le seul contrepoison efficace, si seulement nous acceptions de lui faire confiance.

Ayant cessé de se préoccuper de la sensibilité individuelle, les poètes contemporains explorent un ordre qui transcende le moi. Pour faire surgir l'ici-toujours à la place de l'ici-maintenant, ils sont à l'écoute d'une parole primitive, celle d'un temps où la morale, avec ses notions rationnelles de bien et de mal, n'avait pas encore été inventée, où l'homme n'était pas encore coupé de la nature. Tout en nous parlant de notre condition humaine et de sa fragilité, tout en décrivant notre grand dénuement en face de l'univers et de la mort, les poèmes témoignent d'une réconciliation possible entre l'être humain, la nature et le monde.

Dans leur déchiffrage du monde, les poètes ne disposent pas d'autre appui que celui du langage. Ils tentent de retrouver cet état essentiel où les mots ne servent pas, n'ont pas d'usage, mais où chacun d'eux rayonne et fait signe, pour faire se dissoudre le mur de la réalité commune. Dans leur observation du réel à travers le prisme des mots, les poètes se refusent généralement à toute fonction illustrative ou narrative, préférant élaborer un langage de formes, de couleurs et de sons purs. Aussi faut-il porter une grande attention à la matérialité du poème, être totalement disponible à ce qu'il est : la disposition dans la page, la manière dont les vers sont placés, les mots sur la ligne, le rythme... Il ne s'agit pas d'attribuer à un poème une signification fixe, mais de le lire et de s'en imprégner, d'ouvrir la possibilité du sens, d'entrer dans la langue du poème, sa matérialité et sa sonorité, comme on peut se laisser submerger par la beauté d'une peinture abstraite.

La poésie contemporaine ne compte pas d'écoles, pas de groupes, mais de fortes individualités. Chaque poète, avec ses moyens et ses désirs, sa langue et son intériorité, tente de percer le secret de ses expériences personnelles pour en tirer, par la force des mots, une vérité essentielle. Il revient à chaque lecteur de s'approprier cette parole poétique pour modifier son approche et sa vision des choses et du monde, pour évacuer le néant qui œuvre en soi.

Jason deCaires Taylor, *The Silent Evolution*, 2010.

Avec Jason deCaires Taylor, l'art sort des murs blancs et froids des musées pour plonger sous les eaux limpides des mers et des océans. *The Silent Evolution*, l'un de ses plus imposants projets, occupe plus de 420 m² et pèse 200 tonnes. Les 400 personnages, grandeur nature, représentent divers éléments de la société. Immergée dans l'eau salée, l'œuvre se transforme petit à petit, pour devenir le décor permanent de la vie sous-marine. Elle est aussi, aux dires de l'artiste, la métaphore de l'être humain, de sa propre transformation.

Eugène Guillevic (1907-1997)

Mais le pire est toujours
D'être en dehors de soi

Eugène Guillevic, 1982.

Grand observateur de la nature et de la matière, Eugène Guillevic intègre dans chacun de ses poèmes des choses vues, immédiates. Et sa poésie se fait contemplation du concret et du palpable des réalités matérielles, qu'elle nomme, explore et livre dans leur silence ; elle se veut très simple, dépouillée de tout artifice, écrite comme pour maîtriser l'inquiétante étrangeté des choses. À une époque où la condition humaine semble avoir perdu tous ses parapets, le poète invite l'homme à se tourner vers la réalité tangible des éléments naturels pour interroger leur existence et leurs secrètes configurations, pour les amadouer et se réconcilier avec eux.

Eugène Guillevic se réclame d'une poétique matérialiste ; il se méfie donc du lyrisme gratuit, du jeu des images et des faux-semblants. Son art du peu lui fait refuser pratiquement tous les ornements stylistiques. Pour suspendre le temps qui emporte tout, pour laisser l'homme et sa conscience communier avec ce qui dure, Guillevic recourt à divers moyens : l'épuration verbale et le refus de s'abandonner au flot des mots ; la sobriété antilyrique où l'émotion est sévèrement retenue ; le verbe lapidaire, qui dit moins pour faire entendre plus ; l'écriture concise et elliptique, qui peut facilement s'apparenter au haïku japonais ; le silence, qui joue un rôle de mise en relief, comme dans la musique. La poésie de Guillevic fait communier avec l'inconnu des choses, et de là permet au lecteur d'exorciser un autre inconnu, celui de l'horizon angoissant de sa propre fin.

Les trois poèmes suivants, sans titre, sont tirés du recueil *Art poétique* (1989).

Dans le poème
On peut lire

Le monde comme il apparaît
Au premier regard.

5 Mais le poème
Est un miroir

Qui offre d'entrer
Dans le reflet

Pour le travailler,
10 Le modifier.

– Alors le reflet modifié
Réagit sur l'objet
Qui s'est laissé refléter.

Si je fais couler du sable
De ma main gauche à ma paume droite,

C'est bien sûr pour le plaisir
De toucher la pierre devenue poudre,

5 Mais c'est aussi et davantage
Pour donner du corps au temps,

Pour ainsi sentir le temps
Couler, s'écouler

Et aussi le faire
10 Revenir en arrière, se renier.

En faisant glisser du sable,
J'écris un poème contre le temps.

Vous êtes seul.
On connaît ça.

Mitraillez
L'entourage et le monde entier
5 Avec des mots,

Les vôtres, bien sûr,
Ceux qui vous mitraillent
À l'intérieur.

Essayez !
10 Vos mots, il se peut

Qu'ils vous reviennent,
Habités,

Tout prêts
À vous occuper.

Eugène Guillevic, *Art poétique*, 1989.

VERS LA DISSERTATION

Art poétique

1. Selon le poète, « le poème / Est un miroir » (premier poème, v. 5-6). Expliquez la fonction de ce miroir.

2. Expliquez le sens du vers 6 dans le deuxième poème : « Pour donner du corps au temps, ».

3. Pourquoi le poète dit-il, dans le deuxième poème, qu'il écrit « un poème contre le temps » (v. 12) ?

4. Expliquez l'ambiguïté de l'emploi du verbe « mitrailler » dans le troisième poème.

5. Quel serait le pouvoir des mots ?

▇▇ Sujet de dissertation explicative

Le poème, selon Eugène Guillevic, modifie la perception de l'humain sur sa vie. Discutez cette affirmation.

Yves Bonnefoy, 1997.

Yves Bonnefoy (né en 1923)

L'être n'est pas – mais nous l'instituons.

Après des études en mathématiques, Yves Bonnefoy décide de se réorienter et de consacrer sa vie à la poésie. Il prend pour phares Baudelaire et Rimbaud, des poètes qui, déjà à leur époque, avaient assumé la condition de l'homme privé de Dieu et avaient lutté pour que la poésie représente un salut dans le monde concret. Ce critique et essayiste brillant cherche dans sa poésie à rappeler que, malgré le poids du réel et la menace du moment, l'espoir d'une vie meilleure doit toujours être maintenu.

Sa poésie, tournée vers les sensations quotidiennes et ténues, fugaces et éphémères, se met à la poursuite des petits bonheurs, entre autres ceux qui, précaires et frémissants, sont confinés dans les limites de l'instant. Elle se livre au hasard des rencontres, à l'affût d'un geste ou d'une parole, et y puise le sentiment de sa présence au monde. Par sa plume qui recherche la simplicité du langage et refuse l'abstraction, Yves Bonnefoy rapatrie dans la poésie tout ce qui a donné lieu à la construction de systèmes de croyances comme la mythologie et la religion; il s'efforce de révéler l'unité secrète du monde à travers tous les obstacles qui le déchirent. L'usure du temps devient, par la poésie, une expérience de maturation, et même la mort, qui rend chère la beauté fragile du réel, n'y est pas considérée comme une rivale.

Dans le recueil *Les planches courbes* (2001), plusieurs poèmes portent le même titre.

Une pierre

Une hâte mystérieuse nous appelait.
Nous sommes entrés, nous avons ouvert
Les volets, nous avons reconnu la table, l'âtre,
Le lit ; l'étoile grandissait à la croisée,
5 Nous entendions la voix qui veut que l'on aime
Au plus haut de l'été
Comme jouent les dauphins dans leur eau sans rive.

Dormons, ne nous sachant. Sein contre sein,
Souffles mêlés, main dans la main sans rêves.

VERS LA DISSERTATION

Une pierre

1. Le titre du recueil, *Les planches courbes*, peut laisser le lecteur quelque peu perplexe : une planche est, par définition, un morceau de bois plat. L'adjectif « courbes » évoque plutôt la forme incurvée. Cependant, le poète fournit la clé de cette énigme dans l'un des poèmes du recueil : les planches courbes sont celles d'une barque.

   a) Que peut connoter* la barque ?

   b) Que peut symboliser l'eau ?

2. Ces deux poèmes portent le même titre. Quelles connotations* revêt la pierre ?

Premier poème

3. Yves Bonnefoy parle d'une « étoile [...] / Au plus haut de l'été » (v. 4-6). Quelle est cette étoile ? Au besoin, faites une recherche.

4. À sa lecture, on a l'impression que le poème parle d'un couple. Quels indices nous le révèlent ?

5. Quels mots ou expressions évoquent le thème du souvenir ?

Une pierre

Ils ont vécu au temps où les mots furent pauvres,
Le sens ne vibrait plus dans les rythmes défaits,
La fumée foisonnait, enveloppant la flamme,
Ils craignaient que la joie ne les surprendrait plus.

5 Ils ont dormi. Ce fut par détresse du monde.
Passaient dans leur sommeil des souvenirs
Comme des barques dans la brume, qui accroissent
Leurs feux, avant de prendre le haut du fleuve.

Ils se sont éveillés. Mais l'herbe est déjà noire.
10 Les ombres soient leur pain et le vent leur eau.
Le silence, l'inconnaissance leur anneau,
Une brassée de nuit tout leur feu sur terre.

Yves Bonnefoy, *Les planches courbes*, 2001.

6. Le poème parle de dauphins qui jouent « dans leur eau sans rive » (v. 7).

   a) Quelle est cette figure de style* ?

   b) Que désigne-t-elle ?

Second poème

7. a) Quel pronom le poète emploie-t-il pour s'adresser au lecteur ?

   b) Sait-on à qui renvoie ce pronom ?

8. a) Quels mots ou expressions relèvent du thème de la mort ou de la fin d'une réalité ?

   b) Trouvez un parallélisme* qui suggère ce thème.

Philippe Jaccottet
(né en 1925)

*L'effacement soit ma façon
de resplendir.*

Philippe Jaccottet, 2000.

Universellement lu, traduit, étudié et consacré, Philippe Jaccottet invite le lecteur à chercher un sens à l'énigme de sa destinée. Et ce sens, il le trouve dans les choses les plus banales et les plus simples qui composent et organisent la tessiture de ses jours, qui sont les véritables assises du monde, malgré leur légèreté apparente. C'est dire que ses poèmes ne naissent pas d'une recherche formelle, mais de l'expérience du monde sensible.

Fruit d'un travail patient, la poésie de Jaccottet est empreinte de discrétion et de sensibilité, veillant à préserver l'émotion ressentie face aux choses vues. À la recherche de la parole la plus juste possible, celle de l'intérieur, le poète demande aux mots d'atteindre l'être des choses. Ses poèmes sont courts, et leur langage est sobre, mesuré, discret et dépouillé. Ils se tiennent loin des jeux verbaux, et leur syntaxe tend à mimer le déploiement de la parole. Ils tentent de cerner le mystère de l'être, celui qui se découvre bien davantage dans le doute et l'incertitude que dans le confort des certitudes. Souvent livrés sur le ton de la confidence, ils invitent à être attentif à la beauté, fût-elle celle de la précarité d'un instant.

Écris vite ce livre, achève vite aujourd'hui ce poème
avant que le doute de toi ne te rattrape,
la nuée des questions qui t'égare et te fait broncher,
ou pire que cela...

5   Cours au bout de la ligne,
comble ta page avant que ne fasse trembler
tes mains la peur – de t'égarer, d'avoir mal, d'avoir peur,
avant que l'air ne cède à quoi tu es adossé
pour quelque temps encore, le beau mur bleu.
10 Parfois déjà la cloche se dérègle dans le beffroi d'os
et boite à en fendre les murs.

Écris, non pas « à l'ange de l'Église de Laodicée »,
mais sans savoir à qui, dans l'air, avec des signes
hésitants, inquiets, de chauve-souris,
15 vite, franchis encore cette distance avec ta main,
relie, tisse en hâte, encore, habille-nous,
bêtes frileuses, nous taupes maladroites,
couvre-nous d'un dernier pan doré de jour
comme le soleil fait aux peupliers et aux montagnes.

Philippe Jaccottet, *À la lumière d'hiver*, 1994.

VERS LA DISSERTATION

À la lumière d'hiver

1. Faites ressortir les mots qui illustrent le temps qui passe.

2. Quels mots ou expressions évoquent la beauté ?

3. Relevez les mots ou les expressions illustrant la fragilité du monde qui entoure le poète.

4. Trouvez deux métaphores* dans la troisième strophe.

▬ Sujet de dissertation explicative

Selon Philippe Jaccottet dans *À la lumière d'hiver*, il faut savoir apprécier la beauté, car elle est éphémère. Justifiez cette affirmation.

Shirin Neshat, *Sans titre*, 1996.

Avec sa série *Women of Allah* (1993-1997), Shirin Neshat remet en question les *a priori* qui sous-tendent le regard que pose en général l'Occident sur l'islam et sur la femme musulmane en particulier, et rejette le modèle de la femme-victime. Sorties ainsi de l'ombre et recouvertes d'extraits poétiques ou de motifs persans, ces mains, ces pieds et ses visages d'Iraniennes affirment qu'au-delà du voile, la prise de parole est toujours possible.

Le slam

Produit de la démocratisation des arts en général et de la littérature en particulier, un nouveau sous-genre littéraire, qui participe d'une renaissance de la poésie, conquiert la faveur des jeunes générations : le slam. Apparenté au rap américain, il s'en distingue par l'absence de musique qui apporte un rythme de base. Le texte ici est énoncé et non chanté.

Le slam, le plus collectif des arts solitaires, occupe rapidement les scènes des grandes villes du monde. Lié aux revendications des jeunes des banlieues parisiennes, généralement ancré dans le langage de la rue, il joue avec les mots en exprimant des émotions, formule une parole très rythmée, qui claque et se fait musique jusqu'à devenir spectacle ; sa puissance réside avant tout dans la performance en direct. La rime est préconisée par une très grande majorité de slameurs : «Vu qu'on raconte des choses pas toujours mignonnes, la rime rend les récits un peu plus attractifs », affirme l'un d'eux, Ami Karim.

Cette poésie livrée à l'oral, qui se conjugue dans autant de styles qu'il y a de slameurs, se fait toujours rassembleuse : ses dénonciations n'incitent pas à la rébellion, mais, au contraire, sont un appel à la concertation.

Grand Corps Malade, 2006.

Grand Corps Malade (né en 1977)

L'adulte est un grand enfant qui croit qu'il sait ;
L'enfant est un petit adulte qui sait qu'il croit

En 1997, dans une colonie de vacances dont il est l'animateur, Fabien Marsaud, un jeune d'une banlieue parisienne, fait un plongeon dans une piscine et se déplace des vertèbres. Il retrouvera l'usage de ses jambes deux ans plus tard. En 2003, en référence à sa démarche étriquée et à sa grande taille, celui qui s'est découvert une passion de slameur prend le nom de scène de Grand Corps Malade.

Cet artiste a grandement contribué à ce que le slam dépasse le cadre intimiste des cafés et autres niches marginales pour se propager dans la francophonie entière. Il dissèque le grand corps malade de la société : l'injustice, la pauvreté, surtout l'expérience de l'exclusion, sans jamais oublier d'y ajouter une note de tendresse et un mot d'espoir. Habile à trouver les petits détails du quotidien qui nous touchent, il oppose les mots aux maux.

Parfois dits *a cappella*, les textes de ses albums sont, plus généralement, accompagnés d'une mélodie minimaliste à l'arrière-plan. Ce qui fait dire à Grand Corps Malade que, hors de la scène comme lieu de partage, on ne peut plus parler de slam.

Le jour se lève

Le jour se lève sur notre grisaille, sur les trottoirs de nos ruelles et sur nos tours
Le jour se lève sur notre envie de vous faire comprendre à tous que c'est à notre tour
D'assumer nos rêves, d'en récolter la sève pour les graver dans chaque mur de pierre
Le jour se lève et même si ça brûle les yeux, on ouvrira grand nos paupières
5 Il a fait nuit trop longtemps et avancer sans lumière nous a souvent fait tâtonner
Personne à pardonner, si on est là aujourd'hui c'est juste qu'on a pas abandonné
On a cherché la lueur de l'aube en sachant qu'elle avait la couleur de l'espoir
On s'est armé de nos stylos pour écrire nous-mêmes la suite de toute cette histoire
Le jour se lève, sort de sa grève, c'est grave à quel point la nuit a été agitée
10 On en a de belles à raconter même si j'imagine que ce sera sûrement loin de tes JT[1]
Le soleil éclaire notre papier qu'on avait gratté dans l'ombre pendant toute la nuit
La chaleur fait couler l'encre, nos mots quittent nos cahiers, nos voix sortent de l'ennui
Alors nous allons prendre la parole, monter sur scène pour un moment, j'espère que
    t'en as conscience
15 Finies la patience et la méfiance, on s'offre simplement avec l'écriture une renaissance
Le jour se lève et son glaive de lave nous lave des peines et douleurs du passé
Notre avenir est lancé... tu nous écouteras et diras franchement ce que t'en as pensé
Le jour se lève et la joie se livre, la soif se lit sur nos lèvres, tu devrais nous suivre
Si notre heure est brève, nous allons quand même la vivre, nous ne sommes pas
20   bons élèves mais l'envie nous enivre
Alors à ton tour ouvre les yeux, approche-toi et observe avec curiosité
Le souffle et l'enthousiasme d'une brigade de poètes sortis tout droit de l'obscurité
Ne prends pas ça pour de l'arrogance mais on sent que c'est notre heure et ça
    fait du bien
25 Notre passion va nous nourrir et je vais retrouver le sourire dans le regard de tous
    les miens
Le jour se lève, on le doit peut-être qu'à nous et quand je dis ça, c'est pas juste
    une métaphore
Le jour se lève et si ça se trouve, c'est uniquement parce qu'on l'a espéré assez fort
30 Le jour se lève sur notre grisaille, sur les trottoirs de nos ruelles et sur nos tours
Le jour se lève sur notre envie de vous faire comprendre à tous que c'est à notre tour
Notre futur est incertain, c'est vrai que ces deux mots-là vont toujours de paire
Mais notre jour s'est bien levé, dorénavant il sera difficile de nous faire taire

Grand Corps Malade, *Midi 20*, 2006.

1. JT est une abréviation de «journaux télévisés».

VERS LA DISSERTATION

Le jour se lève

1. a) Quelle est la situation d'énonciation*?

   b) Quel pronom désigne le locuteur* et les destinataires*?

2. Le poète dit que «c'est à notre tour» (l. 2 et 31). De quoi parle-t-il?

3. a) Relevez une anaphore*.

   b) Expliquez-en l'effet.

4. Expliquez le sens du vers suivant ainsi que le jeu de mots: «Le jour se lève et **son glaive de lave nous lave** des peines et des douleurs du passé» (l. 16).

Sortir le théâtre de sa condition de produit de consommation pour élites blasées.

Gwenaël Morin

Comme dans d'autres disciplines artistiques, les dramaturges puisent dans le passé pour former des assemblages, au point que le collage et le montage semblent devenus les modes favoris de composition. C'est aussi l'époque où des metteurs en scène, comme Patrice Chéreau, et des troupes imaginatives, comme le Théâtre du Soleil d'Ariane Mnouchkine, réinvestissent les textes classiques en les irriguant d'une saveur contemporaine. Grand contraste avec la période précédente : les metteurs en scène sont souvent plus connus que les auteurs eux-mêmes.

La quête d'une nouvelle définition

Des metteurs en scène, comme Robert Lepage, animés du constant désir de réinventer l'espace scénique, créent des formes théâtrales nouvelles, appelées à être plus en phase avec les évolutions d'un monde toujours plus complexe et plus difficile à saisir. Ils font sortir le théâtre de la littérature pour le convertir à de nouveaux langages : s'y rencontrent des plasticiens, des architectes, des acteurs, des danseurs, des chercheurs en technologie du son et de l'image, en informatique et en télématique. Ces metteurs en scène, devenus des créateurs, entendent ainsi « élargir le spectre des émotions jusqu'à des régions indéfrichées », comme le résume Lepage.

La survie du théâtre « à texte »

Malgré un apparent dépérissement du genre dramatique, des auteurs s'efforcent encore de dire le monde au moyen du texte dramatique. Refusant de pousser plus loin la démarche et les expériences de la génération précédente, ces dramaturges se contentent souvent d'accompagner, sans les anticiper, certaines transformations sociales. Plusieurs portent une grande attention au quotidien, aux actions les plus ordinaires qu'on croirait saisies sur le vif des relations humaines les plus banales. Ils en soulignent les impasses et en dénoncent l'injustifiable, notamment en ce qui concerne les formes de marginalité et d'exclusion. C'est ainsi que Michel Vinaver juxtapose des fragments du quotidien dans des mises en scène allégoriques et des intrigues ténues, réduites au minimum, mais à l'ironie implacable ; que Bernard-Marie Koltès, dans des textes qui accolent les citations et les allusions culturelles, se laisse séduire aussi bien par l'absurde que par des poèmes en prose fortement lyriques. Leurs pièces présentent une vision du monde sans illusion, à l'image de celle de l'homme de ce temps.

Michel Vinaver, v. 2000.

Michel Vinaver (né en 1927)

Ce sentiment de cheminement dans le noir avec peut-être une lueur falote intermittente...

Michel Grinberg, homme d'affaires prospère, décide en 1982 d'abandonner le monde des affaires pour se consacrer exclusivement au théâtre. Son double, le dramaturge Michel Vinaver, prend alors la relève. Ses pièces visionnaires et empreintes d'une profonde humanité, d'un style soigné, explorent l'influence du fait économique sur la vie humaine. « L'économie a pris la place du monde divin. Là aussi, il s'agit d'un substitut. Nous n'avons plus recours aux dieux, nous avons affaire à des prises de pouvoir par des multinationales », affirme-t-il. Sans aucun souci de réalisme scénique, il « saisi[t] les choses par les tout petits bouts » et illustre les effets mutilants de la situation économique sur les rapports familiaux et sociaux.

À l'occasion, le dramaturge évoque également l'histoire de France à l'époque de la guerre de Corée ou d'Algérie, qu'il observe non pas sous l'angle historique, mais à la lumière du quotidien. *Les huissiers* (1998), une nouvelle version d'une pièce créée en 1958, se déroule sur fond de guerre et de crime d'État. Le milieu politique doit ici affronter deux crises : la guerre d'Algérie et celle des salons de coiffure. L'extrait présenté montre le ministre de la Défense nationale récemment exclu du parti radical-socialiste, Paidoux, en discussion avec Niepce, un député membre du comité directeur de ce même parti.

Associer l'idée de virilité à l'idée d'ondulation

Paidoux. — Je te fabrique. Je t'offre un siège. Je te pousse jusqu'au comité directeur. Tu m'exclus du parti. Tu montes les coiffeurs de France contre moi.

Niepce. — Je suis prêt à renoncer aux cheveux courts.

5 **Paidoux.** — Tu as mis en marche le moteur. Si tu te retires, les autres continueront.

Niepce. — J'arrêterai le moteur. Tous mes amis me suivront.

Paidoux. — Tu partirais en guerre contre les coiffeurs ?

Niepce. — Non, je les pacifierai. Je leur retire les cheveux
10 courts, mais je leur donne en échange un beaucoup plus gros morceau : les cheveux d'hommes.

Paidoux. — D'hommes ? Ils les ont déjà.

Niepce. — Mais qu'en font-ils ?

Paidoux. — Ils les coupent.

15 **Niepce.** — Et c'est tout. Un shampooing avec de la chance, une friction si le client se laisse embobiner...

Paidoux (*il le dévisage*). — Tes cheveux...

Niepce. — Oui.

Paidoux. — Tiens...

20 **Niepce.** — J'ai fait quelques essais. Sur moi-même, et sur quelques amis, de toutes les couches sociales, jusqu'au mari de ma cuisinière, qui travaille chez Renault. Il y a, naturellement, au départ, une certaine réticence. On suppose que ce n'est pas viril. Mais il ne s'agit pas de frisettes.
25 Une légère vague, qui donne un relief, un aspect sculptural. Il faut associer dans l'esprit du public l'idée de virilité à l'idée d'ondulation. Et combattre le ridicule qui traditionnellement s'attache à l'image du bigoudi.

Michel Vinaver, *Les huissiers*, 1998.

VERS LA DISSERTATION

Associer l'idée de virilité à l'idée d'ondulation

1. Qu'est-ce qui oppose Paidoux et Niepce ?

2. À quel compromis Niepce veut-il arriver avec les coiffeurs ?

3. Puisque Niepce dit renoncer aux cheveux courts, quelle est sa solution ?

4. Expliquez le sous-titre de l'extrait, « Associer l'idée de virilité à l'idée d'ondulation ».

Bernard-Marie Koltès, 1985.

Bernard-Marie Koltès (1948-1989)

La mer veut m'attirer au-dessus de ses rives, pour que je la regarde là où elle est profonde, et l'écoute rugir au-dessous de moi.

Fasciné par toutes les formes de marginalité, Bernard-Marie Koltès construit un théâtre dont la thématique et l'univers rappellent ceux de Jean Genet. Certains thèmes, comme la famille, l'amitié, l'amour et le déchirement, reviennent de façon obsessive dans une œuvre qui allie l'hyperréalisme au lyrisme le plus débridé.

On peut distinguer deux grandes tendances dans le théâtre de Koltès. La première regroupe des œuvres inscrites dans le monde actuel, dont les situations et les personnages sont typés. La seconde présente des personnages beaucoup plus flous, à la dérive dans le temps et dans l'espace, dans des pièces caractérisées par l'atmosphère et les stéréotypes propres au roman et au film noirs. L'auteur y donne la parole à des laissés-pour-compte de la société moderne, à des marginaux de toutes sortes qui se croisent dans des lieux inhospitaliers.

La pièce *Dans la solitude des champs de coton* (1986) illustre cette seconde tendance. Il s'agit de la mise en scène d'un long dialogue insolite entre un revendeur de drogue et son client. Le spectateur est laissé dans l'ignorance aussi bien de l'objet de leur conversation que de celui de leur différend. L'essentiel de la pièce est ailleurs : cette situation dramatique est avant tout l'allégorie du malentendu qui préside aux rapports humains et de la méprise des mots et des désirs. Le style de Koltès est très travaillé, mais aussi, paradoxalement, concis et sobre, sans coquetterie. Il va toujours au plus vif et accentue l'écart entre la poésie de la langue et la condition sociale de ceux qui l'utilisent. En témoigne l'extrait ci-contre où le client s'adresse au dealer.

Mon désir répandu comme du sang

Le client. — Vous êtes un bandit trop étrange, qui ne vole rien ou tarde trop à voler, un maraudeur excentrique qui s'introduit la nuit dans le verger pour secouer les arbres, et qui s'en va sans ramasser les fruits. C'est vous qui êtes le
5 familier de ces lieux, et j'en suis l'étranger; je suis celui qui a peur et qui a raison d'avoir peur; je suis celui qui ne vous connaît pas, qui ne peut vous connaître, qui ne fait que supposer votre silhouette dans l'obscurité. C'était à vous de deviner, de nommer quelque chose, et alors, peut-être, d'un
10 mouvement de la tête, j'aurais approuvé, d'un signe, vous auriez su; mais je ne veux pas que mon désir soit répandu pour rien comme du sang sur une terre étrangère. Vous, vous ne risquez rien; vous connaissez de moi l'inquiétude et l'hésitation et la méfiance; vous savez d'où je viens et
15 où je vais; vous connaissez ces rues, vous connaissez cette heure, vous connaissez vos plans; moi, je ne connais rien et moi, je risque tout. Devant vous, je suis comme devant ces hommes travestis en femmes qui se déguisent en hommes, à la fin, on ne sait plus où est le sexe.

20 Car votre main s'est posée sur moi comme celle du bandit sur sa victime ou comme celle de la loi sur le bandit,
et depuis lors je souffre, ignorant, ignorant de ma fatalité, ignorant si je suis jugé ou complice, de ne pas savoir ce dont je souffre, je souffre de ne pas savoir quelle blessure
25 vous me faites et par où s'écoule mon sang. Peut-être en effet n'êtes-vous point étrange, mais retors; peut-être n'êtes-vous qu'un serviteur déguisé de la loi comme la loi en sécrète à l'image du bandit pour traquer le bandit; peut-être êtes-vous, finalement, plus loyal que moi. Et
30 alors pour rien, par accident, sans que j'aie rien dit ni rien voulu, parce que je ne savais pas qui vous êtes, parce que je suis l'étranger qui ne connaît pas la langue, ni les usages, ni ce qui ici est mal ou convenu, l'envers ou l'endroit, et qui agit comme ébloui, perdu, c'est comme
35 si je vous avais demandé quelque chose, comme si je vous avais demandé la pire chose qui soit et que je serai coupable d'avoir demandé. Un désir comme du sang à vos pieds a coulé hors de moi, un désir que je ne connais pas et ne reconnais pas, que vous êtes seul à connaître, et
40 que vous jugez.

Bernard-Marie Koltès, *Dans la solitude des champs de coton*, 1986.

VERS LA DISSERTATION

Mon désir répandu comme du sang

1. Pour quelles raisons le narrateur est-il angoissé ?

2. Le lecteur, de son côté, sait-il ce qu'exige le bandit du narrateur ?

3. a) Relevez toutes les oppositions* de l'extrait.

   b) Que trahissent-elles ?

4. a) Trouvez deux comparaisons* au début du second paragraphe.

   b) Décrivez leur effet.

La dernière plus belle lettre d'amour

La postmodernité fait sentir ses répercussions jusque dans la correspondance amoureuse, au point qu'il semble possible de parler d'une «ère postépistolaire». Maintenant que tout est si rapide, les amoureux prennent-ils seulement la peine d'écrire de vraies lettres d'amour ? Et les rares amoureux à s'échanger encore des billets doux tiennent à préserver leur intimité et ne veulent sûrement pas livrer leurs secrets en pâture au public.

Il est un autre type de lettre d'amour où le romantisme perd tous ses droits. Le matin du 11 août 2008, Anne-Marie Revol, tout juste rentrée à Paris avec son mari d'un séjour en Grèce, reçoit un appel de l'hôpital annonçant que leurs deux filles sont mortes la nuit même dans un incendie chez leurs grands-parents. Dévastée par l'horreur, la douleur et un flot de sentiments qu'on ne peut pas comprendre avant d'avoir connu un pareil drame, Anne-Marie Revol, une journaliste née en 1973, raconte son deuil dans *Nos étoiles ont filé,* un texte poignant formé de lettres écrites chaque jour pendant un an à ses deux filles, Paloma et Pénélope, mortes à l'âge de 14 et 26 mois.

Loin de résider dans le pathétique, ces lettres dégagent plutôt une force, une énergie vitale qui permet aux enfants de revivre à travers le récit et qui donne à la mère la force de continuer à vivre malgré l'effroyable chagrin et l'impossibilité de s'en remettre. Il s'agit de véritables lettres d'amour entre une mère et ses filles, mais aussi entre la mère et le père, souvent présent dans les pensées et aux côtés de l'auteure. Si pour Sartre «l'enfer, c'est les Autres», pour ces parents c'est qu'il n'y ait plus d'autres.

Comme lorsque vous étiez vivantes

VERS LA DISSERTATION

Comme lorsque vous étiez vivantes

1. a) Décrivez le rituel de la mère depuis le décès de ses filles.

   b) À quoi peut servir ce rituel ?

2. Quel est l'objet de substitution de la mère lorsque ses filles lui manquent trop ?

3. Montrez que, malgré la douleur de la mère, la tonalité de la lettre ne verse pas dans le pathétisme.

4. L'appel de la lettre est une figure de style*. Laquelle ?

5. Trouvez quatre parallélismes* qui évoquent l'absence des enfants.

Dimanche 12 octobre

Mes poupées,

Du jour où vous êtes nées, il n'y a pas eu un soir où je ne suis venue vous dire bonsoir juste avant de me coucher. Même crevée. Même pompette. C'est peu
5 dire. Je voulais m'assurer que vous étiez bien couvertes. Contrôler que vous n'étiez pas ensevelies sous des montagnes de peluches et d'oreillers. Vérifier que vos cœurs battaient : j'étais obsédée par la mort subite du nourrisson. C'est fou, non ? Je me disais, bien naïvement, qu'arrivées à l'âge adulte je pourrais vous confier qu'il n'y avait pas eu une seule nuit que nous avons passée sous le même toit où
10 je n'avais veillé sur votre sommeil... Aujourd'hui que vous êtes mortes, je ne peux m'empêcher de perpétuer ce rituel. Comme lorsque vous étiez vivantes, j'attends d'être en chemise de nuit, prête à me glisser sous la couette, pour me faufiler dans votre chambre. Inutile de presser l'interrupteur : vos volets ne sont plus jamais fermés. Parce que je bénéficie de la lumière de la cour quand ce n'est pas celle de la
15 lune, je suis rarement dans le noir. Le temps que mes yeux s'habituent à l'obscurité, je rassemble mes esprits pour tenter de me figurer les positions que vous adoptiez lorsque vous dormiez. Pour entendre le souffle de votre respiration.

Retrouver cette petite odeur de lait caillé qui faisait de vous mes
20 bébés. Certains soirs, bien que je vous supplie de toute mon âme, vous ne venez pas. Je ne vous vois pas. Je ne vous entends pas. Je ne vous sens pas. Avec tendresse, je
25 caresse du plat de la main vos grands lits vides. Quand j'ai trop mal, je sors du placard ton vieux doudou, Pénélope. Doudou chien – à ne pas confondre avec doudou lapin. Je l'ai
30 affublé du pull écossais de celui de ta sœur. Il est un peu engoncé comme ça, mais au moins j'ai l'impression de vous avoir toutes les deux avec moi. Je m'accroupis au milieu de la pièce pour
35 être à votre hauteur et je vous parle en pressant très fort contre moi ce que vous aimiez le plus au monde après nous. J'embrasse votre peluche comme j'aimerais vous embrasser si vous me
40 reveniez. Partout. Avec avidité. Avec passion. Avec désespérance. [...]

Anne-Marie Revol, *Nos étoiles ont filé*, 2010.

Louise Bourgeois, *Maman*, 1999.

Louise Bourgeois est une artiste majeure du xxᵉ siècle. Elle est associée aussi bien au surréalisme qu'à l'expressionnisme, à l'art abstrait ou au minimalisme. Néanmoins, son œuvre reste tout à fait personnelle et largement autobiographique. *Maman*, qu'elle réalise dans les années 1990, est un hommage à sa mère qu'elle considérait comme sa meilleure amie et qui, à ses yeux, à l'instar des arachnides, était intelligente, patiente, propre, raisonnable et surtout indispensable. Une toile de métal qui contient 26 œufs en marbre, sous l'abdomen de l'araignée, rappelle le métier de tisserande qu'exerçait sa mère.

Vue d'ensemble du postmodernisme	
Caractéristiques/thèmes	Auteurs importants et œuvres principales

Genre privilégié : roman

Caractéristiques/thèmes	Auteurs importants et œuvres principales	
• Retour à une narration plus traditionnelle • Refus du cliché (personnage, situation, intrigue) • Affranchissement des contraintes de la grammaire • Incursion du langage parlé • Technique fréquente de la mise en abyme : l'auteur et son personnage d'écrivain • Intertextualité • Autofiction • Narrateur interne (pronom « je ») • Thèmes des romans : intimité, réalité et banalité du quotidien, évènements marquants de l'Histoire	• Michel Tournier *Vendredi ou les limbes du Pacifique* (1967) *Éléazar ou la source et le buisson* (1996) • Milan Kundera *L'immortalité* (1990) *L'ignorance* (2003) • J. M. G. Le Clézio *Onitsha* (1991), *Ritournelle de la faim* (2008) • Patrick Modiano *Rue des boutiques obscures* (1978) *L'herbe des nuits* (2012) • Philippe Sollers *Femmes* (1983) *Passion fixe* (2000) • Annie Ernaux *La honte* (1997) *Les années* (2008) • Jorge Semprún *L'écriture ou la vie* (1994) *Le mort qu'il faut* (2001) • Agota Kristof *Le grand cahier* (1986) *Le troisième mensonge* (1991) • Daniel Pennac *Au bonheur des ogres* (1985) *Comme un roman* (1992) • Jean Echenoz *Des éclairs* (2010), *14* (2012)	• Philippe Delerm *La première gorgée de bière et autres plaisirs minuscules* (1997) *Ma grand-mère avait les mêmes* (2008) • Hervé Guibert *Le protocole compassionnel* (1991) *Le paradis* (1992) • Emmanuel Carrère *D'autres vies que la mienne* (2009) *Limonov* (2011) • Michel Houellebecq *Les particules élémentaires* (1998) *La carte et le territoire* (2010) • Éric-Emmanuel Schmitt *Lorsque j'étais une œuvre d'art* (2002) *La femme au miroir* (2011) • Amélie Nothomb *Stupeur et tremblements* (1999) *Métaphysique des tubes* (2000) • Frédéric Beigbeder *Windows on the World* (2003) *Un roman français* (2009) • Régis Jauffret *Ce que c'est que l'amour et autres microfictions* (2009) *Sévère* (2010) • Fred Vargas *Pars vite et reviens plus tard* (2001) *Un lieu incertain* (2008)

Genre privilégié : roman graphique

	• Guy Delisle *Chroniques birmanes* (2007), *Chroniques de Jérusalem* (2012)

Genre privilégié : poésie

• Aucune école ni aucun mouvement • Humain en communion avec la nature • Langage sobre et dépouillé • Thèmes : nature, fragilité de la condition humaine, beauté éphémère, fuite du temps, univers, mort	• Eugène Guillevic *Art poétique* (1989), *Possibles futurs* (2007) • Yves Bonnefoy *Ce qui fut sans lumière* (1987), *Les planches courbes* (2001) • Philippe Jaccottet *À la lumière d'hiver* (1994), *Et, néanmoins* (2001)

Genre privilégié : slam

• Nouveau sous-genre poétique • Nouveau souffle apporté à la poésie • Différent du rap : texte scandé plutôt que chanté • Texte rimé • Thèmes : dénonciation, conciliation	• Grand Corps Malade (Fabien Marsaud) *Midi 20* (2006) *Enfant de la ville* (2008)

Genre privilégié : théâtre

• Monde livré tel quel, sans illusion • Présence de personnages marginaux ou exclus de la société • Théâtre parfois éclectique • Thèmes : condition humaine, banalité du quotidien	• Michel Vinaver *Les huissiers* (1998), *11 septembre 2001* (2001) • Bernard-Marie Koltès *Dans la solitude des champs de coton* (1986), *Roberto Zucco* (1988)

La dissertation explicative

L a dissertation diffère d'une analyse littéraire ou d'un commentaire composé. La dissertation fait appel à un développement logique et structuré d'idées en réponse à une affirmation qu'on appelle généralement «assertion» ou encore «énoncé du sujet». Elle constitue également un travail plus global, plus axé sur la réflexion générale que sur le détail (procédés d'écriture) comme dans l'analyse littéraire. Si la dissertation est différente de l'analyse littéraire, qui cherche à expliquer un texte par ses procédés d'écriture, sa rédaction n'en demande pas moins de la rigueur, de l'organisation et de la méthode.

Il existe deux types de dissertations: l'explicative (ou descriptive) et la critique (ou argumentative). Cette section traitera de la première catégorie: l'explicative. L'énoncé du sujet (ou assertion) de ce type de dissertation ne suggère pas de choix; il n'indique qu'une direction possible. Autrement dit, on ne peut donc réfuter l'assertion; on doit d'emblée prouver le point de vue présenté.

LIBELLÉ DU SUJET

Extrait à l'étude: Stendhal, «La tête de l'homme qu'elle avait tant aimé», *Le Rouge et le Noir*, p. 37.

Énoncé du sujet: Stendhal, dans l'extrait de la fin de son roman *Le Rouge et le Noir* (p. 37), emprunte à la fois au romantisme et au réalisme du début du XIXe siècle. Justifiez cette affirmation.

Consignes: Rédigez une dissertation explicative d'environ 800 mots constituée d'une introduction, d'un développement de trois paragraphes et d'une conclusion.

1.1 Approche générale

La dissertation se veut un exercice plus large, plus global que l'analyse littéraire. Elle comporte au départ une difficulté supplémentaire: le type de plan. Pour la rédaction d'une analyse littéraire, il n'y a qu'un seul plan possible; avec la dissertation, vous devrez opter pour un des trois plans types. Les grilles d'analyse présentées ci-après suggèrent des éléments qui peuvent vous aider à organiser et à rédiger votre dissertation, tout en précisant en quoi la dissertation diffère de l'analyse littéraire. Il n'est pas nécessaire de faire le relevé exhaustif de tous ces éléments dans votre texte à l'étude; il va de soi que s'il s'agit d'un texte complet (nouvelle ou même roman), cela est impossible. Il faut bien comprendre les grilles et choisir les éléments à approfondir en fonction de l'énoncé du sujet et de l'œuvre à étudier.

1.1.1 Énoncé du sujet

GRILLE D'ANALYSE – Énoncé du sujet	
Types de plans	**Démarche**

Contenu

Parfois le sujet d'une dissertation proposera des idées principales, comme c'est le cas dans l'énoncé d'une analyse littéraire ; d'autres fois, il s'agira plutôt d'une orientation générale qu'on appelle « idée directrice ». Puisque la dissertation est un exercice global dont les références peuvent parfois déborder de l'extrait à l'étude, le danger est de perdre de vue le sujet. En effet, les digressions pourraient vous faire oublier ce dont on vous demande de parler.	• Bien comprendre TOUS les mots de l'énoncé. Ne pas hésiter à consulter un dictionnaire. • Dégager l'idée directrice. • En déduire les deux ou trois idées principales. • Bien cerner le sujet. • Rester collé au sujet.

Types de consignes et de plans

Trois types de consignes peuvent s'appliquer à l'énoncé du sujet d'une dissertation. Il est important de bien saisir la consigne, car cela vous guidera dans le choix de votre plan.

1. Consigne directive : La consigne fait état d'un seul texte ou extrait.	• Choisir un plan simple : une seule orientation (deux ou trois idées principales).
2. Consigne comparative : La consigne mentionne deux textes ou extraits qu'il faut comparer.	• Choisir un plan comparatif : un développement constitué de deux ou trois idées principales (ressemblances, différences, analogie).
3. Consigne dialectique : La consigne inclut deux textes ou extraits qu'il faut opposer.	• Choisir un plan dialectique : un développement constitué de deux ou trois idées principales (thèse, antithèse, synthèse).

1.1.2 Situation de l'œuvre

GRILLE D'ANALYSE – Situation de l'œuvre	
Éléments essentiels	**À chercher ou à vérifier**

Auteur et contexte sociohistorique

Il est souhaitable de connaître le contexte social et le courant littéraire de l'œuvre, ainsi que d'avoir quelques notions biographiques au sujet de l'auteur. Ces connaissances vous permettront de dégager des liens pertinents (importants dans la dissertation) du contexte littéraire, social et historique du texte à l'étude.	• Année de parution (si utile). • Auteur : vie et œuvre (moments importants de la carrière littéraire, période charnière, etc.). • Évènements sociohistoriques, culturels ou politiques survenus à l'époque de la parution de l'œuvre.

→

GRILLE D'ANALYSE – Situation de l'œuvre (*suite*)	
Éléments essentiels	**À chercher ou à vérifier**
Genre littéraire, situation de l'extrait dans l'œuvre et autres indices	
En tenant compte du genre de l'œuvre, il est possible que certaines caractéristiques soient significatives et en lien avec la démonstration à faire. La dissertation doit préciser où se situe l'extrait à l'étude dans l'œuvre complète d'où il est tiré. Si la dissertation porte sur un extrait qui ne constitue qu'une portion d'une œuvre complète (nouvelle, roman, essai, etc.), avoir lu l'œuvre en entier peut être intéressant, puisque la dissertation permet, contrairement à l'analyse, de faire référence à des éléments hors extrait. Selon le genre littéraire à l'étude, la disposition du texte peut varier.	• Genre littéraire : sommairement, selon les familles (roman, théâtre, poésie, essai), puis plus précisément si la situation l'exige (sous-genre ou forme : fable, nouvelle, sonnet, tragédie, comédie, pamphlet, etc.). • Situation de l'extrait dans l'œuvre complète : chapitre, dans un roman ; acte et scène, dans une pièce de théâtre ; nom du recueil, pour un poème, une fable ou une nouvelle ; etc. • Paratexte (commentaires accompagnant l'œuvre). • Disposition du texte (vers, texte suivi, dialogue, etc.), particularités typographiques (majuscules, tirets, italique, gras, etc.). • Références à des éléments d'autres chapitres, éléments non retenus dans l'extrait ou dans la citation.
Contexte littéraire	
Pour replacer l'œuvre dans son contexte, il faut tenir compte de la production littéraire de l'époque. Bien souvent, l'œuvre à l'étude se rattache à un courant littéraire dont certaines caractéristiques transparaissent dans le propos et dans la forme.	• Tendances, évènements littéraires importants assimilables à l'époque de la parution de l'œuvre (s'il y a lieu). • Courant auquel est associé l'auteur. • Manifestations des principales caractéristiques de ce courant, sur le plan du contenu (thèmes) et sur le plan de la forme (procédés d'écriture).

1.1.3 Organisation et propos

GRILLE D'ANALYSE – Organisation et propos	
Éléments essentiels	**Démarche**
Propos et thèmes	
Il est essentiel de déduire l'idée générale d'un texte. Dans le cas d'un texte dramatique (comédie, tragédie, etc.) ou narratif (fable, roman, récit, etc.), le propos est un constat abstrait formulé à partir d'éléments concrets de l'œuvre. Dans un poème ou dans un essai, le propos correspond au sujet du texte, à l'idée ou à l'émotion autour de laquelle s'articule l'œuvre. Il faut également dégager quelques thèmes (principaux et secondaires) que l'auteur exploite.	• Cerner l'intention de l'auteur (si elle est clairement exprimée), le propos général de l'œuvre. • Cherche-t-on à critiquer ou à dénoncer une situation, à vanter la beauté de la nature, à mettre en relief les vices et les travers de l'être humain ? • Formuler la morale, la leçon à retenir, s'il y a lieu. • Dégager les principaux thèmes au service du propos.

1.2 Examen détaillé

Si l'approche générale permet de cerner le contenu de l'œuvre et son propos en fonction de son contexte, l'examen détaillé, lui, s'attarde aux moyens qu'emploie l'auteur pour mettre en valeur son discours, sa pensée. La dissertation privilégie le fond (ce dont il est question), contrairement à l'analyse qui met davantage l'accent sur la forme (le traitement du sujet). Les différents procédés d'écriture sont bien sûr toujours utiles dans une dissertation, mais à la différence de l'analyse, ils n'en sont pas l'élément central. Ainsi, un procédé viendra ajouter un complément à votre argumentation plutôt que d'en constituer la base. Les grilles d'analyse suivantes constituent un rappel des principaux procédés d'écriture (énonciation, procédés lexicaux, grammaticaux, syntaxiques, stylistiques, musicaux) qui, même s'ils ne sont plus des éléments capitaux de la dissertation, n'en restent pas moins importants.

1.2.1 Énonciation

Par « énonciation », on entend la production d'un discours dans un contexte donné. Plusieurs facteurs peuvent être pris en considération pour mieux comprendre ce contexte et la relation qu'entretiennent le locuteur, celui qui produit l'énoncé, et le destinataire, celui à qui il s'adresse. La grille ci-dessous ne décrit que les principaux procédés de l'énonciation pour situer le locuteur dans le discours qu'il émet et pour évaluer son degré d'affectivité et de subjectivité.

GRILLE D'ANALYSE – Énonciation	
Éléments à observer	**Stratégies de repérage, amorce d'analyse**
Marques du locuteur et du destinataire	
Présence du locuteur, implication dans le discours, relation avec le destinataire.	• Choix des pronoms personnels – caractère expressif (*je*), inclusif ou collectif (*nous*) – ou emploi d'un style impersonnel (*il*). • Choix des déterminants et des pronoms possessifs. • Abondance ou parcimonie des renseignements que donne le locuteur sur lui-même. • Familiarité (*tu*), distance ou politesse (*vous*), emploi de l'impératif (*position d'autorité*), par exemple, dans la relation entre locuteur et destinataire.
Marques de modalisation	
Subjectivité, opinions et attitude du narrateur, perception du destinataire.	• Vocabulaire mélioratif ou péjoratif, exprimant les opinions et les sentiments du narrateur. • Présence marquée de verbes d'énonciation, tels que *penser, juger, croire*, qui laissent entrevoir la subjectivité. • Modalisateurs : *probablement, sans doute, à vrai dire*, etc. • Marqueurs affectifs : interjections, phrases exclamatives, etc.
Discours rapporté	
Le fait de citer directement (discours direct) ou de résumer les paroles d'un personnage (discours indirect, discours indirect libre) peut être révélateur des écarts entre les personnages.	• Changements de registre de langue, correspondant, par exemple, aux différences de classes sociales. • Changements de ton : sentiments, tempéraments opposés, etc.

1.2.2 Procédés lexicaux

SENS DES MOTS

S'il faut s'assurer de bien comprendre le sens des mots, il est inutile, voire impossible de s'attarder à tous les mots du texte, surtout lorsque le travail demandé est une dissertation. En revanche, il est essentiel, pour bien comprendre le propos de l'œuvre, d'accorder toute l'attention nécessaire aux mots qui reviennent souvent et sur lesquels on pourrait avoir un doute, ou simplement aux mots qui expriment les nuances du propos. Il faut garder en tête que, dans un texte littéraire, l'auteur exerce un travail sur les mots dans le but de produire divers effets de sens. Ainsi, on tiendra compte des significations possibles des mots, du contexte dans lequel ils s'insèrent ainsi que de leurs sens propre et figuré.

GRILLE D'ANALYSE – Procédés lexicaux : sens des mots	
Éléments à observer	**Stratégies de repérage, amorce d'analyse**
Dénotation et connotation	
La dénotation renvoie au sens propre d'un mot. Comme certains mots peuvent avoir plus d'un sens, il faut bien les interpréter selon le contexte. La connotation est le sens figuré d'un mot. Il s'agit d'une signification imagée, d'une impression qui s'ajoute au sens dénotatif. Par exemple, s'il dit d'une personne qu'elle est un paon, l'auteur peut souhaiter souligner, en faisant référence à cet oiseau fier, la vanité de l'individu en question. La connotation exprime donc une part de subjectivité.	• S'interroger sur le sens des mots qu'on ne connaît pas. • Vérifier les mots dans un dictionnaire et tenir compte de leurs différents sens, s'il y a lieu ; s'assurer de connaître le sens contextuel. • S'attarder au vocabulaire porteur du propos, qui en tisse les nuances et en traduit la portée. • Selon le contexte, s'interroger sur l'aspect d'une réalité que l'auteur cherche à souligner par le recours au sens figuré.
Vocabulaire mélioratif ou péjoratif	
La connotation peut comporter une valeur affective, qui s'exprime par l'emploi de termes mélioratifs ou péjoratifs. Ces mots révèlent la subjectivité du locuteur, qui peut avoir tendance à embellir ou à déprécier une personne ou une réalité. Exemple « Le mauvais air du cachot devenait insupportable à Julien. Par bonheur, le jour où on lui annonça qu'il fallait mourir, un beau soleil réjouissait la nature [...] Marcher au grand air fut pour lui une sensation délicieuse [...] » Dans cet extrait du roman *Le Rouge et le Noir* de Stendhal (p. 37, l. 1-5), les adjectifs « beau » et « délicieuse » ainsi que le nom « bonheur » et le verbe « réjouissait » ont une valeur méliorative, alors que les adjectifs « mauvais » et « insupportable », qui font référence à l'air du cachot, ont une connotation péjorative.	• En présence de termes mélioratifs ou péjoratifs, se demander s'ils sont neutres, à savoir s'ils cherchent à traduire objectivement une réalité donnée. • Remarquer la présence de suffixes à connotation négative, par exemple : *bonasse, revanchard, acariâtre,* etc.

RÉSEAUX DE MOTS

En plus de considérer le sens des mots pris individuellement, il importe d'examiner les effets créés par les combinaisons et les réseaux que tissent les mots à l'intérieur du texte. Voici quelques repères pour bien interpréter les indications relatives aux registres de langue dans les ouvrages de référence.

- Registre littéraire (abréviation dans un dictionnaire : *litt.* ou *littér.*) ou poétique (*poét.*) : langue érudite, phrases complexes, vocabulaire très riche, effets de style, etc.

- Registre soutenu ou didactique (*didact.*) : vocabulaire riche et spécialisé, propre à un domaine particulier ; souci de précision et d'exactitude.

- Registre neutre, courant ou standard (aucune indication dans le dictionnaire) : langue précise, conforme à la grammaire, appropriée, par exemple, au contexte scolaire.

- Registre familier (*fam.*) : langue de la conversation, légers écarts syntaxiques et grammaticaux, simplifications, etc.

- Registre populaire (*pop.*), argotique (*arg.*) ou vulgaire (*vulg.*) : langue relâchée, vocabulaire imprécis, plusieurs emprunts ou écarts grammaticaux et syntaxiques.

GRILLE D'ANALYSE – Procédés lexicaux : réseaux de mots	
Éléments à observer	Stratégies de repérage, amorce d'analyse
Champ lexical	
L'expression « champ lexical » désigne l'ensemble des mots, toutes catégories grammaticales confondues, qui se rapportent à une même réalité. On doit nommer le champ lexical, c'est-à-dire définir le concept auquel se rattache le réseau de mots. La constitution d'un champ lexical permet d'illustrer comment un thème se déploie au fil de l'œuvre. Exemple Le champ lexical de la pension dans l'extrait « Toute sa personne explique la pension », tiré du roman *Le père Goriot* d'Honoré de Balzac (p. 39-40), se compose entre autres des mots « exhale », « odeur », « sent le renfermé », « humide au nez », « pue », « nauséabondes ». L'auteur cherche à mettre le champ lexical de l'odorat (les odeurs) au service de sa description d'une pièce de la pension.	• Porter attention aux mots qui se rattachent aux thèmes importants de l'œuvre ou de l'extrait à l'étude. Il peut être profitable de les souligner au fur et à mesure qu'on lit pour ensuite percevoir le sens qu'ils construisent ensemble et saisir la progression qu'ils laissent entrevoir.
Registre	
Le choix du registre de langue est révélateur de plusieurs éléments propres au contexte de l'œuvre, notamment en ce qui a trait au rang social des personnages ou à une situation de communication précise. Le passage d'un registre à un autre peut mettre en évidence des caractéristiques du locuteur et des destinataires, de même que la relation qu'ils entretiennent. Exemple Dans la nouvelle « Le Saut du Berger » de Guy de Maupassant (p. 44-46), le narrateur laisse la parole aux gens de la campagne – « l' ne plaisante pas là-dessus, mo'sieu le curé » ou encore « En v'là encore un, en v'là encore un ! » – dans un registre populaire qui tranche avec celui, soutenu, du narrateur.	• Remarquer les variations de registre et les examiner en tenant compte du contexte et des caractéristiques des locuteurs : rang social, degré de familiarité, etc.

1.2.3 Procédés grammaticaux

Porter une attention particulière aux mots en fonction de leurs catégories grammaticales offre souvent une nouvelle perspective sur l'œuvre et une meilleure compréhension des effets recherchés par l'auteur. Comme le verbe constitue le cœur de la phrase, il importe également d'y accorder une attention particulière.

GRILLE D'ANALYSE – Procédés grammaticaux	
Éléments essentiels	**Stratégies de repérage, amorce d'analyse**
Classes de mots	
En examinant le choix et la fréquence des mots appartenant aux différentes classes, il est possible de trouver certains indices forts révélateurs. Les descriptions foisonnent-elles d'adjectifs ? Ces adjectifs traduisent-ils un épanchement (comme dans « Le lac » d'Alphonse de Lamartine [p. 16-17], dont le thème principal est la nostalgie) ou plutôt un souci de précision (« Toute sa personne explique la pension », tiré du roman *Le père Goriot* d'Honoré de Balzac [p. 39-40]) ? Veut-on plutôt décrire le plus objectivement possible une réalité donnée (absence d'adjectifs) ? L'auteur cherche-t-il à marquer ou à effacer sa présence ? <u>Exemple</u> Dans le poème « Le pélican » d'Alfred de Musset (p. 19), les adjectifs et les noms illustrent la douleur et la souffrance du poète.	• Remarquer la récurrence, l'abondance ou l'absence de mots d'une même classe (par exemple, déterminants et adjectifs). • Étudier la façon dont le locuteur signale sa présence : marques de la possession, choix des pronoms et des déterminants, etc. • Porter attention aux oppositions et flottements (singulier/pluriel, générique/spécifique, défini/indéfini) : l'inconstance peut laisser entrevoir l'état psychologique du locuteur.
Procédés verbaux	
Catégories de verbes	
Pour comprendre le ton d'un texte et l'état d'esprit d'un locuteur, il peut être intéressant de s'interroger sur les types de verbes employés. Privilégie-t-on la voix active ou la voix passive ? Le locuteur décrit-il une action ou des impressions, des sensations ? Les verbes expriment-ils une opinion ou un désir ? Leur succession contribue-t-elle au rythme de l'extrait ? <u>Exemple</u> La plupart des verbes de la lettre du 9 janvier 1835 (p. 30) que Victor Hugo envoie à sa maîtresse font état du désir de l'auteur pour sa Juliette.	• Vérifier les constantes dans le choix des verbes en regard de leur forme et de leur sens. • Remarquer la quantité et l'enchaînement de verbes qui, selon leur type, peuvent dénoter différents états ou sentiments. • Observer la terminaison des verbes pour déterminer les temps et les modes, et ainsi faire les déductions qui s'imposent en les rattachant aux thèmes de l'extrait et aux impressions qui s'en dégagent.
Modes et temps verbaux	
L'examen des temps et des modes verbaux permet non seulement de situer le moment de l'action, mais aussi d'entrevoir la perspective selon laquelle on doit l'aborder : ce qui est décrit est-il réel ou hypothétique ? On peut souvent en déduire l'état d'esprit d'un personnage qui envisage l'avenir avec confiance (par l'emploi du futur), exprime ses désirs (subjonctif, conditionnel) ou refuse d'aller de l'avant (passé), par exemple.	• Remarquer les ruptures de ton induites par le passage d'un temps, d'un mode ou d'un type de verbe à un autre.

1.2.4 Procédés syntaxiques

En examinant la construction des phrases, il est possible de déceler plusieurs effets intéressants liés au rythme de l'œuvre et aux émotions qu'il génère. Il faut observer les phrases en tant que telles, mais aussi la ponctuation qui marque leur structure, de même que leur succession, leur agencement à l'intérieur du texte, qui contribue à la musicalité. À cet égard, les procédés rythmiques et musicaux s'avèrent complémentaires des procédés syntaxiques.

GRILLE D'ANALYSE – Procédés syntaxiques	
Éléments essentiels	**Stratégies de repérage, amorce d'analyse**
Types de phrases	
Le recours à différents types de phrases (déclarative, interrogative, exclamative, impérative) permet à l'auteur de traduire diverses émotions. Il importe d'examiner leur agencement pour cerner l'émotion qu'elles expriment.	• Remarquer la présence de points d'interrogation et de points d'exclamation.
Les nombreuses interrogations peuvent créer une atmosphère inquiétante ou montrer l'agitation intérieure du personnage.	• Repérer les tournures impératives.
L'abondance de phrases exclamatives peut montrer la joie ou le désespoir du personnage. Ces phrases exclamatives prennent parfois la forme d'une imploration, comme dans cette strophe du poème « Le lac » d'Alphonse de Lamartine (p. 16-17), où le poète supplie : « Ô lac ! rochers muets ! grottes ! forêts obscures ! / [...] Gardez de cette nuit, gardez, belle nature, / Au moins le souvenir ! » (v. 49-52).	• Associer les types de phrases aux effets qu'ils produisent en fonction des thèmes de l'extrait.
L'emploi de la phrase impérative peut vouloir formuler un conseil ou traduire le caractère autoritaire du personnage ou, à l'inverse, le désespoir, l'imploration, comme lorsque, dans *René* de Francois René de Chateaubriand, le personnage éponyme supplie (p. 23) : « Levez-vous vite, orages désirés, qui devez emporter René dans les espaces d'une autre vie ! » (l. 36-37). Le tourment du narrateur s'exprime ici par l'impératif, l'allusion à la nature violente et la phrase exclamative.	• Remarquer l'abondance ou l'alternance des différents types de phrases, la longueur des phrases, et les effets que ces constructions entraînent sur le rythme.
Forme des phrases	
Peu importe le type de phrase, sa forme traduit souvent les intentions du locuteur.	• Remarquer la présence des termes de négation : *ne pas, ne jamais, point, nul, personne, rien*, etc. S'ils sont nombreux, les rattacher au propos de l'œuvre.
Selon le thème de l'œuvre, la forme négative peut mettre en évidence l'esprit de contestation aussi bien que le déni ou le simple désir de présenter une réalité sous un jour différent.	
La forme emphatique, pour sa part, attire l'attention sur un élément précis.	• La forme emphatique se reconnaît par la mise en évidence d'un mot ou d'un groupe de mots repris par un pronom et par l'emploi de marqueurs emphatiques (*c'est... que, c'est... qui, ce que..., c'est*, etc.). Y porter attention et vérifier l'importance de l'élément mis en relief.
La forme impersonnelle et la forme passive peuvent, entre autres, signaler l'impuissance – comme lorsque le narrateur est terrorisé par cette présence invisible qu'est celle du Horla dans l'extrait de la nouvelle de Guy de Maupassant (p. 50-51) : « C'est lui, lui, le Horla, qui me hante [...] » (l. 2) – ou l'aliénation du personnage aussi bien que son souci d'objectivité (notamment chez les écrivains réalistes), selon le contexte.	
Il importe donc de bien évaluer les effets en fonction du propos de l'œuvre.	

Éléments essentiels	Stratégies de repérage, amorce d'analyse
Construction des phrases	
Des effets intéressants résultent de la rupture par rapport au modèle de la phrase de base : sujet + groupe verbal [+ complément de phrase]. Par exemple, le simple fait de modifier l'ordre (inversion, détachement) des constituants peut mettre en relief un élément important. De plus, l'ajout d'éléments (complément du nom, complément de phrase) enrichit le contenu de la phrase, la rendant souvent plus précise, mais parfois aussi plus lourde. À l'inverse, l'ellipse, qui consiste en une suppression de mots, allège la structure sans altérer le propos ; elle peut aussi simplement contribuer à la symétrie de la phrase ou à la régularité du rythme.	• Envisager l'ensemble de l'extrait pour voir dans quelle mesure l'auteur s'affranchit du modèle de phrase de base : ordre, suppressions, ajouts... • Remarquer comment l'enchaînement de phrases différentes contribue au rythme ou à l'harmonie de l'œuvre. • Dans des phrases en particulier, déterminer si les ruptures par rapport à l'ordre habituel des constituants produisent un effet sur le sens (mise en relief ?) ou sur le rythme. • Vérifier si l'ajout de compléments contribue à la construction du sens, si ces compléments créent des effets stylistiques (insistance, exagération, etc.).

1.2.5 Procédés stylistiques

Le recours à maints procédés stylistiques est le propre du texte littéraire, qui vise à créer des effets et à susciter des émotions. Il est important d'y prêter attention en cours d'analyse pour bien montrer les liens qui unissent le fond et la forme de l'œuvre. Pour les repérer et les interpréter, il est utile de comprendre les mécanismes associés à chacune des grandes catégories de figures de style que vous trouverez dans ces grilles. Il faut aussi garder en tête qu'un même passage peut comporter plusieurs figures de style. La pertinence de l'analyse repose sur le choix de votre argumentation. Il n'est pas nécessaire de recenser toutes les figures ; il importe plutôt de décrire les effets les plus représentatifs et les mieux rattachés aux idées que vous désirez exploiter.

FIGURES DE RAPPROCHEMENT

Une figure de rapprochement met en relation deux réalités pour créer une image. On distinguera les figures de ressemblance, qui mettent en valeur une caractéristique commune à ces deux réalités, des figures d'opposition, qui mettent en contraste les réalités en question. L'interprétation des figures de rapprochement consiste donc en l'examen des effets associés à l'attribution des caractéristiques de l'élément comparant à l'élément comparé.

Souvent, les figures de rapprochement passent inaperçues tant leur usage est répandu. En remarquant les représentations imagées des réalités décrites dans l'œuvre, on en découvre une nouvelle dimension.

Lorsqu'une image semble évocatrice, chercher le point de convergence entre les éléments qu'elle met en relation ; déterminer s'il s'agit d'une figure de ressemblance ou d'opposition avant de poursuivre l'interprétation.

Principales figures	Repérage et analyse des effets

Figures de ressemblance

Comparaison

La comparaison crée une image en attribuant les caractéristiques d'un élément comparant à un élément comparé. Exemple « Leurs déclamations sont comme des épées : » (poème « Le pélican » d'Alfred de Musset, p. 19, v. 42).	• Remarquer les comparaisons en repérant les termes de comparaison : *comme, tel, pareil à, semblable à*, etc.

Métaphore

La métaphore crée une image en attribuant les caractéristiques d'un élément comparant à un élément comparé, mais sans terme de comparaison. Exemple « Tous les tableaux humains » est une métaphore pour désigner les poèmes chez Vigny (extrait « La maison du berger » d'Alfred de Vigny, p. 20, v. 12).	• La métaphore n'est pas toujours facile à repérer, car elle est subtile et n'implique pas d'élément de comparaison (comparant) dans la phrase. • Se demander en quoi les caractéristiques du comparant altèrent la perception que le lecteur a du comparé pour décrire l'effet de la métaphore : le caractère tranchant d'une épée, ce qu'il y a dans un « tableau humain » pour définir un poème.

Allégorie

L'allégorie propose, par la description imagée, une représentation concrète d'une idée (concept, abstraction), donnant lieu à une réflexion. Exemple « Il faut être toujours ivre. Tout est là : c'est l'unique question. Pour ne pas sentir l'horrible fardeau du Temps qui brise vos épaules et vous penche vers la terre, il faut vous enivrer sans trêve » (poème « Enivrez-vous » de Charles Baudelaire, p. 61, l. 1-4).	• Repérer les concepts abstraits comme la vie, la mort, le temps, etc. • Dégager les caractéristiques de la situation ou de l'objet que décrit l'allégorie pour comprendre et interpréter la portée de l'association que l'auteur cherche à produire.

Personnification

Par l'attribution de caractéristiques humaines à un concept, à un animal ou à un objet, la personnification donne vie à l'inanimé. Exemple « Nature, berce-le chaudement : il a froid ! » (poème « Le dormeur du val » d'Arthur Rimbaud, p. 66, v. 11).	• Être sensible, entre autres, aux noms et aux adjectifs souvent abstraits (méchanceté/méchant, affabilité/affable, hostilité/hostile, etc.) qui décrivent et qualifient normalement l'être humain ; vérifier s'ils sont appliqués à une idée, à un animal ou à une chose. • S'interroger, selon les caractéristiques attribuées par la personnification, sur la fonction de l'objet personnifié pour le locuteur, sur son rôle par rapport au personnage, et ainsi de suite : dans le poème de Rimbaud, la nature (plus précisément le soleil) devient une mère qui bercerait et réchaufferait son enfant.

GRILLE D'ANALYSE – Procédés stylistiques : figures de rapprochement (*suite*)	
Principales figures	**Repérage et analyse des effets**

Figures d'opposition

Antithèse

L'antithèse fait ressortir des contrastes en juxtaposant des mots ou des groupes de mots qui renvoient à des réalités opposées. Exemples «Vous êtes **adorable** et vous voulez qu'on vous trouve **détestable,** car il faudrait vous trouver **détestable** pour ne pas vous **aimer** [...]» (extrait de la lettre d'amour envoyée par Stéphane Mallarmé à Maria Gerhard, p. 73-74, l. 35-36) ou encore «**Innocents** dans un **bagne, anges** dans un **enfer,**» (poème «Melancholia» de Victor Hugo, p. 21, v. 9).	• Remarquer, dans des œuvres mettant en scène des émotions violentes ou complexes, la présence de termes contraires, comme dans le premier exemple où des sentiments (amour, adoration, méchanceté, voire haine) s'opposent. Dans le second exemple, les noms «innocents» et «bagne» (prison) ainsi que «anges» et «enfer» entrent en contradiction.

Oxymore

Plus encore que l'antithèse, l'oxymore (ou oxymoron) met en relief les oppositions en alliant dans une expression deux mots apparemment contradictoires. Exemple «— Oh! superbe! dirent à demi-voix Lucie et Jeanne, remuées dans leur goût d'artistes par cette **belle horreur**» (extrait «La vision rouge de la révolution» du roman *Germinal* d'Émile Zola, p. 48-49, l. 52-53).	• Pour repérer l'oxymore, prêter attention à l'adjonction de termes opposés appartenant à des catégories grammaticales différentes, comme un nom («horreur») et un adjectif («belle»).

FIGURES D'AMPLIFICATION (OU D'INSISTANCE) ET FIGURES D'ATTÉNUATION

Comme leur nom l'indique, les figures d'amplification, ou figures d'insistance, ont pour effet de créer une impression de profusion, d'insister sur un phénomène ou d'en exagérer la portée. En ce sens, elles constituent parfois des manipulations apportées à d'autres figures (de rapprochement, de substitution, etc.) pour souligner les débordements émotifs ou le caractère excessif des personnages. L'effet de ces figures est souvent impressionnant, agressant par l'impression de martèlement qu'elles provoquent ou, au contraire, comique. Elles peuvent aussi produire un effet de persuasion dans un discours argumentatif. Les figures d'atténuation, pour leur part, amoindrissent l'expression d'un sentiment ou d'une réalité pour exercer des effets opposés: adoucir ou amplifier.

GRILLE D'ANALYSE – Procédés stylistiques : figures d'amplification (ou d'insistance) et d'atténuation	
Principales figures et caractéristiques	**Repérage et analyse des effets**

Figures d'amplification (ou d'insistance)

Toutes les figures d'amplification (ou d'insistance) mettent l'accent sur un élément important de l'œuvre : un sentiment, un concept, une idée, etc. L'étude de ces figures permet donc de déterminer dans quelle mesure l'auteur a voulu révéler certaines facettes des personnages, ou d'entrevoir les perspectives qu'il a souhaité mettre en lumière.

Dans les œuvres expressives, remarquer comment l'auteur traduit l'intensité des sentiments : en répétant les mêmes mots? en énumérant les éléments qui créent la joie ou le malheur? en exagérant les émotions de manière imagée? Se montrer sensible à ces mécanismes de base peut s'avérer utile pour repérer les différentes figures d'insistance et en décrire les effets.

Principales figures et caractéristiques	Repérage et analyse des effets

Figures d'amplification (ou d'insistance)

Répétition et anaphore

La reprise d'un mot ou d'une expression souligne l'importance d'une réalité. Exemple « 19 *août*. – [...] Qu'ai-je donc ? **C'est lui, lui, le Horla,** qui me hante, qui me fait penser ces folies ! **Il** est en moi, **il** devient mon âme ; **je le tuerai** ! 19 *août*. – **Je le tuerai.** Je l'ai vu ! » (extrait du *Horla* de Guy de Maupassant, p. 50-51, l. 1-4).	• Remarquer la reprise de mots et l'associer au thème de l'extrait pour en déduire l'effet. Dans l'exemple, la répétition des pronoms « lui », « il » et « le » ainsi que de la phrase « je le tuerai » mettent l'accent sur l'obsession de l'auteur pour la « créature » invisible.

Accumulation

Par la succession de mots appartenant à une même catégorie, l'accumulation crée une impression d'abondance, de foisonnement. Exemple « Pour expliquer combien ce mobilier est vieux, crevassé, pourri, tremblant, rongé, manchot, borgne, invalide, expirant, il faudrait en faire une description qui retarderait trop l'intérêt de cette histoire [...] » (extrait du *Père Goriot* d'Honoré de Balzac, p. 39-40, l. 39-43).	• Remarquer la présence d'énumérations d'éléments de même catégorie (noms, adjectifs, etc.) ou fonction grammaticale (sujets, groupes verbaux, compléments, etc.) et déterminer sur quel élément porte l'impression d'abondance ou d'excès. Dans l'exemple, l'accumulation des adjectifs associés au mobilier met en évidence sa vétusté, sans oublier l'insistance de l'auteur à révéler qu'il le trouve très détérioré.

Gradation

La gradation reprend le principe de l'accumulation en organisant les éléments de manière ascendante ou descendante pour marquer une progression. Exemple « Et qui résisterait à tes adorables lettres, Juliette ! Je viens de **les lire, de les relire, de les dévorer de baisers** [...] » (extrait de la lettre du 9 janvier 1835 de Victor Hugo à Juliette Drouet, p. 30, l. 1-2).	• Remarquer la présence d'énumérations d'éléments de même catégorie (noms, adjectifs, etc.) ou fonction grammaticale (sujets, groupes verbaux, compléments, etc.), vérifier si l'intensité augmente d'un élément à l'autre et déterminer sur quoi porte l'impression d'abondance ou d'excès. Dans l'exemple, la gradation ascendante met en lumière la passion du poète pour sa bien-aimée.

Hyperbole

Figure de l'excès, l'hyperbole marque l'exagération dans l'expression de la réalité. Exemple Dans la première lettre, Victor Hugo dit à Juliette Drouet qu'il l'embrasse « **mille fois** » ; dans la seconde, la bien-aimée affirme que la lettre de son amoureux « a **toutes les senteurs du paradis et tout l'éclat des astres** » (extrait des lettres d'amour de Victor Hugo et Juliette Drouet, p. 30, l. 15 et l. 1-2).	• Remarquer les adverbes d'intensité comme *trop, tant, tellement,* etc., les déterminants à valeur quantitative tels que *tous les, des millions* (dans l'exemple, « mille fois ») ainsi que les images fortes qui laissent entrevoir l'idée de démesure propre à l'hyperbole.

Principales figures et caractéristiques	Repérage et analyse des effets

Figures d'atténuation

Puisqu'elles remplacent une idée par une autre, ces figures peuvent aussi bien être considérées comme des figures de substitution, selon l'effet souhaité. Même si elles ont en commun l'édulcoration d'une réalité, les différentes figures d'atténuation créent des effets opposés.

Examiner avec vigilance le sous-texte, pour s'assurer de bien comprendre l'intention de l'auteur.

Euphémisme

Cette figure cherche à adoucir une réalité choquante ou déplaisante. <u>Exemple</u> « Tout se passa simplement, convenablement, et de sa part sans aucune affectation » (extrait du roman *Le Rouge et le Noir* de Stendhal, p. 37, l. 12-13).	• Remarquer le souci de l'auteur d'atténuer ses propos. Se demander s'il cherche ainsi à rendre acceptable une réalité controversée ou désagréable, ou s'il essaie plutôt de renforcer une idée. • Porter attention au choix des mots lorsque le texte aborde des sujets moralement discutables ou simplement tabous : on atténue la mort, ici celle de Julien, par décapitation, en résumant la scène par le pronom « tout ».

Litote

La litote procède par la retenue pour donner plus de force au propos, en disant moins pour faire entendre plus, souvent pour exprimer une idée plaisante. <u>Exemple</u> « Mes livres sont ouverts à la même place, rien n'est changé » (extrait de la lettre de Gustave Flaubert à Louise Colet, p. 54, l. 40-41).	• Remarquer la présence de la négation qui caractérise la litote : en inversant la perspective, on comprend que « rien n'est changé » signifie « tout est resté le même ».

Figures de substitution

Les figures de substitution remplacent une réalité par une autre, créant tantôt des raccourcis qui génèrent des images par l'association d'éléments unis par des liens logiques (à la manière des figures de rapprochement), tantôt des détours qui désignent une réalité par sa définition plutôt que par le terme qui suffirait à l'évoquer. Ces figures mettent l'accent sur une caractéristique de l'objet ou de l'individu en le réduisant à cette caractéristique ou elles en font une description détaillée qui en souligne le caractère soit solennel, soit ridicule.

Principales figures et caractéristiques	Repérage et analyse des effets

Métonymie

La métonymie crée un raccourci en mettant l'accent sur un aspect de la réalité décrite, par la substitution de termes entretenant un lien d'inclusion : contenu/contenant, cause/effet, abstrait/concret, etc. La métonymie se distingue de la métaphore par l'existence d'un lien d'inclusion entre les termes. <u>Exemple</u> « [...] j'ai brûlé ces lettres qui étaient les mémoires d'un **cœur** » (extrait de la lettre de Stéphane Mallarmé à Maria Gerhard, p. 73-74, l. 17-18).	• Remarquer les courts-circuits de la pensée. Dans l'exemple, ce n'est évidemment pas le cœur qui a écrit ses mémoires... Le cœur symbolise l'auteur, d'où le lien d'inclusion. Puisqu'il s'agit de lettres d'amour, le choix du mot est tout indiqué.

GRILLE D'ANALYSE – Procédés stylistiques : figures de substitution (*suite*)	
Principales figures et caractéristiques	**Repérage et analyse des effets**
Périphrase	
La périphrase est une expression qui décrit ou évoque une réalité en soulignant l'importance d'une de ses caractéristiques. Exemple « Pour n'être pas **les esclaves martyrisés du Temps** [...] » (poème « Enivrez-vous » de Charles Baudelaire, p. 61, l. 15-16).	• Lorsque des propos semblent inutilement compliqués, il peut être pertinent de remplacer la définition par un mot ou une expression pour ensuite interpréter le détour que fait l'auteur. • Se demander quel aspect de l'élément on cherche à mettre en valeur. Dans l'exemple, la périphrase « les esclaves martyrisés du Temps » symbolise les ravages du temps qui passe. Il s'agit d'une crainte récurrente chez Baudelaire.

Figures syntaxiques

Par « figures syntaxiques », on entend des procédés stylistiques dans lesquels la construction des phrases produit des effets divers sur le sens. La juxtaposition peut souligner des contrastes ou accentuer les rapprochements à faire entre les éléments.

GRILLE D'ANALYSE – Procédés stylistiques : figures syntaxiques	
Principales figures et caractéristiques	**Repérage et analyse des effets**
Parallélisme	
En présentant des éléments selon une construction syntaxique similaire (ABAB), le parallélisme les met en relation pour faire ressortir leurs similitudes ou leurs différences, selon l'effet recherché par l'auteur. Exemple Elle a pleuré en me voyant revenir. ↓ ↓ ↓ ↓ ↓ ↓ pron. verbe prép. pron. part. pr. v. infinitif Toi tu as pleuré en me voyant partir. ↓ ↓ ↓ ↓ ↓ ↓ pron. verbe prép. pron. part. pr. v. infinitif (extrait de la lettre de Gustave Flaubert à Louise Colet, p. 54, l. 34-35).	• Pour repérer le parallélisme, remarquer comment sont disposés les éléments de même nature, s'ils reproduisent le modèle ABAB. • Pour l'interpréter, examiner le sens des éléments mis en parallèle. Dans l'exemple, l'auteur met en parallèle deux situations douloureuses : sa mère qui pleure (de joie) parce qu'il revient et sa bien-aimée qui pleure (de chagrin) parce qu'il part, le tout doublé d'une antithèse.
Chiasme	
En disposant les éléments selon un effet de miroir (ABBA), le chiasme souligne généralement les oppositions. Exemple « [...] enfin toute sa personne explique la pension, comme la pension implique sa personne » (extrait du *Père Goriot* d'Honoré de Balzac, p. 39-40, l. 66-67).	• Pour repérer et interpréter le chiasme, être attentif aux effets rythmiques de la symétrie (ABBA). Les oppositions paraîtront alors clairement. Dans l'exemple, la description faite par Flaubert de la pension met en relief le fait que madame Vauquer est le reflet de sa pension et que l'un ne va pas sans l'autre.

1.2.6 Procédés musicaux

Particulièrement en poésie, mais aussi dans les autres genres littéraires, le rythme et les sonorités revêtent une importance capitale. Ainsi, en plus de s'attarder au sens, il faut écouter la musique que génère l'aménagement des syllabes, des mots et des phrases.

GRILLE D'ANALYSE – Procédés musicaux	
Éléments essentiels	**Stratégies de repérage, amorce d'analyse**
Éléments rythmiques	
Peu importe le genre littéraire à l'étude, le découpage des phrases traduit souvent l'ambiance d'un texte ou l'état psychologique des personnages. Par exemple, la succession de phrases courtes peut créer une ambiance inquiétante, alors que l'accumulation de phrases longues et complexes est propice à la contemplation ou à l'approfondissement d'une réflexion, tout comme elle peut donner une impression de lourdeur. On doit donc considérer l'agencement des phrases tout en tenant compte des pauses, notamment celles dictées par la ponctuation. Dans un texte versifié, l'auteur peut chercher à produire des effets en s'éloignant du rythme attendu ou installé au fil de l'œuvre ou encore à accentuer certains éléments, ce à quoi il importe de prêter attention.	• Dans tous les genres, remarquer l'agencement et la longueur des phrases. Faire le lien avec les thèmes principaux pour décrire l'ambiance qui en découle. • Dans un texte en prose, repérer les signes de ponctuation : virgule (court arrêt), point-virgule (arrêt moyen), point ou points de suspension (arrêt plus long), etc. Interpréter les pauses en fonction du propos de l'œuvre. Cherche-t-on à mettre en évidence un élément en particulier ? • En poésie, porter attention aux accents toniques et aux coupes, qui varient selon la longueur des vers, et repérer les enjambements.
Sonorités	
La répétition de certains sons peut suggérer des émotions. En poésie, les rimes constituent un procédé de prédilection pour donner de la musicalité au texte. On doit se demander dans quelle mesure elles sont en harmonie avec les thèmes et le propos de l'œuvre. Dans tous les types de textes, l'auteur peut s'amuser à créer des effets sonores. La récurrence de consonnes occlusives (*b, d, g, k, p, t*), qui ont une certaine dureté, donne une impression de martèlement, de violence, alors que les consonnes fricatives et liquides (*ch, j, s, v, z, l, r*) évoquent fluidité, douceur et légèreté. Quant aux voyelles, leurs combinaisons sont multiples. Mieux vaut interpréter leurs effets au cas par cas, selon l'ambiance générale de l'œuvre. Il est aussi possible d'associer aux sonorités présentes dans un texte des bruits liés aux thèmes de l'œuvre, comme le vent, la pluie, les vagues, etc. Et, quelle qu'en soit la nature, la surabondance d'une sonorité ou sa répétition rapprochée peut aussi bien susciter l'agacement que provoquer un effet comique.	• Dans tous les types de textes, repérer les assonances et les allitérations (répétitions respectivement de voyelles et de consonnes), les onomatopées (reproduction de bruits) ainsi que les combinaisons qu'elles créent, et les rattacher aux thèmes. Ces sonorités renforcent-elles une impression installée par les mots ?

1.2.7 Tonalités

La tonalité d'une œuvre, quelle qu'en soit la forme, en laisse entrevoir la couleur, la spécificité. Il est donc intéressant d'étudier les émotions qui naissent des différents procédés au service des tonalités possibles. Pour dégager la tonalité d'une œuvre, il faut l'envisager globalement, en considérant l'ensemble des éléments examinés dans les grilles précédentes. La combinaison des différents procédés crée l'atmosphère qui s'en dégage, et c'est ce qu'on entend par «tonalité».

GRILLE D'ANALYSE – Tonalités	
Principales tonalités et caractéristiques	**Procédés de prédilection et éléments à repérer**

Réaliste

Tonalité très présente dans le roman de la fin du XIXe et du début du XXe siècle, caractéristique des œuvres cherchant à créer l'illusion du réel.	• Descriptions détaillées. • Rigueur et précision dans l'énonciation des faits, dans la succession des évènements.

Lyrique

Tonalité usitée en poésie, mais aussi présente dans les autres genres littéraires. Expression de sentiments et d'états d'âme visant à émouvoir le lecteur, manifestation de l'individualité et de l'introspection, effusions et débordements de sentiments. Exemple : « Le lac » d'Alphonse de Lamartine (p. 16-17).	• Champs lexicaux de l'affectivité (amour, mort, douleur, etc.). • Emploi du « je » et des verbes de perception. • Vocabulaire mélioratif ou péjoratif. • Interjections, ponctuation expressive. • Figures d'insistance. • Images émouvantes et fortes.

Dramatique

Tonalité correspondant au drame, qui, sans être une tragédie ni une comédie, constitue cependant un genre sérieux. La tonalité dramatique s'exprime dans plusieurs catégories de drames : le drame bourgeois (surtout fréquent au XVIIIe siècle), le drame romantique (au XIXe siècle), le drame lyrique (chanté) et le mélodrame (drame qui s'apitoie sur des personnages souvent impliqués dans des situations complexes). Exemple : *Lorenzaccio* d'Alfred de Musset est un drame romantique (p. 29).	• Thèmes liés aux relations familiales tendues, à la condition sociale, au questionnement métaphysique, au complot. • Intrigue de nature psychologique. • Emploi fréquent du « je ». • Figures d'opposition (oxymores, antithèses). • Interjections, ponctuation expressive.

Pathétique

Mise en scène de la souffrance par de violents débordements d'émotions afin de toucher, voire bouleverser le lecteur. Exemple : Poème « Le pélican » d'Alfred de Musset (p. 19).	• Procédés propres à l'insistance et à l'exagération (hyperboles, interjections, accumulations, gradations, etc.).

Comique

Tonalité souvent présente dans la comédie classique. Désir de faire rire le lecteur en lui présentant des personnages et des situations cocasses : quiproquos, rebondissements, exagérations d'un trait de caractère, associations inusitées, etc. Exemple : Extrait « De par ma chandelle verte », *Ubu roi* d'Alfred Jarry (p. 72-73).	• Jeux fondés sur la langue et les sons (assonances et allitérations, calembours, répétitions, déformations, etc.). • Variations de registre (très familier, voire grivois, faussement littéraire, etc.). • Variations rythmiques (phrases courtes, apartés, etc.). • Figures d'insistance et d'amplification.

Polémique ou ironique

Tonalités correspondant à des textes critiques de genres variés, peu importe l'époque. On y dénonce souvent, de manière satirique, les institutions ou les individus qui abusent de leur pouvoir (critique de la bourgeoisie, de la religion, etc.) en mettant en évidence leurs aspects négatifs. Si la tonalité polémique vise à susciter un débat au moyen d'une critique sérieuse, la tonalité ironique, elle, procède plutôt par raillerie et sarcasme. Exemple : La chanson « Le déserteur » de Boris Vian (p. 163-164).	• Procédés de l'insistance et de l'exagération (accumulation, répétition, adverbes d'intensité, etc.). • Vocabulaire péjoratif. • Procédés de l'ironie : antiphrase (emploi d'une expression dans un sens contraire à son sens premier), euphémisme.

Les grilles d'analyse peuvent vous aider à choisir les éléments importants, mais vous devrez faire le tri et déterminer les éléments qui sont les plus pertinents et en lien avec l'énoncé du sujet avant de rédiger votre dissertation. N'oubliez pas que vous ne devez parler que de ce qui est mentionné dans l'énoncé, sinon vous serez hors sujet.

2.1 Élaboration du plan

Il est essentiel de préparer un plan logique et bien organisé. Si vous sautez cette étape, vous risquez d'oublier des éléments importants (par exemple, une idée secondaire) ou encore de manquer de temps au moment de rédiger ou de réviser votre dissertation.

2.1.1 Principes généraux

Habituellement, dans une dissertation, le développement se fait en deux ou trois (plus souvent trois) paragraphes (donc deux ou trois idées principales), selon les consignes de l'enseignant et la teneur de l'énoncé du sujet. Il est donc nécessaire de bien comprendre les mots-clés du sujet de rédaction, qui vous aiguilleront vers les éléments pertinents à faire ressortir du texte à l'étude. Si un troisième paragraphe est nécessaire (analogie ou synthèse, selon le plan type), n'oubliez pas qu'il faut trouver des éléments qui mettront en évidence des point communs ou divergents. Gardez toujours en tête que la dissertation permet de faire appel aux connaissances extérieures (anecdotes, éléments des précédents chapitres [s'il s'agit d'un roman], éléments biographiques, faits sociohistoriques) liées au sujet. En aucun cas la dissertation explicative ne tolère d'opinion.

Dans notre exemple portant sur l'extrait du roman *Le Rouge et le Noir*, après la première lecture, une relecture a permis de faire ressortir l'essentiel des procédés. Maintenant, il faut dégager ce qui est en lien avec le sujet de rédaction.

ÉBAUCHE DU PLAN	
Idées	**Caractéristiques des courants, références, procédés, esquisses d'explications**
Éléments du romantisme	Nature : air, soleil, promenade (comparaison).
	Doux souvenirs (bois de Vergy = élément extérieur).
	Excès des personnages presque hyperboliques : Mathilde qui tient « sur ses genoux la tête de l'homme qu'elle avait tant aimé », qui veut « ensevelir de ses propres mains » la tête de Julien ; la folie/douleur de Fouqué. Sans oublier tout l'argent dépensé par Mathilde pour orner la grotte.
Éléments du réalisme	Comportement rationnel et courage de Julien : phrases impersonnelles, pronoms, adverbes (« Allons, *tout* va *bien* », l. 6 ; « *Tout* se passa *simplement, convenablement*, et de sa part sans aucune affectation », l. 12-13).
	Style de l'auteur : neutre, descriptif.
Points communs ou divergents	Actions : excessives, démesurées, liées au romantisme.
	Paroles : sans pathos, non excessives, liées au réalisme.

2.1.2 Organisation et hiérarchisation

L'ébauche du plan vous permet maintenant de dégager des idées principales et secondaires ainsi que les citations pertinentes et même des esquisses d'explications, nécessaires à votre plan. Vous devez, à cette étape, organiser votre plan en fonction des différents éléments des paragraphes, y compris ceux de l'introduction et de la conclusion. Notez cependant qu'il est toujours préférable de faire le plan du développement avant celui des autres paragraphes.

Le développement s'articule donc autour de paragraphes généralement structurés d'une même façon, qu'il s'agisse d'une analyse littéraire ou d'une dissertation. Chaque paragraphe du développement doit être considéré comme un bloc et ne parler que d'une idée générale décomposée en deux variantes, chacune prouvée et expliquée. Le modèle de base donné ci-dessous s'y prête bien.

COMPOSITION D'UN PARAGRAPHE DE LA SECTION DÉVELOPPEMENT	
Composantes	**Explications**
IP1 Idée principale 1	Idée générale.
IS1 Idée secondaire 1	Composante de l'idée.
P Preuve	Citation pertinente, soit directe soit indirecte.
E Explication	L'essentiel de la citation, fond et forme s'il y a lieu. Une bonne explication répond de façon pertinente au « pourquoi » (est-ce la citation la plus pertinente ?) et au « comment » (la citation prouve-t-elle votre idée ?).
IS2 Idée secondaire 2	Autre composante de l'idée.
P Preuve	Citation pertinente, soit directe soit indirecte.
E Explication	L'essentiel de la citation, fond et forme s'il y a lieu. Une bonne explication répond de façon pertinente au « pourquoi » (est-ce la citation la plus pertinente ?) et au « comment » (la citation prouve-t-elle votre idée ?).
CP Conclusion de paragraphe ou enchaînement	Phrase brève qui résume l'idée principale et les idées secondaires.

2.1.3 Exemple de plan

ÉLÉMENTS DU PLAN

Introduction

SA (sujet amené)

Fait divers du XIXe siècle.

Henri Beyle, pseudonyme Stendhal.

Extrait de la fin d'un de ses romans, *Le Rouge et le Noir*.

SP (sujet posé)

Courants du début du XIXe siècle dans l'extrait de la fin du roman *Le Rouge et le Noir*.

SD (sujet divisé)

Trois IP (idées principales) : certains aspects du romantisme et du réalisme sont palpables ; les deux courants pourtant opposés coexistent et s'entremêlent dans ce chef-d'œuvre de l'auteur.

Développement

IP1 (idée principale 1)

Certains aspects de la fin du roman de Stendhal sont romantiques.

IS1 (idée secondaire 1)

Les lieux peuvent être associés à ce courant de la première moitié du XIXe siècle.

P (preuve)

Citations qui décrivent les lieux (promenade près de la prison, les bois de Vergy).

« Marcher au grand air fut pour lui une sensation délicieuse, comme la promenade à terre pour le navigateur qui longtemps a été à la mer » (l. 4-6).

« Les doux instants qu'il avait trouvés jadis dans les bois de Vergy revenaient en foule à sa pensée et avec une extrême énergie » (l. 9-11).

E (explication)

La nature, les souvenirs et la liberté sont des concepts chers aux romantiques.

Comparaison entre la promenade de Julien et celle du navigateur.

IS2 (idée secondaire 2)

Certains personnages sont empreints de romantisme.

P (preuve)

Mathilde « porta sur ses genoux la tête de l'homme qu'elle avait tant aimé » (l. 29-30) et « voulut ensevelir de ses propres mains la tête de son amant » (l. 41-42). Fouqué « faillit en devenir fou de douleur » (l. 42-43).

E (explication)

Attitudes passionnées et gestes extrêmes au goût des romantiques.

CP (conclusion de paragraphe)

Retour sur l'idée principale et sur les deux idées secondaires.

IP2 (idée principale 2)

Stendhal préfère plutôt l'écriture des réalistes à celle des romantiques.

IS1 (idée secondaire 1)

Le comportement de Julien Sorel n'est pas celui d'un romantique.

P (preuve)

« **Allons, tout va bien,** se dit-il, je ne manque point de courage » (l. 6-7).

E (explication)

Phrase impersonnelle (« tout va bien »), comportement de Julien, qui n'est pas affecté par le fait qu'il va mourir.

IS2 (idée secondaire 2)

La sobriété du style de Stendhal est dans la veine des écrivains réalistes.

> **IP1** Il est préférable, déjà dans votre plan, d'exprimer les idées (principales ou secondaires) dans des phrases complètes. Votre rédaction s'en trouvera plus aisée.
>
> **IS1** Une idée secondaire reste plutôt vague. Il ne faut pas la confondre avec des éléments de la preuve ou de l'explication.

P (preuve)

«Tout se passa simplement, convenablement, et de sa part sans aucune affectation» (l. 12-13).

E (explication)

Pronom «tout», adverbes «simplement, convenablement», qui contribuent au style réaliste.

CP (conclusion de paragraphe)

Retour sur l'idée principale et sur les deux idées secondaires.

IP3 (idée principale 3)

Les courants romantique et réaliste coexistent dans le roman.

IS1 (idée secondaire 1)

Le geste est hautement romantique.

P (preuve)

«Il entendit Mathilde marcher avec précipitation» (l. 22).

«Elle allumait plusieurs bougies» (l. 23).

Elle place la tête de son amant sur une petite table et l'embrasse sur le front. (preuve indirecte)

Les actions de Mathilde à l'enterrement de Julien. (preuve indirecte)

Fouqué passe la nuit avec le corps de son ami. (preuve indirecte)

E (explication)

Gestes qui illustrent d'une part le chagrin intense, d'autre part la démesure de Mathilde et de Fouqué.

IS2 (idée secondaire 2)

La démesure n'est pas verbale.

P (preuve)

Surtout indirecte ici: Mathilde ne crie pas, demande à voir le corps de Julien.

Fouqué n'a pas «le courage de parler» (l. 15).

E (explication)

Aucune effusion, les rares paroles sont calmes. Aucune ponctuation expressive.

CP (conclusion de paragraphe)

Retour sur l'idée principale et sur les deux idées secondaires.

Conclusion

Rappel (sujet et bilan)

La fin du roman *Le Rouge et le Noir* de Stendhal comporte des caractéristiques des deux grands courants littéraires de la première moitié du XIXe siècle. Les lieux et certains personnages relèvent du romantisme. Le courage de Julien au moment de sa mise à mort ainsi que le style de l'auteur appartiennent davantage au réalisme. Ce qui semble contradictoire s'explique: les actions (de Mathilde et de Fouqué) sont romantiques; les paroles sont sans pathos.

Ouverture

Lien à établir entre la dernière action de l'extrait (mort de Mme de Rênal) et la fin du roman *Tristan et Iseut*: les morts sont similaires. Les deux héroïnes ne se suicident pas, mais meurent de chagrin.

2.2 Rédaction de la dissertation

Vous êtes maintenant prêt à rédiger votre dissertation.

2.2.1 Conseils de rédaction

Ce tableau vous donne quelques conseils à observer pour la rédaction de votre dissertation.

CONSEILS À OBSERVER POUR LA RÉDACTION DE LA DISSERTATION	
Mode et temps de verbe	Écrire la dissertation au présent de l'indicatif (seules les citations directes restent au temps et au mode des verbes employés dans le texte, et peuvent donc être, par exemple, au passé simple ou à l'imparfait).
Neutralité	Toujours rester neutre. Pour ce faire, privilégier : • les phrases impersonnelles (par exemple, *il appert que..., il est possible de...*) ; • l'emploi du pronom *il* ou *elle* (pas de *je, tu, on, nous, vous*) ; • un niveau de langue correct, voire soutenu.
Règles de base	• Ne pas émettre d'opinion (par exemple, « Cela semble tellement exagéré » ou « Personne ne penserait à agir comme ça »). • Ne jamais présumer de l'action d'un personnage si ce n'est pas dans le texte (par exemple, « C'est sûrement parce qu'elle était dévastée qu'elle a agi de cette manière »). • Ne pas employer de ponctuation expressive (!, ...), ni poser de questions. • Ne pas appeler l'auteur par son prénom (ce n'est pas votre ami...). • Ne pas interpeller le lecteur (par exemple, « Vous savez bien de quoi il est question ici »).
Citations : **a) directes**	• Si la citation est courte, ne pas oublier le deux-points (:) ainsi que les guillemets (« »). Au besoin, modifier le temps et le mode du verbe et préciser certains éléments (pronom, fait) entre crochets [ ]. Par exemple : Même la mort de Julien passe presque inaperçue : « Tout se passa simplement, convenablement, et de sa part [celle de Julien] sans aucune affectation. » • Si la citation est longue, la mettre en retrait et omettre les guillemets. • Si l'on doit couper une citation, s'assurer que la phrase reste logique et employer des crochets avec des points de suspension [...] pour indiquer la ou les coupures. Par exemple : Le narrateur affirme qu'« un beau soleil réjouissait la nature » et que de « [m]archer au grand air fut pour lui [Julien] une sensation délicieuse, comme la promenade à terre pour le navigateur qui longtemps a été à la mer ».
b) indirectes	• Intégrer la citation indirecte dans la phrase. Au besoin, modifier le temps et le mode du verbe, et préciser certains éléments (pronom, fait) entre crochets [ ]. Par exemple : Ainsi, Mathilde, lorsqu'elle aperçoit le corps de Julien, se jette à genoux, « march[e] avec précipitation [...] allum[e] plusieurs bougies », place la tête de son amant sur une petite table et l'embrasse sur le front.
c) directes ou indirectes	• Ne pas placer deux citations l'une à la suite de l'autre (comme une énumération). À la limite, employer une conjonction de coordination (*et, ou*) ou des mots liens (*ainsi que, de même que*, etc.). • Ne jamais laisser une citation en plan. Elle doit toujours être suivie d'une explication, ne serait-ce qu'une phrase.
Titre d'un ouvrage mentionné dans le texte	• Toujours souligner le titre (si la rédaction est manuscrite). • Le mettre en italique (si la rédaction est composée à l'ordinateur).

2.2.2 Exemple de dissertation commenté

DISSERTATION

Énoncé du sujet : Stendhal, dans l'extrait de la fin de son roman *Le Rouge et le Noir* (p. 37), emprunte à la fois au romantisme et au réalisme du début du XIX⁹ siècle. Justifiez cette affirmation.

SA À la fin de décembre 1827, le compte rendu d'un procès (l'affaire Berthet) est publié dans un journal, la *Gazette des tribunaux* : un jeune homme du Dauphiné a tiré sur son ancienne maîtresse, mère des enfants dont il a été le précepteur. Il n'en faut pas plus à Stendhal, de son vrai nom Henri Beyle, pour écrire *Le Rouge et le Noir*. Ce qui sert d'inspiration à l'auteur marque la fin de son roman : Julien Sorel tire sur son ancienne maîtresse, Mme de Rênal, et est condamné à mort pour cet acte. **SP** L'écriture de Stendhal est influencée par deux courants du XIX⁹ siècle. **SD** Elle révèle en effet des caractéristiques à la fois du romantisme et du réalisme ; ces deux courants pourtant opposés coexistent et s'entremêlent dans ce chef-d'œuvre de l'auteur.

IP1 Certains aspects de la fin du roman de Stendhal sont romantiques. **IS1** Les lieux trahissent un certain penchant pour ce courant de la première moitié du XIX⁹ siècle. **P** Le jour de la mort de Julien Sorel, le narrateur affirme qu'un « beau soleil réjouissait la nature » et que de « [m]archer au grand air fut pour lui [Julien] une sensation délicieuse, comme la promenade à terre pour le navigateur qui longtemps a été à la mer ». **E** **1** La nature est ici décrite comme douce. Si chère aux romantiques, elle se révèle omniprésente au moment où la tête du personnage principal doit tomber, un peu comme pour adoucir la réalité du moment. **P indirecte** Elle lui remémore de doux moments (dans les bois de Vergy) **2** en compagnie de sa première maîtresse, Mme de Rênal. **E** De plus, la comparaison de la belle journée avec la promenade à terre du navigateur se fait ici l'écho d'une délivrance, celle du cachot où il est gardé, et exprime quelque chose qui facilite le sort réservé à Julien. **IS2** Par ailleurs, certains personnages sont empreints de romantisme. **P** **3** La seconde maîtresse de Julien, Mathilde, tient « sur ses genoux la tête de l'homme qu'elle avait tant aimé » et veut « ensevelir de ses propres mains la tête de son amant ». Quant à Fouqué, il « faillit en devenir fou de douleur ». **E** Il s'agit d'attitudes passionnées qu'il est possible d'associer avec une certaine démesure romantique. **CP** Ainsi, les lieux et certains personnages peuvent être liés au romantisme.

IP2 **4** Cependant, **5** Stendhal privilégie plutôt l'écriture des réalistes. **IS1** Le comportement de Julien, au moment où il doit être décapité, est le reflet de ce courant. **E** Il est calme, quasi jovial : **P** « Allons, tout va bien, se dit-il, je ne manque point de courage. » **E** La phrase impersonnelle « tout va bien » est caractéristique de l'écriture réaliste ; elle est neutre, globale. Le courage dont fait preuve Julien va dans la même direction. Son comportement n'est pas affecté par le fait qu'il va mourir. **IS2** De plus, il est impossible de passer sous silence l'aspect réaliste de ce texte. **E** Outre la narration à la troisième personne, la focalisation zéro (narrateur omniscient) et les descriptions précises, le style employé par l'auteur est sobre. Même la mort de Julien passe presque inaperçue : **P** « Tout se passa simplement, convenablement, et de sa part [celle de Julien] sans aucune affectation. » **E** Il n'y a aucun épanchement, aucune démesure. Le pronom « tout » ainsi que les adverbes « simplement » et « convenablement » contribuent au style sobre et assaini, ce qui est tout à fait conforme au style des écrivains réalistes. **CP** La façon dont se comporte Julien et le style descriptif de Stendhal relèvent donc du réalisme.

IP3 Ce qui ressort de manière évidente dans cette fin de roman, et qui pourrait paraître contradictoire, est le fait que les courants du romantisme et du réalisme, pourtant opposés, se côtoient. **IS1** En effet, le geste est hautement romantique. Ainsi, **P** Mathilde, lorsqu'elle aperçoit le corps de Julien, se jette à genoux, « march[e] avec précipitation [...] allum[e] plusieurs bougies », **P indirecte** place la tête de son amant sur une petite table et l'embrasse sur le front. **E** Ses gestes, à l'enterrement de Julien

---

1 Dans une dissertation, la preuve et l'explication peuvent s'entrecroiser. L'important est de ne pas laisser une citation (directe ou indirecte) en plan.

2 Élément provenant de la première partie du roman (hors extrait).

3 Élément provenant de la première partie du roman (hors extrait).

4 Employer des marqueurs de relation variés. Éviter les « premièrement », « deuxièmement », « troisièmement » qui sont lassants et à la limite du pléonasme.

5 Connaissance extérieure.

(les milliers de pièces jetées aux habitants des petits villages ainsi que la décoration en sculptures de marbre d'Italie très coûteux), illustrent d'une part le chagrin intense, d'autre part la démesure de Mathilde. Quant à Fouqué, **6** il passe la nuit avec le corps de son ami. Par contre, **IS2** malgré le caractère dramatique de la scène, les personnages (Julien, Mathilde et Fouqué) ne manifestent verbalement aucune émotion. **E** Jamais Mathilde ne dit quoi que ce soit. **P indirecte et directe** Fouqué reste même paralysé et n'a pas «le courage de parler» lorsque Mathilde entre dans la chambre et demande à voir le corps de Julien. **E** Il n'y a pas de cri et la ponctuation n'est pas expressive (pas de point d'exclamation ni de points de suspension). **CP** Le geste est donc romantique; le verbe est réaliste.

Rappel du sujet et bilan Finalement, la fin du roman *Le Rouge et le Noir* de Stendhal comporte des caractéristiques des deux courants de la première moitié du XIXe siècle. Si les lieux et certains personnages relèvent du romantisme, le courage de Julien au moment de sa mort ainsi que le style de l'auteur appartiennent davantage au réalisme. Ce qui semble contradictoire s'explique: les actions (de Mathilde et de Fouqué) sont romantiques; les paroles sont sans pathos. **7** **Ouverture** Ainsi, même la dernière action du roman, la mort de Mme de Rênal n'est pas sans rappeler la fin du roman *Tristan et Iseut* issu de la littérature courtoise, une influence notoire du romantisme, mais dont la sobriété de la description de la mort s'apparente au réalisme: l'amante meurt de chagrin, mais ne dit mot.

(879 mots)

6 *Élément de la fin du roman, mais pas dans l'extrait.*

7 *Connaître la fin d'un texte littéraire peut faciliter l'écriture de l'ouverture.*

2.3 Révision de la dissertation

Il est toujours important de réviser sa rédaction avant de la remettre. Voici donc quelques conseils qui vous permettront de vérifier si elle présente tous les éléments qui doivent y être.

2.3.1 Révision du contenu et de la structure

Pendant la rédaction:

1. Ne perdez jamais de vue le sujet de votre dissertation. Assurez-vous que vos idées sont suffisamment développées. Toutefois, ce n'est plus le temps d'ajouter un nouvel argument (qui ne figurait pas au plan); vous risqueriez de vous égarer et d'être hors sujet.

2. La présentation du travail est importante. Respectez et gardez en mémoire les consignes de base: encre ou mine? simple ou double interligne? références en bas de page? page-titre? Assurez-vous de ne rien oublier. Dénombrez les mots afin d'être sûr que le compte y est.

3. Gardez à l'esprit les principes généraux liés à la rédaction d'une dissertation (voir le tableau d'autocorrection ci-contre).

4. S'il y a lieu, vérifiez tous les éléments de la grille de correction qui vous a été fournie.

2.3.2 Révision linguistique

Si vous avez en main un bon plan que vous respectez quand vous rédigez votre dissertation, vous aurez suffisamment de temps pour réviser votre rédaction.

Afin de faire une révision linguistique efficace, vous devez d'abord connaître vos lacunes, c'est-à-dire savoir quelles erreurs vous avez tendance à commettre. Est-ce que ce sont les participes passés qui vous hantent ? l'accord du verbe avec son sujet, peut-être ? la ponctuation, alors ? les fautes d'inattention comme les « s » au pluriel ? Cette étape devrait vous être familière.

Assurez-vous d'avoir à portée de la main un dictionnaire, une grammaire et un ouvrage sur la conjugaison des verbes.

TABLEAU D'AUTOCORRECTION		
Erreurs courantes	**Règles**	**Exemples**
Participe passé avec *avoir*	Ne s'accorde que si le complément direct (CD) est placé AVANT le verbe	« à gauche, **ma porte** fermée avec soin, après l'avoir laissé**e** longtemps ouverte »
Participe passé avec *être*	S'accorde avec le sujet (en genre et en nombre)	« cette **grotte** sauvage **fut** orné**e** de marbres sculptés »
Participe passé employé seul	S'accorde comme un adjectif	« Tous les habitants des **petits villages** de la montagne, traversé**s** par le convoi »
Verbe à l'infinitif ou participe passé ?	Repérer l'auxiliaire (formes conjuguées des verbes *être* [et d'état : *paraître, sembler, devenir, demeurer, rester*] ou *avoir*)	« cela **peut** sembl**er** contradictoire » (« peut » n'étant pas un auxiliaire, le verbe reste à l'infinitif)
Accord du groupe nominal (GN)	Cibler le nom, vérifier les déterminants et les adjectifs	« le**s** millier**s** de pièce**s** jetée**s aux** habitant**s** présent**s** »
Accord du verbe	Trouver le sujet (le donneur d'accord) et accorder le verbe avec celui-ci	Ce qui ressort de manière évidente est le fait que **les courants du romantisme et du réalisme**, pourtant opposés, se côtoient.
Ponctuation	Point à la fin des phrases Deux-points et guillemets avant les citations directes Pas de virgule entre le sujet et son verbe	Même la mort de Julien passe presque inaperçue : « Tout se passa simplement, convenablement, et de sa part sans aucune affectation. » « **Le geste est** hautement romantique » (et **non** « Le geste, est hautement romantique »)
Noms des courants littéraires	Sans majuscule ; faire la différence entre l'adjectif et le nom	Le courant du **réalisme (nom = suffixe « -isme »)**, un auteur **romantique (adjectif = suffixe « -que »)**, un auteur **réaliste (adjectif = suffixe « iste »)**

Les tableaux suivants passent en revue les principaux genres littéraires et leurs caractéristiques générales. Pour en savoir plus sur les formes et les particularités de chacun des genres, consultez un ouvrage spécialisé tel que le *Guide littéraire*[1] de Carole Pilote.

3.1 Genre narratif

Les œuvres appartenant au genre narratif sont généralement écrites en prose, quoique certaines, comme la fable (qui se trouve à la charnière entre le genre narratif et le genre poétique), puissent aussi être constituées de vers. Pour analyser une telle œuvre, il faut bien distinguer l'histoire (ce qui est raconté, le fond) de la façon dont elle est racontée (la forme) en s'interrogeant sur l'importance des éléments les uns par rapport aux autres, mais aussi en envisageant l'œuvre comme un tout. On distingue deux grandes catégories de récits narratifs : le récit fictif, qui comprend le roman, la nouvelle, le conte, la légende, la fable, etc., et le récit véridique, qui regroupe l'autobiographie, le journal intime, la correspondance, le récit de vie, les mémoires, etc.

ANALYSE D'UNE ŒUVRE NARRATIVE	
Éléments à observer	**Stratégies de repérage et exemples**
Narration	
• Narrateur externe Instance narrative extérieure à l'histoire racontée. Narration à la troisième personne. • Narrateur interne Personnage principal du récit, qui raconte son histoire à la première personne, ou personnage témoin de l'action, qui emploie la première personne pour se désigner et la troisième personne pour désigner le sujet de l'histoire.	• Qui raconte l'histoire ? Est-ce l'auteur ou quelqu'un d'autre ? Exemple Extrait « Ces régions inconnues que ton cœur demande » de *René* de François René de Chateaubriand (à la première personne) (p. 23).
Focalisation	
Perspective à partir de laquelle les éléments du récit sont décrits et racontés. • Focalisation zéro Point de vue omniscient. Conscience de toutes les facettes de l'action, en tout lieu et en tout temps. • Focalisation interne Perspective d'un personnage sur l'action racontée : regard subjectif sur l'histoire, identification possible au personnage par l'entremise duquel sont racontés les évènements. • Focalisation externe Perspective d'un témoin qui assiste à l'action. Aucun accès aux sentiments ou aux pensées des personnages. Distance, effet d'objectivité.	• Comment l'information est-elle révélée ? • Quel est le point de vue à partir duquel l'histoire est racontée ? • A-t-on accès aux émotions des personnages ? • A-t-on accès aux pensées les plus intimes de tous les personnages ? • Voit-on l'histoire à travers les yeux d'un personnage auquel il devient possible de s'identifier ? • Le lecteur est-il un spectateur qui assiste à l'action sans connaître les pensées des personnages ?

1. Carole Pilote (2012). *Guide littéraire*, 3e édition, Montréal, Beauchemin.

→

ANALYSE D'UNE ŒUVRE NARRATIVE (*suite*)	
Éléments à observer	**Stratégies de repérage et exemples**
Organisation temporelle	
• Moment de la narration Moment de l'action situé par rapport au moment où elle est racontée. • Ordre et vitesse de narration Importance relative des évènements les uns par rapport aux autres.	• Le narrateur raconte-t-il une action passée ou une action en train de se dérouler ? Entremêle-t-il des éléments du présent, du passé et de l'avenir ? • La chronologie est-elle respectée ? Le narrateur retourne-t-il dans le passé (analepse) ou anticipe-t-il des éléments à venir (prolepse) ? • L'espace accordé aux évènements dans l'œuvre correspond-il au temps du déroulement de l'action ? Occulte-t-on ou résume-t-on des moments de l'action (ellipse ou sommaire) ?

3.2 Genre dramatique

Les œuvres dramatiques sont des textes de fiction conçus pour le théâtre. Ainsi, l'histoire n'est pas racontée, mais bien jouée. Ces œuvres se caractérisent par la mise en scène d'un conflit opposant des personnages aux intérêts contraires. Pour analyser une œuvre ou un extrait appartenant à ce genre, il est essentiel de bien comprendre les relations entre les protagonistes pour dégager les motivations de chacun par rapport au conflit en question. Il faut également envisager les particularités du discours narratif de façon à cerner les caractéristiques formelles de l'œuvre.

ANALYSE D'UNE ŒUVRE DRAMATIQUE	
Caractéristiques	**Statégies de repérage**
Discours propre au genre dramatique	
On doit bien distinguer les paroles des personnages (répliques, monologues, tirades, apartés, etc.) des indications scéniques, appelées « didascalies », qui fournissent l'information relative à l'interprétation et à la mise en scène.	Pour l'analyse du fond : étudier les didascalies, ce qu'elles révèlent sur les personnages, leur environnement et l'action. Pour l'analyse de la forme : examiner attentivement les paroles des personnages.
Découpage	
On appelle « actes » les grandes divisions d'une pièce de théâtre. Ces sections, articulées autour d'une partie importante de l'action, se subdivisent en scènes.	Il peut être judicieux, au moment de la lecture, de résumer chacun des actes pour dégager les éléments essentiels de l'œuvre, notamment les thèmes dominants qui s'imposent à mesure que progresse l'histoire.

→

Structure

Quel que soit son découpage, une pièce de théâtre se constitue ainsi : – exposition : mise en contexte, pour que le spectateur comprenne les liens existant entre les personnages, et amorce de l'action ; – nœud : partie dans laquelle se précise le conflit qui oppose les personnages ; – péripéties : actions menant à la résolution du conflit ; – dénouement : résolution du conflit, situation finale, heureuse dans la comédie, malheureuse dans la tragédie.	En décortiquant les éléments constitutifs de la structure, on décèle les enjeux de l'œuvre et l'on raffine le travail sur les thèmes en explorant leurs diverses manifestations. L'examen des différentes parties permet également de cerner l'évolution psychologique des personnages ainsi que le déroulement de l'action.

Formes particulières du genre dramatique

Drame romantique (ou drame historique)

Né d'une volonté de libérer le genre théâtral des contraintes du théâtre classique, le drame romantique s'épanouit dans la première moitié du XIXᵉ siècle. Les conditions socioculturelles (sensibilité nouvelle, nostalgie des élans héroïques, besoin de réflexion sur l'engagement, le pouvoir, le destin) obligent le théâtre, pour intéresser le public bourgeois de l'époque, à projeter l'image de la vie et à divertir tout en faisant réfléchir.	Son esthétique repose sur trois principes essentiels : – la narration d'évènements historiques ; – le mélange des genres et des tons ; – la nécessaire libération des contraintes de la versification. Le drame romantique se fait donc l'écho de préoccupations historiques et veut refléter des situations, des comportements et des aspirations humaines.

Comédie moderne

La comédie moderne reprend, au XXᵉ siècle, la tradition moliéresque (chez Jules Romains) et la farce (chez Alfred Jarry).	Elle prend parfois une tournure tragique, comme dans le cas du théâtre de l'absurde ou de la dérision (par exemple, chez Arthur Adamov, Eugène Ionesco, Samuel Beckett). Le comique s'entremêle à la vision tragique, dénonçant l'absurdité de l'existence humaine, et le rire devient grinçant, voire sinistre. Il ne s'agit alors plus de comique proprement dit, mais plutôt de grotesque tragique (comique monstrueux).

3.3 Genre poétique

Le genre poétique se caractérise par un grand soin accordé au rythme et aux sonorités. Il importe donc de s'attarder aux éléments propres à ce genre pour en saisir toute la portée sur le plan du sens. En plus de s'arrêter au rythme des phrases et aux sonorités autres que la rime, comme on le ferait pour une œuvre de n'importe quel genre, on doit porter attention à la construction particulière du poème pour comprendre les effets recherchés par l'auteur. Il existe en poésie des formes déterminées ou fixes : ballade, blason, ode, rondeau, sonnet. Lorsqu'une œuvre s'éloigne de celles-ci, on dit qu'elle est de forme irrégulière.

Principales formes	Particularités et instruments d'analyse

Les instruments d'analyse décrits dans la colonne de droite s'appliquent aux deux premières formes du genre poétique présentées dans la colonne de gauche. Ces instruments permettent de bien cerner la structure et les particularités musicales du poème.

Ode

Poème constitué de strophes (peu importe leur nombre) contenant toutes le même nombre de vers.

Exemple

« La chevelure » dans *Les fleurs du mal* de Charles Baudelaire (p. 60).

Sonnet

Poème de 14 vers (souvent des alexandrins ou des décasyllabes, parfois des octosyllabes) répartis en 2 quatrains et 2 tercets. Les rimes des quatrains sont généralement embrassées (ABBA), mais peuvent aussi être croisées (ABAB).

Vers libres

Le poème en vers libres ne possède pas de structure définie : les vers sont inégaux, les rimes ne sont pas systématiques. Il se reconnaît également à son absence de ponctuation, à la suppression, à l'isolement ou à la dissociation des marques grammaticales ou syntaxiques (l'usage des mots devient alors le facteur structurant du poème), à l'absence d'enjambement sur plus de deux vers et à une musicalité définie par les assonances et les allitérations.

Exemple

« Liberté » de Paul Éluard (p. 138-139) ou encore « Les enfants qui s'aiment » de Jacques Prévert (p. 141).

Calligramme

Poème dont les lettres et les mots sont agencés sur la page de façon à former un dessin du sujet. Le calligramme permet une saisie visuelle instantanée qui échappe à la linéarité, mais cela peut rendre la lisibilité moins immédiate. Sa signification est donc double, à la fois littérale (les mots) et picturale (le dessin).

Exemple

Calligramme *Reconnais-toi* de Guillaume Apollinaire (p. 106).

Poème en prose

Le poème en prose diffère de la prose poétique qui emprunte au vers surtout le rythme. On le reconnaît à sa structure forte, qui isole et clôt le texte sur lui-même ; le poème peut donc se lire et se comprendre seul. On le reconnaît également à son anarchie, qui libère le poème de toute obéissance à la logique par l'absence de règles métriques et de rimes. Enfin, son sujet est poétique (amour, mort, fuite du temps, etc.), sans oublier la brièveté du texte, la répétition de mots, les allitérations et les assonances ainsi que les images.

Exemple

« Allégeance » de René Char (p. 186).

Rythme

- Les **accents toniques** et les **coupes** varient selon la longueur des vers.

- Les **enjambements** créent un effet de continuité en commençant une phrase (contre-rejet) à la fin d'un vers et en la poursuivant au vers suivant (rejet). Remarquer leur présence, mais aussi leur fréquence et leur organisation dans l'extrait. Les mots ainsi mis en évidence sont-ils au service d'un thème ?

Sonorités et rimes

Remarquer la musique créée par les rimes en observant, s'il y a lieu :

- leur nature (féminines ou masculines) ;
- leur valeur (pauvre, suffisante, riche) ;
- leur disposition (suivies AABB, croisées ABAB, embrassées ABBA).

Bibliographie générale

MANUELS DE LITTÉRATURE

BIET, C., J.-P. BRIGHELLI et J.-L. RISPAIL. Coll. « Textes et contextes », 19e, 20e, Paris, Éditions Magnard.

CASTEX, P.-G. et P. SURER. Coll. « Manuel des études littéraires françaises », 19e, 20e, Paris, Éditions Hachette.

DARCOS, X. et autres. Coll. « Perspectives et confrontations », 19e, 20e, Éditions Hachette.

DÉCOTE, G. (dir.). Coll. « Itinéraires littéraires », 19e, 20e, tomes 1 et 2, Paris, Éditions Hatier.

LAGARDE, A. et L. MICHARD. Coll. « Les grands auteurs français du programme », 19e et 20e, Paris, Éditions Bordas.

MITTERAND, H. (dir.), collectif. Coll. « Littérature, textes et documents », 19e, 20e, Paris, Éditions Nathan.

DICTIONNAIRES ET HISTOIRES LITTÉRAIRES

ADAM, A., G. LERMINIER et E. MOROT-SIR. Littérature française, Éditions Larousse, 1967.

BEAUMARCHAIS, J.-P. de, D. COUTY et A. REY. Dictionnaire des littératures de langue française, 4 volumes, Éditions Bordas, 1987.

BERSANI, J., M. AUTRAND, J. LECARME et B. VERCIER. La littérature en France depuis 1945, Éditions Bordas, 1970.

BOISDEFFRE, P. de. Histoire de la littérature de langue française des années 30 aux années 80, Éditions Perrin, 1985.

BONNEFOY, C., T. CARTANO et D. OSTER. Dictionnaire de la littérature française contemporaine, Éditions Jean-Pierre Delarge, 1977.

BOUTY, M. Dictionnaire des œuvres et des thèmes de la littérature française, Éditions Hachette, 1990.

BRÉE, G. Littérature française, Le XXe siècle, II ~1920-1970, Éditions Arthaud, 1978.

BRENNER, J. Histoire de la littérature française de 1940 à nos jours, Éditions Fayard, 1978.

BRUNEL, P. (dir.). Histoire de la littérature française, 2 volumes, Éditions Bordas, 1977.

BRUNEL, P. (dir.). Dictionnaire des mythes littéraires, Éditions du Rocher, 1988.

CHEVALIER, J. et A. GHEERBRANT. Dictionnaire des symboles, Éditions Bouquins, 1982.

DARCOS, X. Histoire de la littérature française, Éditions Hachette, 1992.

DE LIGNY, C. et M. ROUSSELOT. La littérature française. Repères pratiques, Éditions Nathan, 1998.

DEMOUGIN, J. (dir.). Dictionnaire des littératures, 2 volumes, Éditions Larousse, 1985.

DESHUSSES, P., L. KARLSON et P. THORNANDER. Dix siècles de littérature française, 2 volumes, Éditions Bordas, 1991.

FRAGONARD, M. M. Précis d'histoire de la littérature française, Éditions Didier, 1981.

HAEDENS, K. Une histoire de la littérature française, Éditions Grasset, 1970.

LAFFONT, R. et V. BOMPIANI. Dictionnaire des personnages, Éditions Bouquins, 1984.

LAFFONT, R. et V. BOMPIANI. Dictionnaire des œuvres de tous les temps et de tous les pays, 7 volumes, Éditions Bouquins, 1994.

LAFFONT, R. et V. BOMPIANI. Dictionnaire encyclopédique de la littérature française, Éditions Bouquins, 1997.

LEMAÎTRE, H. Dictionnaire de littérature française et francophone, Éditions Bordas, 1981.

MAJAULT, J., J. M. NIVAT et C. GERONIMI. Littérature de notre temps, Éditions Casterman, 1967.

PLINVAL, G. de, et E. RICHER. Histoire de la littérature française, Éditions Hachette, 1978.

QUENEAU, R. (dir.). Histoire des littératures, 3 volumes, Bibliothèque de La Pléiade, 1956.

RAPP, B. et J.-C. LAMY. Dictionnaire des films, Éditions Larousse, 1990.

ROMMERY, C. et H. LEMAÎTRE. Littérature, 4 volumes, Éditions Bordas, 1982-1987.

VAN TIEGHEM, P. Dictionnaire des littératures, 4 volumes, Éditions PUF-Quadrige, 1984.

OUVRAGES GÉNÉRAUX

ALLUIN, B. Anthologie des textes littéraires du Moyen Âge au XXe siècle, Éditions Hachette, 1998.

BECKER, C. Lire le réalisme et le naturalisme, Éditions Dunod, 1992.

BÉGUIN, M. et autres. Anthologie, Textes et parcours en France et en Europe, Éditions Belin, 2000.

BERNARD, D. et autres. La littérature française au Bac, Éditions Belin, 1996.

BINDÉ, J. (dir.). Les clés du XXIe siècle, Éditions UNESCO/Seuil, 2000.

BONCENNE, P. (dir.). La bibliothèque idéale, Éditions La Pochothèque, 1997.

BONNEFOY, C. Panorama critique de la littérature moderne, Éditions Pierre Belfond, 1980.

BRETON, A. Anthologie de l'humour noir, Éditions Jean-Jacques Pauvert, 1966.

CHASSANG, A. et C. SENNINGER. Les textes littéraires généraux, Éditions Hachette, 1958.

COLLECTIF. Les plus belles pages de la poésie française, Sélection du Reader's Digest, 1985.

COLLECTIF, Littérature du Moyen Âge au XXe siècle, Éditions Hachette, 1994.

DELVAILLE, B. Mille et cent ans de poésie française, Éditions Bouquins, 1991.

DIDIER, B. L'écriture-femme, Éditions PUF, 1976.

ELUERD, R. Anthologie de la littérature française, Éditions Larousse, 1985.

FRONTIER, A. La poésie, Éditions Belin, 1992.

GIDE, A. Anthologie de la poésie française, Bibliothèque de La Pléiade, 1962.

GODARD, C. Le théâtre depuis 1968, Éditions Lattès, 1980.

KUNDERA, M. L'art du roman, Éditions Gallimard, 1986.

LEGGEWIE, R. Anthologie de la littérature française, 2 tomes, Éditions Oxford, 1990.

LIOURE, M. Le drame, coll. « U », Éditions Armand Colin, 1963.

MILOT, P. La camera obscura du postmodernisme, Éditions L'Hexagone, 1988.

MITTERAND, H. L'illusion réaliste, Éditions PUF, 1995.

MOREL, J. La tragédie, coll. « U », Éditions Armand Colin, 1964.

NADEAU, M. Histoire du surréalisme, Éditions du Seuil, 1964.

ORIZET, J. Anthologie de la poésie française, Éditions Larousse, 1988.

PAGÈS, A. et D. RINCÉ. Lettres 1re, Éditions Nathan, 1996.

PARPAIS, J. et C. PARPAIS. Littérature 1re et littérature 2e, Éditions Hachette, 1991 et 1992.

PATERSON, J. M. Moments postmodernes dans le roman québécois, Éditions PUO, 1993.

ROMAN, J. Chronique des idées contemporaines, Éditions Bréal, 1995.

SABBAH, H. Littérature 1re et littérature 2e, Éditions Hatier, 1993 et 1994.

SEGHERS, P. Le livre d'or de la poésie française, Marabout, s.d.

SERREAU, G. Histoire du « nouveau théâtre », Éditions Gallimard, 1966.

TADIÉ, J.-Y. Le roman au XXe siècle, Éditions Belfond, 1989.

VOLTZ, P. La comédie, coll. « U », Éditions Armand Colin, 1964.

BIBLIOGRAPHIE DES NOTIONS LITTÉRAIRES ET DE LA DISSERTATION EXPLICATIVE

COLLECTIF. Dictionnaire des genres et des notions littéraires, Paris, Encyclopædia Universalis et Éditions Albin Michel, 1997.

PILOTE, C. Guide littéraire, 3e éd., Beauchemin, 2012.

ROUSSIN, N. Comment faire une dissertation explicative, Saint-Laurent, Éditions du Renouveau Pédagogique, 2000.

TRÉPANIER, M. et C. VAILLANCOURT. La méthodologie de la dissertation explicative, Laval, Éditions Études vivantes, 2000.

CHAPITRE 1

P. 16 : Alphonse de Lamartine, *Méditations poétiques*, 1820 • P. 19 : Alfred de Musset, *Les nuits*, 1835 • P. 20 : Alfred de Vigny, *Les destinées*, 1864 (œuvre posthume) • P. 21 : Victor Hugo, *Les contemplations*, 1855 • P. 23 : François-René de Chateaubriand, *René*, 1802 • P. 25 : Victor Hugo, *Notre-Dame de Paris*, 1831 • P. 26 : Madame de Staël, *La littérature considérée dans ses rapports avec les institutions sociales*, Charpentier, Paris, 1800 • P. 29 : Alfred de Musset, *Lorenzaccio*, 1834 • P. 30 : *Les plus belles lettres d'amour d'Héloïse à Éluard*, présentées par Irène Frain, L'Archipel, 1999 • P. 37 : Stendhal, *Le Rouge et le Noir*, Paris, 1830 • P. 39 : Honoré de Balzac, *Le père Goriot*, Paris, 1834-1835 • P. 42 : Gustave Flaubert, *Madame Bovary*, Paris, 1857 • P. 44 : Guy de Maupassant, publié dans le recueil *Le père Milon*, Paris, 1899 • P. 48 : Émile Zola, *Germinal*, Paris, 1885 • P. 50 : Guy de Maupassant, *Le Horla*, 1887 • P. 53 : Théophile Gautier, *Émaux et camées*, Paris, 1852 • P. 54 : Gustave Flaubert, *De Gustave Flaubert à Louise Colet*, Croisset, 1848 • P. 60 : Charles Baudelaire, *Les fleurs du mal*, 1857 • P. 61 : Charles Baudelaire, *Le spleen de Paris*, coll. « Parcours d'une œuvre », 2000 • P. 62 : Paul Verlaine, *Sagesse*, Paris, 1881 • P. 64 : Lautréamont, *Les chants de Maldoror*, 1869 • P. 66 : Arthur Rimbaud, *Poésies*, Paris, 1870 • P. 66 : Arthur Rimbaud, *Une saison en enfer*, Paris, 1873 • P. 69 : André Gide, *Les faux-monnayeurs*, 1925 • P. 70 : Marcel Proust, *Du côté de chez Swann, À la recherche du temps perdu*, Paris, 1913 • P. 72 : Alfred Jarry, *Ubu roi*, Paris, 1896 • P. 73 : Stéphane Mallarmé, *De Stéphane Mallarmé à Maria Gerhard*, Sens, 1862.

CHAPITRE 2

P. 87-88 : Guillaume Apollinaire, *Alcools*, 1913 • P. 89 : Colette, *La fin de Chéri*, 1926 © Éditions Flammarion • P. 91 : Tristan Tzara, *Sept manifestes dada* © Pauvert, Département de la Librairie Arthème Fayard, 1979 • P. 94 : André Breton, *L'union libre* recueillie dans *Clair de terre*, Paris, 1931 © Éditions Gallimard • P. 96 : Paul Éluard, *Capitale de la douleur*, 1926 © Éditions Gallimard • P. 96 : Paul Éluard, *Mourir de ne pas mourir*, 1924 © Éditions Gallimard • P. 97-98 : Robert Desnos, *Corps et biens*, Paris, 1930 • P. 99 : Robert Desnos, *Langage cuit*, Paris, 1923 • P. 100 : André Breton, *Arcane 17*, Paris, 1947 © Pauvert, 1971 © SNE Pauvert. Département des Éditions Fayard, 2000 • P. 101 : Louis Aragon, *Le paysan de Paris*, 1926 © Éditions Gallimard • P. 103 : Antonin Artaud, *Le théâtre et son double*, 1938 • P. 104 : Jean Cocteau, *Orphée* © 1927, 1957, 1986, 1991, 1994, 1998, 2005, Éditions Stock • P. 106 : Guillaume Apollinaire, *Lettres à Lou*, Gallimard, 1969.

CHAPITRE 3

P. 119 : Louis Ferdinand Céline, *Voyage au bout de la nuit*, Paris, 1931 © Éditions Gallimard • P. 122 : François Mauriac, *Thérèse Desqueyroux* © Éditions Bernard Grasset, 1927 • P. 123 : Julien Green, *Partir avant le jour* © Éditions du Seuil, coll. « Points », 1984, 1998 • P. 126 : André Malraux, *La condition humaine*, Paris, 1931 © Éditions Gallimard • P. 128 : Antoine de Saint-Exupéry, *Le petit prince*, Paris, 1943 © Éditions Gallimard • P. 130 : Jean-Paul Sartre, *La Nausée*, Paris, 1938 © Éditions Gallimard • P. 132 : Simone de Beauvoir, *Le deuxième sexe*, Paris, 1949 © Éditions Gallimard • P. 133 : Albert Camus, *L'Étranger*, Paris, 1942 © Éditions Gallimard • P. 135 : Georges Simenon, *Le chien jaune* © 1931, Georges Simenon Ltd. Tous droits réservés • P. 136 : Jean-Paul Sartre, *Huis clos* © Éditions Gallimard • P. 138 : Paul Éluard, *Poésie et vérité*, 1942 © Les Éditions de Minuit • P. 140 : « La rose et le réséda » dans *La Diane française*, Louis Aragon, Éditions Seghers 2012 • P. 141 : Jacques Prévert, *Spectacle*, Paris, 1951 © Éditions Gallimard • P. 142 : Jacques Prévert, *Paroles*, Paris, 1949 © Éditions Gallimard • P. 143 : Jean-Paul Sartre, *Lettres au Castor et à quelques autres*, Paris, 1983 © Éditions Gallimard • P. 144 : Simone de Beauvoir, *Lettres à Nelson Algren*, Paris, 1997 © Éditions Gallimard.

CHAPITRE 4

P. 158 : Marguerite Yourcenar, *L'œuvre au noir*, Paris, 1968 © Éditions Gallimard • P. 160 : Julien Gracq, *Le rivage des Syrtes*, Paris, 1951 © Éditions José Corti • P. 161 : Romain Gary, *La vie devant soi* © Mercure de France, 1975 • P. 162 : Boris Vian, *L'écume des jours*, 1947 • P. 163 : Chanson de Boris Vian, *Je voudrais pas crever*, Paris, 1962 © Éditions Pauvert © SNE Pauvert. Département des Éditions Fayard, 2000 • P. 165 : *Déserteur*, Paroles et musique de Renaud Séchan © 1983, Société Mino Music, sous-édité par Éditions Bloc Notes Inc. • P. 166 : Françoise Sagan, *Bonjour tristesse*, Éditions Julliard, 2008 • P. 168 : Alain Robbe-Grillet, *Les gommes*, 1953 © Les Éditions de Minuit • P. 170 : Marguerite Duras, *L'amant*, 1984 © Les Éditions de Minuit • P. 172 : Georges Perec, *La vie mode d'emploi* © Hachette, 1978 © Librairie Arthème Fayard 2010 • P. 173 : Raymond Queneau, *Zazie dans le métro*, Paris, 1959 © Éditions Gallimard • P. 175 : Sébastien Japrisot, *La dame dans l'auto avec des lunettes et un fusil* © Éditions Denoël, 1966 • P. 178 : Eugène Ionesco, *Rhinocéros*, 1959 © Éditions Gallimard • P. 180 : Samuel Beckett, *En attendant Godot*, 1952 © Les Éditions de Minuit • P. 183 : Jean Genet, *Les bonnes*, 1947 © Éditions Gallimard • P. 184-185 : Francis Ponge, *Le parti pris des choses*, 1942 © Éditions Gallimard • P. 186 : René Char, *Seuls demeurent* recueilli dans *Fureur et mystère*, 1948 © Éditions Gallimard • P. 186 : René Char, *La fontaine narrative* recueillie dans *Fureur et mystère*, 1948 © Éditions Gallimard • P. 187 : René Char, *Le poème pulvérisé* recueilli dans *Fureur et mystère*, 1948 © Éditions Gallimard • P. 188 : Albertine Sarrazin, *Lettres de la vie littéraire*, 1965, 1967 © Librairie Arthème Fayard 2001.

CHAPITRE 5

P. 206 : Michel Tournier, *Vendredi ou les limbes du Pacifique*, Paris, 1972 © Éditions Gallimard • P. 208 : Milan Kundera, *L'ignorance*, Paris, 2005 © Éditions Gallimard • P. 209 : J. M. G. Le Clézio, *Onitsha*, Paris, 1991 © Éditions Gallimard • P. 211 : Patrick Modiano, *Rue des boutiques obscures*, Paris, 1972 © Éditions Gallimard • P. 212 : Philippe Sollers, *Passion fixe*, Paris, 2000 © Éditions Gallimard • P. 213 : Annie Ernaux, *Les années*, Paris, 2008 © Éditions Gallimard • P. 215 : Jorge Semprún, *L'écriture ou la vie*, Paris, 1994 © Éditions Gallimard • P. 216 : Agota Kristof, *Le grand cahier* © Éditions du Seuil, 1986 (coll. « Points », 1995) • P. 218 : Daniel Pennac, *Comme un roman*, 1992 © Éditions Gallimard • P. 220 : Jean Echenoz, *Des éclairs*, 2010 © Les Éditions de Minuit • P. 221 : Philippe Delerm, *La première gorgée de bière et autres plaisirs minuscules*, Paris, 1997 © Éditions Gallimard • P. 222 : Hervé Guibert, *Le protocole compassionnel*, 1991 © Éditions Gallimard • P. 224 : Emmanuel Carrère, *Limonov* © P.O.L. 2011 • P. 225 : Michel Houellebecq, *Les particules élémentaires* © Flammarion, 1998 • P. 227 : Éric-Emmanuel Schmitt, *Lorsque j'étais une œuvre d'art* © Albin Michel, 2002 • P. 229 : Amélie Nothomb, *Métaphysique des tubes* © Albin Michel, 2000 • P. 231 : Frédéric Beigbeder, *Windows of the World* © Éditions Grasset & Fasquelle, 2003 • P. 232 : Guy Delisle, *Chroniques de Jérusalem* © Guy Delcourt Productions, 2011 • P. 234 : Régis Jauffret, « Bonheur strict », dans *Microfictions*, 2007 © Éditions Gallimard • P. 236 : Fred Vargas, *Pars vite et reviens tard* © Éditions Viviane Hamy, 2002 • P. 238 : Eugène Guillevic, *Art poétique*, Paris, 2007 © Éditions Gallimard • P. 239 : Yves Bonnefoy, *Les planches courbes* © Mercure de France, 2001 • P. 240 : Philippe Jaccottet, *À la lumière d'hiver*, 1994 © Éditions Gallimard • P. 242 : Grand Corps Malade, *Midi 20*, « Le jour se lève », Compositeur : Jean-Baptiste Henri Dambroise © 2012 – Anouche Productions / Les Éditions Monter en Amour (Musinfo) • P. 244 : Michel Vinaver, *King* suivi de *Les huissiers* © Babel Actes Sud, 1998 • P. 245 : Bernard-Marie Koltès, *Dans la solitude des champs de coton*, 1987 © Les Éditions de Minuit • P. 246 : Anne Marie Revol, *Nos étoiles ont filé* © Éditions Stock, 2010.

Fernandez / SODRAC (2013). Photo : Gamma-Rapho via Getty Images • P. 150 : © La Succession de Duane Hanson / SODRAC, Montréal / VAGA, New York (2013). Photo : Ludwig Collection, Aachen, Germany / The Bridgeman Art Library • P. 151 : © R. Hamilton. Tous droits réservés, SODRAC (2013). Photo : Ludwig Museum, Cologne, Germany, / The Bridgeman Art Library • P. 152 : Collection Christophel • P. 152 : Collection Roger-Viollet • P. 153 : © 2013 Niki Charitable Art Foundation / ADAGP / SODRAC. Photo : Gorodilova / Wikipedia • P. 154 : © The Andy Warhol Foundation for the Visual Arts, inc. / SODRAC (2013). Photo : Joerg P. Anders / Art Resource, NY • P. 155 : © Succession César Baldaccini / SODRAC (2013). Photo : CNAC / MNAM / Dist. Réunion des Musées Nationaux / Art Resource, NY • P. 156 : © Fondation Donald Judd / SODRAC, Montréal / VAGA, New York (2013). Photo : National Gallery of Australia • P. 158 : JP Laffont / Sygma / CORBIS • P. 159 : © Succession Georges Mathieu / SODRAC (2013). Photo : CNAC / MNAM / Dist. RMN-Grand Palais / Art Resource, NY • P. 159 : Roger Viollet / Getty Images • P. 160 : Sophie Bassouls / Sygma / CORBIS • P. 161 : Collection privée / James Goodman Gallery, New York, USA / The Bridgeman Art Library • P. 162 : Gamma-Keystone via Getty Images • P. 163 : CNAC / MNAM / Dist. RMN-Grand Palais / Art Resource, NY • P. 164 : Selva / Leemage • P. 164 : Gamma-Rapho via Getty Images • P. 166 : Getty Images • P. 167 : Ludwig Museum, Cologne, Germany / The Bridgeman Art Library • P. 168 : Gamma-Rapho via Getty Images • P. 169 : © Succession Joseph Beuys / SODRAC (2013). Photo : Tate, London 2013 • P. 170 : © Lipnitzki / Roger-Viollet / Image Works • P. 171 : Sophie Bassouls / Sygma / CORBIS • P. 172 : Collection privée / Photo © Christie's Images / The Bridgeman Art Library • P. 173 : Photo, collection Jean-Marie Queneau / Diffusion Gallimard • P. 174 : © Succession Roy Lichtenstein / SODRAC (2013). Photo : Yale University Art Gallery / Art Resource, NY • P. 175 : Diffusion Gallimard • P. 176 : Édition Gallimard. D'après photo © Hubert Camille / Fotogram-Stone • P. 178 : Getty Images • P. 179 : © Yves Renaud • P. 180 : Gamma-Rapho via Getty Images • P. 181 : © Succession Francis Bacon / SODRAC (2013). Photo : Collection privée / The Bridgeman Art Library • P. 182 : Gamma-Rapho via Getty Images • P. 182 : © 2013 The Willem de Kooning Foundation / ARS, New York / SODRAC, Montréal. Photo : Whitney Museum of American Art, New York ; purchase 55.35. Photo : Sheldan C. Collins • P. 184 : © Marion Kalter / Opale • P. 185 : © Jasper Johns / SODRAC, Montréal / VAGA, New York (2013). Photo : Collection privée / The Bridgeman Art Library • P. 186 : Roger Viollet / Getty Images • P. 187 : © Succession Jean Dubuffet / SODRAC (2013). Photo : akg-images • P. 188 : © 2013 Kate Rothko Prizel & Christopher Rothko / SODRAC. Photo : National Gallery of Art.

P. 191 : Gracieuseté de Richard Gray Gallery • P. 193 : © Robert Combas / SODRAC (2013) • P. 195 : © Andreas Gursky / SODRAC (2013). Photo : CNAC / MNAM / Dist. RMN-Grand Palais / Art Resource, NY • P. 196 : © Jeff Koons. Photo : The Museum of Modern Art / Autorisé par SCALA / Art Resource, NY • P. 197 : © Cindy Sherman Courtesy Metro Pictures, New York • P. 198 : Black River Productions, Ltd. / Mitch Epstein. Gracieuseté de Sikkema Jenkins & Co., New York. Reproduction autorisée. Tous droits réservés • P. 199 : © Damien Hirst and Science Ltd. Tous droits réservés, DACS 2013. Photo : Getty Images • P. 200 : © Jacques Monory / SODRAC (2013). Photo : The Fukuoka Art Museum Collection • P. 201 : © Succession Marcel Duchamp / SODRAC (2013). Collection privée / The Bridgeman Art Library • P. 201 : © Carlo Maria Mariani / SODRAC (2013) • P. 203 : © Paul Rebeyrolle / SODRAC (2013). Photo : Michel Nguyen • P. 204 : Gracieuseté de l'artiste et de Carl Solway Gallery, Cincinnati, Ohio • P. 206 : Paris Match via Getty Images • P. 207 : © Mike Bidlo. Photo : MoMA, 2003 ; Gamma-Rapho via Getty Images • P. 209 : J. Sassier / Gallimard • P. 210 : Gamma-Rapho via Getty Images • P. 211 : © Succession de Sigmar Polke, Cologne / SODRAC (2013). Photo : bpk, Berlin / (Hamburger Kunsthalle, Hamburg, Germany) / Photo : Elke Walford / Art Resource, NY • P. 212 : Gamma-Rapho via Getty Images • P. 213 : Gamma-Rapho via Getty Images • P. 214 : © Linder. Photo : Tim Walker • P. 215 : Gamma-Rapho via Getty Images • P. 216 : Gamma-Rapho via Getty Images • P. 217 : The Estate of Barry Flanagan, gracieuseté de Plubronze Ltd • P. 218 : Gamma-Rapho via Getty Images • P. 219 : Gamma-Rapho via Getty Images • P. 221 : Eric Fougere / VIP Images / CORBIS • P. 222 : Getty Images • P. 222 : © Bruce Nauman / SODRAC (2013). Photo : Hamburger Kunsthalle, Hamburg, Germany / The Bridgeman Art Library • P. 223 : Gamma-Rapho via Getty Images • P. 224 : © Succession de Jean-Michel Basquiat / SODRAC (2013). Collection privée / Photo © Christie's Images / The Bridgeman Art Library • P. 225 : Ted Soqui / CORBIS • P. 226 : Getty Images • P. 227 : Gamma-Rapho via Getty Images • P. 228 : © Nicole Tran Ba Vang / SODRAC (2013) • P. 229 : Sergio Gaudenti / Kipa / CORBIS • P. 230 : AFP / Getty Images • P. 230 : © Erro / SODRAC (2013). Photo : Musée d'Art Moderne de Reykjavik • P. 233 : AFP / Getty Images • P. 234 : Eric Fougere / VIP Images / CORBIS • P. 235 : © Sandro Chia / SODRAC (2013). Photo : Gamma-Rapho via Getty Images • P. 237 : © Jason deCaires Taylor / SODRAC (2013) • P. 238 : akg-images / Marion Kalter • P. 239 : Sophie Bassouls / Sygma / CORBIS • P. 240 : B. Cannersa • P. 240 : © Shirin Neshat. Gracieuseté de la Galerie Jérôme de Noirmont, Paris • P. 241 : AFP / Getty Images • P. 243 : © Ted Paczola • P. 244 : © Elsa Ruiz • P. 246 : © Louise Bourgeois Trust / SODRAC, Montréal / VAGA, New York (2013). Photo : Robert Telford T/A Cybertects.

Index des œuvres